普通高等学校创新创业教育
“十三五”规划教材

CHUANGYE
GUANLI

创业管理

主　编◎吕　爽
副主编◎杨　静　李　苗　王　巍
　　　　齐　英　周　雨　张国磊
主　审◎李　琪

中国铁道出版社
CHINA RAILWAY PUBLISHING HOUSE

内 容 简 介

本书以国务院办公厅印发的《关于发展众创空间推进大众创新创业的指导意见》和《关于深化高等学校创新创业教育改革的实施意见》文件的精神为指导进行编写，旨在响应和落实教育部在高校中开展的创业教育。

本书共分为十二章，主要内容为创业与创业管理概述、创业者、创业团队、创业机会的识别与评价、商业模式的开发与选择、创业融资、新创企业设计、新创企业的管理、新创企业的成长、创业风险防范与管理、企业创新管理及“互联网＋”时代创新创业。

本书适合作为普通高等院校各专业学生创业的教材，也适合作为有意或正在创业人员的参考书。

图书在版编目（CIP）数据

创业管理/吕爽主编. —北京：中国铁道出版社，2017.6
普通高等学校创新创业教育“十三五”规划教材
ISBN 978-7-113-22968-9

Ⅰ.①创… Ⅱ.①吕… Ⅲ.①企业管理-高等学校-教材
Ⅳ.①F272

中国版本图书馆 CIP 数据核字(2017)第 101698 号

书　　名：**创业管理**
作　　者：吕　爽　主编

策　　划：潘星泉　　读者热线：（010）63550836
责任编辑：潘星泉　冯彩茹
封面设计：MXK DESIGN STUDIO
封面制作：白　雪
责任校对：张玉华
责任印制：郭向伟

出版发行：中国铁道出版社（100054，北京市西城区右安门西街 8 号）
网　　址：http://www.tdpress.com/51eds/
印　　刷：三河市兴达印务有限公司
版　　次：2017 年 6 月第 1 版　2017 年 6 月第 1 次印刷
开　　本：787 mm×1 092 mm　1/16　印张：17.5　字数：389 千
书　　号：ISBN 978-7-113-22968-9
定　　价：39.80 元

普通高等学校创新创业教育“十三五”规划教材
编写委员会

序

《国家中长期教育改革与发展规划纲要（2010—2020）》明确提出，要着力提高学生的创新创业能力。高等教育是培养创新型人才的主渠道，努力提高大学生的创新意识、创造能力和创业精神，造就一代适应新时期需要的高素质人才事关中国国家发展和“自立于世界民族之林”。所以开设创新创业教育课程，是对“大众创业、万众创新”的国家发展战略在高等教育领域落地生根、发芽、开花、结果所作出的即时和必要回应。在普通高等学校开展创业教育，是服务国家加快转变经济发展方式、建设创新型国家和人力资源强国的战略举措，是深化高等教育教学改革、提高人才培养质量、促进大学生全面发展的重要途径，是落实以创业带动就业、促进高校毕业生充分就业的重要措施。

创新创业教育是知识经济、智慧经济时代的一种新的教育观念和教育形式。当前高校开展创新创业教育缺乏实操性。因此，增强高校创新创业教育的实操性，可以从健全创新创业教育的体制、机制、完善课程体系、强化平台支撑、配齐师资力量等方面着手，从而提高大学生就业、创业的核心竞争力。吕爽先生所编写的这本《创业管理》既丰富了创新创业管理理论体系，又为创新、创业知识发现提供了新的思路和方法，为创新、创业管理实践提供了技术支持，从而帮助推进高校创新、创业教育进程。

本书通过对创业教育相关方法进行研究，提出了基于实践的创业教学法培养学生的创业知识、创业精神，锻炼学生的创造能力、逻辑思维能力等，是创业管理课程教学方法的积极探索。本书构建了完善的章节体系，以初创企业真实的活动为对象，普及创业基础知识，指导学生了解创业文化和精神，如何寻找创业机会，筹集创业资金，精准产品市场定位，组建创业团队等与创业活动相关的教学内容，有助于帮助学生培养创业理念、把握市场机遇、形成富有竞争力的商业模式，并打造完美的创业团队。通过理论教学与实践项目模拟提高学生创业成功率，培养学生企业家素质，实现创业梦想，促使大学生在全民创业的浪潮中，能够起到良好的引领和带头作用，能够为经济社会的发展增添新的活力。

本书主编吕爽先生是《全国高校创新创业教育研究文库》出版工程专家委员会副主任委员，团中央青年之声创业导师秀栏目创业导师，教育部全国万名优秀创新创业导师，全国高校创新创业教育青年领军人物，河北地质大学华信学院创新创业学院院长，对于大学生创新创业教育有着多年的深入研究，并且有着独到见解和创新思维，必会对大学生理解创业管理有更多益处。

为此，本人欣然作序。

李琪　博士

教育部高等学校电子商务（类）专业教学指导委员会副主任委员

西安交通大学经济与金融学院教授、博士生导师

2017 年 3 月

前　言

2015 年 4 月和 5 月国务院办公厅先后印发《关于进一步做好新形势下就业创业工作的意见》（国办发〔2015〕23 号）和《关于深化高等学校创新创业教育改革的实施意见》（国办发〔2015〕36 号），部署推进大众创业、万众创新工作。“36 号”文指出，深化高等学校创新创业教育改革，是国家实施创新驱动发展战略、促进经济提质增效升级的迫切需要，是推进高等教育综合改革、促进高校毕业生更高质量创业就业的重要举措。

高等院校为深入贯彻落实文件精神，积极响应“大众创业、万众创新”的号召，深入研究建设创新创业教育课程体系，切实推动了高校创新创业教育科学化、制度化、规范化建设。众创时代下，鉴于目前高校面临着创新创业教育理念滞后，与专业教育结合不紧，与实践脱节；教师开展创新创业教育的意识和能力欠缺，教学方式方法单一，针对性、实效性不强；本书作者在仔细解读国务院、教育部相关文件下编写本书，运用理论式教学与案例分析方式提高学生创业成功率，培养学生企业家素质，是一本实用性很强的创新创业教育教材。

本书精髓内容介绍：从创业与创业管理概述、创业者、创业团队、创业机会的识别与评价、商业模式的开发与选择、创业融资、新创企业设计、新创企业的管理、新创企业的成长、创业风险防范与管理、企业创新管理、“互联网＋”时代创新创业等章节进行设计编写，以帮助学生培养创业理念、把握市场机遇、形成富有竞争力的商业模式，并打造完美的创业团队。

本书编写特色如下：

（1）本书采用创新的互动式、案例式教学方法，以培养具有创业基本素质和创新型人才为目的，以创新创业为导向，提升学生的创新精神、创业意识和创新创业能力培养。

（2）本书参考了大量的图书文献，采纳了众多学者的研究成果，吸取了众多创业者的经验和教训，并结合了作者多年的创业和教学经验。

（3）本书基于国内外最新研究理论进行编写，文前、文中和文后都引用了大量案例，以案例充实内容、佐证理论，增强了本书的可读性，便于学生学习与理解。

本书由河北地质大学华信学院吕爽担任主编，由河北工程大学科信学院杨静、河北医科大学临床学院李苗、温州商学院王巍、中科富创齐英、燕山大学里仁学院周雨、河北农业大学张国磊担任副主编。具体分工如下：吕爽负责编写第二章～第五章，杨静负责编写第六章，李苗负责编写第七章～第九章，王巍负责编写第十章，齐英负责编写第十一章，周雨负责编写第一章，张国磊负责编写第十二章。全书由吕爽负责统稿、定稿，由教育部高等学校电子商务（类）专业教学指导委员会副主任委员、西安交通大学经济与金融学教授、博士生导师李琪主审。

本书在编写过程中，广泛查阅了近年国内外创业领域的研究成果，并参考借鉴了大量同仁的研究成果，在此一并向这些资料的作者表示深深的感谢。由于编写时间仓促，加之编者水平有限，书中难免存在疏漏和不足之处，敬请广大读者批评指正，并提出宝贵意见，以便我们更好地修订和完善。

编 者

2017 年 4 月

目　录

第一章 创业与创业管理概述

学习目标

掌握创业的概念、本质与特征；掌握创业过程中的关键要素及其作用；掌握创业管理的含义、特点及其与传统企业管理的区别；了解创新的含义、方法及其与创业管理的关系；明确创业管理的基本原则、组成要素及实施过程。

案例导入

创业实现“三级跳”

何志雄于 2006 年以电子信息工程和信息管理与信息系统双学士学位的优异成绩从武汉科技学院毕业。然而，小时候的一次医疗事故让他小脑偏瘫。因为身体的残疾，经历了两百多次求职，没有一家公司愿意接纳他。“当不了员工，就当老板”，面对挫折，他被“逼上梁山”，开始了创业征程。他拿着向母亲借的 1 000 多元钱，在小区内开办了电脑维修店，同时，做起了维修电脑的上门服务。虽然因为行动不便失掉过很多顾客，但他凭借高超的技术和良好的口碑一直走到今天。

到目前，他已经成为了创思电脑科技公司总经理，并创办了自己的职业技术学校——国营七三三厂电子技工学校，担任汉阳校区校长，还组建了美满的家庭；2008 年，他曾代表中国残疾人创业者，出国参加《国际残疾人权利公约》高峰论坛。

经历过风风雨雨，在 2016 年的一次会议上何志雄表示，他十分珍惜自己的大学同学：“财富不是一辈子的朋友，朋友才是一辈子的财富。”他鼓励大家“你们有何志雄没有的能力，创业一定能更加成功”。“残疾大学生不能因就业挫折就灰心丧气。”对于那些现在和当年自己一样屡屡遭遇拒绝的残疾大学生，何志雄说，找工作不是目的，独立生存才是根本，而生存的道路有很多条，创业就是其中的一条。

（由作者根据相关资料改编）

思考：

何志雄的创业之路给了你什么启示？

第一节　创业与创业管理

一、创业的概念

“创业”的本意是“创立基业”“创建功业”。《孟子·梁惠王下》有“君子创业垂统，为可继也”，把创建功业与一脉相承、流传后世联系起来。

在英文中“创业”有两种表述方式：一是“venture”，另一是“entrepreneurship”。使用“venture”比使用“entrepreneurship”更能揭示“创建企业”这一动态过程，在现代企业创业领域，往往用“venture”来指“创业”正在呈增长态势，“entrepreneurship”则主要用于表示静态的“创业状态”或“创业活动”，是从“企业家”“创业者”的角度来理解“创业”。

从范围上讲，创业有广义和狭义之分。广义的创业，泛指人类一切带有开拓意义的社会变革活动。它涉及的领域非常广阔，无论政治、经济、军事、文化艺术事业，只要人们从事的是前无古人的事业，都可称之为创业，如前苏联的社会主义革命，开创了社会主义事业。

狭义的创业是指个人或群体从事的具有创新或创造性的以增加财富为目标的活动过程。这种活动过程也许早有人从事过，但对于创业者本身来说，则是从未经历过的、从头开始的事业。如柳传志创办联想集团、张朝阳创建搜狐网站、刘永好创建希望集团，都属于狭义上的创业。创业管理学研究的就是这种狭义上的创业活动。

创业是一个跨学科、多层面的复杂现象，国内外许多学者从不同视角对其进行了大量的观察和研究，但对创业的定义学术界迄今还未达成共识。本书认为，创业是通过必要的时间和努力，发现与把握商业机会，通过创建企业或企业组织结构创新，筹集并配置各种资源，将新颖的产品或服务推向市场，从而最终实现企业经济价值和社会价值的过程。

二、创业的特征与本质

创业是一种社会行为，就创业本身来讲，其特征有：

(1)艰难性。任何一个人在创业过程中，都会体验到创业的艰难，尤其是白手起家的创业者，往往需要经过很多年的艰苦奋斗，倾注大量的心血，创业才能成功。所以创业者要有吃苦的思想准备。

(2)创新性。创办一个企业对社会来讲不是一件新鲜事，但对创业者来讲则是一个创新过程。创业者不改变自己长期形成的思维模式，就难以识别创业机会，也就无法做到创新。对于创业者及其所创建的企业来说，创业与发展的过程永远是不断变革的过程。

(3)风险性。创业是有风险的，创业过程中充满成功和失败。创业成功给创业者带来的是喜悦，创业失败带来的不仅是沮丧，还有财产的损失、信心的丧失。如果只考虑到创业风险就不去创业，那就永远不会成为一个成功的创业者。

(4)利益性。创业者的创业也许出自多种目的，但根本的动力是获利，这也是创业者的共同心愿。没有利益驱动，人们就不会冒着风险去创业。创业过程中获利的多少，也是人们衡量创业者创业成功与否的重要标志。

总之，创业是创新的过程，是艰苦奋斗的过程，是勇于冒险的过程，也是财富的创造过程。如果对上述特征进行进一步提炼和概括，可以揭示和把握创业的本质。

首先，创业是创造。创业活动的本质大体可归纳为七种创造活动，即财富的创造、企业的创造、创新的创造、变革的创造、雇佣的创造、价值的创造、增长的创造。

其次，创业是富有创业精神的创业者与机会结合并创造价值的活动。同样的机会，有的人看到了，而有的人却没有看到；同样看到了机会，有的人采取了行动把握住了机会而有的人则没有行动；同样采取了行动，有的人创造了价值而有的人则没有创造价值。正因为创业可以创造财富，所以人们才愿冒风险，艰苦拼搏，以勇于创新的精神去开拓事业。

三、创业过程的关键要素

创业过程拥有一些关键要素，它们是创业过程的推动力量，抓住了这些要素，有利于从更高层次理清创业过程的发展特征，推进创业过程。

(1)创业机会。创业开始于对某一个富有价值的创业机会的发现。面对众多看似有价值的创意，如何从中发现真正具有商业价值和市场潜力的机会，进而寻找与机会匹配的发展模式，需要审慎而独到的眼光，这是创业成功的基本保证。

(2)创业资源。创业者获取创业资源的最终目的是为了组织这些资源来开发创业机会。在创业过程中，如果没有足够的创业资源，即使出现了大好的创业机会，创业者也难以迅速抓住这个机会，而有价值的机会往往是转瞬即逝的。为此，创业者要竭力设计精巧的创意，采取谨慎的战略，以便合理利用和控制资源。

(3)创业团队。人是创业活动的主体。而创业活动的复杂性，决定了所有的事物不可能由一个创业者完全包揽，必须通过组建分工明确的创业团队来完成。创业团队的优劣，基本上决定了创业是否成功。

创业机会、创业资源和创业团队是创业过程的三个关键要素，蒂蒙斯采用三要素的动态平衡过程来总结创业过程的动态性与复杂性。蒂蒙斯认为，创业过程是创业机会、创业团队和创业资源之间适当配置的高度动态平衡过程，创业机会、创业资源与创业团队是创业过程的关键构成要素，其中，创业机会是创业过程的核心要素，创业过程实质上是发现与开发创业机会的过程；创业资源是创业过程的必要支持，是开发商业机会谋求收益的基础；创业团队是在创业过程中发现和开发机会、整合资源的主体，是新创企业的关键构成要素。随着时空变迁，再加上机会模糊性、市场不确定性、资本市场风险以及外在环境等因素对创业活动的冲击，创业过程充满风险与不确定性，创业机会、创业团队和创业资源三要素也会因相对地位的变化而产生失衡现象，此时创业团队扮演着调整活动重心以获得创业机会和资源相对平衡的核心决策者角色。创业初期机会挖掘与选择是关键，创业团队的决策重心在于迅速整合资源以抓住创业机会；随着新企业的创立与成长，资源日渐丰富，企业面临更为复杂的竞争环境与市场环境，创业团队的决策重心转向合理配置资源以提高资源使用效率，构建规范管理体系以及抵抗外部竞争与不确定性等活动。

四、创业管理

(一)创业管理的含义

所谓创业管理(entrepreneurial management),就是指白手起家,依靠自有资金或风险投资,使新事业开始赚钱并进入良性循环的管理方式。从创业管理的过程性内涵来讲,可大致划分为三个阶段:

第一阶段,企业创建阶段。这涉及创业团队的管理、商业计划书、商业模式选择等问题。

第二阶段,企业成长阶段。即新企业创建之后,如何在市场经济环境下存活。这里面涉及营销、策略等方面的内容。

第三阶段,企业稳健发展阶段。创建的新企业在市场生存下来以后,就转向一个靠组织制度化的措施促进其健康成长的阶段。这时,企业就面临一个制度化建设的问题。

创业管理是促使人们像企业家那样思考和行动的管理系统,是把握机会并创造新价值的行为过程。创业管理并不局限于某一单独类型的企业,它适用于一切组织,包括营利组织和非营利组织。

(二)创业管理特点

创业管理具有如下具体特征:

1. 创业管理是“以生存为目标”的管理

新事业的首要任务是从无到有,把自己的产品或服务卖出去,掘到第一桶金,从而在市场上找到立足点,使自己生存下来。在创业阶段,生存是第一位的,一切都须围绕生存运作,一切危及生存的做法都应避免。因此,最忌讳的是在创业阶段提出不切实际的扩张目标,盲目铺摊子、上规模,结果只能是“企而不立,跨而不行”。在创业阶段,亏损,赚钱,又亏损,又赚钱,可能要经历多次反复,直到最终持续稳定地赚钱,才算是渡过了创业的生存阶段。把赚钱作为唯一标志,是因为只有开始持续地赚钱,才能证明新事业探索到了可靠的商业模式(business model),因此才有了追加投资的价值。

2. 创业管理是“主要依靠自有资金创造自由现金流”的管理

现金对企业来说就像是人的血液,企业可以承受暂时的亏损,但不能承受现金流的中断,这也是创业为什么强调“赚钱”而不是“盈利”的原因。什么是企业的自由现金流呢?就是不包括融资、资本支出以及纳税和利息支出的经营活动净现金流。自由现金流一旦出现赤字,企业将发生偿债危机,甚至可能导致破产。自由现金流的大小直接反映企业的赚钱能力,它既是创业阶段又是成长阶段管理的重点,区别在于对创业管理来说,由于融资条件苛刻,只能主要依靠自有资金运作来创造自由现金流,从而管理难度更大。创业管理要求创业者必须锱铢必较,花企业的钱就是花自己的钱,要千方百计增收节支、加速周转、控制发展节奏。

3. 创业管理是充分调动“所有的人做所有的事”的团队管理

新企业在初创时,尽管建立了正式的部门结构,但很少有按正式组织方式运作的。典型的情况是，虽然有名义上的分工，但运作起来却是哪急、哪紧、哪需要，就都往哪里去。这种状态看似“混乱”，实际是一种高度“有序”的状态。每个人都清楚组织的目标和自己应当如何为组织目标作贡献，没有人计较得失，没有人计较越权或越级，相互之间只有角色的划分，没有职位的区别，这才叫做团队。这种运作方式能培养出团队精神、奉献精神和忠诚。即使将来事业发展了，组织规范化了，这种精神仍然存在，成为企业的文化。在创业阶段，创业者必须尽力使新事业部门成为真正的团队，否则是很难成功的。这种在创业时期锻炼出来的团队凝聚力，是经理人将来领导大企业高层管理班子的基础。

4. 创业管理是一种“经理人亲自深入运作细节”的管理

经历过创业的经理人大都有过这样的体验：曾经直接向顾客推销过产品，亲自与供应商谈判过扣点，亲自到车间里追踪过顾客急要的订单，在库房里卸过货、装过车，跑过银行，催过账，策划过新产品方案，制订过工资计划，被经销商骗过，让顾客当面训斥过，等等。这才叫创业，要不一切怎么会从无到有？由于对经营全过程的细节了如指掌，才使得生意越做越精。以至于有些创业者和经理人，在企业做大后，仍然对关键细节事必躬亲，不能有效地授权，反而成了一种缺点。“细节是关键”，生意不赚钱，就是因为在细节上下的工夫不够。

5. 创业管理是奉行“顾客至上，诚信为本”的管理

创业的第一步，就是把企业的产品或服务卖给顾客，这真是一种惊险的跨越，如果不是顾客肯付钱，怎么收回成本并带来利润？企业是发自生存的需要把顾客当作衣食父母的。经历过创业艰难的企业家和经理人，一生都会把顾客放在第一位，对此可以说是铭心刻骨。再有，谁会借钱给没听说过的企业？谁会买没听说过的企业的产品？谁会加入没听说过的企业？企业靠什么迈出这三步？靠的是诚信。所以，一个企业的核心价值观不是后人杜撰的，而是创业阶段自然形成的。创业管理是在塑造一个企业。

（三）创业管理与传统企业管理的区别

创业管理属于企业管理活动的范畴，但又不同于传统企业管理，这主要表现在：

（1）管理性质不同。传统管理是线性的管理，创业管理则是非连续性的管理。创业企业发展的阶段性特征决定了创业管理者角色的变化和管理方法的变更。为了使企业快速地完成从种子期到成长期甚至成熟期的变化，在制订创业企业成长战略的基础上，管理者更应该适应这种阶段性的变化，才能使管理与企业的发展同步，不会出现断层。

（2）管理任务不同。创业管理最重要的任务是整合创业企业的资源。企业创建之初，生存是其唯一的目标，只有生存下来才能谈发展。而无论是生存还是发展，都需要企业将有限的资源用在最需要的地方。企业把所控资源很好地整合运用到生产、营销和财务管理上，才能达到事半功倍的效果，实现企业生存发展的目的。

（3）管理方式不同。传统的管理是通过计划、组织、领导和控制实现企业的经营管理，而创业企业则要迅速地对市场变化做出反应。创业团队在应对这些紧急情况时起到了关键的作用。

（4）管理手段不同。传统的管理大多是刚性管理，企业的既有规章制度对企业的管理起到了较强的约束作用。而创业管理要在各个环节上激发员工的主动性和创造性,以适应瞬息万变的外部环境,推动企业的成长。

可见,创业管理与传统企业管理有较大的差异,它是一种综合性、不确定性及动态性的管理,是更加复杂的企业管理工作。

第二节　创新与创业管理

一、创新的概念

在英文中,"创新"(innovation)一词起源于拉丁语,它原意有三层含义:更新;创造新的东西;改变。创新作为一种理论,形成于20世纪,奥地利经济学家熊彼特在1912年第一次把创新引入了经济领域。按照熊彼特的观点,所谓"创新",就是"建立一种新的生产函数",也就是说,把一种从来没有过的关于生产要素和生产条件的"新组合"引入生产体系,它包括以下五种情况:①引进新产品;②引用新技术,即新的生产方法;③开辟新市场;④控制原材料的新供应来源;⑤实现企业的新组织。可以说,熊彼特从企业的角度提出了创新的五个方面:产品创新、工艺创新、市场开拓创新、要素创新、制度创新。

二、创新的体系与方法

(一)创新体系

熊彼特的创新理论不仅对当代西方经济增长和经济发展有重要影响,而且其追随者还把他的理论发展成为当代西方创新经济学的两个分支,即以技术变革和技术推广为对象的技术创新经济理论和以制度变革及制度形成为对象的制度创新经济理论。美国管理大师德鲁克在20世纪50年代把创新引进管理领域,认为创新就是赋予资源以新的创造财富能力的行为。

一个较为完整的创新体系是由观念创新、技术创新、制度创新、市场创新和管理创新组成的,各个部分在创新体系中发挥不同的作用。

(1)观念创新。观念创新是创新的前提和先导(头部)。观念就是认识或思想,对人们的行为具有指导和驱动作用,是行动的先导。而观念创新就是利用一切可以利用的知识和智慧,通过产品和服务创造新的价值。

(2)技术创新。在创新体系中起主导作用(躯体)。一个国家或者地区的经济发展水平和社会进步程度取决于技术水平,同样,一个企业的竞争能力也表现在技术创新能力上。

(3)制度创新。对创新活动具有保证和促进作用(翅膀)。现代企业制度可以有多种多样的形式,但应根据创新的需要进行及时的调整,所以说制度创新是创新的保证。

(4)市场创新。对创新活动具有导向和检验作用(翅膀)。创新活动既要以满足市场需求为出发点,同时又需要市场来检验。

(5)管理创新。对创新体系起协调和整合的作用(尾巴)。创新是一个系统工程,涉及企业的方方面面,管理创新的目的就是对各要素之间的关系进行协调和整合,使之形成一种合力。只有这样,才能做到"整体大于部分之和"。

（二）创新的基本方法

1. 组合创新法

组合创新法是将已有知识作为媒介，把不同的知识或要素结合起来，或者把不同功能的产品巧妙组合在一起的创新方法。它包括三种方法：

(1)优点组合创新法。就是将各种产品的优点集中起来，进行创新的方法。比如，我国台北的陈浩林将我国常使用的火锅形状和构造予以改良，将放炭的地方接根电热丝，然后卖给日本著名的三菱电机公司，得到120万日元的报酬。三菱电机公司将其命名为"三菱电器火锅"推向市场，成为三菱公司最畅销的产品，获取了可观的利润。

(2)多功能组合创新法。追求多功能是一条重要的创新捷径。功能的增加是相对于过去功能不多的老产品而言的，但功能的增加不一定是由于原有产品或经营方式有明显的缺陷。它主要是从组合创新的思路出发，有意识地提出新的要求，从而激发出更多创新的思路。运用组合创新法进行产品创新，可以有多种思路：产品的材料、产品的颜色、产品的体积、产品的功能等。仅以产品功能为线索，从增加功能的角度考虑，也可以生产出许多组合创新的思路。例如，多媒体电视机，可以将收音机、电视机、录像机、VCD、计算机等功能集于一身，价钱又比分别购齐上述单机便宜很多，一定会受到消费者的欢迎。

(3)主体附加创新法。以某一特定的对象为主体，然后置换或插入其他附加事物，从而形成创新的方法。主体附加创新法常采用两种方式：一是不改变主体的要素与结构，采用"纯粹"的附加，如计算机屏幕前的"保护屏"，摩托车上附加的里程表、后视镜、车筐等。每附加一种相关设计，同时也就增加了一些辅助功能或相关功能。二是附加前主体内部结构要适当加以改变，以便使主体附加物之间协调紧凑。例如，将盆景与壁灯的功能赋予一种新的结构，发明了盆景式壁灯。又如，某品牌台灯具有照明、播放音乐、收听广播、计算器、温度计等多项功能。

2. 模仿创新法

模仿创新是指在解剖他人样机的情况下，掌握他人设计、工艺、创造原理，吸取成功经验和失败教训，购买或破译领先者的核心技术和技术秘密，进而在此基础上加以技术创新，以改进产品性能或结构，提高产品质量，降低产品成本，从而确立竞争优势。开发一种全新的产品往往要耗费巨大的人力、物力、财力，而采用模仿创新则可以最小的代价获得最大的收益。因为它无需研究开发，无需市场调研，投资小，风险小。这方面的典型例子就是微型相机。几十年来，市场先驱莱卡(Leica)相机一直是技术和市场的领先者，后来日本厂商，特别是佳能(Canon)和尼康(Nikon)模仿德国技术并加以改进，还降低了价格，莱卡却置若罔闻，最终只落得个做配角的结局。

3. 移花接木创新法

移花接木，转而用之，这在产品设计中是经常使用的。面包发酵后变得松软多孔，这是食品制作中司空见惯的事情，有一家橡胶厂的老板，却移花接木，将面包发泡技术移植到橡胶制造业，生产出松软多孔的海绵橡胶，一上市便获得了成功。再如海绵橡胶问世后，另一家企业从中得到启发，如法炮制出质坚而轻的"发泡水泥"，这种多孔水泥内含空气，是理想的隔热、隔音新材料。“发泡”原理还可以一再被移接到其他物件上，每移接一次，都可以创造出一种新的物品。现代工业设计中运用这种移花接木手段促使企业产品技术水平提高，无疑是一条成功的捷径，用这种方法创新产品，可以从以下三个方面进行：

(1)原理移植。将某种事物的工作原理转移到其他事物上。比如，内科看病常做验血检查，从血液组织的变化就可以诊断病情。这种验血原理移植到工业生产，便产生一种机器“验油”新技术。这种新技术不必将汽车、机床全部拆卸，只需从中取出少量润滑油，然后经过光谱分析，从油的各种成分变化即可断定设备的磨损程度。

(2)方法移植。将国防军事上的“微波”技术移植到民用品，便产生了微波炉；将飞机“黑匣子”技术移用到火车、轮船和汽车上，就创造了能将交通实况自动记录的新装置。

(3)结构移植。将一物体的外形移植到另一物体上，例如从积木结构出发，人们开发出组合厨房、整体浴室等。又如将桥的结构移植到屋顶上，产生了巨型无梁殿；将西欧房屋结构移植到我国的别墅群中，产生了欧式花园等。

4. 联想创新法

联想创新法主要有类比联想创新法和功能变异联想创新法。

(1)类比联想创新法，即通过触类旁通、举一反三的类比联想进行创新的方法。常见的类比联想方法有六种：一是直接类比，即在自然界或者已有的成果中寻找与创造对象相类似的东西。如用仿生学原理设计出飞机外壳、潜艇的体形，仿效蝙蝠而提出超声波定向等。二是象征类比，即用具体事物来表示某种抽象概念或思想感情。该方法多用于建筑方面的设计。三是拟人类比，如挖土机就是模拟人手臂的动作设计的。四是因果类比，即两个事物的各个属性之间，可能存在某种因果关系，因而可以根据一个事物的因果关系，推出另一个事物的因果关系。美国麻省理工学院谢皮罗教授发现，放洗澡水时，水流出浴池总是形成逆时针方向的旋涡。这是什么原因呢？专家告诉他，旋向与地球自转有关，由于地球是自西向东不停地旋转，所以北半球的洗澡水总是逆时针方向流出浴池。在明白了浴池水流旋向的道理后，谢皮罗教授想到了台风的旋向问题，并进行了因果推理，认为北半球的台风同样是逆时针方向旋转的。五是对称类比，即通过对称关系进行类比来创新。如从女士化妆品中创造出男士专用化妆品。六是综合类比，即各种事物属性之间的关系虽然很复杂，但可以综合它们相似的特征进行类比。如将一个模拟飞机在风洞中进行模拟飞行试验。

(2)功能变异联想创新法，即运用联想，捕风捉影，对现有产品和服务的功能进行变异性联想，并根据实际情况和具体需要加以适当地调整、改造、完善，从而构成一种有别于以往设计的创造性联想。例如，应用“氧气顶吹”技术对普通的电烤箱进行改造，使烤箱中食品和热源的位置颠倒，从而可以解决食品油脂下滴、电热丝使用寿命短的弊端。如果在烤箱内增加抽气过滤层，就可减少大量油烟，使用起来更加清洁、方便、舒适。

5. 虚拟创新法

虚拟创新即借助外力创新。例如，借助消费者的“口碑”，让用户为产品做宣传就是这方面的典型例子。日本松下电器公司的董事长邀请有兴趣的消费者到公司参观生产设备、工艺流程、管理制度和质量标准等。参观者尤其是批发商或代销商，看到松下精良的机器设备、科学先进的工艺流程、严格的质量管理后，对松下产品交口称赞，松下电器的销售量也随之扶摇直上。通过邀请消费者到公司参观，还可以沟通双方的感情，直接听取用户的意见和建议，并以此不断改进和创新产品与服务，使之越来越符合消费者的要求，产品因而越来越受顾客的欢迎。

6. 机遇创新法

机遇创新法即善于发现并抓住行为或事件中偶然出现的能够带来转机的方法。如希腊船王奥纳西斯在 20 世纪 20 年代曾经营烟草生意，在 1929 年经济大萧条时期，他出乎意料地以极低价格购买了一大批人们认为不景气的航海轮船。第二次世界大战的爆发赐予他神奇的机会，奥纳西斯得到了石油运输权，利用他的船队很快成为"世界船王"。

7. 逆向思维创新法

逆向思维创新法又称反向思维法，它是从常规考虑解决问题的反面来探求解决问题的思路。在创新过程中，逆向思维创新法的运用途径大致有四条：一是结构性反转，即从已有事物的相反结构形式去思考、设想新的技术创造。例如，日本的夏普公司就是突破"烧东西，火在下方"的思维定势开发出烤鱼器，将电热丝装在鱼的上方，不仅达到了烤鱼的目的，而且减少了烧烤中的油烟。二是功能性反转，即从已有事物的相反功能去思考，设想新的技术创造或寻求解决问题的新途径。例如，日本索尼公司名誉董事长井深大在理发时从镜子里看到电视画面是反像的，由此他设想制造反画面电视机，不仅可供理发者、卧床病人观看，还可供乒乓球训练使用。三是角度性变换，即当某种技术目标或技术研究按常规思路从一个方向屡攻不下时，可以变换角度从另一个方向甚至相反方向来思考，这样往往能打开新的思路，实现新的创造。我国古代"曹冲称象"的故事就是采用角度转换型思维方式。四是缺点应用，即不是以克服事物的缺点为目标，而是巧妙地利用缺点，创造出新的技术、新的事物。

三、创新与创业管理的关系

（一）创新与创业的关系

成功的创业离不开创新。微软开发了 Windows 操作平台，极大地方便了计算机的使用者，改变了计算机只能由少数人操作的局面；英特尔公司开发了 CPU，极大地加快了计算机的计算速度。每个成功的创业者都注重创新，他们可能开发出新的产品和服务，也可能找到了新的商业模式，或是探索出新的制度和管理方式，从而获得成功。尽管创新与创业密切相关，但两者也有着明显的区别。

（1）从概念上看，创新与创业有各自明确的研究边界，两者不可等同。创新是建立一种新的生产函数，引进生产要素的"新组合"；而创业则是这种"新组合"的市场化或产业化的实现过程。

（2）从企业制度的角度分析，创新既可以是产品（服务）创新，又可以是营销模式创新，还可能是企业组织制度的创新。在这三个层面上的创新中，产品创新和营销模式创新都有可能在已有的企业组织框架内进行，这与"创建企业"这种最终涉及企业组织结构制度层面上的创新有着本质的区别。正是这种区别，构成一般意义上的"企业家活动"与"创业活动"的不同。根据第二节熊彼特所列举“创新”的五种情况，其中“引进新产品”和“引用新技术”这两项都属于产品创新范畴；“开辟新市场”和“控制原材料的新供应来源”这两项都属于营销模式的创新；只有“实现企业的新组织”这一项才涉及企业组织制度的建设问题，才有可能与“创业”有关。

（二）创新与创业管理的关系

面对新世纪经济全球化、信息化和高新技术的迅猛发展，创新已日益成为企业发展的关键因素。企业的持续发展能力取决于企业的创新能力，而企业的创新能力主要取决于企业的创新意识，体现在企业在制度层面、管理层面和技术层面的创新作为。

1. 创新是企业改善市场环境的重要手段

第一，通过产品创新，企业能够加速新技术、新材料在产品生产中的应用，提高产品质量，使产品功能更好地满足用户需要，使企业产品的竞争力提高，改变用户对企业的看法，从而改善现有市场的条件；第二，当企业技术创新成果是适销对路的新产品时，它会给企业带来新的用户，形成新的市场，从而可以在更广阔的市场中进行选择；第三，不断创新并获得成功的企业，一般是首次进入新的市场领域，它具有领先者的优势，在很大程度上决定着产品的价格、市场规模等。

2. 通过工艺创新，企业能加速新工艺在企业中的应用，并降低成本提高生产效率

通过改进产品或工程设计，开发或推广新工艺、新技术，改进或更新服务，延长工具系统的寿命等途径，可以节约原材料消耗，缩短生产周期或在相等的时间内生产更多产品，用较少的劳动力生产更多的产品或减少工人劳动时间而生产同样数量的产品。

3. 创新是企业全方位提高企业素质的最有效方式之一

第一，通过技术创新，可以改善研制条件，提高研制能力，提高基本素质（要素素质和内部结构素质）；第二，通过组织创新和管理创新，可以提高对外适应能力，并通过对外部环境的有效影响，改善企业行为素质（企业系统内部要素对环境变化的适应和外部因素交互作用的特性）。

4. 创新是提高企业竞争力的根本途径

企业要发展，其产品就必须占领市场并扩大市场占有率，市场运行的法则是优胜劣汰，企业只有通过产品创新，才能生产出物美价廉的产品，只有通过市场营销创新，才能在市场中赢得顾客，占领市场，成为竞争的优胜者。

5. 创新是企业稳定与发展的重要力量

企业管理的有序化、高度集约化是企业稳定与发展的重要力量。如果说管理和技术是企业发展的两个轮子，那么管理创新就是助力企业发展的马达，管理创新的结果就是为企业提供更有效的管理方式、方法和手段。例如，管理层级制一旦形成并有效地实现其协调功能后，层级制本身也就变成了持久性、权力和持续成长的源泉，因为用来管理新兴的单位企业的层级型组织结构超越了工作于其间的个人和集团的限制。当一名经理离职时，企业并不会因此而影响整体运作，协调有效的管理层级制会对已经做好接管该职位的人员进行相应的培训，即使企业人员流动，企业组织结构和职能也能保持有序运作。

6. 创新有助于企业家阶层的形成

现代企业管理创新的直接成果之一就是形成了企业家阶层，这一阶层的产生一方面使企业的管理掌握在专家的手中，从而提高了企业资源的配置效率；另一方面，使企业的所有权与经营权发生分离，推动了企业健康发展。钱德勒指出："当多单位工商企业在规模和经营多样化方面发展到一定水平，其经理变得越加职业化时，企业的管理就会和它的所有权分开。"职业经理阶层的形成对企业的发展有很大作用，因为企业的存续对其职业具有至关重要的作用，所以他们"宁愿选择能促使公司长期稳定和成长的政策，而不贪图眼前的最大利润"。职业企业家从这一角度，必然会进一步关注创新，重视企业管理创新，使职业经理人成为管理创新的积极推动者和勇敢实践者。

总之，从企业生存和发展的实践来看，创新具有非常重要的理论和现实意义，创业企业需要不断加强管理创新的探索和实践，帮助企业拥有持续竞争优势。

第三节　创业管理的基本过程

一、创业管理的基本原则

企业创办初期在管理上有其基本的原则以及独特之处，任何照搬成熟企业的管理经验和模式都可能违背创业期市场规律条件下的基本原则。概括而言，创业管理应遵循如下基本原则：

（一）生存重于发展原则

由于企业创业期是企业的高风险期，刚诞生的企业很弱小，对来自市场或企业内部损伤的抵御能力差，在生存的基础上发展是这一阶段最大的追求目标。这决定了企业在创业管理期的主要管理目标是降低经营风险，使企业在激烈的市场竞争中长久地存在，进行经营管理经验、知识、资产、人力资源的积累等，形成自己的产业基础。

（二）重权威原则

创业者一般通过两个层次的扁平组织架构来实行一对一的粗放型管理，企业管理的核心是创业者本人，创业者的能力大小、强弱对企业发展起着决定性作用。在这一时期，创业者一般专注企业关键职能的发育，创业者身兼多职，凡事多亲自动手参与实施，实施集权管理，树立企业原创期的企业文化。

（三）利益分享、风险共担原则

创业团队的理念就是利益共享、优化知识、降低风险。同研究机构、供应商、经销商的战略伙伴关系都体现了这种利益分享、风险共担的经营理念。

（四）低成本原则

企业在生产、销售、研发、办公、薪金等方面的费用都必须坚持低成本经营。低成本创业经营是相对于高成本创业经营而言的，在残酷的市场竞争中，创业企业自己动手应该是创业者的一种天性：一方面，自己动手是创业者对企业的呵护，创业者在自己动手的过程中营造了企业的雏形，在企业的原创中把创业者的精神融入到决策机制、管理制度、企业文化乃至产品包装中；另一方面，创业者关注企业的各个方面并插手企业各项业务的过程是创业者吸取管理经验、了解专业关键、增加经营阅历的自我丰富过程。只有经历了这个过程，创业者在企业生产经营期的管理基础建设中才能跟上企业发展的速度和经营规模膨胀的步伐。

二、创业管理的基本要素

创业是一个创建企业的过程，而在创业发展中起推进作用的要素，就成为创业管理的基本要素，抓住了这些要素，就把握住了创业管理活动的关键点。

（一）创业机会

从丰富的市场创意中寻找值得关注的机会，是创业者选择创业生涯、实施创业战略的第一步。当然，并非所有的机会都能转化为实实在在的企业，即使这种商业机会确实能满足某种市场需求，如果它不能为投资者带来可接受的回报，就没有投资的价值。因此，如何甄别具有投资价值的商业机会相当重要，需要独特的机会识别和评价的技能，这也成为实践中创业者和投资者的必备素质之一。

创业机会是贯穿于创业管理活动的核心线索。即使是生存型企业，创业者同样需要评估所要从事的创业项目是否具备盈利性，这一评价过程同样是审慎而必要的。因此，对于创业机会的把握不仅适用于机会型创业，对于生存型创业同样具备较强的意义。

（二）创业资源

资源是创业成长的重要基础，无论是要素资源还是环境资源，无论是否直接参与企业的生产，它们的存在都会对创业绩效产生积极的影响。因此，优秀的创业管理者需要了解创业资源的重要作用，不断开发和积累创业资源。同时，创业者还要善于借助企业内外部的力量对各种创业资源进行组织和整合，这样才能实现机会的有效开发以及战略的有效执行。

（三）创业团队

良好的创业团队是创建新企业的基本前提。创建一个优秀的创业团队不可避免地会涉及两个层面的问题：创业团队的每个成员自身是否有一个适当的角色定位，是否有与之匹配的基本素质和专业技能；整个创业团队是否能够团结合作、优势互补，团队成员之间是否有一个统一的核心价值观，是否做到了责任和利益的合理分配。在创业过程中，创业团队成员往往处于不断调整的状态之中。团队成员的调整是否有利，一方面要看这种调整的方向是否有利于企业的竞争优势重构，是否有利于下一步战略的执行；另一方面，也要看这一调整的过程是否顺利，如果调整方向是正确的，但是团队成员调整过程中发生倾轧，甚至引起企业的分裂，就会对企业造成极大损害。

（四）商业模式

当创业者瞄准某一个机会之后，需要进一步构建与之相适应的商业模式。机会不能脱离必要的商业模式的支撑而独立存在，成功的商业模式是一座桥梁，富有市场潜在价值的商业机会将通过这一桥梁走向真正意义上的企业。缺乏良好的商业模式，机会就不能实现真正意义上的市场价值。

通过商业模式的构想，创业者能够全面思考组织创建中的诸多问题，对整个创业活动进行理性分析和定位。很多创业者在创立企业时，并没有对商业模式进行详细完备的设定，创业者的动力往往来自创业热情以及对目标市场的模糊设想。这样的创业活动带有很大的不确定性，创业者所追逐的创业机会可能确有持续的成长力，创业者会获得成功，但是很多情况下，市场环境的变化以及创业活动的实际推进过程与创业者的事先假设存在很大的落差，盲目的创业活动很容易陷入困境。因此，在创业活动的准备工作中缺乏商业模式设定环节会加大创业失败的风险。

但是，即使创业者设置了商业模式，不清晰或是方向错误的商业模式对创业过程也具有较大的破坏性。一旦发现所设计的商业模式存在失误，创业者应当尽快从错误的商业模式中走出来，调整发展方向，明确具备可行性的商业模式。因此，从某种意义上来说，商业模式就是企业创立之前的战略规划书，当然，这一战略规划在企业创立之后仍然扮演重要角色。

（五）战略规划

战略规划是企业的经营规划，也是公司经营的一种内在模式。这种特定的模式为企业的经营提供了一种存在的规则，有明确经营模式的企业可以依据这种规划有效应对市场环境的变化，及时制订行之有效的应对措施，以使战略行动具有时效性。

战略对于新创企业的成长非常重要，在企业创立之前，创业者必须对企业未来的战略规划进行一个清晰的设想，而不能等到企业成立之后再根据市场环境变化作调整。事实上，这种被动的模式往往会失去市场的先机。因此，创业之前的战略规划是非常必要的，甚至在商业计划书中，创业者就应当对战略规划有详细的设想。新创企业的战略本质上关系到企业的发展方向，是选择持续技术开发占据技术前沿，还是选择市场开发争取市场份额，这种选择本质上决定着企业发展的成败。在制订战略方案时，创业者的重点应当放在战略位置的确立与战略资源的获取上。新创企业要想在市场竞争中取胜，应该主要抓住自己和市场上已有企业的差异性来做文章，形成自己独特的竞争优势，发展核心竞争力。

当然，随着企业的不断成长，新创企业的战略也必须不断调整。在企业成长阶段，相对于创立之初纸面上的战略设想，这一阶段的战略是实实在在的市场竞争模式。因此，在企业成长阶段，创业者需要在战略的执行和控制层面投入更多精力。合理的战略过程还有助于企业增强危机意识，降低失败风险。新创企业的发展面临着更多的不确定性，更多的人为及非人为因素需要处理，出现危机的可能性也大大高于一般的企业。采用适当的战略措施，不仅可以未雨绸缪，防止危机出现，在企业发生危机之后，也可将危机转化为企业发展的机遇。

（六）组织制度

当企业创立之后，组织制度也随之建立起来。在以往的讨论中，组织制度建设通常被忽略，这是由于通常新创企业规模不大，除了创业团队成员以外，雇员也不多，组织内部的管理事务并不复杂。但是随着企业渡过最为艰难的时期，初步获得成长之后，组织制度的重要性就日益凸显了。

组织制度的意义一方面体现在人力资源管理方面。随着企业的成长，新员工不断补充进来，客观上需要建立健全的制度来保证员工各司其职，促进企业健康发展。缺乏规范的组织制度，员工在企业内部完成什么工作任务，担负怎样的责任，企业用怎样的薪酬制度来激励员工，这些问题都没有明确的答案。这势必造成组织难以吸引到有能力的员工，对于已经加入组织的员工也难以实现有效的激励，从而降低企业经营效率。

另一方面，组织制度的意义也体现在组织文化方面。随着企业的发展，旧有的模式很快发生变化，需要新的价值观和发展理念来统一企业上下的认识，保证企业朝着有利的方向发展。良好的组织制度建设有利于形成良好的组织文化，引导企业内部员工的价值观念，使得企业上下形成一股合力，共同构建企业的竞争优势。组织制度建设也是新创企业朝着稳定发展的成熟企业蜕变的必要条件，唯有以规范的制度为基础保障，才能真正促进企业的发展。

三、创业管理的基本过程

企业的成长是一个持续的过程，很难在时间上严格地区分各个阶段，也很难预测从创业到守业的转折点。为了便于理解，不妨将创业过程理解为企业从种子期→启动期→成长期→成熟期过渡的过程。

（一）第一阶段——种子期

种子期也就是新创企业的萌芽期，是创业者为成立企业做准备的阶段。这一阶段的主要特征有：企业的事业内容是作为“种子”的创意或意向，尚未形成商业计划；产品（服务）、营销模式都没有确定下来；创业资金也没有落实；创业者之间虽然已经形成合作意向，但并没有形成创业团队。由于此时企业尚处于“构想”之中，创业者需要投入相当的精力从事以下工作：验证其创意的商业可行性并评估风险；确定产品（服务）的市场定位；确定企业组织管理模式并组建管理团队；筹集资本以及准备企业注册设立事宜等。

（二）第二阶段——启动期

新创企业成长的第二阶段为启动期，以完成注册登记为开始标志。在这一时期，企业已经确定业务内容，并按照创业计划向市场提供产品和服务，但是业务量较小，市场对产品和企业的认知程度较低。该时期创业活动的特征为：企业已经注册成立；产品（服务）已经开发出来，处于试销阶段；商业计划已经完成，并开始进行融资；人员逐渐增多，创业团队的分工日益明确等。与上述特点相对应，新创企业在启动期的创业活动主要围绕以下方面进行：根据试销情况进一步完善产品（服务），确立市场营销管理模式；形成管理体系，扩充管理团队；撰写商业计划书，筹集启动资本等。

（三）第三阶段——成长期

新创企业的成长期是指从完成启动到走向成熟的时期。成长期的特征主要表现在以下几个方面：产品进入市场并得到认可，生产和销售均呈现上升势头，产量提高使得生产成本下降，而市场对产品或服务的认可又能促进销售，从而形成良性循环；管理逐渐系统化，随着企业规模的扩大和人员的增加，各个部门之间的分工越来越明确；企业的研究开发和技术创新能力不断增强，部分企业开始实施多元化战略；企业的产品和服务形成系列，并逐渐形成品牌；企业的声誉和品牌价值得到提升。该时期的创业活动主要涉及以下内容：根据市场开发情况，尽快确定相对成熟的市场营销模式；适应不断扩张的市场规模和生产规模的需要，进一步完善企业管理，并考虑企业系列产品的开发或进行新产品开发；根据企业的实际情况，及时调整企业的经营战略；募集营运资本等。

（四）第四阶段——成熟期

新创企业从启动到成熟也不是一蹴而就的，而是一个逐步发展的过程。一般来说，当企业经过启动阶段之后，随着产品市场占有率的上升，会有一个快速成长的过程；但是快速成长并不会一直持续下去，当正现金流出现时企业会进入稳步增长时期；当企业成长开始稳定之后，产品在市场上的影响逐步扩大，产品品牌优势形成，企业就开始走向成熟阶段。

本章思考题

1. 什么是创业？简述创业的特征与本质。
2. 简述创业管理的内涵、特点及其与传统企业管理的区别。
3. 试述创业的关键要素及其在创业过程中的作用。
4. 简述创新与创业及创业管理的关系。
5. 试述创业管理的基本要素和具体过程。

案例分析

"20世纪的伟大发明"——方便面

方便面——这个被称为"20世纪最伟大的发明"，2003年全世界的产量竟达到632.5亿包，其中中国277亿包，印尼112亿包，日本54亿包，韩国36亿包，美国37.8亿包，全年产值已达140亿美元。但你也许并不一定知道方便面是谁发明的——方便面的发明者是日本人安藤百福，他是华裔日本人，1910年3月5日出生于我国台湾，2017年1月6日因心脏病逝世，享年97岁。

被饥饿催生的灵感

1958年安藤百福发明了世界上第一包方便面——"鸡肉拉面"。发明灵感早在1945年就已萌生。第二次世界大战后日本食品严重不足，一般人饿得连薯秧都吃。安藤百福偶尔经过一家拉面摊，看到穿着简陋的人群顶着寒风排起了二三十米的长队，他不由得对拉面产生了极大的兴趣。1958年春天，安藤百福在身无分文的情况下开始着手研究拉面。他在大阪府池田市的住宅后院建起了一个10 m^2 的研究室，找来了一台旧制面机，然后买了一个直径1 m的炒锅、一袋18 kg的面粉、食油等潜心研究方便面。

由重复开发悟出的道理

安藤百福设想的方便面是一种只要加入热水立刻就能食用的速食面，食用起来非常简便。他定了五个目标：一是味道不仅好吃，而且吃不厌；二是可以成为家庭厨房常备品，且具有很高的保存性；三是简便、不需要烹饪；四是价格便宜；五是必须安全、卫生。在面类这一行他完全是一个外行。面条的原料配合非常微妙，很有学问。他把所有想到的东西全部试了一下，但效果都不好。后来他的夫人做油炸菜肴的方法启发了他，油炸食品的面衣上有无数的洞眼，就像海绵一样，这是因为面衣是用水调和的，其中的水分在油炸过程中会发散掉形成“洞眼”，加入开水很快就会变软。将面条浸在汤汁中使之着味，然后油炸使之干燥，就能同时解决保存和烹调的问题。他兴奋异常，把这种制作方法叫作“瞬间热油干燥法”，并拿到了方便面制法的专利。当时后院的研究小屋旁养着鸡，经常用来杀了上餐桌。有一天岳母用鸡骨头熬的鸡汤放在拉面里，儿子居然吃得很香。受此启发，安藤决定方便面也用鸡汤。安藤说方便面打入国际市场后还没有在世界上发现不吃鸡肉的国家。

打开国内销路前就已出口

安藤把试制品分发给各处的熟人，得到的评价是“具有和现有的拉面不一样的美味而且非常方便，能成为新商品”。安藤又委托在贸易公司工作的朋友把样品送到美国试探一下反映，结果美国那边立刻来了回信要求再订500箱。安藤体会到食品真的没有国界，并且隐隐地有一种预感，说不定这个商品将来会成为世界性的商品。

把面条放进纸杯里

1966年，安藤百福第一次去欧美旅行考察，希望找到把方便面推向世界的办法。当他拿着鸡肉拉面去洛杉矶的超市时，他让几个采购人员试尝拉面，他们为难地摇着头，原来是没有放面条的碗。找到的只有纸杯子，把鸡肉拉面分成两半放入纸杯中，注入开水，他们用叉子吃，吃完后把杯子随手扔进了垃圾箱。见此，安藤恍然大悟，脑子里有了开发“杯装方便面”的构想。容器决定选用当时还算新型的泡沫塑料，轻便、保温性能好，成本也低。杯子的形状做成用一只手也能拿起的大小。一次在从美国回国的飞机上，安藤发现空中小姐给的放开心果的铝制容器的上部是一个由纸和铝箔贴合而成的密封盖子，当时，他正被如何才能长期保存这个问题困扰，想找一种不通气的材料，杯装方便面的铝盖在那一刻就这么定了下来。

（由作者根据相关资料改编）

案例讨论题：

阅读上面的案例，请结合所学的创业管理知识，分析安藤百福及其方便面成功的原因。

第二章 创 业 者

学习目标

理解创业者的含义及类型；掌握创业者的特质；理解创业者的创业意识和创业动机；理解创业者素质培养的途径。

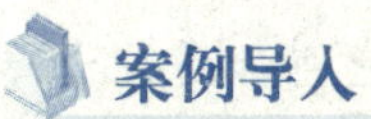

案例导入

抓住欢乐商机的流动彩印店

在我国台湾的许多风景名胜游览区，无论是本地游客还是来自海外的游客，他们都会被一台流动彩印车所吸引。这台创意十足的流动彩印车可以很快捷地为游客提供冲印照片的服务，还可以将游客喜欢的照片图像印在一些纪念品和T恤衫上。

开创全台湾第一间流动彩印店“百达彩色世界”的老板是36岁的周正章和32岁的周正文兄弟俩。哥哥周正章原是一个汽车维修工，弟弟周正文则是一个摄影发烧友。近年来，台湾正处于经济转型期，而旅游业一直是台湾经济的一大支柱产业。周氏两兄弟敏锐地发现传统的彩色冲印行业存在许多弊端，在事事讲求快节奏的今天，许多彩色冲印店却未能做到立等可取，而且鲜有能将顾客喜爱的照片和图案印在顾客喜欢的物品上。经过一番筹划之后，全台湾第一间流动彩印店诞生。“百达彩色世界”流动彩印店是由一台厢型车改装的。车内主要的设备有计算机、数码照相机、专业扫描仪、专业用的印刷机及印表机各两台。其他印刷相关的配件一应俱全，俨然一个小型专业冲印部，总投资为50万元台币。兄弟俩原本只抱着尝试的心态，没有想到流动彩印店大受欢迎，每逢周日和节假日是他们赚钱的好时光。生意好的时候可以收获10 000～15 000元台币/日，平日、喜宴及夜市人潮多的场合也有5 000～10 000元台币/日。如果做到15 000元台币的生意额，成本大约需要4 000元台币，如此估计，兄弟俩每月的纯利润约在13万～15万元台币，利润相当丰厚，投资50万元台币不用半年就能够收回成本。

除了周日及节假日之外，平日里“百达彩色世界”也主动与学校、社团、企业等广泛联系，推销业务。他们可以为学生印制高品质的班服、校服、各类运动队的队服等。只要一个电话他们就马上过去，要拍照或用Logo合成图案转印到服装上都可以很快完成，不需要像以往一样要等上好几天，方便快捷。“百达彩色世界”很快在校园学生中打开知名度，此举又成了他们的利润新增长点。

兄弟二人雄心勃勃，已制定好周详的发展计划，哥哥周正章负责市场营销，弟弟周正文负责研究开发新的产品线。新增的两台“百达彩色世界”的流动彩印车也已投入营运，连锁加盟是兄弟俩今后快速扩张的首选策略。

（由作者根据相关资料改编）

思考：

周氏兄弟的创业为什么能取得成功?

第一节　创业者及其特质

一、创业者的含义及类型

（一）创业者的含义

法国经济学家萨伊(J. D. Say)在《政治经济学概论》一书中指出，创业者是将劳动、资本、土地这三项生产要素结合起来进行生产的第四项要素，是把经济资源从生产效率较低、产量较少的领域转移到生产率较高、产量更大的领域的人。

管理大师彼得·德鲁克给创业者所下的定义是“创业者就是赋予资源以生产财富能力的人”。创业者善于创造或发现商机，然后抓住商机，并创办起有高度发展潜力的企业，其思想和行为与众不同。可见，创业者是以创造财富和获取商业利润为目标的，其行为与普通员工的工作有不同之处。

西方社会中，通常把创业者与职业经理人作为对比概念加以区分。创业者是指一种开办或经营自己企业的人，他们既是员工，又是雇主，对经营企业的成功与失败负责；职业经理人通常不是他们所管理公司的所有者，而是被雇来管理公司日常运作的人。所以，创业者不同于管理者，创业者活动包含了管理者活动。

（二）创业者的类型

创业者可以从几种不同的角度进行分类。从在创业过程中所处的角色和所发挥的作用来看，创业者可分为独立创业者、主导创业者和跟随创业者（参与创业者）三种类型；从创业的背景和动机来看，创业者基本上也可分为生存型创业者、变现型创业者和主动型创业者三种类型。还有一些其他的分类方法，如按创业者的人格特质、创业的内容、创业的主体等分类。下面简要介绍独立创业者、主导创业者与跟随创业者，以及生存型创业者、变现型创业者与主动型创业者。

1. 独立创业者、主导创业者与跟随创业者

同为创业者也有不同的角色和地位。有人适合独立创业，如有一定的资金、有极强的独立性的人；有人不适合独立创业，如欠缺独立性、容易优柔寡断的人。有人适合合伙创业，如容易与人相处的人；有人不适合合伙创业，只适合独立创业，如该人能力很强，但不善于与人相处，听不进别人的意见。在合伙创业中，有人适合做领导人，有人只适合做跟随创业者。

（1）独立创业者

独立创业者是指独自创业的创业者，即自己出资、自己管理。独立创业者的创业动机和实践受诸如发现很好的商业机会、对工作具有专注的精神、独立性强、失去工作或找不到工作、对目前的工作缺乏兴趣、对循规蹈矩的工作模式和个人前途感到无望、受他人创业成功影响等因素的影响，从而激发了独立创业活动。独立创业充满挑战和机遇，可以充分发挥创业者的想象力、创造力，自由展示创业者的主观能动性、聪明才智和创新能力；可以主宰自己的工作和生活，按照个人意愿追求自身价值，实现创业的理想和抱负。但是，独立创业的难度和风险较大，创业者可能会因缺乏管理经验、缺少资金、缺少技术资源、缺少社会资源、缺少客户资源等某一方面或某几个方面的问题，从而面临较大压力。

(2)主导创业者与跟随创业者

主导创业者与跟随创业者是联结为一体的，即一个创业团队中带领创业的人。创业团队中的头领即主导创业者；其他团队成员就是跟随创业者，也叫参与创业者。一个好的创业团队，应该是一个优势互补的团队，既要有善于开发技术的人，也要有善于开拓市场的人；既要有善于日常运行管理的人，也要有擅长财务管理的人。整个团队中，既要有主导创业者，但不能都是主导创业者，主导创业者只能有一个，跟随创业者可以有若干个，这样才能有效运作。

2. 生存型创业者、变现型创业者与主动型创业者

(1)生存型创业者

生存型创业者大多为待就业人员、或因为种种原因不愿困守乡村的农民及刚刚毕业的大学生等。这是中国数量最大的创业人群。清华大学的调查报告显示，这一类型的创业者占中国创业者总数的90%。他们中的许多人是为生活所迫，出于生计而走上创业之路的，一般创业范围大多数局限于商业贸易，极少数从事实业的也基本是小打小闹的加工业。当然，也有因为机遇成长为大中型企业的，但数量极少。

(2)变现型创业者

变现型创业者就是过去在原单位积累了大量资源的人，在机会适当的时候，自己出来开公司办企业，将无形资源变现。

(3)主动型创业者

主动型创业者可以分为两种情况：一种是盲动型创业者；一种是冷静型创业者。盲动型创业者大多极为自信，做事冲动。这样的创业者很容易失败，然而一旦成功，往往也能成就一番大事业。冷静型创业者是创业者的精华，其特点是谋定而后动，不打无准备之仗。他们或是掌握资源，或是拥有技术，一旦行动，成功率通常很高。这种创业者还有一种目标，就是喜欢创业。他们不计较自己能做什么，会做什么，可能今天在做这样一件事，明天又去做另一件事，他们做的事情之间可以完全不相干。其中的一些人，甚至连对赚钱都没有明显的兴趣，他们不考虑自己创业的成本得失，只是想做自己喜欢的事。

二、创业者的特质与成功素质

(一)创业者的特质

创业者创业的领域多种多样，创业的表现也不大相同。通过对成功创业者群体的研究发现，成功创业者有很多共同的特质。

1. 高度的成功欲望

创业者的欲望与普通人的欲望并不一样，他们成功的欲望更加强烈，他们常常不满足于现实，需要打破眼前的现状。正是因为这种强烈的成功欲望，使他们具有不断前行的动力，推动着他们不断地去追求、去拼搏。

2. 勤奋工作的精神

创业者必须要有勤奋工作、不畏艰辛、百折不挠的精神，这也是创业者必备的特质。特别是在创业初期，创业者会面临各种各样的困难和挑战，仅有创业的热情是远远不够的。俗话说"万事开头难"，只有勤奋工作，知难而进，最终才能达到理想的彼岸，正所谓"成功是1%的天才加上99%的努力"。

3. 积极主动的创新意识

每个创业者都是积极主动去做事、找信息、找项目的人。成功的创业者能够在风云激变的市场环境中不断发现或创造新商机，创新产品、服务和操作方法等。创新是一个不断地破旧立新的过程，正是凭借创新，使那些成功的创业者走在了时代的前面。创业本身就是一种创新，要求创业者打破传统的思维方式和就业模式，探索个人成才和发展的新途径。

4. 坚持不懈的毅力

创业的过程是极其艰苦的，甚至是充满辛酸的。企业或公司在创业开始时，一般都是资金短缺、人才匮乏、规模较小，知名度也比较低。作为一个创业者，他不仅要有必胜的信念，面对挫折和失败时更要有永不言败的坚强意志。创业固然需要激情，更需要有激情背后的脚踏实地与不屈不挠。创业者要能接受并战胜一切艰难和挫折，有一种坚持不懈、自强不息的精神，持之以恒地坚持自己的目标并顽强地走下去。

5. 勇于冒险

成功的创业者身上往往都有着异乎常人的绝对自信的特点，敢于冒险几乎是所有创业者共同的特质，但是创业者绝对不是野蛮的冒险者，而是擅长衡量风险的冒险者。这样的创业者通常表现为不惧怕风险，对风险有着特殊的直觉，奉行"模糊是商机""看不准时才行动"的原则，善于捕捉那些祈求太平的人们称为"铤而走险"的机会而获得高价值收益。经营中可能遇到的风险很多，如产品开发风险、市场风险、资金风险、原料供应风险等，大学生创业者对这些要有充分的认识和足够的心理准备，要从最好的愿望出发，做最坏的打算。有足够的风险意识，创业者才能够时刻保持清醒的头脑，减少经营中的随意性和盲目性，善于规避风险、化解风险。

6. 善于沟通、通情达理

沟通是信息时代的特征，交际是企业和个人生存发展的需要。创业需要与政府部门及相关企业及时沟通，亲密交往，争取它们的大力支持与合作；团队内部的成员之间也需要经常沟通思想、增进感情、形成组织的向心力和凝聚力。这些不仅是大学生创业初期所要进行的活动，也是企业稳定经营与发展壮大时期的经常性活动。个人的性格魅力也是很重要的，个人应该注意自己的个人素质、修养及能力。良好的沟通能力才能让自己的创业更加容易，更快地走向成功。

（二）创业者的成功素质

许多人都想通过创业感受成功的滋味，不过不是每个人都能够白手起家，像李嘉诚、松下幸之助一样创造一番伟大事业的。所以，成功的创业者除了具备上面提到的共同特质外，还应该具有其他方面的素质。

1. 全新的理念

对许多人来说，迈向创业的第一步就是观念上的转变，正所谓“观念更新，万两黄金”。一个成功的创业者绝不能因循守旧、墨守成规，而是应该以宽广的时代眼光来观察国内外的变化，以善变、应变的精神去创业。

（1）自主创业意识

自主创业指的是不以传统的就业方式谋得职业发展，而是运用自己的才学智慧与科技发明创立自己的企业。在温州，老百姓常把“下岗”称为“站起”；认为下岗不是什么丢脸的事情，坐等政府和社会来帮助才是耻辱；与其“寄人篱下”，不如另起炉灶，自己创造一个饭碗。这些都是自主创业意识的体现。

（2）风险观念

创业就像一次赌博、一次冒险，正所谓“一份风险，一份财富”。创业者是市场经济中风险和不确定性的承担者。只有敢于冒险，具有风险观念，才能在激烈的竞争市场中占据有利的地位。创业就是要敢于做第一个吃螃蟹的人。有胆有识，这是企业家必备的重要素质之一。

因此，我们的大学生不仅要敢于胜利，也要敢于失败，并在失败中找到取得最终胜利的道路。当然，冒险敢为并不等于盲干，敢想、敢做的同时，还要有商业智慧，从而把失败和风险降到最低。

（3）竞争观念

凡是存在商品生产和交易的地方，市场竞争就必然存在。竞争是市场经济的主体属性和客观规律，也是市场经济保持持续活力的催化剂。美国著名经济学家伯克莱因曾说，一旦一个公司不再面对真正的挑战，它就会很少有机会保持活力。也就是说，没有对手，等于自己的人生毫无意义。

一个优秀的创业者应该时刻关注自己的竞争对手，从对手中学到更聪明的做法，避免自己的错误，进而找到超越对手、战胜对手的方法。只有在竞争中，企业才能不断地进步和发展。

（4）法律意识

法律意识是人们对法的种种现象的感知、情感和意志的总和。根据内容分析，法律意识包括人们对于法律规范和法律行为的把握、评述和态度；根据形式分析，法律意识表现为人们对于种种法律现象的认知。创业要在法律所允许的范围内进行，所以创业者要了解民法通则、合同法、担保法、公司法、劳动法、劳动合同法、税务法、票据法、证券法、消费者权益保护法、民事诉讼法、国际法等，充分提高自己的法律意识。

2. 良好的素质

创业者应该具备的素质主要包括以下几个方面：

(1)身体素质

身体素质是指人的身体在各种行为活动中所表现的力量、速度、灵敏、耐力及柔韧性机能的能力。身体是革命的本钱，良好的体魄是创业的有利条件，有助于增大创业者的承受力，有利于增强创业者的创造力，有助于增加创业者的自信心。

(2)心理素质

有好的心态就不会失态。一个健康的人是指身体上和精神上完全达到平衡的状态。若一个人只有强壮的身体，没有任何疾病，还称不上完全的健康。真正的健康包括身体健康和心理健康。对于创业者来说，心理健康的重要性往往要强于身体健康的重要性。人的心理素质对于能否创业有着至关重要的影响。

(3)道德素质

一个人要创业，得先要会做人。不会做人，他的企业就不会做大，也不会得到别人的信赖。松下幸之助曾经说过："一个经营者不一定是万能的，但至少应该是一位品格高尚的人。"创业者要想在激烈的竞争中脱颖而出、获得优势，除了依靠信息、质量、价格和服务优势外，必须要引入竞争的道德因子。富兰克林曾说："失足，你可能马上站立；失信，你也许永难挽回。"所以良好的信誉非常重要。

创业者的道德素质是创业成功最主要的方面。创业者的道德素质要求包括重视诚信和企业信用，以及具有奉献精神、敬业精神、责任感、使命感、为人公道正派。

(4)政治素质

政治和经济是永远分不开的。创业者不能只盯着市场而不问政治。政府是世界上最好的推销员，商人是世界上最有钱的政治家。如果能把两者结合起来，就会创造商业神话。

创业者的政治素质要求：①能够保证企业大的发展方向不会出轨；②盯住国际政治风云，能够为企业正在或者将来要参与的国际竞争做好准备；③盯住政府的各项政策，以便很好地灵活运用，为企业的发展服务。

3. 卓越的能力

如果说崭新的理念是创业的关键，良好的素质是创业的基础，那么卓越的能力则是创业的根本。创业是一种复杂的活动，这需要创业者具有卓越的综合能力。这些能力包括以下几个方面：

(1)敏锐的洞察力

有人这样说："上帝给每个人两只眼睛、两只耳朵和一张嘴巴，就是希望人们多看、多听和少说。多看，就是要我们多掌握文字方面的信息；多听，就是要我们多了解一些有声的信息；少说，就是要我们多行动，少说废话。只要注意观察，善于透过信息的面纱来感知隐含着的对自己有用的内容，设法满足别人的需要，商机就在你的身边。信息就是财富。对信息进行选择，善于觉察信息中蕴含的金矿，利用信息分析和解决问题，这就是洞察力的表现。

(2)科学的决策能力

创业者不断提升自己的分析判断能力，有助于在繁杂的事物中，直接看透现象背后的本质问题，找出并抓住主要矛盾，以创造性的思维，进行科学的提炼、总括、分析和判断，一通百通，把握解决问题的关键点。俗话说："凡事预则立，不预则废。"创业者要在科学理论的指导下，运用科学的决策方法和技术，按照科学的程序进行决策，以实现决策的科学化。

(3)选才用人能力

美国钢铁大王卡耐基说："你尽可以把我所有的工厂、设备、市场和资金全部拿走，但是只要保留我的机构和人才，4 年之后，我仍将是一个钢铁大王。"

由此可见，人才是企业重要的财富积累，创业者要具备优越的选才能力。"三军易得，一将难求"，刘备三顾茅庐邀请诸葛亮帮其打天下，看重的无外乎是诸葛亮的智慧，所以创业者要有求贤若渴的选才用人能力。

(4)社会交往能力

卡耐基说："一个人的成功，15％靠他的技术，而 85％要靠他处理人际关系的能力。"包玉刚纵横航运界和商界近半个世纪，足迹踏遍世界各地，结识满天下。他还凭着个人的知名度和公关手腕，成为不少国家的党政首脑的座上客。

由此可见，成功的创业者都具有良好的社会交往能力。筹集资金、签订合同及雇用员工等都要进行交谈，所以创业者要深谙"征服"他人之道，让他人为自己做他本不想做的事情，而这靠的就是沟通与交流能力。不能令人信服，就不可能成功。创业者在社会交际过程中一般都要做好以下工作：①取信于投资者；②赢得员工的忠诚；③同上下渠道的中间商搞好关系；④立信于消费者。

三、大学生创业者的素质要求

(一)良好的文化素质与鲜明的个性特征

1. 文化素质

文化素质是一种看不见但能感觉到的品质，是在知识社会中长久保持成功所必须具备的品质。低学历的创业者不必过分担忧自己的文化素质，文化素质是可以通过多读书、勤思考逐渐培养起来的。一个人的文化素质一般集中体现在思想道德、专业知识和思维方式上。

其中，思维方式至关重要。作为一个创业者，要时时刻刻勇于打破自己的思维定势。因为有时候并不是没有机会存在，而是创业者存在思维定势，对一些宝贵的机会视而不见，从而错过了许多时机。每当觉得事情没有转机时，创业者就应有意识地跳出自己的思维定势，"难则思变"，就会豁然开朗。

2. 个性特征

没有个性的创业者，就很难创造出有前景的事业。个性对于创业者来说非常重要，因为个性包括了人的智力、性格、情绪、意志等一些重要特征。有的人有胆识、有魄力；有的人畏手畏脚，没有做事的胆量，这实际上是人的个性的不同表现。纵观创业史上创造奇迹伟业之人，他们无一不具有鲜明的个性，其中最重要的是独立性、好胜性、求异性、进攻性和坚韧性五个方面。

(1)独立性

著名社会心理学家马斯洛认为"有创造性的人属于自我实现的人"。一个能够实现自我的人往往具有极强的独立性，他敢于展现自我，实现自己的想法。与具有独立性的人相对的是具有依附性的人，这些人没有主宰自己命运的勇气，缺乏自控能力，一切都是依靠别人去做决策，由别人决定自己的命运。从本质上而言，人一生下来就具有独立性和依赖性共存的双重个性，重要的是创业者能否认识到这点。创业成功的人都是那些善于摆脱依赖性，努力实现自己独立性的人。

(2)好胜性

好胜性是指一个对自己非常有信心，而且善于与别人竞争并追求成功的个性。人的天性中有一部分是渴望得到别人的承认与尊重。好胜可以看作独立性的延续，有胆识、有魄力，喜欢用自己的头脑去思考，而且勇于去证明自己是最成功的人，这就是强烈的争强好胜的心理。争强好胜并不意味着欺负弱者，而只在证明自己。创业者不仅自己追求成功与胜利，更要激励自己的员工去追求成功、胜利，为他们创造展现才能、赢得荣誉的舞台。只有自己的员工都积极追求成功，创业者的事业才能兴旺发达。

(3)求异性

创业者具有极强的求异追求，这种追求是其积极进取、蓬勃向上、富有生命力的源泉。创业之初，一切都处于全新状态，创业者会花费大量心力试图创建一种公司经营运作的模式，这对于公司的健康成长是非常必要的。商业经营的是人们的品位，创造的是人们的生活方式，并为人类的生活提供不同的选择方案。

(4)进攻性

对于创业者而言，其他人的建议或经验只是参考，创业者不要迷信书本，也不要迷信一些所谓的权威，要勇于在创业过程中主动出击，发挥主观能动性。因为只有发挥进攻性，才能激发人的潜力，才能发现并抓住稍纵即逝的良机，从而踏上成功之路。

(5)坚韧性

创业的道路上既有成功，也有失败，无论是面对成功还是失败，创业者都要充分发挥坚忍不拔的品性，凭顽强的毅力去承受失败的打击。更为重要的是，在重大打击之后，绝不能丧失前进的信心和勇气，并能在认真总结经验教训的基础上再一次奋勇而起。要知道，每个人都不是十全十美的，每件事都不是一蹴而就的，特别是在公司的初创阶段，创业者对每件事都没有亲身经历过，不要因为自己做错了事就否认自己的能力，也不要因为别人的嘲笑而放弃自己的想法，而是要在自己失败的经历中仔细分析，总结经验教训，找到成功的方法。

(二)敏锐的政治观察力和准确的市场判断力

1. 政治观察力

创业者的政治观察力体现在以下两个方面：

(1)关注政府行为，即从政治行为中找到有用的信息，确定投资方向。

(2)透过政治表象，看到事物本质，发现事物发展的最后态势，并以此来指导自己的各项行动，做出正确的决策。

2. 市场判断力

创业者的市场判断力主要表现在以下几个方面：

(1)目光敏锐

目光敏锐即善于盯住大机遇的蛛丝马迹。首先是善于发现冷门中的大热门。眼光独到的企业家都知道市场行情的“冷”和“热”只是暂时的、相对的，随着大环境的变化，两者可以相互转化。前些年出现的房地产热、服装热、炒股热都给我们带来很大启迪，即成功属于最早行动起来的人，成功源于“冷”期而非“热”期，大机遇往往隐藏于被常人忽视的“冷”门之中。其次是不步别人的后尘。跟在别人屁股后走的人，在经营中是成不了大器的。如果“醒得早，起得迟”，机遇永远属于别人，自己追求到的只能是些残羹剩饭。对大机遇而言更是如此，优秀的企业家大都不喜欢与别人“同食一碗饭”，他们的高明之处在于能够把小机遇变成大机遇。他们不随大流，目光独到，另辟蹊径，在别人还“没睡醒”之前早已采取行动并取得成功。

(2)善于把握宏观大局

掌握信息是决定经营成败的关键因素之一。商界普遍认为，得信息者得天下。很难设想，一个视听封闭、优柔寡断的企业领导能够先人一步抓好机遇。敏锐的企业经营者都是运筹帷幄、决胜千里的。经营者的心思无非就是一个：把握大格局，决断企业的全局发展。要想做好这篇大文章，经营者必须对竞争形势、消费者需求等关键信息了如指掌，以此为出发点，制定当前的经营策略和将来的发展战略。市场信息千头万绪，如果抓不准，就掌握不住主要的、关键的信息；即使掌握了关键的信息，但抓得慢，决策滞后，也不会带来大的效益；即使有了前面两条，但对关键信息抓得不狠、不绝，给别人留下可乘之机，也不会收到很好的效果。

(3)善打“区域差”和“时间差”，巧钻市场夹缝

商场是时间性、区域性极强的战场，判断时处处都能体现出来。从区域上讲，中国地域广阔，因历史原因，造成东西之间、南北之间、沿海与内地之间存在很大的差异，这是“区域差”。即使在同一区域，不同的时间也有不同的行情，这就是“时间差”。这些差异对企业家而言就是市场需要的信息和获利的机会。

许多人在机遇问题上持“知难行易”的观点，认为只要认识到机遇，就能赚钱，在“泡沫经济”时期更是如此。其实不然，即使在短缺经济环境中，也不是人人都能赚大钱的。成功的企业经营者之所以与众不同，并不在于他们掌握了多少理论，也不仅仅在于他们发现了机遇，主要是他们具备了把潜在转化为现实的“无中生有”的能力，也就是把机遇升华为现实生产力的能力。

第二节　创业者的创业意识与创业动机

创业意识是指一个根据社会和个体发展的需要所引发的创业动机、创业意向和创业愿望。创业意识是人们从事创业活动的出发点与内驱力，是创业思维和创业行为的前提。创业意识是创业的先导，它构成创业者的创业动力，由创业需要、动机、意志、志愿、抱负、信念、价值观、世界观等组成，是人进行创业活动的能动性源泉。正是创业意识激励着人以某种方式进行活动，向自己提出的目标前进，并力图达到和实现这一目标。

一、创业者的创业意识

当今创业的时代是信息经济时代。时代要求每个创业者必须培养和具备现代创业意识和品格。因此，创业者应该掌握以下现代创业意识：

(一)创业主体意识

改革开放的深入发展、下岗再就业大潮的推动和党的富民政策，将人力资源的潜能最大限度地发挥出来，使普通人成为创业的主体。这种创业的主体意识、主体地位、主体观念，就会成为创业者拼搏的巨大力量。这种力量会鼓舞他们抓住机遇，迎战风险，努力实现自身的价值，当然也会使他们承受更多的压力和困难。因此，这种创业主体意识的树立，就成为创业者在创业中必须具有的、十分宝贵的内在要素。我们只有理解了这点，抓住了这点，培育了这点，提升了这点，才能深切地认识到创业是人生路上的一个转折点，是知识增量、能力提升的极好机会。

(二)风险经营意识

风险经营意识是中国企业在国际接轨中应着重增强的一种现代经营意识，也是创业企业和创业者急需培养和增强的一种重要的创业意识。创业是充满风险的。创业风险意识的缺位突出表现在以下四个方面：在心理准备上，表现为对创业可能出现和可能遇到的困难准备不足；在决策上，表现为不敢决策，盲目决策，随意决策；在管理上，表现为不抓管理，无序管理，不敢管理；在经营上，表现为盲目进入市场，随意接触客户，轻率签订商务合同。

(三)知识更新意识

创业者创业后面对的第一个也是最普遍的问题就是发生知识恐慌，原有的知识底蕴和劳动技能已经不足以支持他们应对创业中大量的新情况和新问题。这就使他们不得不面对知识更新的繁重任务。因此，创业者应该随时注意进行知识的更新，才能适应和满足繁重的创业需求。

(四)资源整合意识

任何一个创业者都不可能把创业中所涉及的问题都解决好，也不可能把一切创业资源都备足。这里关键的一点在于要学会进行资源整合。因此，资源整合的原则不仅是创业设计中的一个重要原则，也是在创业中借势发展、巧用资源、优势互补、实现双赢的重要方法。

创业者刚刚开始创业，资金不足、资源缺乏、没有经验、不会经营，在银行开了账户，有了支票都不知道图章盖在哪里，可以说每步都可能洒下一把泪、碰出满头包。这种情况下，给他们一座金山，不如给他们一种能力，只有使他们放眼看到现代企业的发展趋势、把握崭新的创业理念，并以此为武器，进行各种最佳创业要素的整合，才能开拓自己的未来之路。这种现代创业意识必将成为创业者快速崛起的一种特效武器。

(五)战略策划意识

从某种意义上说，市场的竞争就是经营韬略的竞争。策划是一种智力引进，是一种思维的科学。它是用辩证的、动态的、发散的思维来整合行为主体的各种资源和行动，使其达到效益或效果最佳化的一个智力集聚的过程。大到企业发展战略，小到一句广告语，都要经过策划的过程。因此，从本质上讲，策划就是进行战略设计的过程，也是对每个具体事件和行动进行战略思索的过程。

（六）开发信息资源意识

信息是资源，是财富。但是，很多创业者不懂得信息的价值和信息资源的重要性，不会寻找和利用信息资源，更不懂得去开发信息资源中的价值。正如一个创业者所讲："刚创业时，不懂得发现信息、寻找商机，每天只懂得'傻愣愣地站着，傻愣愣地喊'。结果，一天下来，腰酸腿疼，还不挣钱。"后来，知识产权局的人来给创业者做报告，还带来了几十多万条的过期专利，提供给创业者进行筛选。从对这些信息的筛选中，这个创业者获知国际上需求超薄型针织服装的信息。他立刻加紧运作，从某地引进了用细羊绒和蚕丝制成的冬暖夏凉而重量十分轻的超薄型针织面料，还添置了先进设备，培训了员工，充实了技术人员，很快让自己生产的春、夏、秋、冬四季超薄型针织服装上了市，真正尝到了开发信息资源的甜头。

（七）寻找和抓住创收点的意识

创收点是企业的获利点。现代商业中，知识的含量、科技的含量越来越高，知识和科技已经成为重要的获利点。创业者一定要认识到，商机是商业模式设计的着眼点，创收是经营运作的落脚点，好的创业模式都必须能够最大限度地创造商业价值。因此，每个创业者在创业模式设计中不仅要找准创收点，而且要紧紧围绕实现创收点进行商业运作和拼搏。这些重要的现代营销学观点，一定要成为创业者心中的一盏灯。

（八）挑选优化环境意识

创业环境是重要的创业要素，也是创业企业快速崛起的重要支撑要素。一个十分优越的创业环境，对于创业企业的快速发展和崛起具有十分重要的意义和作用。创业环境包括的内容很多，这里讲的对环境的挑选，主要是要挑选那些优化了的微观环境。

二、创业者的创业动机及影响因素

（一）创业者的创业动机

对于创业者而言，创业意味着拥有自己的事业，可以自由支配的时间，能够从事业中赚钱。可感知的结果是创业者激励的要素，期望的报酬将激励创业者把自己的时间和精力投入到机会的识别和开发中去。创业动机可以是外在的，如增加收入、获得更多财富和利润；也可以是内在的，如为自己工作的愿望、实现个人的人生价值等。

1. 获得更多利润和财富

对于不少创业者和小企业主来说，创业受个人谋利动机驱动，他们可能是将全部的资产和心血都投入其中，希望为自己和家人带来稳定和富裕的生活。

2. 实现人生价值

这些创业者有主动创业的欲望，主要想实现自身的抱负，一般经过仔细的考察和深思熟虑。虽然有很多创业者在创业初期更多的是考虑经济利益，但是当创业者达到一定的阶段时，更多的人开始注意实现自己更好的目标和更大的自我价值。

3. 实现自己的抱负

这类创业者或是拥有一定的技术专利，或是对某个行业有比较透彻的了解，想通过建立经营一个组织实现自己的想法或将其设定的产品形成产业化，使之成为自己拥有的事业。

4. 将兴趣爱好作为终生的事业

这类创业者选择创业，源于对某项事情有兴趣，选择此事作为一生的事业，但不容易找到一个与自身兴趣爱好吻合同时能任由自己发挥的单位，于是选择创业并以此兴趣爱好结合的产品或项目作为创业的基准点，寻求发展。

5. 实行对企业和运营的主控权

这首先表现为一种独立工作和一种令人满意的生活方式。自主创业的最大优势在于完全由自己为自己的事业设计发展方向和模式。这类创业者有一定的思想和魄力，想按照自身的想法创造、整合资源，通过自己的企业实现对产品运营和管理的主控权。

6. 其他动机

这些动机包括：在市场上发现机会；相信自己的管理方式会比其他人更有效率；拥有的专长能发展成一项事业；相信其他机会都是有限的，而创业是唯一的出路；受家庭或朋友的影响；家庭传统。

（二）创业动机的影响因素

影响创业动机的因素有很多，主要包括需求因素及环境因素。

1. 需求因素

从短期看，创业者的需求层次及其影响的共同作用形成了创业者不同的创业动机，而不同的创业动机导致了创业者的创业行为过程与行为结果的差异；同时，创业者的创业活动导致创业者的现实需求得到满足。从长期来看，由于需求在时间上的连续性，已有需求的满足又会导致新需求的产生，从而形成一个循环，最终表现为创业精神对经济增长的贡献与经济的繁荣。由此可见，决定创业者行为差异的深层次原因是创业者的需求层次及其影响因素。美国犹太裔心理学家亚伯拉罕·马斯洛（Abraham Maslow）提出的需求层次理论，把人的需求划分为五个层次，由高到低分别为自我实现需求、尊重需求（社会承认的需求）、社交需求（社会关系需求）、安全需求和生理需求（身体基本需求）。

2. 环境因素

企业创业和成长的环境是指一切围绕着企业创业和发展而变化，并足以影响或制约中小创业企业发展的外部条件或因素的总称。它们互相交织、相互作用、相互制约而构成有机整体，具有整体性、主导性、可变性和差异性，主要包括经济环境、地区环境、产业环境、政策和法律环境、社会和文化环境、社会化服务环境。

(1)经济环境

经济环境是指构成新创企业生存和发展外部条件中的社会经济状况和国家经济政策的总称。社会经济状况包括经济要素的性质、水平、结构、变动趋势等内容；国家经济政策是指国家履行经济管理职能、控制调整、实施经济发展战略的指导方针。

(2)地区环境

分析地区环境，要立足于创业企业在这一地区的功能，定位于发展空间。一般可以考虑以下因素：创业者对该地区的熟悉程度如何；创业者在这个地区内有多大的影响力；拟创立的企业在这个地区会产生什么正面和负面影响；任何有影响的地区成员是支持还是反对要创办的企业；创业者是否有特别的人际关系技能来培养关键的地区关系；可以采取什么实际步骤来加强地区支持和使当地创业机会最大化；可以采取什么实际步骤来减少地区的反对或使当地问题最小化。

(3)产业环境

产业分析十分复杂，对创业产业环境的评价主要关注两个关键问题：产业内的竞争程度及产业所处的生命周期阶段。如果现在或将来产业内竞争十分激烈，或者产业正处于夕阳阶段，创业成功的概率可能不会很高。

(4)政策和法律环境

国家的政策和法律等环境因素对新企业创办和生存具有重要的影响。国家的政策和法律等因素不同程度、不同方式地向有利于创业和企业生存与发展的方向转化，具体表现在以下几个方面：代表企业利益的机构的建立；对企业创办的各种支持和优惠；对公平竞争的规范和保护；对创业者和企业研究的深入强化指导；各种相关政策的制定；指导创业的书籍、刊物、咨询机构和人员的不断涌现。

(5)社会和文化环境

社会和文化环境影响人们对经济活动的态度，影响人们的价值取向、生活方式、消费倾向、工作态度及企业的管理模式。社会文化环境因素主要包括文化传统和国民情感等。中国传统文化根源于春秋战国时代，近现代又受到西方文化的影响，但对国民影响最为深刻的仍是传统文化，同时改革开放后的新一代又较多受到西方文化的影响，可以说在中国形成了多种不同文化观念的群体。国民情感指的是一个民族在长期的历史发展过程中形成的表现于民族共同文化特点上的习惯、态度、情感等比较稳定持久的精神状态和心理特征。它是客观存在的，不易消失的。它不仅具有国别差异，而且在国别内还具有地区差异。尽管创业通常被界定为开办和运营一家企业，但由实践可知，无论是地方性的小企业，还是公众持股的跨国公司，国民情感要素都深刻和间接地影响着国民的创业活动。

(6)社会化服务环境

社会化服务环境主要是指社会化服务体系，它是由政府和社会引导或主持，在创业支持、信息服务、管理和技术咨询、培训服务等方面设立的机构、中介组织和基础设施等。

第三节　创业者的素质培养

一、创业者必备的基本知识与技能

(一)专业知识和行业经验

俗话说，隔行如隔山。只有在自己最熟悉的领域，才能最大限度地发挥自己的特长，运用自己的专业知识和经验，遇到问题或碰到困难时才有能力去解决而不会慌张；还可以根据以前的经验来预测市场、行情的走向，这样创业成功的可能性也最大。相反，如果选择了一个自己并不熟悉甚至完全陌生的行业，即使你是某个领域的专家，也是注定要失败的。

（二）沟通技能

无可否认，在创业过程中，沟通技能也是一项非常重要的基本技能。在创业者的商务活动和日常经营中，无一不凸显出沟通的重要性，彰显出沟通者的智慧。沟通是连接人与人之间的桥梁，也是维系整个社会的纽带。内部沟通可以让创业者及时听取员工的意见和建议，增强员工的主人翁意识，激发员工的主观能动性，充分发挥他们的聪明才智和积极性，为他们提供施展才华的舞台；还可以及时消除员工的误解，及时化解可能会出现的内部矛盾；同时能够加快信息在公司内的流动速度，并尽可能快地得到反馈。外部沟通可以让创业者了解客户的购买习惯、使用习惯，了解客户对产品的意见、对服务的看法；可以及时地让客户知道公司的新产品，避免服务方面产生不必要的误会；还可以让创业者及时地获取市场、竞争对手、政策等方面的重要信息。

（三）学习能力

21 世纪是知识经济时代，也是一个充满着创新的时代。在这个时代里，新的高科技产业将取代传统产业，新的资源与新的资源配置方式也将出现。知识、信息和能力的拥有者将打破传统的财富与资源的分配方式，打破传统阶层对财富的垄断，成为新时代社会结构的核心和中坚力量。

一方面，人不可能生来什么都懂、什么都会，人生从某种意义上来说是学习的一生。创业需要各种各样的知识与技能，除了专业知识之外，创业者还需要掌握社会知识、法律知识、财务知识、营销知识及人事管理技能等。而对于这些知识和技能，创业者无法保证在创业之前就已全部掌握，只能在创业过程中一边做一边学，这就需要很强的学习能力。

另一方面，在竞争日趋激烈、科技发展日新月异、知识更新不断加快的今天，对新知识的学习显得更加重要。科技在不断进步，国内外对新产品的研发也从未断过，再加上政策的改变、市场的变化，我们无法保证在创业初期拥有的知识和技能两年后仍然有效。这就要求创业者要有超强的学习能力，随时准备更新自己的知识与信息库，这样才能跟上时代的步伐，保证创业的成功。

（四）执行能力

余世雄在《赢在执行》一书中如此阐述自己对执行力的看法：执行是目标与结果之间“缺失的一环”，是组织不能实现预定目标的主要原因，是各级企事业领导层希望达到的目标与实现目标的实际能力之间的差距；它不是简单的战术，而是一套通过提出问题、分析问题、采取行动的方式来实现目标的系统流程；它是战略的一部分……执行，是各级组织在一年 365 天中最基本的状态。创业者作为企业的领头人，必须亲自进行企业团队的组建、企业战略的制定及对企业运营进行引导。对创业者而言，执行是多种能力的综合、多种素质的综合，执行过程是将纸上方案和计划变为实际操作的过程，也是将创业者的诸多美好愿景和理想付诸实现的过程。

（五）亲和力

亲和力就是以领导者个人或公司为载体，以自己的高尚品德和人格魅力联系并带动员工，向四周辐射而产生的影响力和组织能效。亲和力首先是人际关系的反映。这种人际关系是以社会生活为背景的，是企业活动中人与人之间相互结成的心理关系。这里说的亲和力有两个层次的含义：一是创业初期创业者的亲和力；二是企业发展壮大后制度、企业文化的亲和力。亲和力可以加固公司内部的团结关系，使之成为一个整体，为了同一个目标而奋斗；它也是一种很有效的激励方式，能够将优秀的员工留在公司。

（六）企业运作的基本知识

很多创业者当初创业凭的是一时的冲动，根本没有考虑到创业过程中可能会出现的问题和困难，也没有做相应的准备，更别说储备一定的企业运作知识了。其实这本无可厚非，冲动带来的并不都是惩罚。大量事例表明，如果发现了一个千载难逢、转瞬即逝的机会，而又没有立刻采取行动，做好了各方面的准备时，这个机会很可能就已经消失了。

（七）其他需掌握的基本知识技能

创业是个复杂的过程，因为对结果和预期有一定的未知性，所以想一帆风顺地创业不是一件容易的事。创业过程中会有很多困难等着创业者去解决，当然作为回报，也有不少惊喜等着创业者去发现，重要的是不能在中途倒下。这就要求创业者努力提高自身素质，除上述几种基本技能外，还要尽可能多地掌握其他的知识技能。

赢利是公司的首要目标，创业者如果没有基本的财务知识，就无法做出基本的财务预算和盈亏平衡计算，甚至连公司有没有赚钱都不知道，更别谈发展了。创业过程中，商务谈判活动和签订各种各样的合同必不可少，所以创业者也要懂一些法律知识。公司发展了就要招人，人力资源知识也是不可或缺的。产品要卖出去，就不能缺乏营销知识。

还有一些技能是与行业和公司的发展阶段相关的。公司所处的行业不同，需要的某些知识就会有所差别。比如，外贸公司就要求创业者有一定的外贸、报关等基本常识，开计算机公司就要有一定的软、硬件知识等。而公司的发展阶段不一样，对有些技能的要求也不一样。像公司筹划时期，创业者可能需要沟通技巧和融资能力；在创业初期，为了更快地打开局面、扩大公司宣传、将产品销售出去，创业者需要一些社会知识和社交技能；管理能力在公司快速成长时期会显示其重要性；资金充裕以后，创业者又必须掌握资本运作能力；公司步入正常轨道后，创业者就得着手建立企业文化，这就需要一定的文化建设能力。

二、大学生创业者个人素质认知

（一）大学生创业的 SWOT 分析

1. 大学生自身的优势（S）

大学生的知识层次较高，是一个知识和智力都相对密集的群体，具有较强的专业能力，知识丰富、年轻有活力、勇于拼搏，这些都是他们的优势。除此之外，大学生普遍还有一些优点。他们对事物较有领悟力，接受新鲜事物快，自主学习能力强，自信心较足。

2. 大学生创业的劣势(W)

缺乏经验和创业资金是大学生创业的最大劣势。除此之外,有些大学生眼高手低,好高骛远,喜欢纸上谈兵;有的大学生创业设想大而无当,对市场预测过于乐观;有的急于求成,缺乏市场意识;有的心理承受能力较差,遇到挫折易于放弃,等等。这些也是大学生创业的劣势。

3. 大学生创业的机会(O)

目前,党和政府有政策明确鼓励大学生创业,提出以创业带动就业的思想,这是大学生创业的最好机遇。当前工商、税务、卫生等部门对应届大学生创业实施了多项优惠政策,如免息的小额贷款等。

4. 大学生创业面临的威胁(T)

当前人才市场的竞争日益激烈,劳动力供大于求。我国市场机制还不完善,国家宏观调控也存在触及不到的地方,这对于刚走出校门还没有太多社会经验的大学生来说是最大的创业威胁。同时,个人身体健康隐患、家庭不稳定因素、融资难等,也都是制约大学生创业的不利因素。大学生可以运用SWOT工具进行自我分析,即在一个四方格内分别把自己的优势、劣势,面临的发展机会、威胁四个因素写下来,每个因素都罗列出主要的几条。举例如下:

某学生的优势(S)——家庭经商,自小在父母身边耳濡目染,对创业有浓厚兴趣;经过几年勤工俭学也积累了一些实际经验;当过学生干部,组织领导能力得到锻炼;几个朋友合计创业有一段时间了,已基本有一个磨合团队;产品独一无二,有市场竞争力。

某学生的劣势(W)——个人性格内向,与人打交道较困难;家庭条件比较差,没有资金支持,还指望毕业后还清教育贷款;没有团队,可能要单打独斗;社会经验严重不足;准备创业的产品成本高昂,要委托别人加工。

某学生的机会(O)——大学生创业基金成立,自己的科技项目可以申报,有导师的强力推荐;国内市场目前发生变化,产生有利于己方的巨大需求;一些企业正与我方洽谈,个别有签约前景;政府循环经济鼓励政策出台,更是利好消息。

某学生的威胁(T)——市场竞争不规范,假冒伪劣商品盛行,自己的真东西卖不出去;目前市区店铺租金越来越高,利润率越来越低;消费风潮变动很快,自己可能赶不上流行趋势。

在以上SWOT分析基础上,大学生可根据自己的情况,发挥优势,弥补劣势,克服威胁,规避风险,抓住机会,迎接挑战,使得自己的创业计划更为实际可行,更多一份胜算的把握。

运用SWOT分析法进行个人分析是非常有帮助的。个体在使用SWOT分析工具时,应该确保所分析的成分的准确性和新颖性。由于发展层次与水平各异,专业也各不相同,加上形势、政策的变化,大学生进行SWOT分析时就必须根据情况的变化,具体问题具体分析,调整和完善方案。而且,SWOT分析只是一项实用技术,要想使个人分析和未来创业实现最优化,仅凭SWOT分析是远远不够的,还要综合运用其他方法,充分考虑变化着的个体条件和外部因素,这样才能实现个人分析的客观化和科学化,从而对创业发挥积极的指导作用。

(二)大学生提高创业素质与能力的途径

学生期间的创业实践是提高创业素质与创业能力的重要途径。实践能力是创业者创业的最重要的能力。特别是准备创业的大学生，在学习到一定知识的同时，进行创业实践能力的锻炼对走向社会进行创业活动具有重要意义。

1. 参与创业计划竞赛

创业计划竞赛是由参赛者组成优势互补的竞赛小组，提出一项具有市场前景的技术产品或者服务。围绕这一产品或服务，以描述公司的创业机会，阐述创立公司、把握这一机会的进程，说明所需要的资源，提示风险和预期回报，并提出行动建议，以获得风险投资家的投资为目的，完成一项完整、具体、深入的商业计划，并通过书面和口头答辩，接受来自银行、风险投资咨询公司及会计师、律师等专业人士的严格评估，从中选出具有市场前景的项目，由投资家进行投资的比赛。

积极组织学生参加校园创业构思及校内外创业计划大赛活动，是创业构思和创业项目的重要来源，也是争取项目投资的重要机会。现阶段许多机构都在举行创业计划大赛，这不但有利于激发大学生的创业意识，培养他们的创新能力，还会促进一些创业构思的诞生，而且有利于创业计划的实施。

2. 校园练摊，为自主创业积累核心能力

良好的专业技术能力和较高的人文素质，往往是构成所创办企业的核心能力。在校学习期间，掌握了一定的专业技术能力之后，可以小试锋芒，在校园进行创业的实践锻炼。这样既可以锻炼专业技术能力，又可以发现不足，促进和改进自己的学习。例如，学习经营管理的学生可以开一个服务型的贸易公司，学习广告、传媒专业的学生可以开网络广告公司，只要有个人经验，毕业后很快就会打开局面。

3. 有偿性和见习性的创业实践

大学生可以利用假期时间和家人、朋友或同学合伙创业，也可以独立投入一点小资本进行经营活动、参与家庭或他人的创业活动、到小企业从事有偿性创业实践等。这是丰富大学生创业经验和提高创业能力的重要途径。

4. 模拟性创业实践

在校生由于时间、精力、资本的有限性，为了培养创业意识和提高创业能力，可以参加创业情景模拟，进行有关创业活动的情境体验，如应聘雇员的面试、产品推销等实践活动；还可以参加 ERP 企业经营沙盘模拟竞赛，通过在模拟企业中担任角色，体验企业经营与团队合作。

5. 参与大学生科技比赛

大学生可以参与大学生科技比赛等创新实践活动，这是大学生创业实践活动的重要组成部分。参与此类活动有利于学生增强科研创新意识、提高科研创新能力，为大学生创业奠定良好的技术基础，并且通过参加竞赛的系列培训和相关活动环节，有利于学生深化创新认知，挖掘创新潜能，培养创新能力，提高创新素质。

6. 勤工俭学创业实践

在校大学生可以结合个人特长和专业特点，开展勤工俭学活动，这是大学生创业实践的重要形式。缺乏资金和经验的学生，通过参与勤工俭学可以获得一定的经济收入，弥补学习费用的不足，减轻家庭的经济负担，又可以增加对社会的了解，培养艰苦创业的精神，锻炼组织交往等能力，增强创业体验，为以后创业积累经验。

本章思考题

1. 创业者的类型有哪些？
2. 成功创业者有哪些共同的特质？
3. 大学生创业者应具有哪些素质要求？
4. 创业者应该掌握哪些现代创业意识？
5. 创业者可能的创业动机是什么？
6. 创业者应该必备的基本知识与技能是什么？
7. 提高创业者素质与能力的措施是什么？
8. 大学生提高创业素质与能力的渠道有哪些？
9. 请尝试对自己进行创业的 SWOT 分析。

案例分析

身残志不残的创业典范——张敏

高位瘫痪的张敏，10 年前还是一个漂亮爱笑的护士和一个幸福的妻子。但是，在生小孩的时候，张敏持续高烧不退，最后孩子虽然安全降生，她却从胸部以下失去了知觉。对张敏来说，从一个健康的人一夜之间成为残疾人，她真的是想死的心都有。张敏每天的吃喝拉撒都得靠年过花甲的父母照顾，而她自己整天吃了睡，睡了吃，都不知自己能做什么，应该做什么。想到从此只能永远躺在床上，想到年迈而身体又大不如从前的父母，张敏心如刀绞。

然而，天性的乐观还是带张敏走出了逆境。她坚信，既然活着，就要做些事情。2005 年，一次偶然的机遇，张敏接触了十字绣，她觉得十字绣很美，突然萌生了学习刺绣的想法。“我虽然卧床不起，但我有的是时间，如果能学会十字绣，把精美的绣品卖给人家，不就可以自己养活自己了吗？”可真要学刺绣，没有老师，没有原料，谈何容易。于是，张敏买来针线、书籍和样品，自己摸索。照着样品一针一线地绣，绣坏了，重新再来；手指扎破了，忍着刺痛继续绣……功夫不负有心人，经过一段时间的苦练，第一幅十字绣作品诞生了，这让张敏足足兴奋了好几天。

2007 年的一天，一条“中国青年创业国际计划”扶持青年创业的信息吸引了张敏。如果通过评审，成为 YBC 的创业青年，除了能获得 5 万元的资金扶助之外，还能得到创业导师一对一的辅导。张敏眼前一亮，决定试试运气。张敏坐着轮椅，带着她的十字绣作品登门拜访 YBC 福建办事处，她笑对生活的勇气和创业的决心让创业导师们震惊不已。而对张敏的创业项目，导师们也格外关注。张敏顺利地通过了 YBC 严格的预审、评审和复制，成为了 YBC 扶持的创业青年，获得了 5 万元的资金扶助。同时，福建省创业导师王东平成为了张敏的一对一创业导师。在 YBC 的帮助下，张敏的网店开张了，店里的每一幅十字绣，都是张敏趴在床上一针一线绣出来的。张敏还自学网页的装饰，把网店打理得井井有条。渐渐地，张敏的淘宝店人气越来越旺。在张敏看来，能用自己的双手养活自己、养活全家是件很令她自豪的事情。

在创业过程中，张敏感受到很多社会的关爱，她也决心用自己的力量回报社会。她坚信，“救急不救穷，不可能长期依靠人家的帮助，因为施比受有福”。通过淘宝网，张敏带动了周围很多的残疾人和她一同创业。张敏向自己的极限发起了又一次的挑战，一幅名叫《清明上河图》的巨幅十字绣也在赶制中。张敏希望这幅需要绣200万针的十字绣能卖个好价钱。

（由作者根据相关资料编写）

案例讨论题：

张敏身上具备哪些创业者素质？我们可以学到什么？

第三章 创业团队

学习目标

理解创业团队的含义、特征与类型；了解组建创业团队的方法；学会对创业团队进行管理。

案例导入

团队管理，宽容最重要

易得方舟的创业经历让马云从中学到了很多。易得方舟在创业后期，面临的外界环境已经很糟糕了，前期的投资已经花完了，而新的投资尚未找到，真正进入了“弹尽粮绝”的境地，如何活下去成为当时最紧急、最现实的问题。这时，有一个汽车修理店的老板，希望出一笔钱让他们做一套ERP系统。客户的预付款已经给了，但易得方舟的5个成员却迟迟统一不了思想，到底是要先生存还是先发展、做不做与业务不相关的生意、新的方向在哪里……许多这样的问题，甚至更细小的决策与选择，5个创始人都得争论上一番，谁也说服不了谁。位于清华大学科技园的易得方舟的办公室里常常会发生这样的一幕：夜深人静，员工们都下班了，这几个创业团队的年轻人围坐在一张办公桌前，张三提出了一条建议，李四马上表示反对，而王五又有自己的新的想法……“要做到宽容，有一个重要的前提，就是彼此间充分信任，我相信他做的任何决定一定是站在对公司最有利的角度上，他也相信我做的每个决定一定是为了公司的发展。”有了这种充分的互信，才能够宽容对待团队成员，宽容地看待错误、看待失败。

马云后来创办亿友网时又找到了当初在易得方舟时的伙伴刘颖，两人同心协力将亿友网办成了国内最早赚钱的SNS网站。再后来，创办“妈妈说”时，刘颖又是核心成员之一。马云和刘颖的合作，已经有了些许“黄金搭档”的味道了，但是这两个人之间并不是没有争论。争论归争论，他们从根本上对彼此有绝对的信任，无论是能力上还是人品上。

（由作者根据相关资料改写）

思考：

创业团队管理中应注意什么问题？

第一节 创业团队概述

创业需要多种多样的资源和机会，单靠个人很难满足这些条件。越来越多的证据证明，成功的创业活动越来越多地基于一个创业团队而非一个单独的创业个体。

一、创业团队的含义

(一)创业团队的概念及组成要素

1. 创业团队的概念

人们经常混淆三个概念，即人群、群体和团队。人群指的是结合在一起的、没有共同目标的人员；群体指的是为共同的目标结合在一起做事的一伙人；而团队指的是比较优秀的群体。

创业团队，也称集团创业或法人创业，是适应新的、更高的创业要求而诞生的新的创业形态。硅谷流传着这样一条“规则”：由两个 MBA 和 MIT 博士组成的创业团队，几乎就是获得了风险投资的保证。这虽然有些夸大其词，却蕴含着这样的事实：如今，创业已非纯粹地追求个人英雄主义的行为，团队创业成功的概率要高于个人独自创业。一个由研发、技术、市场、融资等各方面组成的、优势互补的创业团队是创业成功的法宝，对科技企业来说更是如此。适用人群包括海归人士、科技人员、在校大学生、在职人员等。

具体来说，创业团队是创业者集体以一定章程和组织形式组织起来的、以独立法人形式从事企业经营活动的创业模式。它依靠团队的力量凝聚社会的资金、技术，按照现代企业制度开展经营，凭借企业的规模获取效益。它代表了当今时代创业的发展方向，在我国大力推广市场经济的今天具有非常广阔的发展前景。

2. 创业团队的组成要素

(1)目标(purpose)

创业团队应该有一个既定的共同目标，为团队成员导航，知道要向何处去。没有目标，这个团队就没有存在的价值。目标在创业企业的管理中以创业企业的愿景、战略的形式体现。

(2)人(people)

人是构成创业团队最核心的力量。三个及三个以上的人就形成一个群体，群体有共同奋斗的目标就形成团队。一个创业团队中，人力资源是所有创业企业资源中最活跃、最重要的资源，所以应充分调动创业者的各种资源和能力，将人力资源进一步转化为人力资本。

目标是通过人员来实现的，所以人员选择是创业团队中非常重要的一个部分。一个团队中可能需要有人出主意，有人定计划，有人去实施，有人协调不同的人一起工作，有人去监督创业团队的目标。在人员选择方面，要考虑人员的能力如何、技能是否互补及经验如何。

(3)创业团队的定位(place)

创业团队的定位包括两层意思：

① 创业团队的定位。即创业团队在企业中处于什么位置、由谁选择和决定团队的成员、创业团队最终应该对谁负责、创业团队采取什么方式激励下属等。

② 个体(创业者)的定位。即成员在创业团队中扮演什么角色，是制订计划，还是具体实施或评估计划；是大家共同出资，委派某个人参与管理，还是大家共同出资，共同参与管理，或者共同出资，聘请第三方(职业经理人)参与管理。这体现了创业实体在组织形式上是合伙企

业还是公司制企业。

(4)权限(power)

创业团队中领导人的权力大小与其团队的发展阶段和创业实体所在的行业相关。一般来说,创业团队越成熟,领导者所拥有的权力相应越小;在创业团队发展的初期阶段,领导权相对比较集中。高科技实体大多都实行民主的管理方式。

(5)计划(plan)

计划有两层含义:

① 目标最终的实现。这需要一系列具体的行动方案,可以把计划理解成达成目标的具体工作程序。

② 按计划进行可以保证团队的顺利进度。只有在计划的操作下,创业团队才会一步一步地接近目标,从而最终实现目标。

(二)创业团队的特征

1. 开创性

开创性也就是创新性。创业团体的目的是开创新的局面,而不是去完成已经被实现过的目标,这往往意味着开发新的技术、开拓新的市场、应用新的经营管理思想、创立新的组织形式等。这种开拓性就要求创业团队必须是一个创新观念和创新能力很强大的集体,而且对创新气氛培养的重视远高于对规章纪律的重视。

2. 组织的变动性

创业过程中,创业团队的人员构成和组织架构都经常变动。从短期看,组织的变动性更多的是会增加创业风险,即一旦团队资源遭到破坏,则会造成创业资本、技术、人才等创业资源的流失。但从长期看,组织变动不可避免,变动过程中可能形成结构更为合理、共同点更多的有力量的创业团队。

创业过程也是一个创业团队成员磨合的过程,这个磨合过程可能出现三种结果:一是创业团队相互之间更加了解,合作力量大于冲突,重视团队资源和承认团队力量,团队合作的意愿更强烈,团队合作文化进一步形成。尽管团队之间在经营理念、公司管理、共同利益等方面也有分歧、矛盾,但共同的价值取向和公司的整体利益在维持团队稳定和发展中起了主要作用。二是团队合作力量、意愿与冲突、矛盾的力量能够相对平衡,或者是冲突力量离散,形成相互牵制,团队能够维持相对稳定。这种团队达成一致的共识时间少,但能够相互妥协,寻求利益相同点,而这种妥协可能是以牺牲效率为代价的。这种团队在发展过程中可能面临矛盾进一步激化、内耗力量增加、平衡难以维持的局面,出现第三种后果就不可避免。三是团队成员经历一段磨合时间后,很难形成共同点,团队文化无法建立,团体消除矛盾和冲突的力量、意愿不足,这时团队就面临拆伙的风险。

3. 团队的平等性

创业团队往往都具有高度的平等性,但是这种平等并不意味着股权和各种权利的绝对平等,而是立足于公正基础上的平等,也就是在团队内部客观评定各个成员对于团队的贡献程度的基础上的平等性。事实证明，绝对的平等不仅不利于企业的发展，反而会阻碍企业的发展，其原因是权力的过分分散会导致公司在运营过程中机会的丧生。团队需要建立以能力和贡献为基础、以实现组织效率为目标的激励政策和薪酬制度，合理的激励政策和薪酬制度是保持团队稳定和团队绩效的基础，也是团队公正性的体现。

4. 能力结构的全面性

创业团队面对的是不确定的市场环境，机遇和风险都可能在各个方面出现，这就要求创业者需要具备一定的素质，对机遇有较高的敏感性。因而，创业团队成员的能力应各有所长且能够互补，科技型的中小企业的创业者要尽量是某些技术领域的专家。

5. 紧密协作性

由于创业团队的风险和机遇可能来自任何方面、任何时间，这就要求创业团队不可能完全通过实现分工把守的方法来进行工作；同时，由于创业团队的个人能力的专擅性和团队成员总体能力的全面性，更要求创业团队的成员紧密协作以应对多种挑战。

6. 创业团队成员的高凝聚力和强烈的归属感

由于创业团队能够最大限度地实现个人价值的追求，一旦成功则意义非凡；同时创业团队成员的素质高，关系平等密切，合作紧密，创造氛围浓厚，这一切都使创业团队拥有很高的凝聚力，团队成员对创业团队有很强的归属感。这些主要体现在团队成员对于团队事务的尽心尽力和全方位的投入上。

以上这些特征是所有创业团队都应该具备的，它既有创业团队建设的目标，也是判断一个创业团队质量和潜力的标准。不仅初创事业的创业者组建创业团队要参考这些标准，即使已经十分成功的大公司组织开创新局面的创业团队也要遵循这些标准。同时，这些特征也有别于其他类型的团队。

二、创业团队的类型

从不同的角度、层次和结构，可以将创业团队分为不同的类型。依据创业团队的组成者来划分，可以将其划分为星状创业团队、网状创业团队和从网状创业团队中演化而来的虚拟星状创业团队 3 种。

（一）星状创业团队

星状创业团队中一般有一个核心人物充当领队的角色。他在组织团队前就有了一定的想法，然后根据自己的想法来组织人员加入团队，组成一个共同体。因此，在团队形成之前，核心人物已经就团队组成进行了仔细的思考，根据自己的想法选择相应人员加入团队，这些加入创业团队的成员也许是核心人物熟悉的人，也有可能是不熟悉的人，他们在团队中更多时候是支持者角色。

一般而言，在星状创业团队中，组织结构紧密，向心力很强，核心人物在组织中的行为对其他个体影响巨大，而且决策程序相对比较简单，所以组织效率比较高，但是也容易产生权力过于集中的弊端，从而使决策失误的风险加大。当其他团队成员和核心人物发生冲突时，因为核心人物的特殊权威，其他团队成员在冲突时往往处于被动地位，冲突较严重时一般都会选择离开团队，因而对组织的影响较大。

（二）网状创业团队

网状创业的团队，主要是那些在创业前就有密切联系的人（同学、亲朋好友、同事等）在交往过程中认同某一创业想法并达成了创业的共识，开始共同创业。这种创业团队中没有明显的核心人物，大家根据各自的特点进行自发的组织角色定位。因此，在企业初创时期，各位成员基本上扮演的是协作者或伙伴角色（Partner）。

这种创业团队没有明显的核心，整体结构相对比较松散，组织决策时一般采取集体决策的方式，通过大量的沟通和讨论达成一致意见，因此组织的决策效率相对较低。由于团队成员之间发生冲突时一般都采取平等协商、积极解决的态度来消除冲突，团队成员不会轻易离开。但是，一旦团队成员间的冲突升级，使某些团队成员撤出团队时，就容易导致整个团队的涣散。

（三）虚拟星状创业团队

虚拟星状创业团队中有一个由团队成员共同协商确立的核心人物，他不是主导型人物，而是整个团队的代言人，所以在团队中的行为必须充分考虑其他团队成员的意见，不如星状创业团队中的核心人物那样有权威。

三、团队创业的优劣势分析

（一）团队创业的优势

（1）集合了团队甚至社会的财力、人力和物力，使企业的规模得到空前的发展，具有最大限度的规模效应。

（2）高起点经营，可以承担较大的市场压力与风险。

（3）投资多元化，特别是股份有限公司，使企业避免了艰苦的原始积累阶段，直接进入经营。

（4）可以发挥团队的优势，创业者没有孤军作战之感。

（二）团队创业的劣势

（1）创业历史短，多数企业尚在探索、试验当中，没有成熟经验。

（2）容易造成依赖思想，创业者个人的作用难以充分发挥。

（3）经营过程中容易发生矛盾，取得成功时常会出现利益冲突。

（4）企业经营费用开支较大，有时会抵消规模效益。

第二节　创业团队的组建

一、创业团队组建的必备条件

（一）共同的目标

一个团队不仅只是将一群人集合在一起，若彼此没有共同的目标、相互的认同和统一的行动，即使形式上聚集在一起，也无法形成强大的凝聚力。所以，作为一个成功的团队，必须要有共同目标，只有具有共同目标的团队才有凝聚力、战斗力。

团队的共同目标只有符合团队成员个人的价值观，才能提高成员工作的主动性，推动成员一起努力工作，才能为成员之间相互协作、相互负责奠定基础，才能把团队成员的创造性、积极性和工作技能向着同一方向进行整合，形成最大合力。团队目标是一个有意识地选择并能表达出来的方向，它运用团队成员的才能和能力，促进组织的发展，使团队成员有一种成就感。因此，团队目标表明了团队存在的理由，能够为团队运行过程中的决策提供参照物，同时能成为判断团队进步的可行标准，而且能为团队成员提供一个合作和共担责任的焦点。有时，进行团队建设时，可能觉得为团队确定目标还是相对比较容易的，但要将团队目标灌输于团队成员并取得共识，可能就不是那么容易的事情了。

建立一支优秀的团队并不容易，但是如果团队中的所有成员都能够齐心协力，面对一个共同目标而努力，那么在任何时候、任何市场情况下、任何行业中，都可以取得成功。

(二)相近的理念

一群拥有领先技术的人才聚集在一起不一定就能够创建一支成功的团队；一群有着高学历的人才聚集在一起也不一定能够创建一支优秀的团队。虽然某个成员看起来很优秀，甚至可能对于团队的程序运作都非常了解，然而一旦真正成为团队的一员时，我们会发现他与团队很难合作；相反，没有他的加入，团队的运作却很顺利。这不是说他不够优秀，而是因为他与团队成员之间缺乏相近的理念。

一个团队的建立，主要是基于成员在追求特定目标上的技术能力，而成员之间彼此的吸引力是次要的。团队的成员对于彼此的个性，必须能够互相容忍，才能够紧密地工作在一起。

除此之外，所有的成员均需努力追求一个共同目标，并且遵守为达到此目标所设定的一套程序。

(三)彼此信任

随着社会的发展，创业者的队伍在不断壮大，合伙创业的青年也越来越多。在创业初期，他们往往能够取得优异的成绩，但是在取得一定的成绩后，他们之间便出现许多不合作的情形，钩心斗角，互相拆台，导致彼此间关系疏离，最终使创立的企业做不大甚至走向破产的结局。

许多创业团队之所以失败，主要的原因就是创业团队成员之间没有建立起深厚的信任感。这种信任危机在利益分配的阶段，随着矛盾激化而凸显出来，产生了一系列破坏性后果。

(四)优势互补

人力资源系统每个个体的多样性、差异性，使人力资源整体中具有能力、性格等多方面的互补性，通过互补可以发挥个体优势，并形成整体功能优化。互补分为知识互补、气质互补、能力互补、性别互补、年龄互补等。在创建一个团队时，不仅仅要考虑相互之间的关系，更重要的是要考虑成员之间在知识、资源、能力或技术上的互补性，充分发挥个人的知识和经验优势。这种互补将会有助于强化团队成员间彼此的合作。

(五)合理的利益分配机制

创业之初的股权分配与以后创业过程中的贡献往往不一致,因此会发生某些具有显著贡献的团队成员拥有股权数较低、贡献与报酬不一致的不公平现象。因此,好的创业团队需要有一套公平合理的利益分配机制,遵循一定的利益分配原则。

1. 依法分配

为规范企业的利润分配行为,国家制定和颁布了若干法规,这些法规规定了企业利润分配的基本要求、一般程序和重大比例。企业的利润分配必须依法进行,这是正确处理企业各项财务关系的关键。

2. 分配与积累并重

企业的利润分配,要正确处理长期利益和短期利益两者的关系,坚持分配与积累并重的原则。企业除按规定提取法定盈余公积金以外,可适当留存一部分利润作为积累,这部分未分配利润仍归企业所有者所有。这部分积累的净利润不仅可以为企业扩大生产筹措资金,增强企业发展能力和抵抗风险的能力,还可以供未来年度进行分配,起到以丰补歉、平抑利润分配数额波动、稳定投资报酬率的作用。

3. 妥善处理创业团队内部的利益关系

新创企业的报酬体系十分重要。创业早期阶段财力有限,因此要认真研究和设计整个企业生命周期的报酬体系,使之具有吸引力,并且使报酬水平不受贡献水平的变化和人员增加的限制,即能够保证按贡献付酬和不因人员增加而降低报酬水平。

许多创业企业之所以没有存活下来,一个很重要的原因就是没有制定合理的利润分配机制。合作的时候,没有把股权的分配谈清楚并记录下来,更没有考虑假如一个合伙人中途退出时其股权如何分配。

很多时候,在企业创立初期,创始人之间不想对谁应该占多少利润进行争论,怕伤感情,他们或者避免进行全面的讨论,或者搞得模棱两可。但是,这种讨论拖得越久,就越难定夺。高估自己是人的天性,大多数人不会承认自己做得差,也很少有人考虑"如果没有其他人,这个项目不会成功,因此我只应该分得我的那部分利益"。在创业项目中,随着时间的推进,每个人都会想自己的贡献更大,每个人都在收集自己贡献大的证据,使得接下来的讨论更加困难。这样,事情越拖越糟糕,所以关于企业利益分配的方案应在团队达成协议之后就制定下来。

二、创业团队组建的构成

狭义的创业团队是指有着共同目的、共享创业收益、共担创业风险的一群创建新企业的人,即初始合伙人团队。广义的创业团队则不仅包括狭义的创业团队,还包括与创业过程有关的各种利益相关者,如风险投资家、专家顾问等。

(一)初始合伙人团队

初始合伙人团队由在创业初期就投资并参与创业行动的多个个体组成。初始合伙人团队的知识、技术和经验往往是企业所具有的最有价值的资源。正是由于这个原因,人们经常通过评价初始合伙人团队的素质来预期企业未来发展的前景。这些素质特征包括以下四点：

1. 受教育程度

随着科学技术的进步和产品更新换代速度的加快，知识成为最重要的生产力要素。初始合伙人团队的受教育程度一定程度上可以反映其知识掌握程度，具有较高受教育程度的初始合伙人的团队往往具备与创业有关的重要技能，可能在研究能力、洞察力、创造力和计算机技术应用等方面表现略胜一筹，而这些素质是创业成功的关键性因素。如果新创企业所从事的行业领域具有较强的专业特征，那么接受过高等教育的初始合伙人团队就会从工程技术、计算机技术、管理科学、物理、化学、生物等专业教育中获得显著优势。

2. 前期创业经历

具有创业经历的初始合伙人团队，无论曾经取得成功还是遭遇失败，都可以成为新创企业成功经营的有利因素，甚至成为独一无二的优势。因为他要比初次接触创业过程的创业者更熟悉创业过程，并可以在新创企业中复制以前的成功创业模式，或者有效规避导致巨大失败的错误。

3. 相关产业经验

初始合伙人团队所拥有的相关产业经验，有利于更为敏锐地理解相关产业发展趋势，可以更加迅速地开拓市场和开发新产品。例如，对拟开办一家生物制药企业来说，初始合伙人团队是否具有相关领域的生物制药技术就特别重要，如果他采取边学习边创办企业的方式，想成功地创建并经营好一家生物制药企业则十分困难。

4. 社会网络关系

具有广泛社会关系网络的初始合伙人团队往往更容易获得额外的技能、资金和消费者认同。初创企业应当善于开发和利用网络化关系，构建并维持与兴趣类似者或能够给企业带来竞争优势者的良好人际关系，这种网络化关系也是创业者社会资本的具体体现。初始合伙人团队打电话给业务上的熟人或朋友，请他们介绍投资者、商业伙伴或者潜在消费者，在新企业创建过程中是经常采取并行之有效的方法。

（二）董事会

如果创业者计划创建一家公司制企业，就需要按规定成立董事会——由公司股东选举产生监督企业管理的个人小组。董事会能够成为新创企业团队的重要组成部分，可以通过提供以下两种方式帮助新创企业有一个良好的开端并形成持久的竞争优势。

1. 提供指导

董事会具有正式的治理职责，但是董事会所发挥的最大作用是为企业管理者提供指导和支持。实现这一点的关键是企业挑选的董事会成员要有能力、有经验，愿意给予建议并能够提出具有洞察力和深入性的问题。因为管理者需要依靠董事会成员的忠告和建议，所以一定要有目的地选择外部董事，要让他们填补企业管理者和其他董事在经验与背景方面的空缺。

2. 增加资信

董事会是由股东大会选举产生的，负责处理公司诸多重大经营管理事项。具有较高知名度和地位的董事会成员能为企业带来即时的资信。没有可信资质，潜在消费者、投资者或员工很难识别出高质量的新创企业。一般认为，高素质的人不会愿意在低水平的企业董事会任职，因为这对他们的名誉和声望而言是有风险的。所以，当高素质的人同意在企业董事会任职时，他们本质上是在“发信号”，即该公司很有可能取得成功。

（三）专业顾问

除了上述介绍的创业团队成员外，在许多情况下，创建者还需要依靠一些专家顾问，通过与他们的互动交流获取重要的建议和意见。这些专家顾问通常都会成为创业团队的重要组成部分，在外围发挥着重要作用。

1. 顾问委员会

顾问委员会是企业管理者在经营过程中向其咨询并能得到建议的专家小组。和董事会不同，顾问委员会对企业不承担法定责任，只提供不具约束性的建议。组建顾问委员会的目的既可以是一般意义上的，也可以是满足特定主题或需要的，因此顾问委员会要尽可能涵盖较为广泛的才能和技术领域，而且在经验和技能方面应当是相互协调和彼此补充的。

2. 贷款方和投资者

贷款方和投资者会为企业提供有用的指导和资信，并保证发挥基本的财务监管作用。一些情况下，贷款方和投资者还会通过多种途径积极帮助企业增加新价值，如帮助识别和招募核心管理人员、洞察企业计划进入的行业和市场、帮助企业完善商业模式、扩充资本来源渠道、吸引消费者、帮助企业安排商业合作及在企业的董事会或顾问委员会任职等。

3. 咨询师

咨询师是提供专业或专门建议的个人。当新企业需要从专家那里获得诸如专利、缴税计划和安全规章等复杂问题的建议时，咨询师的作用不会太大。但是，当企业的咨询师以企业的名义开展可行性分析研究或行业深入分析时，咨询师的作用就十分关键。由于这些活动要花费一定的时间，无法让董事会或顾问委员会来承担，因此可以借助咨询师来完成。

三、创业团队组建的方法

优秀的团队并非招之即来、挥之即去的一件物品。团队是一个复杂的概念，已经形成的优秀团队是一个意味深长、充满魅力、蕴含无穷哲理的集体新创企业必须付出巨大的努力去建设它、完善它和打造它，并且在发展中进一步强化团队和团队文化，形成自己的独特的企业文化，形成自己的核心竞争力。更重要的是，作为创业者，必须具备完善、建设、培育和打造优秀团队的自身素质，否则你可以成为团队的理论研究专家，或者优秀团队的幻想者、期盼者，但你的身边永远无法形成一个优秀团队。

组建一个成功的团队必须遵循寻找合适的合作伙伴、制造核心人物、组建优势互补的团队这一步骤。

（一）寻找合适的合作伙伴

一般情况下，在创业过程中，大多数人都无法面面俱到、样样精通。营销专家通常满脑子营销，但很少花时间去注意行政业务的细节；行政专家则专心用心于行政细节，讲求管理效率。这两种职务所需要的特质如何并存？如果有人身兼这两种职务，他要么只能做好其中一项，另一项却做得很糟；要么就是两项职务都表现平平。所以，对大多数人而言，如果想做大生意，就得找合适的合伙人。

但是，在创业初期，由于创业团队的不成熟，创业成员之间处于磨合期，抵御和防御风险的能力小，特别是来自创业团队内部的风险。如果这种创业团队内部风险得不到及时的、有效的控制和化解，它会阻碍创业企业进一步成长，也可能导致创业团队的土崩瓦解。所以，创业合作伙伴的选择，对发展前途至关重要，一定要慎重选择。

1. 考虑自己是否真的需要合伙人

这里要考虑寻找合伙人是精神上的支持，还是自己的知识和基本技能有漏洞，需要他人弥补这个问题。和不熟悉的人一起创业结果不会很好，和自己熟悉的人合作比较容易建立信任关系。一个人永远不能完全确定自己选对了人，但对他们越了解，则越有可能做出好的选择。

2. 找出合伙人必须具备的才能及长处

在确定合伙人应该具有的特质之后，还有一些因素是必须考虑的。

(1)对于未来的事业，合伙人要与你有相同的预期，并且深深被它所吸引，这样才能和你一样急切地想将它实现。也许得花一番工夫让合伙人确实了解你的预期是什么，如果真有预期，这并不难做到。

(2)必须考虑的因素是合伙人的品格。这比评估才能困难得多，但也重要得多。这里要把握三点：一是可信，就是合作伙伴必须是一个让人“信得过”的诚实正直的人；二是可服，就是说合作伙伴必须具备较高的合作能力，具备过硬的创业素质，或者拥有充足的技术条件和资金实力，能够令人认可、佩服；三是可用，就是说所选择的合作伙伴要与自己配合默契，成为再好不过的“亲密搭档”。当然，还要签订合伙协议，以便界定双方的权力义务关系。

3. 确定与合伙人是在朝同一个方向前进

换言之，如果业务顺利，企业所有的人将共享其利，而业务失败，所有的人将同受其害。如果有人的报酬视利润而定，有人却领固定薪水，那么两者的方向就不可能一致。如果有人更关心短期利益，有人更关心长期利益，两者的方向也会不一致。为了避免此类情况的发生，选择合伙人时要使大家有着明确的、共同的目标。

(二)制造核心人物

一般来说，刚刚成立的企业规模都较小，因为资金、技术、管理等方面相对弱小，不够成熟，要想获得成功就必须付出更大的努力，更需要组织创建一个合理、有战斗力的团队。对于这些企业来说，有核心主导的创业团队显得更加重要。这样的团队是由一个核心人物凭其人格魅力与个人威严所组成的团队。这个核心人物是团队、企业发展的核心支柱，是重大战略最后实施的决策者。

核心人物凭借其团队里的威信和主导作用，能及时协调、平衡团队成员之间的分歧，从而让企业的一些重大问题较容易达成共识，一些重大决策能够很快做出并付诸行动。更重要的是，其核心领导人的凝聚力更好地保证了紧密的组织结构和较强的向心力。他能够保证团队成员的能力都可以适应公司未来发展的要求，也可以让全体成员的愿景一致，能明确指出团队将要努力的目标和方向；同时还能创建共同的行动纲领和行为准则，从而使团队协作具备高效能和高战斗力。这位核心人物应该“以企业为重，以个人为轻”，让自己变成为团队服务的人，切忌把个人利益摆在团队利益之上，或凌驾于企业制度之上，同时也应该做到不炫耀自己，不贪功归己，与团队一起分享荣誉，谦虚独慎。许多著名的企业家在拥有亿万财富之后，仍然能保持一种朴素的精神和合作的激情，这一点非常可贵。日本松下公司的总裁松下幸之助的人生观是“人之所以生存，就是为了发展，而不是贪图享乐”，在他的价值观中，对奋斗的价值定位远比金钱要高得多。

（三）组建优势互补的团队

创业团队是企业创立发展乃至成功壮大的核心因素，建立优势互补、专业能力完美搭配的“异质性”创业团队是保持创业团队稳定的关键。所以，寻找更好的优势互补的合作伙伴，是创业成功的保证。社会分工越来越细，专业的事就要交给最专业的人去做，胜算才会更大；也只有优势互补的团队才能充分发挥其组合潜能，这肯定优于个人创业的单打独斗。

1. 建立一支优势互补的团队的重要性

在创建一个团队时，不仅仅要考虑相互之间的关系，更重要的是考虑成员之间的知识、资源、能力、市场、销售或技术上的互补性，充分发挥个人的知识和经验优势。纯粹的技术人员组成的公司容易形成技术为王、产品导向的情况，从而使产品的研发与市场脱节；全部是市场和销售人员组成的创业团队缺乏对技术的领悟力与敏感性，也容易迷失方向。创业团队成员的知识结构越合理，创业的成功性越大，这种互补将会有助于强化团队成员间彼此的合作。

要建立优势互补的创业团队，主内与主外的不同人才、耐心的总管、具有战略眼光的领袖、技术与市场等各方面的人才固然不可偏废，但团队的搭配上更应该注意个人性格与个人看问题的角度。一般而言，如果一个团队里总能有提出建设性的、可信性建议的成员和一个不断发现问题的批判性成员，这对创业取得成功是大有裨益的。对于项目核心技术人员，要舍得花投资聘请最优秀的专业人才。

因此，一个完整的、具有高效运作能力的创业团队必须包括技术类人才、市场类人才和管理类人才。但在团队形成之初，并不需要以上各方面的人员全部具备，必要时一个或多个成员可以去学习团队所缺乏的某种技能，从而使团队充分发挥其潜能。

2. 如何建立一支优势互补的团队

(1)理念上要正确。要坚信组织能够健康发展下去，不要一开始就想着失败，尤其不要用经典的理论来支配自己的思想，如只能共苦、不能共甘，天下没有不散的宴席，过河拆桥等。脑子里根本不应该有这种想法，有这种想法本身就为失败的结局埋下了种子，因为你的精力集中于失败，你必然失败。

(2)坚持不断地沟通。创建团队开始要沟通，遇到问题要沟通，解决问题时也要沟通，有矛盾时更要沟通。有不同的看法，不要在公开场合辩论，不要把矛盾展示给下属。

(3)运用正确的方式处理领导层的矛盾。领导之间的矛盾,不要让下属来评论、来解决。如果双方沟通有困难时,就主动寻找外在的力量,尤其是双方都信得过的好朋友,但不要露出太明显的痕迹。

(4)对事不对人。当事业上遇到问题或团队内部有失误时,应该就事论事,尽量就问题来讨论问题,尽量用制度来处理问题,不要针对个人、缺失水平。

(5)学会换位思考。多从对方的角度考虑问题,多为对方着想,凡事多些宽容,少些指责。

(6)及早协调立据。创业之初,就应该摊开心扉交流与协商,把最基本的责任、权力说个明白透彻,谁该做什么事,在什么时间完成,完成到什么程度。如果真正创业的话,股权、利益分配更要说清楚,包括增资、扩股、融资、撤资、人事安排、解散等。如果责任、权利义务划分不均,当问题出现时,可能会出现相互推诿的现象,容易使组织分化。

(7)不要太计较小事。难得糊涂对创业合作的各方都是保养自己心灵的鸡汤和企业组织运转的润滑剂,这与前面讲的及时协调看似矛盾,其实不矛盾。前者讲的是在没有形成事实的情况下的说法,后者是说事实已经形成了就不要太计较了,计较了也于事无补。其实,过后经常会发现双方计较毫无实际意义。

(8)不要轻易地考验对方。创业者团队合作起来不是一件容易的事情,不考验还会出事,更何况有意考验对方时,对方不知道,只能是顺着你设定的情景运行,结果肯定是和你设想的一致,没有经得起考验。如果对方知道你在考验他,也肯定考验不出来,因为他在心理上和行为上都进行了设防。所以,既然是合作,就不要动辄考验对方,考验是基于不信任为前提的。

(9)一直向前看。创业合作过程中,遇到问题矛盾应向前看,向前看利益是一致的,因为成功会给大家带来更丰厚的收获;盯住眼前的事情不放,只能是越盯矛盾越多,越盯矛盾越复杂,最后裹步不前;回头看,回忆起合作中的不愉快,会使人伤心,丧失前进的斗志和动力。只有向前看,成功的希望才能激励着合作的各方摈弃前嫌,勇往直前,抵达成功的彼岸。

第三节　创业团队的管理

创业并非个人的行为表现,没有团队的企业也许并不注定会失败,但要建立一个没有团队而具有高潜力的企业却极为困难。一个喜欢单打独斗的创业者固然可以谋生,然而一个团队的营造者却能够创建出一个组织或者公司——能够创造价值并有多种选择的公司。

一个优秀的团队对于创业企业的成功有着举足轻重的作用,多数新企业是由在一起密切工作的创业者团队所建的。创业企业的发展应当是一种团队合作行为,尤其是在今天从事知识创新型或高科技领域的创业活动时,很少能够仅靠创业者一人就可以完成。因此,对于创业者而言,如何组织、发展、凝聚团队,就成为一项必要且非常重要的管理工作。

一、创业团队中易出现的问题

创业时基于理想的追求,来自一股激情的支持,创业伙伴也可能是多年好友。创业团队组成之初,可能彼此都有高度的承诺与无悔的付出,但随着时间流逝和事业的成长,矛盾、认知差距、利益冲突等问题就会浮出台面。其中经常会出现的问题包括下列几种:

（一）团队中唯一权威主管问题

企业需要权威的主管。同样，创业团队要成功也必须有强势的领导人。但大家一同创业，谁应该是主导者，谁来做最后决定，当发生严重利害冲突或彼此意见不一致时由谁来仲裁决定，这些问题都指向唯一权威主管问题。在创业企业中，团队的创始人是至关重要的，他必须有创业者的胸怀和品质，有素养和能力来组建团队和发挥团队的作用，并在企业的发展过程中随时做好团队成员间的协调工作，使团队的整体水平不断提高，以适应企业发展的需要。

（二）团队成员间相互信任的问题

互信是形成团队的基础，但互信往往要经过长期合作才能形成。事实上，自私自利当属大部分人的本性，能义无反顾地将团队利益置于个人利益之上者，恐怕还是少数。而盲目地互信，却又要冒很大的风险。可见，建立团队时，既要培养和发展团队中人与人之间的信任，又要建立正常的监督约束机制，以避免产生用错人的风险。

（三）不同意见和矛盾问题

创业团队成员经常会执着于创业构想，极力维护自己的主张，但又同时逃避自己的失误。这种固执己见、争权夺利、逃避弱点等人性缺点，往往会使团队难以追求问题的最佳解决方案。有的团队成员会非常在意自己的地位与利益，将自己凌驾于团队之上，将感性凌驾于理性之上。尤其是初期就参加创业的成员很难接纳比自己更为优秀的新成员加入团队，因此必须有善于倾听意见、善于概括总结正确意见的领导者来克服这些矛盾。创业者在组织团队和领导团队时，应体现出高超的领导能力和协调能力。

（四）团队成员间的利益分配问题

创业团队成员的股权分配是一个敏感、困难但又十分重要的问题。尤其是当几个人一起创业时，经常会采取平均分配股权的方式，但这种平均主义会带来许多负面后果。事实是，成员间因为能力与动机的差异，贡献程度必然不一，如果采取平均主义来平分股权，显然会造成大锅饭心理，影响一些成员真心投入的程度。如果贡献与获利不成比例，团队整体力量就更加难以发挥。另一种情况是把股权高度集中在几个人手里，则更无法发挥全体员工的积极性，这种股权结构也是有问题的。所以，股权分配是在创建团队时必须首先解决的问题。在企业发展过程中，还需要及时调整股权，使新进入企业的主要技术骨干和高级管理人员也能得到合理的股权。

二、团队内部的冲突管理

在冲突管理中，核心创业者首先要注意利用激励手段来鼓励正面冲突，让团队成员感受到通过知识分享实现创业成功后，能获得相应的收益和价值。在制定激励方案时，创业者需要注意以下几个方面。

（一）差异化

虽然民主方案可能行得通，但是与根据个人贡献不同而实行的差异化方案相比，它包含的风险更大，缺陷也更多。一般情况下，不同的团队成员很少会对企业做出同样大小的贡献，合理的薪酬制度应该反映出这种差异。

（二）关注业绩

报酬应该与业绩（而不是努力程度）挂钩，而且该业绩指的是每个人在企业早期生命的整个过程中所表现出来的业绩，而不仅是此过程中某个阶段的业绩。有许多企业，其团队成员在企业成立后几年内所作出的贡献程度变化很大，但报酬却没有多大变化，这种不合理的薪酬制度会使企业很快土崩瓦解。

（三）灵活性

无论哪个团队成员在哪个既定时间段的贡献多大或多小，这种情况都很可能随着时间的改变而发生变化，而且团队成员的业绩也会和预期的有很大出入。另外，团队成员很可能会由于种种原因而必须被替换，这样就需要再另外招聘新成员并填补到现有团队中去。灵活的薪酬制度包括年金补助、提取一定份额的股票以备日后调整等，这些机制有助于让团队成员产生一种公平感。

三、团队创业精神

创业团队管理中，除了要注意以上出现的问题外，还要注意团队精神的建立。好的创业团队精神有利于创业团队的稳定性和高效率。团队创业精神是一种行为特征，是指团队采取主动的方式承担和完成职务职责以内及职务职责以外工作的行为。这种行为基于整个团队项目任务的高成就动机。

（一）创业团队精神评价

创业团队精神评价维度可以根据团队成员对创业决策的行为方式和影响能力来加以整理。总体上说，创业团队精神包括四个维度：集体创新、分享认知、共担风险、协作进取。

1. 集体创新

一般来说，创业团队不是一群散兵游勇式成员的简单集合体。它与群体的最大区别在于团队内成员间具有相互依赖和密不可分的联系，群体则没有这种特征。但是，作为具有团队精神的创业团队组织，它还应当具备更高的标准：一是要求创业团队内部能够正确对待个体成员之间所发生的冲突，二是要求团队内部个体成员与组织之间能够在相互信任关系的基础上形成有利于企业成长的心理契约关系。在此基础上，创业团队可以凝聚全体成员的力量，并通过这种团队成员对团队组织的向心力来推动创新方案的形成和创业决策方案的执行。

2. 分享认知

创业机会可以视为创业团队精神的逻辑起点。这种创业机会可以理解为通过创业者对资源的创造性组合来满足市场需求，并为自己获得超额利润的一种可能性。相对较于个体创业而言，采用团队方式可以极大地提高对创业机会的认知水平。这是因为：首先，不同的个体成员具有不同的先前知识和多种个性特征，从而可以通过集体意义上的综合“警觉性”，更为有效地保持对外部客观存在的创业机会的认知。其次，团队内具有异质性的成员可以选择不同的角度对创业风险和创业收益进行更为科学的评价,从而获得更为理想的创业模式。最后,不同个体创业者所具有的社会关系间的整合,将有助于形成复杂的社会网络系统,从而为团队接近于创业机会和获得所需创业资源奠定基础。

3. 共担风险

作为一支富有创业精神的创业团队,它在共担风险维度上至少具备两个特征:一是具有异质性的创业团队成员可能具有不同的风险偏好,创业团队中既可能有极端的风险爱好者,也有可能存在极端的风险厌恶者,更多的创业团队成员可能处在风险连续统一体中的某一点。如果不同的团队成员能够就同一事件发生的风险偏好最终达成共识,那么冒险成功的可能性就会加大。二是利用团队成员的异质性,不同的团队成员可以从自身的知识视野认知、分析和评价风险,如果不同的风险感知能够得到有效整合,那么对风险正确感知的可能性就会得到提高,进而可以做出更为有利可图的冒险行为。总体上来说,团队精神要求具有异质性的创业团队成员能够以一种积极的态度共同判断事件发生的可能性风险,并采取共同承担风险的方式以减缓由个体成员独自承担风险所带来的巨大精神压力和经济损失压力。

4. 协作进取

传统的观点往往把自治(autonomy)作为创业导向的重要维度。它在分析个体精神时特别合适,但盲目地套用"自治"的维度来研究创业团队精神是不合适的。创业团队精神维度体现在三个方面:一是团队成员在知识、能力、角色等方面具有互补性。具有异质性特点的团队可能会形成仁者见仁、智者见智的观点分歧,但协作进取的愿望能够使大家通过有效的观点争辩来达成共识,最大限度地避免在不确定环境下的创业决策失误。二是团队内充满学习型氛围,个体成员之间愿意就创业决策过程的不同观点进行深度会谈(dialogue),进而在团队功能最大化的过程中达到个体团队成员的价值实现。三是团队内具有创业型的组织文化,不会因为团队规模的扩大或者团队成员的进进出出而影响团队协作进取的愿望和行为。

(二)创业团队精神的延续

创业团队精神的延续包括创业团队精神强化、创业团队精神维持和创业团队精神退化等几个方面的内容。

创业团队精神强化是指伴随着创业团队成员的结构变化,经由创业团队成员间相互联系所形成的团队层次和团队精神得到增强,并且这种创业团队精神足以推进企业实现快速成长的一种趋势。

创业团队精神维持是指伴随着创业团队成员的结构变化,经由创业团队成员间相互联系所形成的团队层次和团队精神能够保持在基本上满足企业平稳发展所需水平的一种现象。

创业团队精神退化是指伴随着创业团队成员的结构变化,经由创业团队成员间相互联系所形成的团队层次和团队精神不断下降,并且这种创业团队精神将导致企业停滞不前甚至经营业绩下滑的一种趋势。

下面重点对创业团队精神强化与创业团队精神退化两种情形做出比较(见表 3-1)。

表 3-1　创业团队精神强化与创业团队精神退化的比较

项　　目	创业团队精神强化	创业团队精神退化
对待风险的态度	创业团队的成功源于风险承担	创业团队的成功源于对风险的回避
预期与成效的关系	创业预期超过创业成效	创业成效超过创业预期
功能与形式的关系	团队功能重于团队形式	团队形式胜于团队功能
对待问题的态度	视问题为机会	视机会为问题
创业关注的重点	创业行为的原因和内容	做事的方式和过去是由谁完成的
团队与企业关系	创业团队驱使企业发展	企业驱使创业团队发展

从表中我们可以看出创业团队精神强化与创业团队精神退化时企业的不同行为表现，其显著差异体现在八个方面：一是对待风险的态度。前者认为创业成功源于承担风险，后者却认为创业成功源于风险回避。二是创业预期与创业成效。前者往往是创业预期超过创业成效，从而使创业团队有一种永不满足的追求目标；后者却往往是创业成效高于创业预期，从而使创业团队成员对团队表现和绩效有一种满足感。三是前者强调团队功能胜过团队形式，后者却过分强调团队形式。四是前者把问题视为创业机会，后者却把机会视为问题。五是前者强调创业行为发生的原因和创业决策的内容，后者却强调做事的方式和过去是由谁完成的问题。六是前者主张创业团队驱动企业成长，后者却主张企业发展驱动着创业团队的发展。七是在创业团队精神强化过程中，创业团队的行为倚重于团队协作的力量和团队成员积极的组织承诺；而在创业团队精神退化的过程中，创业团队往往迷恋于组织惯性，并导致创业团队群体思维陷阱和心理契约关系的破裂现象。八是对创新的态度。在创业团队精神强化的企业中，对创业团队的创新行为和价值创造给予充分肯定与支持；而在创业团队精神退化的企业里，组织内部的政治斗争往往左右着团队创业决策的制定，对创新方案并不一定表现出支持的态度和行为。

本章思考题

1. 创业团队需要具备的五个重要组成要素分别是什么？
2. 创业团队的特征是什么？
3. 创业团队的类型有哪些？
4. 组建创业团队的必备条件是什么？
5. 创业团队组建的方法有哪些？
6. 如何管理创业团队？

案例分析

惠里菲无线公司(Wherify Wireless)不断完善新创企业团队

对年幼孩子的父母来说，最可怕的事莫过于刚离开孩子不到一分钟，转身却发现孩子不见了。阿兹海默氏症患者的监护人也会遇到同样的问题。阿兹海默氏症(Alzheimer's)是一种失忆症，如果这类患者离开监护人单独行事，便很可能难以安全回到家里。

惠里菲无线公司是成立于 1988 年的一家硅谷创业企业，拥有 1 项发明和相应的商业模式，它的产品可以减少上述种种担心。公司发明了一种可以固定在小孩或成年人手上的装置。运用 GPS 技术，这个看上去像手表的装置会为父母或其他监护人指出携带者的具体位置。尽管在突发情况下这种产品的价值非常巨大，但它的设计还应该达到让父母和监护人放松紧张神经的目的。例如，如果小孩参加学校组织的野游活动，父母可以通过该装置获知孩子的具体位置，并确信学校大巴已经安全抵达目的地。

这个被称为 GPS 探测器的装置，最初的目标市场群体是年幼孩子的父母。它的工作原理是这样的：一旦该装置戴上孩子手腕，它就开始与全球定位卫星和 Sprint 公司的无线网络进行信号通信。父母可以通过拨打惠里菲公司的免费服务电话或登录公司网站，与该装置进行信号通信，并确定孩子所在的具体位置。反之，孩子们可同时按下两个按钮来发送紧急信号。装置被锁在孩子的手腕上，没有钥匙不可能摘掉。该装置价值约 400 美元，父母每月还需要支付 24.95～49.95 美元的用户使用费（价格视具体情况而定）来获取惠里菲公司每周 7 天，每天 24 小时的定位服务。蒂莫西·内尔（Timothy Neher）是惠里菲公司的创建者。在建立这家公司之前的 10 多年里，内尔一直为一些公司开发和销售新型消费品。他最后的职位是在 CTH 塑料消费品公司（CTH Consumer Plastic）担任营销和销售副总经理。内尔创办惠里菲公司不久，就开始招募员工。他的首批核心成员如下：安东尼·拉罗谢尔（Anthony LaRochelle），首席技术官。拉罗谢尔负责产品设计、制造和分销。他是一名经验丰富的工程师，曾经管理过上百个产品的设计。加盟惠里菲之前，他曾任职于西屋电气公司（Westinghouse）、Loral Fairchild Sensors 公司和哈里斯半导体公司（Harris Semiconductor）。

马太·内尔（Matthew Neher），副总裁，负责企业发展。在加盟惠里菲之前，内尔是 Windy City Products 公司的执行副总裁，负责公司业务的发展。

罗伯特·杰克布森（Robert Jacobsen），首席信息官，负责领导惠里菲定位服务中心。在此之前，他曾在康柏、Tandemhe 和 Sprint 通信公司工作。

内尔和他的团队遇到的首要任务是完善惠里菲的商业模式，必须证明 GPS 跟踪设备与定位系统是确实可行的。1998 年年底，惠里菲公司申请了第一项专利，对于这家初创企业来说，这是一个具有里程碑意义的事件。为了促进发展，内尔和他的团队在 1999 年初期，开始招募更多的员工来推动公司产品和独特跟踪系统的开发。

内尔在进行首次招募的同时，还组建了新创企业团队的其他构成部分。惠里菲已经实行公司制，拥有自己的董事会。一开始，企业就吸收了几位非常著名的人物加入董事会。虽然惠里菲公司没有透露投资者的身份，但公司确实有投资者。惠里菲还有许多商业伙伴与他们一起开发产品，主要的合作者有 AMD、巨积公司（LSI Logic）和瑟孚公司（Sirf）。AMD 和巨积公司都是半导体生产企业，瑟孚公司则是 GPS 技术企业。

为了增加惠里菲的资信并让更多人了解公司产品，内尔积极地联络儿童安全保护组织，寻找更多的合作伙伴。现在，惠里菲公司已经与 55 家儿童安全机构建立了合作关系，帮助企业传播儿童安全信息。公司的合作伙伴之一是失踪儿童信息网（www.lostchildren.org），该组织致力于帮助寻找失踪或被拐卖的儿童。惠里菲公司与该网站的目标相似：保护儿童。通过为失踪儿童信息网提供资金支持并帮助网站达到工作目标，惠里菲公司的GPS定位系统受到了广泛认可。

惠里菲公司现在已开始向消费者销售GPS定位产品，而且市场的最初反应非常良好。新版产品正处于筹划阶段，包括专门为阿兹海默氏症患者设计的产品以及专为女性慢跑爱好者设计的运动型产品。

（由作者根据相关资料改写）

案例讨论题：

1. 你认为内尔在组建惠里菲新创企业团队方面做得如何？你认为在团队构成中有什么缺陷吗？如果有，缺陷是什么？你认为该如何弥补和修正？

2. 你认为内尔组建的新创企业团队能否很好地为企业管理者提供指导以及为企业产品和商业模式提高资信？说明你的理由。

3. 惠里菲公司开始多元化生产GPS定位系统，其目标群体开始转向阿兹海默氏症患者和体育爱好者（如女性慢跑者）时，新创企业团队应该如何调整以应对这种变化？

第四章 创业机会的识别与评价

学习目标

掌握创业机会的特征与类型；掌握创业机会识别的影响因素、过程及方法；了解创业机会评价的指标和方法。

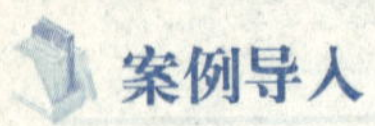

案例导入

指甲钳大王梁伯强

梁伯强，广东中山圣雅伦公司总经理，中国“隐形冠军”形象代言人。这位被誉为“指甲钳大王”的梁伯强，决定生产指甲钳却是因为朱镕基总理的一句话。1998 年，梁伯强在随意翻阅一张旧报纸的时候发现了一条新闻，这篇名为《话说指甲钳》的文章让梁伯强的命运从此改变。文章写道，当时的朱镕基总理在参加一次会议时讲道：“要盯住市场缺口找出路，比如指甲钳子，我没用到一个好的指甲钳子，我们生产的指甲钳子，剪了两天就剪不动指甲了，使大劲也剪不断。”朱镕基总理以一个小小的指甲钳为例，以此勉励轻工企业不断创新。梁伯强觉得里面可能蕴藏着不小的商机，开始考察了国内三十多家指甲钳企业，接着又到 27 个国家和地区考察指甲钳的行业状况。实地考察到的情况让梁伯强非常兴奋：小小一个指甲钳全球的产值高达 60 亿元人民币，其中 1/3 出自韩国，将近 1/4 出自中国，其他则分散在世界各地，但中国的人工成本仅是韩国的 1/10，生产同样指甲钳的成本只有韩国的 60%。同时，整个指甲钳行业还没有一个全球性的品牌。因此，梁伯强得出结论：如果自己像吉列做剃须刀那样做指甲钳，一定能在指甲钳行业创造出世界性的自主品牌。梁伯强一下子拿出 1 000 万元来介入指甲钳的生产经营，相比于同行的几十万元甚至几万元的投入，很有点小题大做的派头。这种大投入，也让梁伯强得到了很大的回报：产值位居全国第一、世界第三。公司的指甲钳品牌“圣雅伦”已连续四年被中国五金协会评为中国指甲钳第一品牌。

（由作者根据相关资料改写）

思考：

1. 梁伯强发现的是创业机会吗？

2. 怎样才能发现创业机会？它的价值如何评价？

第一节　创业机会的特征与类型

一、创业机会的特征

创业机会是从机会概念延伸而来的，理解创业机会首先要明白什么是机会。在汉语里，机会与机遇、时机具有相似的含义。《三国志》中将机会定义为事物的关键；《辞海》中将机会定义为一些情景条件。《牛津英语词典》中将机会定义为："事物朝着有利于目标实现或者使事情达成的一个时间、时机或条件。"创业机会实际上是一种可能的未来盈利机会，这一机会需要有实体企业或者实际的商业行动的支持，通过具体的经营措施来实施，以实现预期的盈利。

创业机会属于广义的商业机会范畴，但不是一般意义上的商业机会。创业机会与商业机会的根本区别在于利润或价值创造潜力的差异，创业机会具有创造超额经济利润的潜力，而其他商业机会只可能改善现有的利润水平。但必须指出的是，一方面，创业机会与商业机会之间并不存在严格的界限，我们强调两者的差异，目的是要关注机会的价值，突出创新；另一方面，并非只有把握创业机会才能创业，把握有利可图的商业机会也能创业，并给社会创造财富。

事实上，大多数创业者都是把握了商业机会从而成功创业的。例如，蒙牛的牛根生看到了乳业市场的商机，好利来的罗红看到了蛋糕市场的商机，在现实生活中，这样的例子不胜枚举。但是，仅有少数创业者能够把握创业机会从而成功创业，一旦创业成功，不仅会改变人们的生活和休闲方式，甚至还能创造出新的产业。例如，易趣、阿里巴巴利用互联网开设网店，当当网、亚马逊等成功地将互联网技术引入图书销售业，e 龙和携程网等成功地将互联网技术引入旅游咨询服务业等，这些都极大地改变着人们的生活方式和消费观念。

结合上述案例以及对创业机会的讨论，不难看出，创业机会具备如下重要特征：

（一）创业机会首先具备潜在的营利性

这一特征有两个层面的含义：一方面，盈利性是创业机会存在的根本基础。创业者追逐创业机会的根本目的是基于创业机会组建企业，进而获得财富。如果创业机会不具备可能的盈利性，对于创业者就失去了吸引力，创业机会也就不称其为机会了。另一方面，创业机会的盈利性是潜在的，并非一目了然。这就需要创业者拥有一定的知识和技能，同时也要有相关领域的实际经验。因此，这也为创业机会的识别和评价造成了一定的难度。

（二）创业机会需要依托实体企业或者具体的商业行为来实现

如果不付诸行动，即使拥有再大的潜在价值，创业机会也难以实现。事实上，很多富有价值的创业机会往往转瞬即逝，具有很强的时效性，如果没有及时地把握住，一旦时过境迁，由于条件所限原有市场不复存在，或者已经有其他创业者抢先一步占据市场先机，原先具有巨大价值的创业机会也会沦为无价值的一条市场信息。因此，在创业机会的识别上，创业者应当做好准备，一旦发现有价值的创业机会，就及时行动。

（三）创业机会能够通过不断开发提升其潜在价值

创业机会并非一成不变，其潜在价值依赖于创业者的开发活动，也就是说创业机会并非被发现,而是“创造”出来的。创业机会的最初形态很可能仅仅是一些散乱的信息组合,只有创业者以及创业过程的各类利益相关者积极地参与到机会识别中来,不断磨合各自的想法,创业机会的基本盈利模式才能逐步可行,并且最终成为正式的企业。因此,创业机会的潜在价值具备很强的不确定性,而且并非即刻就可实现,在实际创业中,其价值大小会随着创业者的具体经营措施和战略规划而发生变动。如果创业者的战略方案与创业机会的特征相匹配,创业机会的价值就能够得到很大的提升,创业活动也能够获得较好的效果。如果相关战略规划与创业机会特征不匹配,甚至具有严重的失误,那么即使创业机会潜在价值很强,也无法得到最有效开发,甚至引起创业失败。

二、创业机会的来源

创业机会来源于以下四个方面:

(一)技术变革

技术变革可以使人们去做以前不可能做到的事情,或者更有效地去做以前只能用不太有效的方法去做的事情。新技术的出现改变了企业之间的竞争模式,使得创办新企业的机会大大提高。比如,网络电话协议使传统的资本密集型的电话业务,转化为一种只需要少量资金就可行的业务,为那些缺乏资本的新企业提供了新的机会。

(二)政治和制度变革

政治和制度变革,即革除过去的禁区和障碍,或者将价值从经济因素的一部分转移到另一部分,或者创造更大的新价值。例如,环境保护和治理政策的出台,会将那些污染严重、对环境破坏大的企业的资源,转移到保护人类环境的创业机会上来。专利技术的严格执行,通过专利费用的形式将价值转移到拥有专利的大公司,使得那些缺乏核心技术的产品,从品牌企业沦为加工厂,或破产倒闭。

(三)社会和人口变革

社会和人口变革,就是通过改变人们的偏好和创造以前并不存在的需求来创造机会。比如,西方国家的情人节、母亲节、圣诞节等许多节日,越来越渗透到中国人的生活中,并逐步成为年轻一代追求的时尚,因而创造了并将要创造出许多新的创业机会。

(四)产业结构的变革

产业结构的变革指因其他企业或者为主体顾客提供产品或服务的企业的消亡,或者企业吞并或相互合并,行业结构发生变化,从而改变了行业中的竞争状态,形成或终止了创业机会。

三、创业机会的类型

从不同的角度,对创业机会可以有不同的分类。

(一)从创业机会来源的角度进行分类

从创业机会来源的角度,创业机会可分为问题型机会、趋势型机会、组合型机会三种类型。

(1)问题型机会,指的是由现实中存在的未被解决的问题所产生的一类机会。问题型机会在人们的日常生活和企业实践中大量存在。比如,消费者的不便、顾客的抱怨、大量的退货、无法买到称心如意的商品、质量差的服务等，在这些问题的解决中，会存在着价值或大或小的创业机会，需要用心去发掘。好利来投资有限公司董事长罗红先生就是因为当年买不到表达自己对母亲挚爱的生日蛋糕，萌生了自己开一家蛋糕店的想法。于是，从雅安的第一家蛋糕房，到兰州，到沈阳，再到全国，罗红的蛋糕事业越做越大。目前，好利来投资有限公司已经成为中国最大的烘焙食品企业。

(2)趋势型机会，就是在变化中看到未来的发展方向，预测到将来的潜力和机会。这种机会一般出现在经济变革、政治变革、人口变化、社会制度变革、文化习俗变革等多个方面，一旦被人们认可，它产生的影响将是持久的，带来的利益也是巨大的。美国米勒啤酒公司开发生产淡啤就是一个很好的例子。20 世纪 70 年代，美国出现的全国性健康热潮和由于美国生育高峰造成的年轻人比重提高的两个趋势，形成了一个巨大的、越来越注重健康的人群。意识到这种趋势的发生，米勒公司于 1975 年推出淡啤，将其作为年轻、有男子气概、更注重健康的男人的选择。随着淡啤的成功推出，人们的消费习惯因此发生了巨大的变化，1975 年淡啤只占美国啤酒销售量的 1%，到 1994 年占到美国国内销售的 35%，销售量达到 160 亿美元。

(3)组合型机会，就是将现有的两项以上的技术、产品、服务等因素组合起来，实现新的用途和价值而获得的创业机会。这种机会类型好比“嫁接”，对已经存在的多种因素重新组合，往往能实现与过去功能不大相同或者效果倍增的局面(1＋1＞2)。如芭比娃娃就是将婴儿喜欢的娃娃与少男少女形象结合起来，形成了一个新组合，满足了脱离儿童期但还未成年的人群的需求，最终获得了创业上的巨大成功。

(二)从市场的角度进行分类

从市场的角度，创业机会可分为识别型机会、发现型机会和创造型机会三种类型。

(1)识别型机会，是创业者面向现有市场的创业机会。在现有市场上通常已有企业在经营，这些企业往往是一些成熟的大企业，创业者只有通过有效的创新手段，营造新的经营模式，才可能在市场上占据一席之地。在迈克尔·戴尔想要进军个人计算机行业的时代，个人计算机产业已经开始飞速发展，很多著名的个人计算机厂商在这一市场上激烈竞争。戴尔开创了一个全新的个人计算机经营模式——向客户直销，绕过了分销商这个中间环节。戴尔从消费者那里直接拿到订单，然后购买配件组装计算机。因此戴尔计算机公司无需车间和设备生产配件，也无需在研发上投入资金。这样，戴尔通过为消费者消除中间环节获得了大量财富。在 20 世纪 90 年代，戴尔计算机公司的成功成为很多教科书上的经典案例。

(2)发现型机会，是面向空白市场的创业机会。空白市场属于现有行业范围内尚未被开发的市场。这一市场可能是缝隙市场，尚未被现有的大型企业所关注，但如果经营得当，也可能创造出可观的价值。比如，过去农村零售业一直被认为是一个空白市场，许多大型的连锁超市往往致力于开发城市市场，一直忽略农村的市场。而在农村，已有的商业体系则只是一些日渐退化的供销社、农民在业余时间开的杂货铺、隔三差五出现的集市等。现在，这一空白市场正在被很多企业盯上。在各地，规范的农村连锁体系一出现便受到欢迎，显示出强大的生命力。一些发展较为良好的农资连锁品牌包括“农家福”“惠多利”等，而北京物美、京客隆、上海华联等知名连锁集团，也已开始了全国性的农村市场布点。

(3)创造型机会,是面对全新市场的创业机会。这一市场上的创业机会不属于任何已经存在的行业。因此,创业者将要进入的是一个全新的市场,市场上暂时没有任何竞争对手,也没有现成的经营模式可循。在这种情况下,需要警惕的是,这一全新的市场是否具备高度成长可能。

在商业实践中,识别型、发现型和创造型三种类型的创业机会可能同时存在。一般来说,识别型机会多半处于供需尚未均衡的市场,创新程度较低,这类机会并不需要太繁杂的辨别过程,只要拥有较多的资源,就可以较快进入市场获利。但把握创造型机会非常困难,在创业者拥有的技术、信息、资源规模往往都相当有限的情况下,更需要创业者的创造性整合资源能力和敏锐的洞察力,同时还必须承担巨大的风险。而发现型机会则是最为常见的,也是目前大多数创业研究的对象。

结合我国经济发展实践不难发现,在改革开放之初,巨大的市场需求瞬间释放,识别型机会占主导地位,“倒爷”成为改革开放后第一代创业者的代名词。逐渐地,市场需求饱和,市场竞争压力增大,识别型机会锐减,发现型机会比例加大,这时候,人们创业不仅需要勇气和投机心理,还需要理性地分析市场环境以寻找市场空缺。可以大胆假设,在未来,创造型机会将回归到主导地位,成为推动我国经济社会发展的新兴力量。

第二节　创业机会的识别

一、创业机会识别的影响因素

影响创业机会识别的因素,包括先前经验、认知因素、社会关系网络、创造性四类主要因素。

(一)先前经验

在特定产业中的先前经验有助于创业者识别机会。同时,创业经验也非常重要,一旦有过创业经验,创业者就很容易发现新的创业机会,这被称为“走廊原理”,指创业者一旦创建企业,他就开始了一段旅程,在这段旅程中,通向创业机会的“走廊”将变得清晰可见。这个原理提供的见解是:某个人一旦投身于某产业创业,将比那些从产业外观察的人,更容易看到产业内的新机会。

(二)认知因素

机会识别可能是一项先天技能或一种认知过程。有些人认为,创业者有“第六感”,使他们能看到别人错过的机会。多数创业者以这种观点看待自己,认为自己比别人更警觉。警觉很大程度上是一种习得性的技能,拥有某个领域更多知识的人,往往比其他人对该领域内的机会更警觉。比如,一位计算机工程师,就比一位律师对计算机产业内的机会和需求更警觉。

(三)社会关系网络

个人社会关系网络的深度和广度影响着机会识别。建立了大量社会与专家联系网络的人,比那些拥有少量网络的人容易得到更多的机会和创意。在社会关系网络中,按照关系的亲疏远近，我们可以大致将各种关系划分为强关系与弱关系。强关系以频繁相互作用为特色，形成于亲戚、密友和配偶之间；弱关系以不频繁相互作用为特色，形成于同事、同学和一般朋友之间。研究显示，创业者通过弱关系比通过强关系更可能获得新的商业创意，因为强关系主要形成于具有相似意识的个人之间，从而倾向于强化个人已有的见识与观念。而在弱关系中，个人之间的意识往往存在较大差异，因此某个人可能会对其他人说一些能激发起全新创意的事情。例如，一位电工向餐馆老板解释他如何解决了一个商业问题。当听到这种解决办法后，餐馆老板可能会说："我是绝对不可能从本企业或本产业内的人那里，听到这种解决方案的。这种见解对我来说是全新的，有助于我解决自己的问题。"

（四）创造性

创造性是产生新奇或有用创意的过程。从某种程度上讲，机会识别是一个创造过程，是不断反复的创造性思维过程。创造性具体包括：

（1）准备：是指创业者带入机会识别过程中的背景、经验和知识。就像运动员必须通过练习才能变得优秀一样，创业者需要利用经验来识别机会。研究表明，50%～90%的初创企业创意，来自于个人的先前工作经验。

（2）孵化：是个人仔细考虑创意或思考问题的阶段，也是对事情进行深思熟虑的时期。有时孵化是有意识的行为，有时它是无意识行为并出现在人们从事其他活动的时候。

（3）洞察：是识别闪现，此时问题的解决办法被发现或创意得以产生。有时它被称为"灵感"体验，在商务环境中，这是创业者识别出机会的时刻。有时候，这种经验推动过程向前发展；有时它促使个人返回到准备阶段。例如，创业者可能意识到机会的潜力，但认为在追求机会之前需要有更多的知识和考虑。

（4）评价：是创造过程中仔细审查创意并分析其可行性的阶段。许多创业者错误地跳过这个阶段，他们在确定创意可行之前就去设法实现它。评价是创造过程中特别具有挑战性的阶段，因为它要求创业者对创意的可行性采取一种公正的看法。

（5）阐述：是创造性创意变为最终形式的过程，详细情节已构思出来，并且创意变为有价值的东西，如新产品、新服务或新的商业概念。在创业活动中，这正是撰写商业计划书的时候。

二、创业机会识别的过程

创业机会识别是创业者与外部环境（机会来源）互动的过程，在这个过程中，创业者利用各种渠道和方式掌握并获取有关环境变化的信息，从而发现在现实世界中产品、服务、原材料和组织方式等方面存在的差距或缺陷，找出改进或创造的可能性，最终识别出可能带来新产品、新服务、新原料和新组织方式的创业机会。这一过程可以概括为机会搜寻、机会识别和机会评价三个阶段，

阶段1：机会搜寻。这一阶段创业者对整个经济系统中可能的创意展开搜索，如果创业者意识到某一创意可能是潜在的商业机会，具有潜在的发展价值，就将进入机会识别的下一阶段。

阶段2：机会识别。相对整体意义上的机会识别过程，这里的机会识别应当是狭义上的识

别，即从创意中筛选合适的机会。这一过程包括两个步骤：首先是通过对整体的市场环境，以及一般的行业分析来判断该机会是否在广泛意义上属于有利的商业机会，即机会的标准化识别阶段；其次是考察对于特定的创业者和投资者来说，这一机会是否有价值，也就是个性化的机会识别阶段。

阶段3：机会评价。这里的机会评价已经带有部分“尽职调查”的含义，相对比较正式，考察的内容主要是各项财务指标、创业团队的构成等。通过机会的评价，创业者决定是否正式组建企业，吸引投资。

实际上，机会识别和机会评价是共同存在的，创业者在对创业机会识别时也在有意无意地进行评价活动。创业者在机会开发中的每一步，都需要进行评估，也就是说，机会评价伴随于整个机会识别的过程中。在机会识别的初始阶段，创业者可以非正式地调查市场的需求、所需的资源，直到判定这个机会值得考虑或是进一步深入开发；在机会开发的后期，这种评价变得较为规范，并且主要集中于考察这些资源的特定组合是否能够创造出足够的商业价值。

三、创业机会识别的方法

对于创业机会的识别可以采用多种多样的方法，这里主要介绍四种常用的方法：

（一）“新眼光”调查

当阅读某人出版的作品时，实际上就是在进行二级调查。利用互联网搜索数据，寻找包含所需要的信息的报纸文章等都是二级调查的形式。进行全面的二级调查将为进行初级调查做好准备，因为你将知道应该注意哪些问题以及如何更加快速地切入问题的核心。同时，通过不断获取信息，你将开始建立自己的直觉，“新眼光”也将不断发展。当通过二级调查对行业、顾客、供应商和竞争对手有了基本的了解后，就可以开始进行初级调查了。与人交谈，不要把自己的意识强加在他们身上，学会问问题，如希望本地的音像店卖什么？会选择网上购物吗？每个月花在快餐上的钱有多少？向销售商和供应商询问如下问题：我们这样的业务需要什么样的广告？什么产品比较热门？向小企业主询问如下问题：银行往来对象是谁？第一笔融资来自哪里？广告花费占销售额的百分比？等等。“新眼光”调查可以提供很多看问题的新方法，训练自己的大脑，接受新的想法、新的信息、新的统计数据等。观察一切，把想法记录下来，想法越多，就越有可能找到最适合的业务和目标市场。

（二）通过系统分析发现机会

实际上，绝大多数的机会都可以通过系统分析得到发现。人们可以从企业的宏观环境（政治、法律、技术、人口等）和微观环境（顾客、竞争对手、供应商等）的变化中发现机会。借助市场调研，从环境变化中发现机会，是机会发现的一般规律。日本汽车公司识别和把握美国汽车市场机会就是一个很好的案例。20世纪60年代初，日本汽车公司利用政府、综合贸易商社、企业职能部门，甚至美国市场研究公司广泛收集信息。通过市场调研，他们发现有机可乘：美国人把汽车作为身份或地位象征的传统观念正在削弱，汽车作为一种交通工具更重视其实用性、舒适性、经济性和便利性；美国的家庭规模正在变小，核心家庭大量出现；美国汽车制造商无视环境变化，因循守旧，继续大批量生产大型豪华车，因此存在一个小型车空白市场。于是，日本汽车制造商设计出满足美国顾客需求的美式日制小汽车，以其外形小巧、购买经济、舒适平稳、耗油量低、驾驶灵活、维修方便等优势敲开了美国市场大门。

（三）通过问题分析和顾客建议发现机会

问题分析从一开始就要找出个人或组织的需求以及面临的问题，这些需求和问题可能很明确，也可能不明确；创业者可能识别它们，也可能忽略它们。一个新的机会可能会由顾客识别出来，因为他们知道自己究竟需要什么，然后顾客就会为创业者提供机会。顾客的建议多种多样，最简单的，他们会提出一些比如"如果那样的话不是会很棒吗"这样的非正式建议，再比如顾客的抱怨，等等。无论何种方式，一个讲究实效的创业者总是渴望从顾客那里征求想法。

（四）通过创造获得机会

这种方法在新技术行业中最为常见，它可能始于明确拟满足的市场需求，从而积极探索相应的新技术和新知识，也可能始于一项新技术发明，进而积极探索新技术的商业价值。通过创造获得机会比其他任何方式的难度都大，风险也更高，而如果能够成功，其回报也更大。

第三节　创业机会的评价

一、创业机会的核心特征

这一层次的特征属于创业机会所包含的最为本质的特征，属于创业机会的自然属性，不依赖于创业者或创业机会的其他特征而存在。相反，创业机会的其他特征却往往需要与其核心特征相匹配，才能创造出最大价值。创业机会的核心特征需要从市场层面和产品层面分别进行分析。

（一）市场层面的特征

这里指的是外部市场的发展状况。创业者在选择创业机会时必须考虑当前市场的竞争态势是否有利于机会商业化，创立新企业之后更要根据企业的外部市场特征制订可行的机会开发方案。市场特征与机会开发的效果息息相关。为了完备地评价创业者面临的市场环境特征，通常要从宏观环境分析和产业环境分析两个方面进行。

1. 宏观环境分析

宏观环境又称一般环境，是指影响一切行业和企业的各种宏观力量。不同行业和企业根据自身特点和经营需要，对宏观环境因素所作分析的具体内容会有差异，但一般都涉及政治（political）、经济（economic）、社会（social）和技术（technology）这四大类因素。因此，在战略研究中，宏观环境分析通常称为 PEST 分析。创业环境的 PEST 分析。

政治环境主要是从国家的政治法律方面考察市场环境的特征。一个国家政治状态是否稳定、法律法规是否规范、是否对企业组织的活动有特别的限制和要求、是否对相关产业具有政策上的倾斜，这些对于创业者是否决定创业都有重要的影响。经济环境可以从宏观和微观两个方面进行分析。宏观环境的考察角度可以包括整个国家的人口数量及其增长趋势、宏观经济走向、国民收入状况以及相关能反映国民经济发展水平和发展速度的指标。微观经济环境主要考察企业所在区域或所服务区域的经济状态以及消费者的收支状况等因素。经济环境与新创企业的发展密切相关。

技术环境一方面体现在企业所处产业的技术水平和未来发展趋势,另一方面也包括国家或区域范围内对于科技开发的投资和支持状况。显然,高科技创业活动受到技术环境的约束或促进作用更为显著,因此,对这一类型的创业活动来说,识别技术环境的特征尤其重要。

社会环境指的是国家或地区范围内的居民风俗习惯、文化水平、宗教信仰、价值取向等。社会环境对新创企业的企业文化有直接的影响。同时,如果企业的产品文化含义较重,那么尤其需要注重目标市场的社会环境。

2. 产业环境分析

相对于宏观环境的分析,产业环境分析针对性更强,对于创业活动的影响也更为直接。在产业环境分析方面,最常用的模型是哈佛商学院教授 Porter 所提出的五力竞争模型。这一模型确定了行业内部竞争的五种主要来源。对于创业者来说,五力模型是分析产业环境的重要工具。创业机会一旦组建成企业,立刻就会感受到行业内部所给予的五种竞争力。因此,能否有效识别行业竞争状态对创业者的战略规划有重要的影响。同时需要注意的是,在创业之前创业者对于五种竞争力的认识往往是出于一种假设的情况。即在创业机会识别及评价时,这五力并非现实作用于创业者,而是需要创业者进行适当的假设。因此,创业者尤其需要注意假设的谨慎和完备。如果创业者是模仿现有产业中的某一个企业进行创业,也可以充分参考该企业的运营情况来分析行业竞争势态,作为创业机会评价时的重要依据。

事实上,Porter 的五力模型通常考察的是现有行业市场上的竞争势态。该市场通常比较成熟,因此创业者的压力主要来自于各个不同的市场参与主体。在创业活动中,如果创业者进入的是一个全新的行业,显然该行业上的五种作用力是不完全的,市场的各个构成成分与创业者之间的讨价还价实力也相当薄弱。这种竞争相对简单的市场环境中,对于创业机会的竞争强度分析并无太大意义。此时,创业者更需要考察的市场特征是创业机会的市场成长性。高成长性的市场是一种不断扩张的市场,能够不断为新进入者创造新的需求。对于创业机会市场成长性的考察非常有用。一些创业机会尽管面临的是全新的市场,但是其成长性相当弱小,在较长一段时间内市场容量可能不会有太大的变化,这可能为创业活动未来的发展带来障碍——市场成长后劲不足,难以创造出更显著的价值。与此同时,一旦有追随者进入市场,往往会加剧市场内的竞争势态,不利于企业成长。

(二)产品层面的特征

产品层面的特征主要集中于考察创业机会自身的内在属性。这里的产品包括了企业所提供的服务。创业者选择了一项创业机会,必然要对机会自身的特殊性进行深刻的了解。例如,这种产品或者服务是否有一定的创新性,是否能满足一定的市场需求,与同行业的竞争者相比,是否具有独特的价值等。这是创立新企业的基础,也是创业管理研究不同于一般企业管理研究的重要方面。因此,机会产品层面的特征重要性不亚于市场层面的特征,创业者在机会开发时对这两个方面要同时考虑,不能偏倚一方。

创业机会的产品特征主要包括两方面内容：一是创业机会的产品独特性。如果产品缺乏一定的独特性，并且和市场上已有的产品存在雷同之处，就很难吸引潜在的顾客。这里的独特性是多角度的，包括产品的性能、包装、标识、品牌、售后等方面，创业者应当在独特性方面充分挖掘，以便在实际创业时能够获得较好的市场推广效果。二是创业机会的产品创新程度。产品创新程度主要是从技术角度评价创业机会。创新性是一种有效地进入壁垒，尤其是那种具备深厚技术背景的创新活动，可以有力地构建市场优势位置。如果产品不具备很强的吸引力，这一独特性也很容易为追随者和竞争者所模仿，创业者的优势很快就会消耗殆尽。

根据创业机会的核心特征，可以建立一个坐标轴，纵轴为市场层面特征，横轴为产品层面特征。为了方便分析问题，将市场层面的优势和产品层面的优势分为强弱两种。

创业机会可大致分为四类，分别对应图中的四个象限。Ⅰ型的创业机会市场特征和产品特征俱佳，创业者可能面对的是一个全新的具备高度成长性的市场，产品也拥有非常先进的技术特性。一旦选择开发这一创业机会，创业者几乎不用在战略分析和市场开拓上下更多的工夫，企业很容易就能够获得较大的发展。然而这样的机会常常转瞬即逝，大量的市场追随者使得市场优势不再，或者是技术的飞速发展使得原有的技术优势被他人赶上，这一机会也从Ⅰ型蜕变成Ⅱ、Ⅲ型甚至是Ⅳ型的创业机会。Ⅳ型的机会在市场和产品两个维度上都不具备优势，如果创业者发现自己所找到的创业机会属于这一类型，创业者最好暂缓创业，等待市场进化或者技术发展到一定程度之后再开发创业机会。因此，实践中的创业机会常常是Ⅱ型或者Ⅲ型的，这些创业机会往往在某一方面具备非常强的优势，而在另一方面则略有不足，这就需要创业者有针对性地制订机会开发方案，使得创业机会能够最大可能地成长。

二、创业机会的外围特征

创业机会的外围特征是创业机会能够得以开发的必备条件。虽然创业机会的核心特征非常重要，但是不可脱离外围特征独立存在。缺乏必要的外围特征，核心特征即使再吸引人，也会因为缺乏必要的资源而无法实施创业活动。创业机会的外围特征可分为以下两个方面：

（一）创业机会的支持要素

这是创业者或者创业团队能够有效开发创业机会的支持条件。只有具备这些支持要素，创业者才可能选择创业，在创业成长中，创业机会才得以开发。在创业活动中，特别是创业初期，影响创业机会有效开发的支持要素主要包括创业团队、创业资源、商业模式，在创业机会评估中，应当考察这些因素是否有利于创业成长。

1. 创业团队要素

创业团队是支持创业机会开发的人的因素。例如，尽管某一创业机会的产品/市场特征决定了企业当前应当主要致力于产品研发，但是创业团队中缺乏相应的技术人员，这种开发策略就难以实施。因此，在分析创业团队要素时，创业者需要从以下几方面进行思考：

（1）为了能够开发创业机会，创业者能够组织一支怎样的创业团队？

（2）这一团队内部的分工将会是怎样的？

（3）团队成员如何进行合作？

(4)他们是否拥有统一的创业目标?

(5)是否拥有合适的人选以保证创业机会的未来开发方案的实施?

2. 创业资源要素

资源要素是支持创业机会开发的物的因素。企业的创立、创业初期的市场开拓活动,都极为需要各种资源,这些资源不仅包括资金,还包括市场的认可程度、必要的市场信息、与客户和供应商的联系等多元化的资源。缺乏这些资源,企业将举步维艰。因此,在分析创业资源要素时,创业者需要从以下几个方面进行思考:

(1)为了实施创业活动,资金的来源主要有哪些方面?

(2)自己个人能够在多大程度上投入以往的积蓄?

(3)企业一旦创建,创业者又应通过什么渠道获取新的资源?

(4)在企业内部,资源将如何使用以发挥最大效用?

(5)如果资源迟迟不能配置到位,企业能够坚持多久?

3. 商业模式要素

这一要素是支持创业机会开发的计划因素。商业模式可以让创业者对未来的经营规划有一个全面的定位。企业如何开展产品研发活动,如何在市场上与潜在的竞争者展开竞争等,都需要商业模式予以指导。缺乏明确且可行的商业模式,创业活动将会付出很多不必要的成本,成长缓慢,甚至容易夭折。因此,在分析商业模式要素时,创业者需要从以下几个方面进行思考:

(1)创业机会的主要发展方向是怎样的?

(2)什么是影响创业机会发展的主要因素?

(3)为了处理这些因素,创业者应当如何经营企业?

(4)在操作的细节层面,创业者如何具体完成创业机会的开发和产品的销售?

(5)一旦市场发生变化,创业者又将如何进行调整?因此,只有当创业者对于未来的经营规划有清晰、细致的设想之后,计划方面的支持因素才基本符合创业机会的发展需要。

(二)创业机会的成长预期

创业机会的外围特征的另一方面是创业机会的成长预期。该成长预期是创业者对于创业机会的潜在价值的最终判断。创业者应当积极设想企业创建之后所能够实现的发展目标,包括各项财务指标和成长性指标。如果创业者决定吸收风险投资,也必须设想投资能否顺利收回,以及具体的收回方式。只有符合创业者心中的标准,创业机会才能真正付诸行动。相对来说,这一方面的指标复杂程度较之前各个不同层面的评价指标简单。这是因为,创业机会的成长预期是创业机会核心特征和支撑要素综合评价分析之后的结果,只要对于核心特征和支撑要素分析到位,那么其成长预期分析将是自然而然得到的。

只有对创业机会的核心特征以及外围特征做出综合考虑,才能实现对于创业机会的综合评价。这两个层面的评价指标也构成了一个综合的创业机会识别和评价指标框架。

对创业机会进行评价时,创业者需要根据已有的资料进行分析,以得到综合评价结论。创业机会的评价并非简单地对上述各个指标进行分析后直接加总——这是一种静态的创业机会识别，创业者仅从一个静态的截面分析创业机会的特征，进而判断创业机会的价值。显然，这种静态的观点不足以反映真实的创业机会识别过程。在创业机会评价中，创业者首先要对创业机会的核心特征做出评价，其依据是与创业伙伴、专业人士的讨论结果，以及市场调查分析的结论。通过详细的比较分析，应当对于创业机会在市场层面和产品层面的具体特征进行反复推敲直至确定。在评价核心特征之后，创业者需要根据核心特征的具体表现初步设计合适的成长规划。不同成长性的创业机会的市场开拓方案必然存在一定差异，同样，产品独特程度不同的创业机会也需要不同的产品战略与之匹配。因此，在这一步骤中，创业者需要积极借鉴战略分析、组织分析等工具，为创业机会制订成长规划。同时，创业者应当考察可能的创业机会支持要素。结合创业团队、创业资源、商业模式等方面的因素，创业者需要分析创业机会的成长规划是否可行。即创业机会的成长规划和现有条件之间是否存在矛盾：基于现有的支持要素，成长规划是否需要调整，是否应当暂缓等待，直至创业者进一步获取充分的支持要素之后再考虑创业机会的开发。

基于上述分析，创业者最终应当得到创业机会的成长预期，如果能够实现较良好的成长预期，符合创业者的价值创造要求，那么可以选择该创业机会实施创业活动，否则就应当重新思考创业机会的定位和评价问题。这一步骤的最后阶段是将成长预期分析反馈于核心特征评价，特别是当成长预期不佳时，创业者需要回过头思考创业机会的核心特征评价是否到位，或是放弃该机会，另起炉灶重新搜索创业机会。

本章思考题

1. 创业机会与商业机会是否是一回事？
2. 简述创业机会的来源和类型。
3. 识别创业机会时会受到哪些因素的影响？如何识别创业机会？
4. 什么是走廊原理？
5. 如何对创业机会进行评价？

案例分析

有位农民孙某，有一年到北京找工作，一次，他与几个老乡上街，途经一个市场，口渴难耐，想买一些水果吃，可那些水果高昂的价格，令他们这些民工望而止步。忽然，他看到一堆枣，那是他家乡的大枣。他知道那枣在家乡挺便宜，只有6角钱一斤，于是他决定买一斤解解渴，一问价格，结果令他大吃一惊：3元5角一斤？“这么贵呀，你们赚得太黑心了！”同行的一位老乡说。

说者无意，听者有心，孙某想，这大枣一来一往价格相差这么大，该多有赚头呀！于是，他立即返回家乡，凭着老乡关系，赊了3吨大枣，搭了一辆车送到北京，他来到丰台区的一家大市场，将大枣以2元9角的价格批发给小贩们，这鲜红的带着露珠的大枣顿时被抢购一空，就这样一个月内他往返北京与山东达5、6次。孙某这样做了半年，路也熟了，不仅经营大枣，还开始经营山东的其他土特产，生意一步步扩大，一步步红火，已是闻名京城的山东土特产经销商。

（由作者根据相关资料改写）

案例讨论题：

1. 如果你打算创业，与故事中的主人翁相比，你觉得自己的优势和劣势是什么？
2. 根据本章所学到的内容，客观评价一下自己，你觉得自己能够看到什么样的机会？
3. 你认为创意和行动哪个更重要？
4. 如果你身边的朋友正在找寻创业机会并向你征询意见，你会告诉他什么？

第五章 商业模式的开发与选择

学习目标

掌握创业模式的概念与特征;了解商业模式的内在逻辑和开发方法;明确商业模式的设计框架;了解商业模式的评价准则和选择方法;了解商业计划书的概念、功能和作用、类型、撰写目的;明确商业计划书的构成要素、结构、特征;把握商业计划书撰写原则和内容。

案例导入

温州立峰摩托车集团的前身只是一个生产摩托车车把闸座的小厂。但这家企业最初开发的产品具有独特性,其表面防腐性能超过了日本企业标准,填补了国内空白,从而成为摩托车生产企业用来替代日本进口原件的替代品。企业最初通过推销争取到中国一家著名摩托车企业的产品配套,之后又与这家大型企业进一步合作。1992年,双方共同出资在瑞安建立了一家摩托车配件有限公司,注册资金600万元,立峰占股70%,这家企业占股30%。立峰专为这家企业生产摩托车把闸等零配件。由此立峰成为依附于"大鲨鱼"的"鲫鱼",几年时间产值就翻了三番,规模与效益较之与该企业合作前扩大了10多倍。随后,立峰利用赚到的钱,不断进行外延扩张,产品由把闸到轮毂、油箱……最后发展为整车生产。开始为贴牌,后来发展到独立运作,并获得了国家颁发的摩托车生产许可证。时机成熟后,立峰脱离了与大企业的合作关系,成为一个独立的摩托车整车生产企业,"鲫鱼战术"大告成功。

这种模式在加工企业集中的长三角、珠三角一带十分流行,在广东东莞、江苏昆山,类似小企业随处可见。实践证明,这是初创小企业走向成功的一条捷径,风险小而成功概率高。类似立峰这样最后发展到"全面"生产的企业较少,更多则走向了专业化,走"专、精"的路子,如江苏江阴的曹明芳为上海一汽专业化生产汽车保险杠,曾登上《福布斯》中国富豪榜。

(由作者根据相关资料改写)

思考:

分析温州立峰摩托车集团商业模式的特点及成功之处。

第一节 商业模式的概念与特征

一、商业模式的基本问题

在机会识别阶段,创业者通过对产品和市场进行认真的可行性分析,基本上明确了具有市场潜力的产品或服务，对其品质和特征有了较清晰的轮廓，但是，对于企业如何通过这些创新产品或技术实现新企业的盈利，依然模糊不清，而盈利是市场经济中企业生存的根本。因此，为了理解创新产品如何才能实现盈利，迫切需要理清的基本问题包括：

(1)建立什么样的产品价值链可以成功实现产品的商业化？

(2)在这一价值链中，新企业将扮演什么角色？

(3)还有哪些合作伙伴需要加入？他们将分别扮演什么角色？其获利点在哪？

(4)谁将向谁付费？为什么？或者说，在即将建立的价值链中，顾客是谁？是否有足够多的顾客愿意加入？

以上都属于商业模式的问题。玛格丽塔在《什么是管理》一书中指出，商业模式就是一个企业如何赚钱的故事。与所有经典故事一样，商业模式的有效设计和运行需要人物、场景、动机、地点和情节。为了使商业模式的情节令人信服，人物必须被准确安排，人物的动机必须清晰，最重要的是情节必须充分展示新产品或服务如何为顾客带来价值和利益，同时又如何为企业创造利润。创新技术或者创新产品能否为顾客、合作伙伴、企业创造价值，取决于它对商业模式的选择，而不仅仅取决于技术本身的内在特征。许多创业企业的成功，并不是因为技术创新性有多强，而是因为开发出了一套切实可行的商业模式。例如，阿里巴巴是电子商务领域的佼佼者。电子商务，顾名思义，是利用高科技信息和网络技术实现产品或服务交换的一种交易形式。阿里巴巴与其他电子商务创业企业一样运用的是网络技术，而它之所以获取很高的盈利，主要取决于其所开发的有效盈利模式。根据中国企业财务实力不太强的现实，阿里巴巴利用免费入网方式获取了尽可能多的中国企业信息，建立在这一基础上的企业信用认证概念为产品相对过剩的中国供应商提供了竞争优势，进而为阿里巴巴创造了巨额利润。这就是阿里巴巴的商业模式。

商业模式是新企业开发有效创意的重要环节。一方面它是新企业技术(产品特征和品质)创意的必要补充，有效创意包括如何同时为顾客、合作伙伴以及企业创造价值；另一方面，它是新企业得以启动筹集资金、雇用高素质员工、整合优秀合作伙伴等实际工作的前提。商业模式是新企业盈利的核心逻辑，新企业只有开发出有效的商业模式，才能激发足够多的顾客、供应商等参与合作，创建成功的新企业才真正可行。

二、商业模式的概念

商业模式一词最初在商业领域非常流行。现在，各个不同行业的企业都非常依赖这一概念。但对于商业模式的定义不同学者有着不同的界定。综合现有研究成果，本书认为商业模式是企业整合资源和能力，进行战略规划，以充分开发创业机会，并实现利润目标的内在逻辑。其实，商业模式并非简单的企业盈利方法或过程，对于商业模式概念的解读应当是多层次多角度的。

首先，商业模式体现在创业机会核心特征层面，即市场特征和产品特征的特定组合。创业者将要进入的市场是否有充分的吸引力，将要提供的产品是否能够获取充分的市场分析，这一组合是新创企业独特竞争优势的根本源泉，也是企业商业模式的构成基础。

其次，商业模式体现在创业机会的外围特征如何有效支持创业机会的核心特征上，特别是创业团队和创业资源两个要素如何有效整合，来共同维系创业机会核心特征的有效开发方面。商业模式是否可行，取决于创业者所构思的商业逻辑是否能够有效推行，在这一推行过程中，必要的人力资源、资金资源、信息资源等资源要素都是必不可少的支持因素。

最后，商业模式还体现在创业的未来成长战略上。新创企业能够成长为一个成熟的有市场影响力的企业，其直接的影响因素是企业的成长战略。也就是创业者能否根据企业的现有市场特征、产品特征、创业团队、创业资源状况制定良好的长期成长规划以及市场直接竞争战略。因此，战略也是商业模式的重要构成成分。

三、商业模式的特征

由于不同行业的差异，宏观和微观经济环境的共同影响，没有一个单一的商业模式能够保证在各种条件下都能产生优异的财务回报。尽管如此，我们仍需要对商业模式的内在属性进行解构，提炼商业模式的属性框架，唯有如此，才能够便利于现实商业模式的分析以及创新商业模式的构建。戴尔的成功案例被许多研究人士所熟悉，通常在列举商业模式例子时，都会拿出戴尔的直销模式作为商业模式的典型范例。但应该认识到，直销模式只不过是商业模式的一种表象。虽然直销模式确实为戴尔计算机的成功带来了重要的推动作用，但是这一模式还不能与商业模型划上直接的等号——要找到一种创新的销售模式太容易了，只要你有足够的想象力，关键是，为什么这一直销模式是可行的？唯有其背后的支持因素和这种直销模式整合在一起，才是我们所要讨论的商业模式。

在戴尔直销模式的背后，一些重要的支持因素包括：戴尔对客户需求的关注，戴尔坚信客户的需求是企业所要首先关注的，因此，戴尔力图做顾客的顾问，帮助顾客做正确的决策，让企业真正为顾客创造更大的价值。同时，戴尔注重客户反馈，基于顾客意见进行灵活的调整。据称，戴尔内部还成立了专人客户负责制，为所有戴尔用户设立客户档案，他们可以随时随地联系到专门的戴尔的客户代表，能根据客户的不同情况，制订最适合的 IT 解决方案。除了在客户关系处理上、在企业运作方面，戴尔一直实行精细化管理，低成本一直是戴尔模式的核心，但价格的竞争力并不等于要做赔本买卖，这就要求公司管理阶层在压缩开支方面做到极致。同时，直销模式能够成功还与戴尔的供应链管理方式密不可分，戴尔在渠道建设、原材料供应方面也做得非常成功，戴尔和供应商的合作非常密切，通过为它们提供长期产量预测以便进行制造预测，将整个系统中的库存量保持在最低。零库存、快速制造模式缩短了供求距离，没有库存风险和成本，因此戴尔的产品价格很具备吸引力。这一系列系统的企业运营过程构成了戴尔的商业模式。从戴尔的商业模式中可以看到，成功的商业模式应具备如下三个条件：

（一）全面性

商业模式是对企业整体经营模式的归纳总结。在企业经营的基础层面，创业者需要制定必要的方案来引导基层员工的操作。在企业层面，创业者必须关注企业的整体发展目标和发展方案。在各个不同的管理职能分类上，创业者也必须设想可行的经营方案。因此商业模式的全面性反映了创业者是否对创业发展中所遇到的各类问题进行了全面的思考，是否准备了相应的应对之策。缺乏全面性的商业模式很可能在某一方面相当诱人，但是由于创业者忽略了支持其内在盈利性的某些要素，这种诱人的商业模式可能根本无法实现。

当然，全面性并不意味着商业模式需要涵盖所有经营管理中琐碎的事务。商业模式需要提炼归纳，提取更为重要的要素，这样对企业的整体发展才具备更强的指导意义。

（二）独特性

成功的商业模式要能提供独特价值。创业者通过确立自己的独特性，来保证市场占有率。这一独特价值表现在创业者能够向客户提供的额外价值，或者使得客户能用更低的价格获得的同等价值，或者是用同样的价格获得更多的价值。例如，如家酒店连锁公司通过全力拓展其独创的经济型连锁酒店，以低价、舒适、干净为特色，吸引了大批中小商务人群和休闲游客，常年入住率保持在90%以上。这一独特的商业模式与传统意义上的酒店经营模式迥然不同。

商业模式独特价值的根本来源是创业者所拥有的独特资源以及基于资源独特性所构建的发展战略，这一战略包括未来可行的公司层面发展战略，同时也包括市场经营层面的竞争战略，如独特的营销方案及分销渠道。

（三）难以模仿性

成功的商业模式必须是难以模仿的。一个易于被他人模仿的商业模式，即使其再独特、再全面，也难以维系。迅速跟进的追随者很快就会使得企业的盈利能力大大下降。因此，难以模仿的商业模式首先意味着企业的经营模式是可持续的。创业者至少可以通过有效的手段在一定时间内维持企业的成长速度，而不用太早陷入行业竞争的漩涡中。

难以模仿的要旨首先在于企业的商业模式要充分发挥先行者的优势，让后进入者的获利可能降至最低，这样追随者对模仿现有的商业模式的兴趣就不会很大。其次，为了实现难以模仿的商业模式，创业者也需要注重细节。只有执行到位，注重每一个细节，这一特定的商业模式才是竞争对手难以模仿的。当然，如果有可能，创业者也需要及时抓住知识产权保护的有力武器来防止他人的模仿。

全面性、独特性、难以模仿性，这三个基本属性构成了商业模式的基本属性特征。对于成功的商业模式来说，这三个属性之间的关系类似于通常意义上的木桶效应，任何一个层面存在短板都会对商业模式造成重大伤害。因此，创业者在准备创业时候，尤其需要警惕那些在其他层面特别突出，但是在某一个层面上存在缺憾的商业模式。

第二节　商业模式的开发

一、商业模式的逻辑

（一）价值发现

明确价值创造的来源，这是对机会识别的延伸。通过可行性分析创业者所认定的创新性产品和技术，只是创建新企业的手段，企业最终的盈利与否取决于它是否拥有顾客。创业者在对创新产品和技术识别的基础上，进一步明确和细化顾客价值所在，确定价值命题，是商业模式开发的关键环节。绕过价值发现的思维过程，创业者容易陷入“如果我们生产出产品，顾客就会来买”的错误逻辑，这是许多创业实践失败的重要原因之一。

1991 年，摩托罗拉为开发卫星电话成立了独立的铱星公司。它生产的卫星电话叫铱星手机。铱星手机的价格是 3000 美元，每分钟通话费是 3～8 美元。如此高的服务价格肯定竞争不过传统的蜂窝电话服务。于是，铱星公司把目标市场定为传统网络无法覆盖的地区的人们，主要包括国际商务旅行者、边远地区的建筑工人、海上船只、世界各地的军队和近海石油钻塔的工作人员等，但是，到 1999 年 7 月，公司仅有 2 万用户，而公司至少需要 5.2 万用户才能达到贷款合约的要求。结果当年 8 月，铱星公司因拖欠了 15 亿美元贷款而申请破产。从铱星公司惨败的教训中，我们看到，铱星公司花费了如此高昂的财务成本和 11 年的时间开发出来的铱星手机并没有为顾客带来真正的便利和实惠，因而没有吸引足够多的顾客成为它的用户。由于铱星电话技术依靠电话天线和在轨卫星间的视距传输，所以电话功能非常有限。在行驶的汽车内、建筑物内或大城市的许多地方，高层建筑阻碍了电话和卫星之间的视距传输，铱星电话都无法使用；还有，在没有电的偏远地区，手机电池只能使用特殊的太阳能附件，而这无法吸引繁忙的旅行者。

（二）价值匹配

明确合作伙伴，实现价值创造。新企业不可能拥有满足顾客需要的所有资源和能力，即便新企业愿意亲自去打造和构建所需要的所有能力，也常常面临着很大的成本和风险。因此，为了在机会窗口内取得先发优势，并最大限度地控制机会开发的风险，几乎所有的新企业都要与其他企业形成合作关系，以使其商业模式有效运作。我们知道戴尔公司与供应商、托运企业、顾客以及其他许多商业伙伴的合作，促进了戴尔公司商业模式的形成。假如戴尔的供应商不愿意在即时原则基础上向它供应新式零部件，戴尔公司就要付出很高的库存成本，就不可能向顾客供应高品质产品或进行价格竞争。戴尔公司与供应商密切合作，不断激励它们参与进来。通过与戴尔公司的合作，这种方式也有助于供应商获利，因为戴尔的订单规模占了供应商很大部分的生产份额。

（三）价值获取

制定竞争策略，占有创新价值。这是价值创造的目标，是新企业能够生存下来并获取竞争优势的关键，因此是有效商业模式的核心逻辑之一。许多创业企业是新技术或新产品的开拓者，但却不是创新利益的占有者。这种现象发生的根本原因在于这些企业忽视了对创新价值的获取。价值获取的途径有两方面：一是为新企业选择价值链中的核心角色；二是对自己的商业模式细节最大可能地保密。对第一方面来说，价值链中每项活动的增值空间是不同的，哪一个企业占有了增值空间较大的活动，就占有了整个价值链价值创造的较大比例，这直接影响到创新价值的获取。对第二方面来说，有效商业模式的模仿一定程度上将会侵蚀企业的已有利润，因此创业企业越能保护自己的创意不被泄露，就越能较长时间地占有创新效益。

例如，Google 公司通过以下几种方式赚取收入：①巧妙地安排随同搜索结果一起出现的广告；②向门户网站（如美国在线）许可搜索技术；③向企业许可搜索技术，以建立企业内部搜索引擎；④即使有见识的观察者也难以觉察的其他获利途径。Google 公司严守其商业模式秘密，避免其他企业成功复制其运作方式。Google 对有效商业模式的细节保密的时间越长，就越能长时间地获得巨额投资回报。

总的来看，价值发现、价值匹配和价值获取是有效商业模式的三个逻辑性原则，在其开发过程中，每一项思维过程都不能忽略。新企业只有认真遵循了这一原则，才能真正开发出同时为顾客、企业以及合作伙伴都创造经济价值的商业模式。

二、商业模式的开发方法

商业模式的开发可采用价值链分析方法。价值链是指产品如何从原材料阶段，经过制造和分销活动，直至到达最终用户手中的一系列转移活动链条。价值链由基础活动和辅助活动构成。基础活动涉及产品制造、销售以及售后服务，而辅助活动提供对基础活动的支持。价值链上每项活动的合理性和有效性取决于其对产品价值的贡献。价值链分析被广泛应用于管理成本与价值、控制辅助性活动成本以及企业差异化竞争战略等诸多方面。

通过对比每项活动所耗费的费用与其创造的顾客价值，管理者一般能够识别出价值链上哪一项活动存在进一步改善的空间以及改善空间有多大；同时，管理者也会发现某项活动之所以在企业内完成可能只是由于历史原因造成的，如果分包可能会削减成本、提高质量、为高峰期储备额外的生产能力或者使管理者能够把精力集中于具有高附加值的活动。

价值链分析同样有助于识别机会以进行商业模式的开发。随着市场竞争的日趋激烈，现在大多数产品和服务是在包含了很多企业而非单一企业的复杂供应链中被生产出来的。这样，价值链分析不再局限于单一企业内的供应链活动，而是用来描述产品和服务在“价值网络”或“价值体系”中的生产过程，因此，价值链更多地按照产品或者服务来加以识别，而不是特定的企业。

创业者可以通过审视一个产品或服务的价值链，来发现价值链的哪个阶段能够以其他更有意义的方式增加价值。这种分析可以集中于：价值链的某项基础活动（如营销）；价值链某个部分与其他部分的结合处（如运营和外部后勤之间）；某项辅助活动（如人力资源管理）。无论集中于价值链的哪一种活动，创业者都要确定自己在整个价值链中的地位和角色，并进一步明确合作伙伴以给新企业提供有效支持。例如，戴尔公司的首席执行官迈克尔·戴尔通过考察发现已有计算机库存和供应链中明显存在无效率的情况，这一发现说明已有价值链的销售活动存在明显的增值空间。而要真正实现这一增值，一方面，戴尔公司需要创造性地确定自己的角色：接受顾客订单，装配零配件，然后将产品直接运送到顾客家中。这样戴尔公司不像其他企业那样，生产计算机并将它们运送给零售商，然后寄希望于产品售出。它不需要生产零件的工厂和设备，但是，顾客确实得到了想要的具备所有最新技术的计算机。另一方面，还要与优秀伙伴合作，如果没有低成本的运货商（如联合包裹服务公司）和计算机零部件制造商，戴尔公司直接向最终用户销售计算机的创意就不可能实现。

三、商业模式的设计框架

如何为具有可行性的技术创意设计一套既切实可行，又具有独特竞争优势的商业模式，是所有创业者在创建企业前都必须做的一项工作。因此，在对商业模式的内涵具有一定了解的基础上，我们有必要学习如何具体去设计它。著名商学教授与作家加里·哈默尔（Gary-

Hamel)认为，有效的商业模式必须包括4个关键要素：核心战略、战略资源、顾客界面和价值网络。只有充分掌握这些要素的重点以及彼此间的整合和搭配关系，才能设计出独特的商业模式。新企业商业模式的设计框架内涵包括四个要素和三个界面，下面分别说明它们的组成内涵。

（一）核心战略

商业模式设计需要考虑的第一个要素是核心战略，它描述了企业如何与竞争对手进行竞争，主要包括企业使命、产品市场范围、差异化基础等基本要素。

(1)企业使命。企业使命描述了企业为什么存在及其商业模式预期实现的目标，或者说，使命表达了企业优先考虑的事项以及衡量企业绩效的标准。例如，戴尔公司的使命是：成为世界上最成功的计算机公司，在所服务的市场上传递最佳的顾客体验。为此，戴尔将在七个方面满足顾客希望，它们是：最高品质、领先的技术、有竞争力的价格、口碑良好的服务和支持、迅捷的定制化能力、优异的企业公民形象、财务稳定。通过戴尔公司的使命陈述，我们可以很容易看出企业的意图。西南航空公司的使命最为简洁：以热情、友善、自豪和充满企业精神的态度提供最高品质的顾客服务。但这同样能清晰传达企业做什么和如何竞争的信息。

(2)产品和市场定位。一个好的商业模式应该明确企业所集中专注的产品和市场，因为产品和市场的选择直接影响到企业赚钱的方式。例如，雅虎网站起初提供免费的互联网搜索服务，并通过在网站上创造广告空间来获利，但是到2000年，电子商务泡沫开始破灭，广告收入锐减，雅虎网站为创造更稳定的收入流，开发了更多的订刊服务，拓宽了其产品范围，商业模式也随之变化。

企业从事经营活动的市场也是其核心战略的重要因素。例如，阿里巴巴把中国供应商作为它的目标市场，其意义重大。当时首席执行官马云之所以没有选择只把经济实力较强的大企业作为目标市场，就是因为，如果那样的话，阿里巴巴的价值只能局限于对大企业已有业务的信息化服务。而针对中国加工行业相对过剩的市场环境，他选择了为尽可能多的中国供应商服务，因而产生了免费入网的概念及随之产生的企业信用认证等概念。

(3)差异化基础。新企业力求与竞争对手在产品或市场上的差异化十分重要。从宏观视角来看，企业一般可以选择成本领先战略或是差异化战略。采用成本领先战略的企业努力在产业内获取最低的成本，并以此来吸引顾客。相反，采用差异化战略的企业以提供独特而差别化的产品，以质量、服务、时间或其他方面为竞争基础。在大多数情况下，新创企业采用成本领先战略往往很困难，因为成本领先要求规模经济，这是需要花费时间的；而差异化战略对新企业却十分重要，因为这是取得顾客认可的很好的方式。

（二）战略资源

企业目标的实现需要战略资源做后盾，同时差异化的竞争优势也是建立在企业所拥有的战略资源基础上的。对于创业企业来说，战略资源对创业机会、创业能力以及服务于顾客的独特方式都存在很大约束，因此，商业模式必须展示企业的核心能力和关键资产的特征。

1. 核心能力

核心能力是企业战胜竞争对手的优势来源。它是创造产品或市场的独特技术或能力，对顾客的可感知利益有巨大贡献，并且难于模仿。核心能力的例子有：索尼公司的小型化能力、戴尔公司的供应链管理能力和3M公司管理创新的能力等。企业的核心能力决定了企业从什么地方获得最大价值。为了指明自己的核心能力，企业应当识别具有如下特征的技术：独特性、顾客价值、难于模仿、可向新机会转移。

2. 关键资产

关键资产是企业拥有的稀缺、有价值的事物，包括工厂和设备、位置、品牌、专利、顾客数据信息、高素质员工和独特的合作关系。作为新企业，应该注重如何创新性地构建这些资产，为顾客创造更高的价值。一项特别有价值的关键资产是企业的品牌。例如，星巴克花了很大力气来建立品牌形象，其他咖啡零售商要想获得同等的品牌认知需要付出极大的努力。另一项特别有价值的关键资产是顾客数据信息。例如，阿里巴巴拥有的关于中国供应商的需求与销售信息，是它推出的企业信用认证概念和电子商务搜索概念等的信息基础。因此，企业如何把自己的核心能力和关键资产综合起来以创造竞争优势是投资者评价企业时给予最多关注的因素。

（三）价值网络

企业一般不具备执行所有任务所需的资源，因此要与其他合作伙伴一起才能完成整个供应链中的各项活动，对于新企业尤其如此。而且，在很多时候，企业独自做所有的事情并不明智，因为完成一项产品或交付一种服务的很多工作，对构建竞争优势都不太重要。例如，中国移动推出的短信业务。中国移动在2000年11月正式推出短信业务，2012年短信达到800亿条，直接获得近百亿元的收入。在这一成功过程中，中国移动作为电信运营商，与其他内容提供商、系统和终端设备提供商等伙伴之间的紧密合作起着重要作用。再比如，戴尔公司因其装配计算机的专业技术而具有差异化优势，但它却从英特尔公司那里购买芯片。戴尔当然可以自己制造芯片，但它在这方面不具有核心能力。同样，戴尔公司依靠联合包裹服务公司和联邦快递公司递送产品，如果它自己建立一个遍布全国的物流系统，那实在是不明智的。

企业的合作伙伴网络包括供应商和其他伙伴。供应商是向其他企业提供零部件或服务的企业。传统上，企业与供应商维持有限的关系，并把它们看成竞争对手。需要某种零部件的生产商往往与多个供应商联系，以寻求最优价格。然而，随着战略环境的改变，企业逐渐抛弃了这种与供应商的短期关系，转而与之结成长期互利的合作伙伴。这种转变来自于竞争压力，竞争压力推动企业经理仔细审视价值链的上下游，以便发现节约成本、提高质量和改善市场进入速度的机会。经理们开始越来越多地关注供应链管理，因为它是贯穿产品供应链的所有信息流、资金流和物质流的协调。企业管理供应链的效率越高，其商业模式的运作效率也越高。

大企业与新企业在进行供应链管理方面面临不同的资源和能力条件。大企业先期良好的经营往往给新事业开发积累了财务资源以及信誉资本，这为与优秀企业展开合作提供了有力保障。例如，中国移动的榜样力量使合作伙伴一开始就相信它对整个供应链的管理和协调能力，目前与它签约合作的内容供应商超过400家。而新企业由于受到较大的资源约束，也往往具有较小的抗风险能力，因而在寻求优秀企业加入和合作过程中面临较大的障碍。在这种情况下，创业者的一些特质和能力以及商业模式本身的市场潜力就显得尤为重要。比如，创业者的洞察力:这种洞察力能够较准确地识别出潜在供应商的需求和意愿,善于从别人的视角看世界,看看别人看重的是什么以及如何设计自己的选择。还有就是创业者的应变能力:新企业遭遇优秀企业的拒绝是很常见的事情,创业者这时尤其要注重以一种在别人看来恰当的方式与其进行接触和沟通。当然,最为根本的是商业模式本身所具有的市场潜力。

除了供应商,企业还需要其他企业来使商业模式有效运作,如战略联盟、合资企业、合作网络、社会团体和行业协会是这种合作关系的一些常见形式。普华永道的一项调查发现,超过半数的美国快速成长企业都组建了多元化的合作关系,以此来支持自己的商业模式有效运作。依这项调查来看,合作关系给这些被调查企业"带来了更多的创新产品、更多有益的机会和高成长率"。其原因大致在于:一是合作伙伴关系有助于企业保持敏捷性,集中于核心能力;二是可以获得规模经济、风险和成本共担、获取进入国外市场的途径、学习快速进入市场、孤立或阻碍竞争对手等。当然,企业合作过程中要对一些负面影响进行科学谨慎的管理,如专有信息丢失、管理复杂化、财务和组织风险,依赖伙伴的风险以及决策自主权的部分丧失等。

(四)顾客界面

新企业针对特定的目标市场,构建友好的顾客界面是影响商业模式效果的重要因素。顾客界面是指企业如何适当地与顾客相互作用,以提供良好的顾客服务和支持,主要涉及销售实现和支持与定价结构两方面。

1. 顾客实现和支持

顾客实现和支持描述的是企业产品或服务进入市场的方式,或如何送达顾客的方法,也指企业利用的渠道和提供的顾客支持水平。所有这些都影响到企业商业模式的形式与特征。例如,亚马逊只通过互联网销售书籍,而巴诺书店则通过传统书店和网络两种途径来售书。再比如,在计算机产业存在不同的顾客界面模式,戴尔公司通过网络或电话直接销售计算机,而惠普公司和 IBM 主要通过零售商店销售。企业愿意提供的顾客支持水平,也影响它的商业模式。有些企业将自己的产品和服务差异化,通过高水平的服务和支持向顾客提供附加价值。顾客服务包括送货和安装、财务安排、顾客培训、担保和维修、商品保留计划、便利的经营时间、方便的停车、通过免费电话和网站提供信息等。如前所述,戴尔公司拥有范围宽广的多层次服务内容,以便向公司客户提供其需要并且愿意为这些服务支付费用的支持。选择适当的服务种类,是戴尔商业模式的重要组成部分。

2. 价格结构

价格往往是顾客接受产品的首要因素之一,创业者对创新产品或服务的定价直接影响顾客对产品的评价,因此,创业者必须使用合理的定价方法制定有效的价格。多数专家指出,新企业的价格结构必须符合顾客对产品或服务的价值认知,即顾客能够接受的价格是顾客愿意支付的价格,而不是在产品成本基础上的一定比例的加成。如在高科技产业中,60%～80%的毛利润比较普遍,售价 300 美元的英特尔芯片,其成本可能只有 50～60 美元。这种实际价格与产品成本之间的分离反映了顾客对芯片的认知价值。如果英特尔根据产品成本进行定价,产品价格可能会很低,赚取的利润也会很少。而且,专家们认为,创业者一定要抵制以低价扩大市场份额的诱惑，因为这种方法产生的高销售量并没有创造高的营业利润。

新企业可以通过市场定位、品牌以及其他营销要素影响顾客的价值认知。例如，麦当劳曾经开发过一项非常成功的广告活动，广告语中有这样一句话：今天您应该在麦当劳休息一下。通过这项广告，麦当劳强调的是在麦当劳就餐享受的最大收益是不再辛苦地在家做饭，由此引起顾客的共鸣。

（五）顾客利益

顾客利益是连接核心战略与顾客界面的桥梁，代表着企业的战略实际能够为顾客创造的利益。首先，企业的核心战略要充分显示为顾客服务的意图。比如，企业的产品和市场定位必须集中在未得到充分满足的顾客需求，企业使命必须是在特定市场提供卓越的顾客服务，同时还要注重提供与众不同的产品和服务，这样顾客才能转而购买企业的产品等。例如，星巴克的企业使命，是要建成世界第一流的高品质咖啡店，在成长的同时毫不妥协地维持企业的原则，即 6 项决策标准：提供最好的工作环境，以尊重和尊严对待彼此，容纳多样性是我们做生意的重要元素；在咖啡的购买、烘烤和保险运输方面采用最高标准；在任何时候都让顾客满意；以积极的态度为社会和环境作出贡献；认识到收益对我们未来的成功很重要。可见，星巴克的企业使命传达了非常明确的顾客倾向。其次，在构建顾客服务与支持系统以及进行产品定价的时候，也一定要考察这些是否与企业核心战略一致。比如，一味追求产品低价的恶性竞争策略，显然没有真正从顾客受益的角度来考虑问题，同时也不具有长期的战略意义。相反，如果企业提供了切实满足顾客需要的新奇产品或服务，索要远远高于产品生产成本的价格也是正确的竞争策略。因此，顾客利益是企业制定核心战略以及构建顾客服务体系时必须遵守的原则，它涉及企业生存的根本。

（六）构造

构造是连接核心战略与战略资源的界面要素，主要指两者间的有效搭配关系。

首先，战略资源是核心战略的基础，企业缺乏资源，难以制定和实施战略目标。企业产品和市场的选择必须紧紧围绕核心能力和关键资产，越来越多的证据表明，这样可以使企业受益。这主要是因为如果企业把自身的核心能力和资源集中于价值链中较小的环节，就较容易成为特定市场的专家，提供更高品质的产品和服务，为企业创造更高的利润。很多成功的创业企业在这方面做出了榜样。例如，阿里巴巴网站始终坚持为中国供应商提供电子销售服务的战略方向，主要是因为其对顾客需求的高认知能力以及所掌握的中国供应商及国外 5 000 多家采购商的相关信息。

2001 年，阿里巴巴获得两轮风险投资后，“想做大”的马云也曾尝试过其他的经营项目，但是到 2002 年年底，马云将它们一一清退，甚至把当时占据公司收入 60%的系统集成业务也一刀砍下，以保证公司继续沿着其核心能力和资源能够支撑的方向前进。其次，核心战略要充分挖掘企业战略资源的优势，一方面这是创造更多企业价值的需要，另一方面也是有效构建竞争障碍的途径。企业通过关键资源的杠杆作用对已有模式的不断创新，将会使跟进者的模仿变得更加困难。

（七）企业边界

企业边界是连接企业战略资源与伙伴网络的界面，其内涵在于企业要根据所掌控的核心能力和关键资源来确定自身在整个价值链中的角色。传统的企业边界观点是建立在成本收益原则基础上的，一种产品，是成立企业自己生产还是从市场购买取决于产品的边际成本，产品的边际成本等于交易成本，称成为企业的边界。而随着市场竞争的日益激烈，现代企业边界观点产生了，它把企业为什么存在以及企业应该有多大的基础问题归为企业竞争能力的问题，其中企业的核心能力与关键资源决定了企业应该做什么。企业只有围绕其核心能力与关键资源开展业务才可能建立起竞争优势。尤其是新企业，创建之初往往面临较大的资源与能力约束，集中于自己所长，是竞争成功的关键。

总之，在开发和设计新企业的商业模式时，要正确思考和解决新企业的核心战略、战略资源、伙伴网络、顾客界面等问题，并正确处理它们之间存在的顾客利益、构造以及企业边界等方面的关系。优秀的商业模式总是从整体角度审视自己，做到企业核心战略与战略资源高度一致，真正给顾客带来实惠和便利，在创造企业利润的同时，使合作伙伴也获得足够多的利益。

第三节　商业模式的选择

一、商业模式的影响因素

每一个企业都有成功的梦想，每一个成功的企业都有成功的模式，因此任何一个新办的企业或处于困境中的企业都应该找到属于自己的、唯一的成功的商业模式，而不是简单地复制。在选择商业模式时要考虑以下主要影响因素：

（一）注重企业经济要素中的智力资本

企业不仅是卖产品的组织，更是卖智慧的组织。企业必须告别旧的生产要素，而发展新的生产要素，尤其是智力资本。而智力资本中人力资本特别重要。因此，企业必须注重人力资源的开发和培育。微软公司就十分注重人才引进，微软招聘的是“盖茨团队”，一般只录用应征者中的2%～3%，只挑选最优秀的人加盟，并且给他们提供相应的工作和机会，让他们充分发挥聪明才智。微软还有一套让人才脱颖而出和适应人才成长的组织机制，他们的唯一目标就是促进技术的发展和提高产品创新能力，把产品推向市场并受到消费者欢迎。

（二）重视知识的信息化和价值化

在信息时代，商业模式必须十分注重知识的信息化和价值化，否则，商业模式会因为知识的封闭、贬值而过时。知识的信息化是指通过科技将知识分门别类、组织归档，成为共享信息；知识的价值化是指通过信息技术构建知识交流、利用的管理机制。知识经济下的管理目的就是如何通过科技产生智力资本，因此对企业而言，其竞争力重点在于知识如何为企业创造经济价值，其交流模式是动态实时的交流与沟通。知识的信息化和价值化对企业降低成本并提供更多的顾客让渡价值非常重要。沃尔玛倾巨资建立起全球最大的私人卫星系统与3 800家供货商联网，就是为了能使企业及时掌握销售情况、市场需求和供应商供货情况，实现快速反应，在不发生缺货的前提下实现零库存，加速资金周转，提高效率，最终降低交易成本，从而为顾客提供更大的价值。

（三）注重管理的沟通

在新型的商业模式中，企业知识资本将跨部门共享，知识管理带来的开放平台和公共数据库信息流通，将打破工业时代以来的组织功能界限。为此，美国苹果公司较早提出"集成经营"的概念，就是强调通过管理沟通整合聚变，突出协同与创新，不断聚合出新的市场竞争能力，以主动适应知识经济与科技日新月异的发展要求，获得新的企业发展机会。史蒂文·乔布斯为苹果公司制定的转向战略，就一再强调建立"苹果生态联盟系统"，提出要向生态链那样集成企业产销群体，充分发挥销售商、供应商等协作者的积极性。

（四）降低企业成本

商业模式重塑的目标就是要极大地降低交易成本。具体可以采用以下方法：

(1)以战略联盟的方式降低成本。联盟成员之间相互合作，联合研究开发新产品、联合采购销售、联合推销新产品、联合售后服务等。联盟方式可以采取合资、相互持股、特许连锁经营等方式。联盟的建立可以集中各成员的优势，发挥巨大的规模效应，降低研究开发、推广商品、开拓市场、销售与服务等的成本，提高企业的抗风险能力。如惠普与康柏并购就是为了降低运营成本。目前，很多企业都在借助不同时区的合作伙伴，实行24小时生产运作，寻找最佳资金来源地、最具成本效益的生产地和最能赚取利润的销售地。

(2)研究比竞争对手更好的控制支出方法，使企业永远保持竞争优势。如沃尔玛一直以来在"最低的支出对销售比"方面排名第一，它一直遵循三个定价原则：每天低价，降低费用，特价。

(3)注重价值链的成本分析，运用价值链来降低成本。价值链是一个公司的全部运作过程，价值链上各项活动之间都有密切的联系，因此，从供应商的选择到产品的设计、生产流程的确定、产品的生产销售，都要加以重视，切实地对成本进行实时监控和信息反馈。

二、商业模式的评价准则

一个具有吸引力、成功的商业模式，通常需要具备某些能够创造价值与竞争优势的特点，而这些特点往往影响着创业企业的成功与否，也是商业模式评价忽略的重要因素。评价商业模式时，应遵循以下基本原则：

（一）适用性原则

适用性也可称为个性，是商业模式的首要前提。由于企业自身情况千差万别，市场环境变幻莫测，商业模式必须突出一个企业不同于其他企业的独特性。这种独特性表现在它怎样为自己的企业赢得顾客、吸引投资者和创造利润。严格地说，一个企业的商业模式应当仅仅适用于自己的企业，而不可能被其他企业原封不动地照搬照抄。所谓商业模式，最终体现的是企业的制度和最终实现方式。在这个意义上说，模式没有好坏之分，只有是否适用的区别。适用的就是好的，适用较长久的就是更好的。

（二）有效性原则

有效性是商业模式的关键要素。在经济全球化、信息化的今天，无论哪个行业或企业，都不可能有一个万能的、单一的、特定的商业模式，用来保证自己在各种条件下均产生优异的财务结果。一个成功的商业模式不一定是在技术上的突破，也可能是对某一环节的改造，对资源进行有效配置，并进行高效管理、风险控制和统筹规划的结果。因此，评价商业模式的好坏，最根本的一条在于它的有效性。根据埃森哲咨询公司对 70 家企业的商业模式所做的研究分析，这种有效性应当具有以下三个特点：

（1）它必须是能够提供独特价值的。在一些时候，这个独特价值可能是新的思想，而更多的时候，它往往是产品和服务的独特性的组合。这种组合要么可以向客户提供额外的价值，要么使得客户能用更低的价格获得同样的利益，或者是用同样的价格获得更多的利益。

（2）它必须是难以模仿的。企业通过确立自己与众不同的商业模式，如对客户的悉心照顾、无与伦比的实力等，来提高行业的进入门槛，从而保证利润来源不受侵犯。

（3）它必须是脚踏实地的。脚踏实地就是实事求是，就是把商业模式建立在对客户行为的准确理解和把握上。

（三）前瞻性原则

前瞻性是商业模式的灵魂所在。商业模式是与企业的经营目标相联系的，一个好的商业模式要和企业长远的经营目标相结合。商业模式实际上就是企业为达到自己的经营目标而选择的运营机制。企业的运营机制反映了企业持续达到其主要目标的最本质的内在联系。企业以营利为目的，它的运营机制必然突出确保其成功的独特能力和手段——吸引客户、雇员和投资者，在保证盈利的前提下向市场提供产品和服务。但是，仅仅如此是不够的，因为这只是商业模式的“现在式”，而商业模式的灵魂和活力则在于它的“将来式”，即前瞻性。即企业必须在动态的环境中保持自身商业模式的灵活性，及时修正、快速适应。一句话，就是具有长久的适用性和有效性，以达到持续盈利的目的。

三、商业模式的选择

（一）创业常见的八种赢利模式

1. 鲫鱼模式

在大海之中，鲨鱼是一个十分凶狠的家伙，非常不好相处，许多鱼类都是它们的攻击目标，但有一种小鱼却能与鲨鱼共游，鲨鱼非但不吃它，相反倒为它供食，这种鱼就是鲫鱼。鲫鱼的生存方式，就是依附于鲨鱼，鲨鱼游到哪儿它就跟到哪儿。

当鲨鱼猎食时，它就跟着吃一些残羹冷炙，同时，因为它还会为鲨鱼驱除身体上的寄生虫，所以鲨鱼不但不反感它，反而十分感激它。因为有鲨鱼的保护，所以鲫鱼的处境十分安全，没有鱼类敢攻击它，能够攻击它。这种生存方法和生存哲学，运用到创业中就是找到与大行业或者大企业的共同利益，主动结盟，将强大竞争对手转化为依存伙伴，借船出海，借梯登高，以达到争取利润的第一目标并使企业快速壮大。

这种模式的本质在于，大企业有通畅的产品流通渠道，有广大的客户群体，就像一条庞大凶猛的鲨鱼，而中小企业无论在资金、技术，还是在人才等方面，都存在着诸多先天不足。如果中小企业能找到与大企业的利益结合点，与大企业结成联盟，就可以有效弥补自身的短板，自然也就可以分享大企业的利润大餐。“鲫鱼战术”对中小企业来说，可借鉴程度较高，是一种有效的盈利模式。而其方法可以多种多样，例如以下几种：

(1)配套

全球经济一体化时代，社会分工会越来越细，一件商品的生产和营销往往被细分为众多的环节，由此给配套生产者提供了机会。大的、复杂的整机——汽车、摩托车、家用电器固然有众多的配套厂家，就连小型的商品如桌椅、香烟、白酒、望远镜等，也有许多是分工合作的产物，如山东的白酒很多就是采用四川的原浆，当年的秦池为此还掀起了一场偌大的风波。这些配套厂家就像众星捧月般地拱卫着上游厂家。不要小瞧配套这一角色，它的起点虽然低，利润虽然薄，但投资也少(很多项目往往只需要数十万元投资即能操作)，因此恰恰适合了资金不足、经验缺乏的创业者。只要和上游厂家搞好关系，勤恳工作，保证质量，那么就可以借助这个平台，在不太长的时间内完成创业的过渡期和危险期。

(2)贴牌生产

替品牌厂家贴牌加工生产是一种较为新型的合作关系。品牌厂商为了降低生产成本，或者为了腾出手来开辟新的经营领域，往往会将热销中的商品托付给信得过的加工厂商生产。贴牌生产目前不仅在跨国公司之间流行，一些国内驰名品牌或是区域性品牌也提供贴牌生产。这正应了一句流行语：一流的企业卖品牌，二流的企业卖技术，三流的企业卖产品，当然，还有超一流的企业，它们卖的是标准。在这样一个品牌争先的时代，一个品牌的建立需要大量人力、物力的投入。但品牌一旦建立，即可以产生所谓的品牌效应，品牌本身就可以用来赚钱。加工商进行贴牌生产，要的就是品牌的声誉和消费者的认同。贴牌也分两种，一种是贴牌后自产自销，这叫借牌，需要交付贴牌费，一般只在区域市场销售；另一种就是产品生产出来后，交给原品牌所有者销售，也叫做代工。前者风险大于后者，投入也大于后者，但贴牌资格比较容易取得，一般仅限于国内品牌，国际性大品牌甚少采用此方式，创业者可酌情选择。

(3)代理

代理商是生产商的经营延伸，凡是影响大一点的商品都有它的代理商。做代理商虽然是为他人做嫁衣裳，但与此同时也是在为自己积累经验。做代理商可以借助厂家有形的商品，为自己完成资本原始积累。与此同时，还能学习营销知识，建立渠道网络，可谓一举两得。寻找那些品牌信誉好或者发展潜力大的产品做其代理，是一桩本小利大、事半功倍的买卖。初始创业者在规模上可考虑只开一家门店，从一个县或者一个地级市做起。

不过，傍大腕却不能过分依赖大腕。做代理最大的危险是被厂家卸磨杀驴。不仅是中小企业，就是一些已经颇具规模的企业，一旦深陷到只有靠“傍”过日子，亦是十分危险。像深圳华为,名列"巨大中华"之一,专门为电信运营商提供光纤网、固定网、移动网和增值业务领域的网络解决方案,是中国电信市场的主要供应商之一。而中国电信凭借垄断优势,成为大腕中的大腕,随着电信事业的发展壮大,华为销售额猛增。近年来,中国电信受分拆影响,投资萎缩得厉害,任正非为此写作《华为的冬天》,对华为员工提出警戒。所以说,小企业之于大企业、代理商之于生产商,只能依附,而不能依靠。依附是庇荫,借着大树遮风挡雨,健康成长;依靠则是藤缠于树,离开了树木,自身便立足不稳。创业者开始创业时,难免有一段时间要将自己托付于人,但要尽快度过这一时期,不能沉迷其中,将自己的命运始终交给别人掌握。

小企业之于大企业、创业企业之于成熟企业,最理想的状态是既有经营上的联系,又有资本纽带关系,但不是被人控股,不是挂靠或下属关系。小企业在托庇大企业时,它仍旧保持独立,需要拥有较大的经营自主权,有可能的话,尽量同时托庇于多家大企业或成熟企业,则可以收到"东方不亮西方亮"之效果,大大提高企业的生命值。

2. 专业化模式

专业化的意思就是专精一门,也就是俗话说的"一招鲜,吃遍天"。在这样一个充满诱惑的年代,要静下心来,专精一门是不容易的。

专业化为什么可以成为一种赢利模式?一个最简单的解释是,因为它精,所以它深,深就提高了门槛,别人不容易进来竞争,而专业化的生产,其组织形式比复合式生产要简单得多,管理也相对容易。在市场营销方式上,一旦市场打开,后期几乎不需要有更多的投入。成本降低的另一面,就是利润的大幅度提高。而在通常情况下,专业化生产一般最后都会形成独占性生产,至多是几个行业寡头同台竞争,行业间比较容易协调,从业者较易形成相互保护默契,有利于保持较高的行业平均利润。这是一个封闭或半封闭式的市场,不像开放市场上的产品,一旦见到有利可图,大家便蜂拥而入,利润迅速摊薄,成本迅速攀升,本来有利可图的产品很快变成鸡肋,人人都觉得食之无味,同时又觉得弃之可惜。

经测算,普通产品的生产者,如果其利润是15%,那么,一个专业化生产的产品,它的边际利润通常可以达到60%~70%。当一个企业进行专业化生产时,其多数成本都用在解决方案的开发和创意阶段,一旦方案成立,就可不断复制,并依照自己的意愿,确定一个较高的市场价格,因为你是唯一的或少数能提供该解决方案(或产品)的人,所以,市场对你的高定价根本无力反对。

专业化生产的另一个方式是,以简单化带动大规模,迅速降低行业平均利润,使小规模生产者根本无利可图,从而不敢也不愿与你进行同台竞争。格兰仕用的就是这种办法。

专业化利润的另一个来源是专家,不但有研发方面的专家,还有生产和组织管理方面的专家、市场营销方面的专家。专业化生产,反复重复的过程,有利于迅速培养专精于一个环节的专业人员。这里所说的专家与人们通常意义上所理解的专家有所不同,但这是一种更能产生和带来利润的专家。一般来说,这种专家型员工会比普通员工给企业多带来10%~15%的利润,这是专业化生产独有的好处。

3. 利润乘数模式

借助已经广为市场认同的形象或概念进行包装生产,可以产生良好的效益,这种方式类似于做乘法。利润乘数模式是一种强有力的赢利机器。关键是如何对所选择的形象或概念的商业价值进行正确的判断。

利润乘数模式的利润来源十分广泛,可以是一个卡通形象,也可以是一个有价值的信息,或者是一种技巧,甚至是其他任何一种资产,而利润化的方式,则是不断地重复叙述它们,使用它们,同时还可以赋予它们种种不同的外部形象,如世界上最昂贵的一只猫——Hello Kitty(凯蒂猫)、世界上最著名的一只狗——Snoopy(史努比)、世界上最受欢迎的一只熊——Winnie Pooh(维尼熊)等卡通形象,都是利润乘数模式最经典的案例。

凯蒂猫、史努比狗、维尼熊之类的卡通形象是如何使企业实现利润的呢?仔细研究不难看出,对人们所熟知的卡通形象的使用,使企业得以降低产品研发或开发成本,缩短研发或开发的时间。最关键的一点是,通常大多数研发都生产不出任何有价值的适应市场的终端产品,而使用这些形象则不存在这个问题。借助为人们所广泛熟知的形象,可以使产品更迅速地深入市场,降低了企业风险,提高了企业的成功率。东利行正是运用了这种利润乘数模式,得以迅速发展。

这是创业成功的一条捷径,但也存在种种问题。如前所言,此类形象或概念授权的一般范围都比较广,产品线往往拉得很长,因而需要注意以下几点:第一,要清楚容易接受该形象或概念的人群集中在哪些地方,并关注这些人的喜好。如果当初东利行把QQ品牌定位于中年消费者,或是做成一个实用而非时尚产品,肯定是死路一条。第二,由于同质产品的泛滥,你需要将你的产品极度个性化,并保持这种个性化。要不你就要有能力创造出一种别具一格、别人难以模仿的经营方式。此外,你还可以有一个选择,就是将产品迅速铺满某一个细分化的市场,不给后来者提供机会,但前提是需要有相当大的投入。第三,借助于某一流行形象或概念进行产品生产和市场营销,在国外已经十分成熟,但对于国内的企业经营者来说还是一个十分陌生的领域。它需要有一些很专门的人才,同时还要有一些专门的或独特的手法。如果你打算在这方面发展,那么,最好寻找到这样一些专门人才来帮助你。第四,流行形象或概念大多属于易碎品,需要对它们精心呵护,尽量避免将其应用到可能威胁其形象或概念的产品中去。

4. 独创产品模式

这里的独创产品是指具有非同一般的生产工艺、配方、原料、核心技术,又有长期市场需求的产品。鉴于该模式的独占性原则,掌握它的企业将获得相当高的利润,如祖传秘方等。

独创产品模式,实际上也是很多创业企业在创业之初可以大力借助的模式,"独创"的魅力所能带来的高额利润早已不是什么秘密。但是独创产品模式并不是进入利润区的"万能钥匙",它也有很多局限性:

(1)因为独创,即意味着"前无古人",所以往往需要很大的研发费用和很长的研发时间。

(2)因为独创,即意味着市场认知度不高,意味着打开市场,获取市场认同需要花更多的钱。

(3)尽管你事前可能做过很细致的调查,但一个独创产品在真正进入市场之前,是很难测度市场是否最终会接纳它的。常常发生的一种情况是:你花了很多钱,花费了很大的力气拿出了产品,结果却不被市场认同。这样,你所有的投入就都打了水漂。所以说,依靠独创产品打开市场具有很大的风险性。

(4)由于对产品缺乏细致的了解和认知,国家有关部门很难对某一种独创性产品提供完善的保护,生产者将面临着诸多带有恶意的市场竞争,这种竞争经常会使始创者陷入困境。

保护和延长独创性产品的生命周期,延长利润生产周期的办法如下:第一,提高专利意识,积极寻求国家有关部门的保护。第二,增强保密意识,使竞争者无机可乘。第三,进行周期性的产品更新,提高技术门槛,使后来者难以进入。第四,使企业和产品更加人性化,增强消费者的忠诚度。第五,有饭大家吃,在产能或投入不足的情况下,积极进行授权生产或技术转让,让产品迅速铺满市场,不给后来者以机会。这一点,一般不为经营者所注意,但却是一种十分有效的办法。

5. 策略跟进模式

策略跟进即强者跟随,与"跟风"的盲目性、哪里热闹就往哪里钻不同。策略跟进需要经营者对自己做出正确评估,并分析清楚自己的优势、劣势之后,对未来走向做出判断。

在马拉松比赛中,经常可以看到运动员会形成"第一方阵"和"第二方阵"。一个有趣的现象是:最后取得冠军的往往是开始位居"第二方阵"的运动员。因为"第二方阵"的运动员在大部分赛程中都处于"跟跑"的位置。所以可以清楚地看见"第一方阵"运动员的一举一动,并根据其变化很好地把握赛程,调整自己的节奏。而且,作为"第二方阵"的成员,他们所承受的心理压力也相对较小,又因为一直处于引弓待射、蓄而不发的状态,积蓄的体能有利于在最后冲刺阶段爆发。所以,"第二方阵"中的运动员获得冠军并非偶然。

甘居人后是大赢家的制胜谋略。前面的最怕有人超过他,因此也最痛恨紧随其后的人,甚至会不惜一切手段打压后者。这时,如果你懂得"示弱",表现出不能也不想和前面对手竞争的态势,对手就可能放过你,而且可能反过来帮助你。姜贵琴总是比对手晚 1 个小时送货,希望传达的也就是这样一个信息,即我所追求的仅仅是你们剩余的空间,根本无心也无能力与你们抗争。因此从一开始对手就没将她放在眼里。这给了姜贵琴成长的空间和时间,使她能够在对手的眼皮底下悄悄地壮大。

从策略上讲,"跟跑"实际上是压缩投入成本的最好方法。姜贵琴可谓是将"跟跑"策略发挥得淋漓尽致。第一,她不用费心去考虑市场环境,消费者爱好什么,厌弃什么,因为对手已经为她做了这一切。初出道者因为经验不足,对于市场的需求往往把握不住,采取观望态度,审慎地注视对手的一举一动,进行跟随,是一种明智的策略。像姜贵琴,她只需要跟在对手身后,对手在哪里卖得火,她就在哪里卖,卖的同时,讲究策略,丝毫不引起对手的注意。姜贵琴巧妙利用了前者开拓的市场,一步就跨越了新产品上市消费者所需的认知过程,将风险降到了最低,节省了大量市场开拓的成本,同时也减去了产品反复试验所带来的损耗,相应提高了利润。第二,在实力逐渐累积以后,如何策略地攻占对方市场也大有讲究。这表现出了姜贵琴富于心计的另一面。在与对手发展得旗鼓相当时,她先采用侧面迂回的方法,在对手尚未来得及涉足的市场试水,利用开拓新市场空间的办法,在实力不济或尚未有完全把握争胜之时,避免与对方在有限市场空间里正面交锋。等到时机成熟,再进行强力反扑。因为蓄势而来,待机而动,对手根本无还手之力。

从利润角度讲,"跟跑"者向来比跑在前面的要省力,因此利润率也相对要高。在商业活动中,每一个商业行为都有成本的代价,拣取胜利果实等于将成本最小化了,从而也就等于获得了最大化的利润。"跟进"哲学是一种应变哲学,绝不是懦夫哲学,甘当"第二方阵"目的在于在次位上充分谋求利益,避免自身劣势,充分发挥优势。

6. 配电盘模式

配电盘模式,简单地说,就是吸引供应商和消费者两方面的关注目光,而为供货商和消费者两方面提供沟通渠道或交易平台的中介企业从中获取不断升值的利润。但这个模式对于操作者来说要求很高,而且前期的投入成本很大,风险也很高。

究竟什么是配电盘模式呢? 准确地说,配电盘模式是在某些市场,许多供应商与许多客户发生交易,双方的交易成本很高。这就会导致出现一种高价值的中介业务。这种业务的作用类似于配电盘,其功能是在不同的供应商与客户之间搭建一个沟通的渠道或是交易的平台,从而降低买卖双方的交易成本。而提供中介业务的企业以及身在配电盘中的供应商都可以获得较高的回报。这种方式在北方也叫"拼缝",就是弥补供需双方的缝隙,撮合双方交易,从而作为中介的企业也可以从中获得不菲的利润。

但是,之所以说配电盘模式对创业企业来说是值得借鉴的模式,是因为它有很大的市场空间和强烈的市场需求。绝大多数初创企业在市场开拓上都会存在困难。

一些创业者有好的产品却找不到合适的消费者,而一些消费者有消费需求又找不到合适的产品。通过配电盘模式,可以将供需双方联结在一起,让初创企业直接面对他们的客户,做成生意的可能性大大提高。

据统计,运用配电盘模式在单位时间内,可能做成的生意数量会达到传统运作模式的 2 倍或 3 倍。而由于配电盘模式的运用,等于集合了供应商与客户之间的力量,因而宣传成本、运作成本都得到很大幅度地下降,因此单位时间和单位努力程度所带来的利润也是传统模式的 7～10 倍。

除了像方轶一样自己做配电盘,创业者不妨来一个反向思维,寻找一个适合自己的配电盘加入进去。对普通创业者来说,这是对配电盘这种盈利模式更为有效地运用,可以降低初创企业的成长风险,加速成长过程。

7. 产品金字塔模式

为了满足不同客户对产品风格、颜色等方面的不同偏好,以及个人收入上的差异化因素,从而达到客户群和市场拥有量的最大化,一些企业不断推出高、中、低各个档次的产品,从而形成产品金字塔,在塔的底部,是低价位、大批量的产品,靠薄利多销赚取利润;在塔的顶部,是高价位、小批量的产品,靠精益求精获取超额利润。

8. 战略领先模式

起步领先不代表永远领先,不能确保永远盈利。因为马上就会有后来者参与激烈的竞争。所以适时改变竞争策略,由一个静态到一个动态的飞跃,可以确保从起步时的飞跃领先到战略上的始终领跑,使利润源源不断。

（二）低成本创业五种成功模式

1. 边打工边创业

这种方式一般是利用自己的专业经验和所在企业的厂商资源在上班之余进行创业尝试和增加收入，好处是没有任何风险，但应该处理好本职工作与创业的关系。

选择这种创业模式的建议：第一，应该知道自己发展的主次，在企业打工除了养家糊口也是个人能力和资历的增长，因此重心是完成好本职工作，推进个人能力和职业发展的进程。第二，保持以下尺度：客户不要是你所在打工企业的竞争对手；不要占用任何上班时间，那个时间属于为你提供薪水的公司；不泄露任何公司的商业秘密，保持自己的职业操守和信用对将来个人发展有不可估量的作用。

2. 依靠商品市场创业

专业的商品市场（如眼镜批发市场、服装批发市场等）都会为租户代办个体工商执照，只需一次性投入半年或一年租金，以及店内货品的进货费，所以投入在 3～5 万。而且依靠人气旺盛的商品市场，风险也比较小，现实中很多温州人起家就是从商品市场做起来的。

选择这种创业模式的建议：第一，一定要找人气旺的市场，这可能比起经营较差的市场租金要高，但人流量是该商品市场内创业存活的最基本条件。第二，同样的市场也有生意好和差的区别，因此需要你对自己经营的产品比较熟悉，如熟悉该类商品消费者的喜好；熟悉该商品的进货渠道，能以更低价格进货等。

3. 在大卖场租个场地创业

这种方式有点类似代理销售，不过必须眼光独到，风险比较大，但是回报非常可观。这种方式比较适合有营销经验的人员采用。

选择这种创业模式的建议：第一，用你所代理或销售产品的生产厂家相关证明（卫生许可证、厂商证明等）同卖场办理手续，否则不能进卖场。第二，风险比较大，一定要对市场行情有所把握，并且注意产品的销售季节和保质期（有人从外地批水果到卖场销售，运输途中耽搁了一下，结果很多没卖完就烂掉了）。第三，考虑本地人对该产品的接受程度，最好做个简单的调查。如有的商家曾经在一些城市推广槟榔，但是当地的人并不习惯槟榔的口味，因而失败。

4. 加盟连锁创业

现在有很多小的饰品店、冷饮店等加盟的费用不高，但是选对了店铺和产品还是很赚钱的，加盟连锁一定要看准，并且早点介入成功的可能性才比较大。

选择这种创业模式的建议：第一，选择行业门槛低但回报高的产业，如房产中介。第二，选择新兴产品，一旦竞争产品增多，营业额下降时，立即转向。如小饰品店等。第三，整个投资不宜过大，找利润高、投入少的小产品加盟，没有经验的人切忌加盟大的连锁项目，千万别太相信加盟企业的“无经验”一样经营，“全程营销辅导”的谎言。

5. 工作室创业

提到工作室，不少人望文生义，认为这就是一个工作的地方，比公司小一些。其实，“工作室”指的是有一定能力的人承接相应的业务从而获得相应报酬的一种工作模式。

选择这种创业模式的建议：第一，个人要有比较好的专业技能，因为性价比是你在市场中胜出的关键，价格再便宜作品让人不满意也不可能维持经营。第二，刚开始必须通过各种关系，主动开展业务，同一些有需求的客户挂上钩，你才能将自己的作品卖出去。以上的创业模式只是个人低成本创业的最简单模式，由于风险小、投入少而适合普通的创业人群，但需要强调的是任何创业行为都会存在一定风险，在创业前进行系统地分析以及有针对性的知识补充、能力培训等将会大大提高创业成功的几率。

（三）新兴的创业模式

随着时代的发展，创业方式正在不断发生变化，特别是IT业的崛起令创业模式层出不穷，下面介绍几种新兴的创业模式。

1. 网络创业

目前网络创业主要有两种形式：一是网上开店，在网上注册成立网络商店；二是网上加盟，以某个电子商务网站门店的形式经营，利用母体网站的货源和销售渠道。

优势：门槛低、成本少、风险小、方式灵活，特别适合初涉商海的创业者。像易趣、阿里巴巴、淘宝等知名商务网站，有较完善的交易系统、交易规则、支付方式和成熟的客户群，每年还会投入大量的宣传费用。加盟这些网站，创业者可近水楼台先得月。而且，网上创业受到政府的重视，会给予诸多的优惠政策和措施。

2. 加盟创业

分享品牌金矿、分享经营诀窍、分享资源支持，连锁加盟凭借诸多的优势成为极受青睐的创业新方式。目前，连锁加盟有直营、委托加盟、特许加盟等形式，投资金额根据商品种类、店铺要求、技术设备的不同从6 000元到250万元不等，可满足不同需求的创业者。

优势：加盟创业的最大特点是利益共享、风险共担。创业者只需支付一定的加盟费，就能借用加盟商的金字招牌，并利用现成的商品和市场资源，还能长期得到专业指导和配套服务，创业风险也有所降低。

3. 兼职创业

兼职创业即在工作之余再创业，如何选择的兼职创业：教师、培训师可选择兼职培训顾问；业务员可兼职代理其他产品销售；设计师可自己开设工作室；编辑、撰稿人可朝媒体、创作方面发展；会计、财务顾问可代理作账理财；翻译可兼职口译、笔译；律师可兼职法律顾问和事务所；策划师可兼职广告、品牌、营销、公关等咨询。还可以选择特许经营加盟等。

优势：对上班族来说，兼职创业无需放弃本职工作，又能充分利用在工作中积累的商业资源和人际关系创业，可实现鱼和熊掌兼得的梦想，而且进退自如，大大减少了创业风险。

4. 团队创业

在硅谷流传着这样一条“规则”：由两个MBA和MIT博士组成的创业团队，几乎就是获得风险投资的保证。虽然这有些夸大其词，却蕴含这样的事实：如今，创业已非纯粹追求个人英雄主义的行为，团队创业成功的几率要远高于个人独自创业。一个由研发、技术、市场、融资等各方面组成、优势互补的创业团队，是创业成功的法宝，对高科技创业企业来说，更是如此。

优势：一群人同心协力，集合各自的优势，共同创业，其产生的群体智慧和能量将远远大于个体。

5. 概念创业

概念创业，顾名思义就是凭借创意、点子、想法创业。当然，这些创业概念必须标新立异，至少在打算进入的行业或领域是个创举，只有这样才能抢占市场先机，才能吸引风险投资商的眼球。同时，这些超常规的想法还必须具有可操作性，而非天方夜谭。

优势：概念创业具有点石成金的神奇作用，特别是本身没有很多资源的创业者，可通过独特的创意来获得各种资源。

6. 内部创业

内部创业是指一些有创业意向的员工在企业的支持下，承担企业内部某些业务或项目，并与企业分享成果的创业模式。创业者无需投资就可获得丰富的创业资源，由于具有“大树底下好乘凉”的优势，因此受到越来越多创业者的关注。

优势：员工在企业内部创业，可获得企业多方面的支援，同时，企业内部所提供的创业环境较为宽松，即使创业失败，创业者所需承担的责任也较小，从而大大减轻了心理负担，有利于轻松上阵。

7. 大赛创业

大学生创业大赛移植于美国的商业计划竞赛，此类竞赛旨在为参赛者展示项目、获得资金提供平台，Yahoo、Netscape 等企业都是从商业竞赛中脱颖而出的，因此被形象地称为创业“孵化器”。从国内的情况看，创业大赛也扶植了一批大学生企业，如清华大学王科、邱虹云等组建的“视美乐”公司、上海交大罗水权、王虎等创建的“上海捷鹏”等。

优势：创业大赛不仅为大学生创业者闪亮登场提供了舞台，更重要的是提供了锻炼能力、转变观念的宝贵机会。对大学生来说，创业大赛是创业“试金石”，通过这个平台，可熟悉创业程序，储备创业知识，积累创业经验，接触和了解社会。

第四节　商业计划书

一、商业计划书的基本概念

（一）商业计划书的概念

1. 计划

作为管理流程中的一项重要职能，计划是组织根据自身的能力和所处的环境，制定出组织在一定时期内的奋斗目标，并通过计划的编制、执行、检查、协调，合理安排组织中各方面的经营和管理活动，优化配置组织的各种资源，取得合理的经济效益和社会效益的管理职能。商业计划的主要功能包括为企业指引方向和目标、帮助企业发现机会与威胁、经济合理地进行管理、提供控制标准等。

2. 商业计划书

商业计划书，顾名思义就是对拟进行的商业活动如投资、创业等活动进行前期计划的一个书面文件。在创业活动中，商业计划书也称创业策划书，是由创业者准备的一个书面文件，该文件描述了创建一个新企业所需要的所有相关的外部和内部因素，通常是由营销、财务、生产和人力资源这类功能计划所构成的结合体。

商业计划书是一份全方位描述企业发展的文件，是企业经营者经营能力的体现，是企业拥有良好融资能力、实现跨越式发展的重要条件之一。一份完备的商业计划书，不仅是企业能否成功创业的关键因素，同时也是企业发展的核心。

（二）商业计划书的功能和作用

从字面上看，商业计划书本身也是计划的一种。因此，商业计划书也都具有计划的特定功能和作用。但是，由于商业计划书的特定作用对象和出现阶段，商业计划书有其独特的功能，在撰写方面也需要注意其独特之处。

商业计划书的应用对象通常是尚未创立而准备创立的企业，或者刚刚创立不久的企业。从创业过程的整体视角来看，商业计划书的编写是一个承上启下的步骤，对一份典型的商业计划书来说，它是对新企业创立之前的所有准备工作的总结和整理；对于创业者来说，必须在对于创业机会、创业团队、创业资源、商业模式等方面有综合性的认识之后，才可能有一份非常良好的商业计划书。此外，有效的商业计划书也可作为下一阶段企业经营规划的有效指导，新创企业的成长管理活动，包括融资、战略、营销、人力资源等各个方面的管理措施，都可以在商业计划书的指导下进行，因此，商业计划书的撰写对于创业过程意义重大。

（三）撰写商业计划书的目的

1. 企业情况审视

商业计划书是从书面上对企业或者创业团队的整体状况进行审视。在很多情况下，这一举措是不可代替的。尤其是在正式创业前，创业者最好能够撰写一份正式的商业计划书，来系统地回顾企业所拥有的资源与优劣势。由于将计划落到纸面上，形成正式的书面文件，更需要注重内在的逻辑，创业者以及创业团队就会不断地思考曾经的创业设想是否合理、准备是否充分。在此情况下，创业者的商业模式会进一步细化，未来的战略规划也会更加清晰。此时，商业计划书的撰写是其他形式的讨论、交流、沟通、思考所不能代替的。

2. 未来战略规划

在创业行动尚未开始的时候，创业者就应当对企业的未来战略规划有所设想，尽管未来的市场环境变化可能随时发生，但是创业者至少应当指出新创企业的可能战略方向以及相应的配套支持。为了不至于在市场环境变动的时候惊慌失措，事先准备好战略规划是非常必要的。商业计划书为战略的整合和设想提供了一套有效的模板。企业为何形成战略？其相应的战略支持和影响因素是什么？通过系统化的撰写过程，创业者对于创业的设想将会更为明确。

3. 创业资源获取

创业资源获取是撰写商业计划书的直接目的。出于正式规范和工作程序的考虑，创业者必须向资源提供方提供一份翔实的商业计划书，以说明创业项目的可行性和体现自身的诚意。资源提供方也愿意通过书面的材料结合面谈来了解和审核创业者和创业团队。否则，在合作洽谈时，缺少书面材料依据而只是通过创业者口头交流，势必降低对方对自己的评价。

（四）商业计划书的分类

编写商业计划书的直接目的是为了获取资源，因此，随着资源类型的不同，商业计划书也存在不同的分类。

1. 针对资金资源的商业计划书

这一类商业计划书主要用于面向投资者，特别是募集资金的风险投资者。面向投资者的商业计划书是最重要的一类商业计划书。投资者评估投资项目首要的评估依据就是商业计划书。如同求职自荐书一样，一份简练而有力的商业计划书能让投资者对投资项目的运作和效果心中有数。投资者只有从商业计划书中获得所需的项目经营资讯后，才会做出是否投资的决策。这一类型的商业计划书在撰写过程中要注意以投资者需求为出发点。一份能够吸引投资者注意力的商业计划书，必须说明创业者的项目有足够大的市场容量和较强的持续盈利能力，有一个完善、务实和可操作的项目实施计划，有完全具备成功实施项目素质能力的管理团队并且具备项目运营的成功保证，最后还应对风险投资的退出机制作出安排和计划。

2. 针对人才资源的商业计划书

这一类型的商业计划书是为了获取创业团队的新成员以及有特定意义的关键员工。在最初准备创业时，创业者往往是从身边的亲朋好友中寻找创业伙伴，这种方式可以在很大程度上降低交易成本，并且有利于创业初期资源的整合，但是一旦企业做大，或者随着创业者的商业模式逐渐成熟，创业者将会尝试从更大范围的人群中寻找新的合作伙伴。此时，一份结构清晰、前景良好的商业计划书对于吸引创业团队成员相当有用。这一类型的商业计划书不仅要清晰地阐明企业的商业模式和未来发展规划，更要对如何吸纳新的合作伙伴、如何针对这些合作伙伴分配利益和权限作出说明。

3. 针对政策资源的商业计划书

对于国内的创业活动来说，政府部门所制定的支持性政策具备重要意义。只有在政策允许和鼓励的条件下，高科技企业才能获得更多的国内外人才、贷款和投资、各种服务与优惠等。这一类型的商业计划书类似于传统的项目可行性分析书，在商业计划书中，应当强调企业的项目投资可行性，尤其要着重关注企业的社会收益和社会成本，只有项目的社会影响较为良好、符合政府的区域总体发展趋势，才有可能成为政府部门关注和政策支持的对象。

（五）针对网络资源的商业计划书

这一类型的商业计划书主要是针对企业大型客户群体、原材料供应商、行业协会等可能合作对象。在创业过程中，有效的合作关系对创业者的帮助是非常强大的。为了有效获得这些合作关系，在必要时，创业者也往往需要向合作伙伴提交商业计划书，阐明自身的优劣势以及双方进一步发展合作关系的有利之处。基于这一要求，商业计划书就要有针对性地指出具体的合作方案以及合作双方可能获取的利益。

无论是哪一类型的商业计划书，创业者都需要在计划书中清晰地阐明企业的现有资源和能力，以及企业未来的发展模式。如果未能做到这一点，无论在吸收哪个方面的资源时都会遭遇障碍。

二、商业计划书的撰写

(一)商业计划书的构成要素

为了清晰地传递创业者的主张和企业的发展规划，无论是哪一类型的商业计划书，都必须阐明一些关键要素，这些关键要素缺一不可。这些要素包括如下几项：

1. 产品

这一要素指的是企业所提供的核心产品或者服务。在商业计划书中，应提供所有与企业的产品或服务有关的细节。作为一个创业者，不仅必须对于自己所能提供的产品有信心，同时还应该能够把这一信心传达给他人。只有投资者对产品也同样产生了兴趣，他们才愿意进行投资。为了传达这种信心，创业者应当尽量给出清晰的证据来论述产品的价值。对于创业者来说，产品及其属性特征非常明确，但其他人却不一定清楚它们的含义。制订商业计划书的目的不仅是要投资者相信企业的产品会在市场上产生革命性的影响，同时也要使他们相信企业有实现它的能力。商业计划书对产品的阐述，要让投资者感到投资这个项目是值得的。

2. 市场

这一要素主要指的是创业者所要面临的行业市场特征。创业者的行动总是要在一定的市场上进行，产品需要在市场上卖出，创业者的营销行动和战略企划也需要依托于一定的市场范围和条件来进行。商业计划书要为投资者提供创业者对目标市场的深入分析和理解，要细致分析经济、地理、职业以及心理等因素对消费者选择购买本企业产品这一行为的影响，只有市场前景明朗、成长性良好的项目，才有可能真正吸引投资者。当然，这些关于市场状况的分析和前瞻，同样需要充分到位的论证说明，而非创业者的主观臆断，这样才有可能真正获得投资者的关注。

3. 创业团队

创业团队是创业成功的首要保证。创业机会能够得到持续开发并且转化为一个成功的企业，其关键的因素就是要有一支强有力的管理队伍。如果团队成员拥有较高的专业技术知识、管理才能和多年工作经验，对于投资者的吸引力也会更大。很多情况下，创业者是首次创业，团队成员也大都没有相应的管理经验，此时，创业者也需要据实说明这一情况，而不能做无谓的夸大，不实的说明只会带来适得其反的结果。当然，即使是创业团队成员本身没有太多闪光之处，创业者也应当说明他们对创业活动所进行的充分准备，以及创业的意志和决心，以表明团队成员的凝聚力和奋斗精神。

4. 企业经营状况

这一要素是针对已经创立的企业，如果创业者是在创业之前撰写商业计划书，那么这一要素可以不用着笔。创业者需要说明企业创立以来，企业的经营状况是怎样的，以显示企业的良好经营历史和一定的发展潜力。如果在企业的历史经营中，企业曾经获得某些独特的资源，或者和某些重大的合作伙伴有过良好的合作关系，这些都足以构成商业计划书中的亮点。

5. 市场开拓方案

这是企业竞争战略中最为重要的一环。投资者一般都很关注创业者将准备如何销售自己的产品。虽然在产品部分，创业者可能将自己的产品轮廓勾画得非常美好，但是这些产品能否被市场上的客户所接受还是未知数。如果市场开拓方案不到位，甚至存在较大的失误，即使产品再好，再有吸引力，也难以实现预先的销售目标。这对于创业活动的推进是致命的，投资者的投资也将付诸东流。因此，创业者应当明确阐述自己将如何推进产品的销售活动，这些预期的方案和措施是否可行。

6. 企业成长预期

商业计划书作为提供给投资者的指南性文件，投资者更关心的是企业的未来发展状况是什么样子的？他们所投入的资金能否及时回收？因此，创业者需要对企业的未来发展进行展望。在给出这些成长预期的同时，创业者需要给出预测根据，务必让投资者相信，所有关于企业发展的预测都是以事实作为依据的，而不是闭门造车式的臆测。

（二）商业计划书的特征

从商业计划书的构成要素可以看出，商业计划书具有如下几个特征：

1. 客观性

客观性是商业计划书的重要特点。不论在论证哪一个关键要素时，创业者都必须依据充分的市场调研数据和客观的分析结果，而非创业者的主观判断。这些依据使得商业计划书具有真实性，可信程度非常高，也使得商业计划书的调整和改进（如果必要的话）立足于一个真实可信的基础之上。商业计划书的客观性来自实践，来自一线的大量信息和素材，这是商业计划书具有实战性和可操作性的基础，也是商业计划书能够吸引投资者的基本前提。

2. 实践性

商业计划书的实践性是指商业计划书具有可操作性。从上文可以知道，商业计划书不仅是对各方面创业准备的综合归纳整理，更是对未来创业成长的预期和规划。因此，商业计划书的分析结果必须是实实在在能够在实践中运用的。因为只有在实践运作中，商业计划书的企业成长预期价值才能实现，如果只是为了获取资源炮制了一份“看起来很美”的商业计划书，这一商业计划书是毫无价值的。当然，在创业之初，要对未来实践经营的细节进行设想也是不尽现实的，但是项目运作的整体思路和战略设想应是清晰的，具有确实可操作性。实战的过程中尽管可能做出若干调整，但项目的鲜明商业特点和主导思想是不能、也不应随意变化的。

3. 条理性

商业计划书的条理性同样是一个非常重要的特征，商业计划书本质上是一份提交给投资者的投资指南地图，不同于一般的商业文件。为了展现企业的优势和发展机会，创业者需要把严密的逻辑思维融汇在客观事实中体现和表达出来。应当在商业计划书中展现创业者如何通过项目的市场调研，市场分析，市场开发，生产的安排、组织、运作等管理活动把所提出的战略规划付诸实施，把预想的企业成长变成切实的商业利润。论证过程应条理得当，切忌华而不实，不要为了追求华丽的效果而失去内在的逻辑。

4. 创新性

商业计划书最鲜明的特点是它的创新性。这种创新性是通过其开拓性表现出来的。对现有经营模式亦步亦趋的简单模仿，是难以吸引投资者的眼光的。对于创业者来说，商业计划书应当从创新项目、创新技术、创新材料、创新营销渠道等方面进行开拓，如果能够从整体上提出一个全新的商业模式会具备更强的吸引力。这种新项目、新内容、新的营销思路和运作思路的整合，才是商业计划书的最本质的特征，也是商业计划书不同于一般项目建议书的根本之处。

（三）商业计划书的撰写原则

1. 目标清晰明确

目标清晰明确这一原则跟商业计划书的阅读对象密不可分。不同的阅读对象有不同的关注重点，应当充分考虑这些关注点如何在商业计划书中得以体现。切忌拿着一个依据通用模板写出的商业计划书来应对各种需求。

2. 关键要素齐全

商业计划书首先是对新创企业的全面总结，因此，全面性是商业计划书的一个重要的要求。企业的基本情况、市场分析、产品情况、创业团队等方面内容都必须涉及。对任何一个关键要素的回避都将使得商业计划书不完整，同时也会让投资者产生创业者的准备不够充分或者可能在隐瞒什么情况的印象，这些都会降低投资者的评价。

3. 语言精炼务实

商业计划书是一份商业报告，而不是文学作品。撰写者所需要完成的是如何用直观朴实的语言把所要传递的信息准确地传递出去。在这一过程中，切忌语言夸张或者含糊。语言夸张的弊端是显而易见的，投资者一旦对某个细节部分的撰写过于夸大提出质疑，他就会对整个商业计划书的真实性产生怀疑。语言精确也是一个必要的要求，商业计划书中尽可能地不要采用“可能”、“好像”这类的词汇，每一个论据、每一项判断是怎样的状态，应当据实说明。如果撰写者没有把握，也应当实实在在地写出来，这种态度反而会引起阅读者的赞赏。

4. 形式同样重要

虽然在很多情况下，我们都知道实质重于形式这一道理，但是显而易见，一份重点突出、编排得当、清晰整洁的商业计划书无疑对于阅读者来说在心理亲近程度上要更胜一筹。那些不愿意在完善商业计划书的细节上花费时间的人，也难以让投资者相信他会更加专注地投入到企业管理工作中。

（四）商业计划书的结构

商业计划书通常有许多现成的通用模板，这些模板的特点不一，但是，在具体的内部结构上，往往有一些共同的地方。通常，一份典型的商业计划书可以分为这几个方面：封面或封页、内容表和目录、摘要、企业简介、市场分析、产品分析、创业团队、营销计划、生产经营计划、研发计划、财务分析、风险分析、投资者的退出方式。

（五）商业计划书的撰写内容

1. 摘要

商业计划书的摘要将是风险投资者阅读商业计划书时首先要看到的内容，因而，摘要绝不仅仅是商业计划书的前言部分，而是商业计划书的精华和核心内容所在。如果风险投资者在阅读摘要时没有看到闪光点，换言之，如果创业者没有在摘要部分立刻吸引住投资者的眼球，那么即使后续部分写得再动人，这份商业计划书通过的可能性也非常小。因此，通过摘要，创业者应该能够使得投资者，特别是风险投资家马上理解企业的商业模式，快速掌握商业计划书的重点，然后作出是否愿意花时间继续读下去的决定。在摘要部分，应该重点向投资者传达以下几点信息：创业项目的行业市场发展是蓬勃向上的；创业项目的产品是具备独特价值的；创业发展规划和商业模式具有科学根据和充分准备；目前的创业团队是坚强有力、协调良好的，完全可以为创业行动全力付出；创业的成长规划和财务分析是客观实际的；投资者的投资回报是客观而有吸引力的。

因为摘要是商业计划书的精华部分，在撰写商业计划书的摘要时，前文所提到的商业计划书的重要特征同样要在摘要部分得以体现。为了把摘要写得更出色，要求创业者首先应完成对整个商业计划书的主体工作，从中提炼出整个计划书的精华所在，最后才能动笔写商业计划书的摘要部分。这样，在动笔之前，创业者对整个商业计划书已经有了清晰准确的理解，摘要的重点更为突出，逻辑也更为清晰。同时，应该注意的是，撰写摘要时一定要文笔生动，风格要开门见山，夺人眼目，这样可以立即抓住重点。从篇幅上看，摘要一般一两页即可，切忌烦琐冗长，行文含蓄晦涩，让人难以琢磨。

商业计划书的摘要主要包括以下几项内容：

（1）公司概述。

（2）研究与开发情况。

（3）产品或服务描述。

（4）管理团队和管理组织情况。

（5）行业及市场简述。

（6）营销策略。

（7）融资说明。

（8）财务计划与分析。

（9）风险因素阐述。

（10）退出机制陈述。

2. 企业简介

企业简介通常是商业计划书正文的第一个部分，在获取资源之前，创业者首先要进行自我介绍，让投资者认识自己。在很多情况下，创业者还没有建立起实际的企业，创业者也应当尽可能地对自己的创业设想和企业未来的发展规划作一番介绍。如果企业已建立，那么在这一部分中，应当向投资者尽可能简明扼要而又全面地介绍企业的发展历史和经营现状，给予投资者尽可能多的关于新创企业及所在行业的基本特征。具体而言，可以从下面几个方面加以阐述：

(1)企业概述，可以提供企业的地址、电话和联系人等信息。

(2)企业所从事的主要业务介绍。

(3)企业所属行业介绍。

(4)企业发展历史与经营现状。

(5)企业未来发展规划，指出关键的发展阶段以及主要的推动力。

(6)企业组织结构设置。

(7)企业的所有制性质，如果是隶属于一个大型企业的子公司，则应该阐明它们之间的具体层级关系。

3. 市场分析

(1)目标市场定位

目标市场是企业所关注的真正终端市场。创业者应当细分目标市场，并且分析到底能够实现多少销售总量、销售收入、市场份额和销售利润。在撰写商业计划书时，创业者需要重新认真审视创业机会。如果创业者在创业机会识别阶段并未认真定位市场的话，在商业计划书的撰写过程中，这一工作则是不可避免的。创业者可以采用如下几种标准来细分市场：

① 按地理区域、气候、人口分布、人口密度、城镇大小等地理环境因素细分。

② 按消费者年龄、性别、职业、文化程度、民族、家庭状况、经济收入、宗教信仰等人文特征细分。

③ 按消费者的生活方式、购买频率、购买数量、商品知识、对营销方式的感应程度等购买心理特征细分。

④ 按消费者寻求的产品特定效用细分。创业者可以同时选择几种标准来进行市场细分，选择其中的一个或几个作为目标市场，在这个过程中，要根据企业的目标、产品、优势与劣势、竞争者的战略等因素来分析目标市场的合理性。如果创业者已经掌握了一些订单或合作意向书，此时应当直接展示给商业计划书的阅读者，因为这些材料可以有力地证明创业者的产品确实具有广阔的市场前景，并且已经切实找到了直接客户。需要注意的是，市场细分不是越细越好。企业的目标市场要保证其足够大，以使企业能够盈利。同时，目标市场不要太小，否则投资者会对产品的市场前景产生疑虑，因为一般来说，企业价值的增长往往只有在市场潜力同等巨大时才可能实现。

(2)行业市场分析

在选定目标市场后，下一步就是进行该行业市场竞争特征的分析，市场分析的理论和方法经过多年的发展，已达到一定的完善和系统的水平。创业初期一般可以从如下几个方面入手分析：

① 该行业发展程度和未来趋势是怎样的，处于行业生命周期的早期还是成熟期。

② 该行业的总销售额以及利润率能达到怎样的规模，未来的发展趋势是怎样的。

③ 是什么因素决定着它的发展——国家的整体经济走向、政策导向、社会文化变迁，或者是技术发展等其他要素。

④ 企业在行业内部是否拥有良好的网络关系，包括与上下游企业、同行业经营者、客户群体、行业协会等的关系。

⑤ 在这个市场上活动的所有经济主体的概况，包括竞争者、供应商、销售渠道和顾客等。

⑥ 进入该行业的障碍是什么，可能的跟随进入者多不多。在进行市场层面分析时，一定要以充分的数据资料作为基础，很多创业者在撰写这一部分时，往往附上实际调研调查问卷以及数据分析结果（通常附在商业计划书的最后面），以表明行业市场的分析是基于实际数据的理性分析，而非臆断。

(3)竞争对手描述

竞争对手分析可以从如下几个方面展开：

① 哪些企业是或者可能会成为提供类似产品的主要竞争者？

② 竞争者的基本情况和竞争战略是怎样的？

③ 竞争者的财务状况和发展潜力如何？

④ 与竞争者相比，自身的优势和不足之处体现在什么方面？

⑤ 创业者将以怎样的态度来应对竞争，能在多大程度上承受竞争者所带来的压力？

为了充分阐明潜在竞争者的优势和劣势，应当对最主要竞争者的销售水平、收入状况、市场份额、目标顾客群、分销渠道和其他相关特征等作出合理估计。与自身状况进行比较时，可以采用图表等形式来更直观地说明，要让投资者确信，企业的竞争战略是合理的，企业具有足够的竞争优势应付所面临的市场竞争。如果竞争者确实很强，无法超越，也不应该避而不谈，有时候有兴趣的投资者往往能够帮助创业者解决一定的竞争压力。

4. 产品（服务）说明

关于产品特征的描述，应该从两个方面重点考虑：一是产品的独特性，二是产品的创新性。如果创业者或核心技术研发人员拥有产品技术专利，也应当予以展示，这样可以充分证明创业者的产品能够有效防止他人盗用和模仿。具体而言，对于产品特征的描述可以从以下几个方面进行：

(1)产品的基本信息，包括名称、品牌、特征及性能用途等。

(2)市场上是否已经有或即将有同类产品。

(3)与同类产品相比，产品独特性表现在哪些方面。

(4)产品的价位如何，这一价位是否合理。

(5)产品的市场前景和竞争力如何。

(6)让顾客购买产品的关键性因素如何。

(7)产品的技术含量如何。

(8)产品是否拥有知识产权保护措施。

在产品说明部分，应当尽可能详细地说明产品的特征。如果产品本身还存在不完善之处，也应当给予必要的说明，并且指出下一步可能的改进方向，使得投资者看到创业者在产品开发方面的努力，那么即使产品不尽完善，投资者会和创业者一起寻找解决方案。如果企业有好几种产品或服务，那么最好分成几个独立的部分进行描述。对每一个产品进行必要的介绍，同时针对主要产品进行更为深入和详细的分析。

5. 创业团队/管理团队

(1)管理层展示

管理层展示的内容可以分为以下几个方面：

① 管理团队成员基本信息(年龄、性别、籍贯等)。

② 管理团队成员的工作经历。

③ 管理团队成员的行业经验。

④ 管理团队成员的教育背景。

⑤ 管理团队成员在产品设计与开发、财务管理、市场营销等方面的经历。

⑥ 管理团队成员的职业道德、能力与素质。

⑦ 关键雇员介绍。

⑧ 咨询顾问、会计师、律师、金融专家及其他支持网络人士。

(2)团队分工和支持系统

创业团队分工和创业支持系统可以从以下几个方面介绍：

① 企业的主要股东介绍，可以列出股东名称、直接或间接持股比例，以及相应的控制权限。

② 管理团队是怎样分工的，其依据是什么。

③ 具体项目的负责人(如果存在一个特别重要的项目)。

④ 在一些特别经营区域内是否加强管理队伍。

⑤ 团队成员薪酬制度(用数据说明)。

⑥ 企业决策机制和冲突管理机制。对管理团队成员的介绍既不能夸张，也不要过于谦虚，要实事求是地对其以往业绩作出描述，可以采用图表等方式对团队成员的情况进行对比分析。同时，在展示创业团队时，最关键之处是要强调其在专业技术，能力素质等方面的互补性，教育背景或者工作经历太单一都不利于吸引风险投资。

6. 营销计划

营销是一个涉及从产品或服务的创意产生到实现销售到售后服务全过程的管理职能，也可以理解为在创业者创业团队有创业动机之时就有了初步的营销意向。在创业初期的营销计划一般可以“4P”为基本范本进行安排：产品(product)规划、渠道(place)规划、促销(promotion)规划和价格(price)规划。

(1)营销规划

① 企业的总体营销计划设置。

② 营销机构和营销人员配置。

③ 市场渗透与开拓计划设置。

④ 一般的销售程序介绍。

⑤ 预期的销量与发生时间。

⑥ 市场营销中意外情况的应急对策。

(2)分销渠道设置

① 主要阐述当期的销售渠道构成以及实现方案。

② 销售队伍配置以及管理方法。

③ 销售渠道建设中可能遇到的问题以及解决方案。

④ 销售渠道发展方向和各阶段目标。

(3)广告展示

① 企业将如何使企业的目标顾客群知道企业将要推出的产品。

② 企业将采用哪种类型的广告攻势。

③ 企业是否参加行业会展,还是独立开设产品展销会。

④ 企业用于产品推广的费用支出是多少,是否对企业造成了巨大的资金压力。

⑤ 企业在推广产品上将采用怎样的措施。

⑥ 企业预期的产品推广效果是怎样的,如果效果不佳是否存在应对策略。

(4)产品定价策略

① 产品的价格大致是多少。

② 制定价格的依据是什么。

③ 与同类或者功能相似的产品相比,价格是偏高还是偏低,这种差距的依据是什么。

④ 消费者是否对价格敏感;如果价格发生变动,将会多大程度上影响销量。

⑤ 产品价格未来的变动趋势是怎样的,为什么。

7. 生产经营计划

生产经营过程是企业的产品和服务的基本形成过程,也是企业竞争的基础。创业企业的生产经营计划是一个从零开始建设产能的过程,主要阐述创业者新产品的生产制造及经营过程。这一部分非常重要,风险投资者从这一部分要了解生产产品的原料如何采购、供应商的有关情况,劳动力和雇员的情况,生产资金的安排以及厂房、土地等。内容要详细,细节要明确。这一部分是以后投资谈判中对投资项目进行估值时的重要依据,也是创业者所占股权的一个重要组成部分。生产经营计划主要包括以下内容:

① 厂房和生产设施配置。

② 基础设施(水、电、通信、道路等)需求。

③ 现有的生产设备以及将要购置的生产设备。

④ 原材料需求和供应。

⑤ 生产工艺流程介绍,是否已经具备一定的成熟度。

⑥ 生产过程中的关键环节介绍。

⑦ 新产品的生产经营计划。

⑧ 未来可能的生产能力调整(压缩或者扩张)。

⑨ 生产经营的成本分析。

⑩ 品质控制和质量改进能力。

⑪生产过程需要什么样的人力资源(基层员工和管理人员)。

8. 研发计划

研发计划主要介绍投入研究开发的人员和资金计划及所要实现的目标,主要包括:

① 未来的技术发展趋势。

② 公司的技术研发力量。

③ 已用于研发的费用总额。

④ 研发的计划发展方向和目标。

⑤ 研发计划与企业的整体规划的结合程度。

⑥ 研发的具体任务设置。

⑦ 研发新产品的成本预算及时间进度。

9. 财务分析与融资需求

财务分析包括过去的历史数据、今后的发展预测和投资计划。历史数据和发展预测主要以财务报表(现金流量表、资产负债表、损益表)以及年度的财务总结报告书的形式体现,风险投资者将会期望从财务分析部分来判断创业企业未来经营的财务损益状况,进而从中判断能否确保自己的投资获得预期的理想回报。

(1)历史财务数据

① 3 年以来的资产负债表。

② 3 年以来的损益表。

③ 3 年以来的现金流量表。

④ 常用的财务指标及相关分析。

⑤ 财务状况分析,特别是针对不良的财务表现需要指出其原因和解决方法。

(2)未来的财务规划

① 未来 3～5 年企业运营所需费用。

② 预计的融资数额。

③ 未来 3～5 年的运营收入状况预测。

④ 未来 3～5 年的财务状况预测(财务报表展示)。

(3)融资需求

融资需求的相关问题包括资金需求计划(为实现公司发展计划所需要的资金额,资金需求的时间性)、资金用途(详细说明资金用途,并列表说明)和融资方案(公司所希望的投资人及所占股份的说明,资金其他来源,如银行贷款等)。融资需求主要考虑以下几方面的问题:

① 融资方式选择。

② 融资抵押和担保情况。

③ 融资条件(是否拥有特别的条款)。

④ 资金注入方式,是否分期注入。

⑤ 投资者对企业经营管理的介入，是否拥有一定的控制权和决策权。

10. 风险分析

风险分析要详细说明项目实施过程中可能遇到的风险，提出有效的风险控制和防范手段，包括技术风险、市场风险、管理风险、财务风险、其他不可预见的风险。

(1)技术和市场经营方面的风险

① 市场不确定因素，即在市场开拓中可能遇到的障碍。

② 生产不确定因素，即在生产中可能遇到的问题。

③ 技术发展不确定因素，即在技术研发方面可能遇到的困难。

(2)管理团队方面的风险

① 管理经验不足。管理团队成员可能很年轻，或是这个行业的新手，缺乏相关管理经验。

② 经营期限短。如果企业刚刚成立不久，经营历史短暂也会造成各方面资源的匮乏。

③ 对企业核心人物的依赖增加管理团队的风险，即企业过分依赖核心领导者或者拥有关键技术的工程师，使企业丧失独立性。

(3)财务方面的风险

① 可能的现金流危机；企业的现金周转是否存在较大不确定性。

② 企业是否有足够的清偿能力；如果企业遇上麻烦而不得不清算，那么投资能回收多少。

③ 资源不足。如果企业的计划出现偏差并且影响企业的资源积累，企业可能会缺乏足够的能力来维持长久经营。

④ 其他方面的风险这是指除了上述三个方面以外的可能风险，如一些政策方面的不确定性，以及一些突发的事件，创业者都需要尽可能地予以阐述。

11. 投资者的退出方式

对于提交给投资者的商业计划书，如何保障投资者资金的安全退出是投资者所关注的重要问题。在阅读了前面所探讨的一系列的市场分析和营销策略等方面的分析之后，投资者必然要关注他将获得多少投资回报以及其投资资金如何退出。因此，这一部分中必须对企业未来上市公开发行股票、出售给第三者或者创业者回购投资者股份的可能性给予说明。为了使得投资者能够放心地把资金注入新创企业，所论述的退出方式应当详细具体，同时应用客观数据来说明投资者可能获得的投资收益。这一部分可以尝试从以下几个方面论述：

① 投资者可能获得的投资回报。

② 公开上市可能，上市后公众会购买企业股份，投资人所持有的股份就可以售出。

③ 兼并收购可能，通过把企业出售给其他公司，投资者也能够收回投资。

④ 偿付协议，如果企业未来难以上市，也不准备被收购，那么创业者将按照怎样的条款回购投资者手中的股份。

三、商业计划书的应用

(一)陈述商业计划书

目前，各地的大学生创业孵化园区或各地各级政府会为大学生或社会创业人士提供一些创业项目的展示机会，如创业计划大赛使他们可以将其商业计划陈述出来。一般情况下，创业者被要求在一段限定的时间范围内陈述其商业计划中的亮点。创业者应将重点和精华集中在这样一个好的机会中充分展示，着重提出市场计划（如何把机会变成现实）的概要和付出努力的结果（销售额和利润），并摘要陈述可识别的风险以及创业者打算如何去处理它们。

(二)商业计划书的使用和执行

设计商业计划书的目的之一就是为了在创业初始运行期指导创业者的行为。战略执行中很重要的一点是要设立执行过程的控制点，如果有必要的话，为实现这种控制还要进行更详细的计划。

对创业者来说，商业计划书绝对不能在财务资金到位、企业开始运作之后就被扔到一边，而不按照它去执行。如果内外部环境发生变化，应对商业计划书进行及时的修改和完善。

商业计划失败的原因：

(1)创业者设定的目标不合理。

(2)目标不可测量。

(3)创业者没有全身心地投入到企业中去。

(4)创业者没有商业计划方面的经验。

(5)创业者意识不到企业的劣势和潜在威胁。

(6)产品或服务没有锁定目标消费者群体。

本章思考题

1. 什么是商业模式？如何理解商业模式的概念？商业模式的特征有哪些？
2. 商业模式的逻辑性是什么？
3. 商业模式的分析方法是什么？
4. 如何设计一个清晰可行的商业模式？
5. 如何对商业模式进行评价？
6. 你认为商业计划书有哪些核心内容？
7. 简述商业计划书的特征。
8. 根据商业计划书的撰写目的分析要完成一份好的商业计划书应做好哪些基础工作。

案例分析

案例一：

假设你是一位风险投资家，在看完下面的商业创意后，请做出投资决策。

企业名称：春暖

商业创意：家庭式养老院

讲述：在中国，养老院的主要组成人员有管理和服务人员，以及享受服务的老人。这样的人员构成模式，尽管使老人们吃穿不愁，但是最大的缺点是不能享受“几世同堂”的天伦之乐，使得老人们的言行举止大多局限于老人们之间的交流和接触。因此，老人们所期盼的“不言老”成了十足的空话。为了使老人们在不用自己家人赡养和陪护的前提下，依然享受家庭的和谐和温暖，“春暖”公司向在本单位接受服务的老人家属提供“全家一起乐”的服务项目。家属们可以定期不定期地来养老院，租用家庭式公寓，和老人共度时光。在这一期间，全家人都可以享受养老院提供的全面周到的服务，服务费用按照细分项目具体核算。

案例讨论题：

1. 基于商业模式开发的相关知识，在做出投资决策前，你会问企业创办者什么问题？什么样的回答会让你满意？

2. 根据创意讲述以及回答的问题，你会投资这家企业吗？为什么？

案例二：

商业计划书的“七要”：

(1)力求表述清楚简洁。

(2)关注市场，用事实和数据说话。

(3)解释潜在顾客为什么会掏钱买你的产品或服务。

(4)站在顾客的角度考虑问题，提出引导他们进入你的销售体系的策略。

(5)在头脑中要形成一个相对比较成熟的投资退出策略。

(6)充分说明为什么你和你的团队最合适做这件事。

(7)要声明公司的目标。

商业计划书的“七不要”：

(1)对产品或服务的前景过分乐观，令人产生不信任感。

(2)数据没有说服力，如拿出一些与产业标准相去甚远的数据。

(3)导向是产品或服务，而不是市场。

(4)对竞争没有清醒的认识，忽视竞争威胁。

(5)选择进入的是一个拥塞的市场，企图后来居上。

(6)忌用含糊不清或无确实根据的陈述或结算表，如不要仅粗略地说“销售在未来两年会翻两番”，又或是在没有细则陈述的情况下就说“要增加生产线”等。

(7)没有仔细挑选最有可能的投资者，而是滥发材料。

案例讨论题：

根据商业计划书的撰写大纲，对上述观点进行评价。

第六章 创业融资

学习目标

理解中小企业创业融资难的原因；掌握创业融资的渠道；理解债权融资与股权融资；了解创业融资的过程。

案例导入

张朝阳创业融资故事:发烧咬牙答英特尔投资问题

1997 年 9 月 11 日让张朝阳终生难忘，他至今为自己在这一天表现出来的能力而骄傲——在这一天，他马不停蹄地见了 4 位风险投资人。

按照事先约好的时间，张朝阳应该在早上 9 点先去见英特尔投资公司的人，接着是 12 点与世纪投资的负责人会谈，下午 3 点是软银，下午 5 点则是后来给王志东投资的亿万富翁罗伯森·斯蒂文森。前三位投资人都在硅谷附近，而最后一位则在旧金山。为了充分利用分分秒秒，头一天晚上张朝阳利用雅虎地图已经把路线搞清楚了，准备第二天飞车前去会见这 4 位超级富翁。谁知道第一个会面就被推后了半个小时，虽然这是一次非常成功的会面，但当会面结束时，已经中午 12 点了。张朝阳匆匆在麦当劳买了食物，然后边吃边开车赶往世纪投资。当张朝阳见完前三位投资人的时候，时间已经晚了，加之那天赶上旧金山的地铁罢工，所有的车都在地面上爬行，严重的堵车迫使张朝阳勉强开下高速公路。到了距离罗伯森·斯蒂文森还有 7 个街区的时候，他将车弃置在一个停车场后提着笔记本电脑飞奔着跑到了见面地点，他到的时候，罗伯森·斯蒂文森已经等了他将近一个半小时。还好，双方谈得不错，罗伯森·斯蒂文森表示出很强的投资意向(但最后并没有投资搜狐，倒是投资了四通利方，成就了新浪)。

张朝阳那天见的 4 拨投资人，最后实际投资给钱的只有一家，那就是英特尔投资公司。即便英特尔投资公司，给的也并不利索。英特尔投资公司对张朝阳进行了前后长达 6 个月的问题“审问”，平均每天 6 个问题。有一天晚上，英特尔投资公司的投资人打长途电话说还有一个问题想问。张朝阳当时在发烧，但是生怕投资人觉得自己身体不好最后不再投资，所以不敢说自己在发烧，只能咬牙回答他的问题。最终，张朝阳得到了英特尔投资公司的投资。但到了 1997 年 11 月，第一笔融资来的钱几乎快花光了。那时，因为要考虑交房租的事，他甚至到了把最早进入公司的两名员工叫到自己的办公室，问他们当月的工资迟一个月发可不可以的地步。他最终只得求助董事会，获得了一笔 10 万美元的“乔治贷款”先行“度日”，而这笔贷款张朝阳日后需要用利息和股权去偿还。

（由作者根据相关资料改写）

思考：

张朝阳是通过怎样的渠道进行融资的？最后融资成功的因素主要是什么？

第一节　创业融资的特点与步骤

一、创业融资的特点

企业经营离不开资金的投入。资金运转与营业运转存在如下的关系：订购原料→原材料入库→原材料投入生产→生产过程半成品→产成品入库→销售成品出库→回笼资金到账。在这个过程中，企业又不断发生管理费用、财务费用等各种各样的费用与开支。这些费用开支都需要企业支出资金。资金是企业运转的推动力，任何一家企业都离不开资金的投入。

融资是资金融通的简称，它是指资金从资金剩余部门流向资金短缺部门。融资有广义和狭义之分。广义的融资指资本在持有人之间流动，以余补缺的一种经济行为，它是资本双向互动的过程，不仅包括资本的融入，也包括资本的输出，即它不仅包括资本的来源，也包括资本的运用。狭义的融资主要是指资本的融入，也就是通常所说的资本来源。具体指企业从自身生产经营现状及资本运用情况出发，根据企业未来经营策略与发展需要，经过科学的预测和决策，通过一定渠道，采用一定的方式，利用内部积累向企业的投资者或债权人筹集资本，组织资本供应，保证企业生产经营需要的一种经济行为。

创业融资是指创业者为了将某种创意转化为商业现实，通过不同渠道、采用不同方式筹集资金以建立企业的过程。创业融资与其他融资方式相比，其最大的优势就是减少了融资过程中的信息不对称，提高了融资效率。创业融资不是简单地以资金来维持技术，其更深层之处在于实现了资金、技术与管理的结合，建立了一套以绩效为标准的激励和约束机制。

(1)风险资本家与企业管理层共同分享股权，使企业管理层与风险资本家的利益趋于一致。

(2)风险企业的董事会通常由风险资本家担任主席，通过监控企业管理者来缓解信息不对称，降低代理人风险。

(3)风险资本家不是一次性投入项目所需的全部资金，而是分阶段投入，在企业经营不良的状况下可放弃投资，以减少进一步的损失。它在机制上对企业管理层进行监督制约，激励其节约使用资金，有效地控制其机会主义行为。

二、创业融资的步骤

在现实生活中，有些人有很好的创意，但筹集不到资金；有些人虽然自己没有资金，但凭专业、信息和技术优势以及个人信誉和人脉关系，总能一次次幸运地找到资金实现企业梦想，成就财富人生。机会总是眷顾有准备的人，创业融资不仅是一个技术问题，也是一个社会问题。在创业前或融资前做好充分的准备，会有助于创业融资的成功。

（一）建立个人信用并积累人脉资源

市场经济是一种信用经济，信用对国家、企业、个人都是一种珍贵的资源。在创业融资中，信用有很重要的作用。人都生活在一定的社会群体中，创业者也不例外。创业者因为具有创业精神和创新意识，可能在思维方法和行为方式上会有不同之处，显示出异质型人才资本的特征，但信任是一种市场规则，谁违背了，信息就会在社群内通过口碑传播，而创业最初的融资往往来自亲人、朋友和同事，如果口碑太差，信任度太低，融资难度就会加大。因此，创业者应广结善缘，建立健康、有益的人脉关系，创造和积累基于同事关系、师生关系和亲友关系的社会资本。为创造财富人生，实现自我奠定基础。

（二）测算资本需求量

资本需求量的测算是融资的基础。对于创业者来说，首先需要清楚创业所需资本的用途。任何企业的经营都需要一定的资产，资产以各种形式存在，包括现金、材料、产品、设备、厂房等，创业所筹集的资金就是用来购买企业经营所需要的这些资产，同时还要有足够的资金来支付企业的营运开支，如员工工资、水电费等。从资本的形式来看，可以分为固定资本和营运资本。固定资本包括用于购买设备、建造厂房等固定资产的资本，这些资本被长期占用，不能在短期内收回，因此，在筹集这类资本时，要考虑资本的长期性，不能依靠短期资金来解决，以免陷入日后拆东墙补西墙的境地。营运资本包括用于购买材料、支付工资、各种日常支出的资本，这些资本在一个营运周期内就能收回，可以通过短期自筹解决。此外，创业企业还面临着成长的问题，在成长阶段，单靠初始的启动资本和企业盈利无法满足成长的需要，还要从外部筹集用于扩大再生的资本，即发展资本。

(1)估算启动资金。企业要开始运营，首先要有启动资金，启动资金用于购买企业运营所需的资产及支付日常开支。对启动资金进行估算，需要具备足够的企业经营经验，并对市场行情有充分的了解。创业者在估算启动资金时，既要保证启动资金能够满足企业运营的需要，又要想方设法节省开支，以减少启动资金的花费。在满足经营需求的情况下，可以采用租赁厂房、采购二手设备等方法节约资金。

(2)测算营业收入、营业成本和利润。对于新创企业来说，预估营业收入是制定财务计划与财务报表的第一步。为此，需要立足于市场研究、行业营业状况以及试销经验，利用购买动机调查、推销人员意见综合、专家咨询、时间序列分析等多种预测技巧，估计每年的营业收入。然后，要对营业成本、营业费用以及一般费用和管理费用等进行估计。由于新创企业起步阶段在市场上默默无闻，市场推广成本相当大，营业收入与推动营业收入增长所付出的成本不可能成比例增加，因此，对于第一年的全部经营费用都要按月估计，每一笔支出都不可遗漏。在预估第二年及第三年的经营成本时，首先应该关注那些长期保持稳定的支出，如果对第二年和第三年销售量的预估比较明确的话，则可以根据营业百分比法，即根据预估净营业量按固定百分比计算折旧、库存、租金、保险费、利息等项目的数值。在完成上述项目的预估后，就可以按月估算出税前利润、税后利润、净利润以及第一年利润表的内容，然后就进入预计财务报表阶段。

(3)编制预计财务报表。新创企业可以采用营业百分比法预估财务报表。这一方法的优点是能够比较便捷地预测出相关项目在营业额中所占的比率，预测出相关项目的资本需求量。

但是，由于相关项目在营业额中所占的比率往往会随着市场状况、企业管理等因素发生变化，因此，必须根据实际情况及时调整有关比率，否则会对企业经营造成负面影响。

预计利润表是应用营业百分比法的原理预测可留用利润的一种报表。通过提供预计利润表，可以预测留用利润这种内部筹资方式的数额。

预计资产负债表是应用营业百分比法的原理预测外部融资额的一种报表。通过提供预计资产负债表，可预测资产和负债及留用利润有关项目的数额，进而预测企业需要外部融资的数额。

现金流量是新创企业面临的主要问题之一。一个本来可以盈利的企业也可能会因为现金短缺而破产，因此，对于新创企业来说，逐月预估现金流量是非常重要的。与预估利润表一样，如何精确地计算出现金流量表中的项目是一个难题。因此，在编制预计财务报表时需要假设各种情境，如最乐观的估计、最悲观的估计以及现实情况估计。这样的预测，既有助于潜在投资者更好地了解创业者如何应对不同的环境，也能使创业者熟悉经营的各种因素，防止企业陷入可能的灾难。

(4)结合企业发展规划预测融资需求量。上述财务指标及报表的预估是创业者必须了解的财务知识，即使企业有专门的财务人员，创业者也应该大致掌握这些方法。需要指出的是，融资需求量的确定不是一个简单的财务测算问题，而是一个将现实与未来综合考虑的决策过程，需要在财务数据的基础上，全面考察企业的经营环境、市场状况、创业计划以及内外部资源条件等因素。

（三）编写创业计划书

尽管创业计划的制订过程和基本要素往往是相同的，但创业者完全可以用独特的风格和方式讲述自己的故事，表达自己对创建新企业的热情。创业计划书应基于详细而真实的调查而完成，对没有准备创业计划经验的创业者来说，向有经验的人请教是一个好的方法，但切记不要让别人替你写创业计划书。因为准备创业计划的真正价值与其说在于计划书本身，还不如说在于制订计划书的过程，这个过程要求创业者对掌握的资料进行客观而严格的评估。创业计划书正是通过教育创业者正确行事而降低了开办企业过程中的风险和不确定性。

（四）确定融资来源

测算完融资的需求量之后，接下来的工作就是确定资金的来源，即融资渠道和融资对象。此时，创业者需要对自己的人脉关系进行一次详尽的排查，初步确定可以成为资金来源的各种关系。同时，需要收集各方面的信息，以获得包括银行、政府、担保机构、行业协会、旧货市场、拍卖行等各种能够提供资金支持的资料。现在政府出台了很多政策，其中有一些好的政策，很多创业者不了解，失去了获得有关支持的机会。同时，创业者也应对企业股权和债权的比例安排进行考虑。

（五）融资谈判

无论创业计划书写得有多好，但如果创业者在与资金提供者谈判时表现得糟糕就很难完成交易。因此要做好充分准备，事先想想对方可能提到的问题；要表现出信心；陈述时抓住要点，条理清晰；记住资金提供者关心的是让他们投资有什么好处。这些原则对融资至关重要。此外，向有谈判经验的人士进行咨询，翻阅一下关于谈判技巧的书籍，对于谈判的成功都有帮助。

第二节　创业融资难的成因

对于刚创业的创业者来说，通常都要面对资金短缺的问题，所以往往都需要进行融资。创业融资就是指一个初创企业或者拟创企业资金筹集的行为和过程，即根据自身资金拥有的状况和未来经营发展的需要，通过科学的预测和决策，采用一定的方式，从一定的渠道等筹集创业资金、保证创业期间资金供应的理财行为。

一、创业融资难的理论解释

创业融资难源于创业活动的高风险性。这种风险包含两个部分：一部分是来自创业活动本身固有的风险，即创业企业的不确定性；另一部分是来自外部投资人对创业活动风险的感觉，即信息不对称性。

(一)不确定性

创业活动本身面临非常大的不确定性。尽管既有企业也面临环境的不确定性，但创业企业的不确定性比既有企业的不确定性要高得多。创业企业缺少既有企业所具备的应付环境不确定性的经验，尚未发展出以组织形式显现的组织竞争能力。据清华大学中国创业研究中心GEM(全球创业观察)项目的研究成果，市场变化大是中国创业环境方面的重要特征。市场变化大意味着更多的创业机会，但是创业活动也可能面临更大的风险和不确定性。从统计上看，我国创业者的创业能力低于全球创业观察项目的均值水平，创业者普遍缺乏创办新企业的经验，缺乏进行创业管理的知识和经验，在商机把握和资源组织方面能力不强。这些导致创业者把握不好创业机会，不能及时对市场变化做出反应，创业容易失败，进而加剧了创业企业的不确定性。据有关统计，我国新创企业的失败率在70%左右。创业企业的高失败率给投资者带来很大风险，导致了创业融资难度增加。

(二)信息不对称性

信息不对称性是经济生活中普遍存在的现象，产品的销售方比购买方具有更多关于产品质量的信息，工人比雇主更了解自己的技能和能力，公司的经理比公司所有人更了解公司的成本、竞争地位和商业机会。创业融资中同样存在信息不对称现象。一般来讲，创业者比投资者对自身能力、企业的产品、企业的创新能力、市场前景更加了解，处于信息优势的地位，投资者则处于相对信息劣势地位。投资前的信息不对称可能导致逆向选择。由于投资者只能根据感知到的信息进行判断，那些素质不高、技术上有缺陷、经营管理不善的创业企业可能因为将各项数据和材料做得漂亮而获得投资；而真正优秀、未来收益高的企业有可能没做好这方面的工作而失去投资。投资后的信息不对称则与道德风险有关，被投资公司的创业者往往既是大股东又是经营管理者，可能侵害投资者的利益(如改变资金用途、关联交易、股权稀释、给自己订立过高的报酬等),使投资者对创业者的行为很难监控。

一般来讲,企业的融资能力可定义为资金的供给方对企业提供的与企业投资能力有关的信息的满意程度。企业显示信息的能力又可以用企业的规模、财务状况、现有可抵押或质押的财富水平、企业能获得潜在资金的渠道等指标来反映。创业企业一般成立时间短,没有或很少有过往记录,规模较小,经营活动的透明度差,财务信息具有非公开性,潜在的投资者很难了解和把握创业者及创业企业的有关信息。在我国,创业商务环境较差,尤其是在获得金融和非金融服务方面更差,而且创业者群体不成熟,基础薄弱。由于创业环境、相关产业的不成熟,没有能够培育出成熟的投资者群体,他们对相关产业及投资活动的认识、直觉、经验、判断都有待于进一步的提高。所有这一切均加深了创业融资中信息不对称的程度。

二、企业创业融资困难的原因

融资是一个解决资金短缺的好方法,但是并不意味着所有的企业都能够顺利融资。创业者发现,创业融资是他们所面临的最大挑战。因为资金永远不够,筹集资金的过程需要太多的时间。目前,与我国中小企业在国民经济中所发挥的重要作用相比,中小企业获得的金融资源是不平衡的。也就是说,中小企业创业融资是比较难的,主要原因包括以下几点。

(一)金融体制不适应,政策支持力度不够

为防范金融风险,国有商业银行一律实施“大城市、大企业、大项目”战略,大规模撤并基层网点,上收贷款权限。股份制商业银行、城市信用社和农村信用社等中小金融机构信贷能力有限,国家金融资源分布与中小企业空间布局不相适应。特别是对银行开展中小企业贷款的激励机制有待创新,银行自身在金融产品设计、机构设置、信用评级、贷款管理等方面不能适应中小企业对金融服务的需求。我国已经设立中小企业科技创新基金和中小企业国际市场开拓基金,但仍无法满足中小企业发展的需要。

(二)信用担保机构规模小,风险分散与补偿制度缺乏

据调查,中小企业因无法落实担保而被拒贷的比例很高,再加上 32.3%因不能落实抵押而发生的拒贷,总拒贷额达 56.1%。但目前面向中小企业的信用担保业发展滞后,难以满足企业需要。政府出资设立的信用担保机构通常又缺乏后续的补偿机制,很多担保机构独自承担担保贷款风险,未与协作银行形成共担机制。由于担保的风险分散与损失分担、补偿制度尚未形成,使得担保资金的放大作用和担保机构信用能力均受到较大制约。另外,与信用担保业相关的法律法规建设滞后,这在一定程度上也影响了信用担保机构的规范发展。

(三)企业自身融资能力不强,信息不对称,影响银行的积极性

中小企业管理基础薄弱,普遍缺乏良好的公司治理机制,关联交易复杂,资信度不高,财务制度不健全,透明度比较低。中小企业借款的特点是“少、急、频”,加之为中小企业提供担保的专门机构少,银行常常因中小企业贷款监控成本高、风险大而不愿意放款。2015 年,我国主要商业银行对中小企业贷款的平均不良率为 32.11%,比商业银行贷款的平均不良率高出 15.7 个百分点,贷款质量较差影响了商业银行贷款的积极性。

(四)多层次资本市场尚未形成,直接融资与间接融资比例不协调

据有关数据表明,2015年前两季度股市融资仅占1.6%,前三季度股市融资占2.2%。在直接融资与间接融资结构极不协调的前提下,证券市场还是以主板为主向大型企业倾斜,加之低门槛的创业板迟迟不开,地方性股权交易市场被纷纷取缔,非正规融资缺乏法律支持,中小企业直接融资困难加剧。

三、解决中小企业融资难的措施

解决中小企业"融资难"问题是一项系统工程,涉及融资体制、信用环境、企业自身及融资机构的服务意识和服务水平等诸多因素,需要综合协调、配套解决。其具体措施如下:

(一)建立健全中小金融机构组织体系

允许新创设立或改建设立区域性股份制中小银行和合作性金融机构,有条件的地区可探索设立专门为小企业服务的政策性银行。城市商业银行和城市信用社要积极吸引非公有资本入股,进一步壮大和完善为城镇中小企业融资服务的实力和机制。农村信用社应吸收农民、个体工商户和小企业入股,加快改善股权结构,加大对农村中小企业的信贷服务力度。

(二)鼓励各类银行增加对中小企业的信贷支持

通过税收支持、扩大利率浮动幅度及再贷款、再贴现等方式,鼓励国有商业银行、股份制银行和政策性银行提高对中小企业的贷款比例,合理确定中小企业贷款期限和额度,切实发挥银行内设中小企业信贷部门的作用。另外,要鼓励政策性银行依托地方商业银行和担保机构,开展以中小企业为服务对象的转贷款、担保贷款等业务。

(三)鼓励针对中小企业的金融创新

金融创新的措施包括:针对中小企业自身特点,改进对中小企业的资信评估制度,对符合条件的中小企业发放信用贷款,开展授信业务;对有市场、有效益、有信用的中小企业,拓展公司理财和账户托管业务;放宽融资租赁公司的准入条件,支持开办融资租赁;开展专利权、商标权等无形资产质押贷款试点;支持中小企业依照有关规定利用国际金融组织投资和使用国外贷款;鼓励保险机构开展面向中小企业的产品和服务创新,改进对中小企业的服务方式和手段;进一步发挥担保在中小企业融资中的积极作用。

(四)拓宽中小企业直接融资渠道

这些渠道包括:推进多层次资本市场建设,继续发挥主板市场作用;在完善现有中小企业板块基础上,加快建立中小企业上市率和辅导体系,适时启动创业板市场;逐步扩大证券公司代办股份转让系统的功能;整合和规范现有产权交易市场,为非公有制企业股权转让提供服务;继续推动中小企业企业境外上市工作;鼓励符合产业政策的中小企业以股权融资、项目融资等方式筹集资金;允许符合条件的中小企业探索债权融资方式;通过税收政策支持开展创业投资;推动建立中小企业投资公司。

(五)建立和健全中小企业信用担保体系

具体措施包括:鼓励非公有制经济设立商业性或互助性信用担保机构,以中小企业为服务

对象的信用担保的机构经核准可免征营业税；加快建立全国中小企业信用担保机构，鼓励有条件的地方建立中小企业信用担保基金，建立和完善信用担保的行业准入、风险控制和损失补偿机制；加强对中小企业信用担保机构的监管，建立担保业自律性组织。

（六）推进中小企业信用体系建设研究

具体措施包括：建立适合中小企业特点的信用征集、评级、发布制度及奖励惩戒机制，建立和完善企业信用档案数据库，推动中小企业信用档案试点；对资信等级高的中小企业，应简化工商年检手续，逐步实行备案制；加强中小企业内部信用制度建设。

第三节　创业融资的渠道

一、融资渠道和融资方式

（一）融资渠道

所谓融资渠道，是指筹措资金来源的方向和通道，体现着资金的源泉和流量。认清融资渠道的种类和特点，有利于充分开拓和正确选择融资渠道。目前，我国企业融资的主要渠道和特点如下：

1. 国家财政资金

国家财政资金在企业资金来源中占有相当大的比重。国家对企业的直接投资是国有企业最主要的资金来源，特别是国有独资企业。从产权关系上看，企业产权归国家所有。一般自主创业很难拿到这部分资金。

2. 银行信贷资金

银行对企业的各种贷款，是我国目前各类企业最为重要的资金来源。我国银行分为商业性银行和政策性银行两种。商业性银行是以赢利为目的，从事信贷资金投放的金融机构，主要为企业提供各种商业贷款；政策性银行是为特定企业提供政策性贷款的金融机构。银行贷款方式灵活多样，可以适应各类企业的多种资金需要。但新创企业不太容易拿到银行贷款，成功创业后发展到一定规模时，银行贷款可以成为继续发展的重要融资渠道。

3. 非银行金融机构资金

非银行金融机构主要指信托投资公司、保险公司、租赁公司、证券公司、企业集团所属的财务公司等。它们所提供的各种金融服务，既包括信贷资金投放，也包括物资的融通，还包括为企业承销证券服务，可以为一些企业直接提供部分资金或为企业融资提供服务。

4. 其他法人单位资金

其他法人单位资金主要是指企业为提高资金收益率或其他目的，将生产经营过程中部分暂时闲置的资金进行投资而形成的资金。它包括企业法人单位资金和社会法人单位资金。随着我国上市公司的增多，许多公司用上市融资得来的资金进行投资和收购。

5. 民间个人资金

作为游离于银行及非银行金融机构之外的个人资金，可用于对企业进行股票、债券甚至创业投资等。随着人们生活水平的提高和投资意识的增强，这部分资金会越来越大，也会形成创业资金的一个重要来源。

6. 境外资金

境外资金主要是指外国投资者及我国港澳台地区投资者投入的资金。它是我国外商投资企业和境内外资企业的重要资金来源。

（二）融资方式

融资方式是指企业筹集资金所采取的具体形式。研究、认识各种融资方式及其特点，有利于正确选择筹资方式和进行筹资方式的组合。我国企业主要的融资方式及特点如下：

1. 吸收直接投资

吸收直接投资是指企业以协议等形式吸收国家、其他单位、民间或外商直接投入资金，并由此形成企业全部或部分资本金的融资方式。它是非股份有限公司筹措资本金的基本方式。融资规模可大可小。

2. 发行企业股票

发行企业股票是股份有限公司筹措自有资金的基本方式。与吸收直接投资相比，股份有限公司可以将其所需筹集的自有资金划分为较小的计价单位(如 1 元、10 元等面值的股票)，符合上市条件的股票还可以在证券市场上流通转让，这就为社会上不同层次的投资者进行投资提供了方便。目前，成立股份有限公司并不是很难，只要符合股份有限公司登记的条件即可；但要运作股票上市还是有不小的难度，同时也需要较长的时间。

以上两种融资方式都属于股权融资。

3. 银行贷款

银行贷款是企业根据借款合同从银行借入的资金。银行贷款分为长期贷款和短期贷款、人民币贷款和外币贷款、固定资产贷款和流动资金贷款等。它是企业取得借入资金的主要方式，一般适合中大规模的融资。

4. 发行企业债券

发行企业债券是企业取得介入资金的重要方式。企业债券分为长期债券和短期债券。同银行借款相比，它可以向企业、单位、社会团体和个人发行，符合条件者可以在金融市场上流通转让。但获得发行债券的资格并不容易，需要证券监管部门的审批，适合较大规模的融资。

5. 融资租赁

融资租赁是指由租赁公司按照企业的要求购买设备，并在合同规定的较长期限内提供给企业使用的信用性业务。这是企业介入资金的又一种形式，主要适用于需要购买大型设备而又缺钱的企业。

6. 商业信用

商业信用是指企业在商品购销活动中因延期付款或预付货款所发生的借贷关系。延期付款(如应付账款和应付票据)同预收账款都是在商品交易中因发货或预付款在时间上的差异而产生的信用行为,从而为企业提供了筹集短期资金的机会。创业者应善于利用这样的机会筹集并扩大可不断周转的短期资金。

7. 民间贷款

民间贷款是向非金融机构的民间资金取得借入资金的一种重要方式。同银行贷款相比,民间贷款更加灵活快捷,但筹资成本可能较高,适合中小规模的融资。能否获得借款,主要看自己的社会关系及口碑信用。

以上几种融资方式都属于债权融资。

(三)选择融资方式的原则及应考虑的因素

1. 选择融资方式的原则

创业者在选择合适的融资方式时应遵循以下四个原则:

(1)根据生产经营状况预测资金的需求量,确定合理的融资规模。由于创业企业在不同的发展阶段对资金的需求量并不一样,因此在融资前应认真分析生产经营状况,通过定量分析,预测资金的需求量,从而确定合理的融资规模。

(2)融资必须遵循效益原则。投资者不论以何种方式融入资金,都要求资金使用讲求高效益。

(3)形成科学严谨的融资机制。企业运作和融资是密不可分的,融资活动决定和影响着整个企业资本运作的始终,融资机制的形成直接影响企业的经营活动和企业财务目标的实现。

(4)各种融资方式合理搭配,优化资金组合。各种融资方式获得资金的难易程度不同,付出的代价也不同,对企业的收益和成本也就有着不同的影响,因此企业要对其进行深入分析、对比,选择高效可行的融资组合,以降低成本、减少风险。

2. 选择融资方式应考虑的因素

创业者在选择融资方式时需要考虑以下几个主要影响因素:

(1)融资成本

在一个成熟的资本市场中,融资成本是决定企业融资与否及采取何种融资方式的首要因素。不同的融资方式,融资成本差别是很悬殊的。即便使用自筹资金,表面上看不用支付任何费用,但自筹资金存在着进行其他投资选择、获取相应收益的机会,因而其机会成本就是使用成本。银行借款的主要成本是贷款利息。贷款利息属费用支出,可在税前支付,也可减轻企业所得税,其融资成本相对较低。创业者应根据自身对资金的需求量,按成本最小化原则选择融资方式。

(2)融资期限

权益性融资一般没有固定的偿还日期,它是终身的投资,能满足企业长期的资金需求。而债务性融资通常有一定的期限限制,到期后,借款人要还本付息。创业者可根据自己对资金期限的实际需求来选择融资类型，或者选择综合的融资组合。

(3)融资风险

这里的融资风险是从资金使用者角度考虑的，是指使用不同来源的资金可能会让使用者承担的损失。债务性融资风险一般高于权益性融资。首先，债务性融资到期后，企业必须全额偿还本息，经营不善时，企业容易引发财务危机或破产风险；而权益性融资可永久使用，企业无须偿还。其次，债务性融资成本具有刚性，利息将成为企业经营困境时的一个沉重负担；而权益性融资是利润共享、损失共担，企业即使陷入困境也没有付息压力。另外，自筹资金由于不存在支付风险，因而具有最低风险的特征。

(4)资金使用的自由度

企业对不同方式融入资金的自由支配程度是不同的，这就是资金使用的自由度。自筹资金由于是创业者自己的资金，创业者可以想怎么用就怎么用，因而在所有的资金来源中自由度最高。民间资本的借出者关注的是资金的归还，对使用过程并不关心，且由于能力有限也无法进行监控，因而企业的自由支配度也很高。证券融资的自由度也较高，在实际操作中，公司可以随时更改资金投向。银行贷款的资金使用自由程度相对较低，贷款协议中一般对资金的使用方向都有明确的规定，并附有违规处罚条款；对大笔借贷或经常性贷款，企业资金的使用过程还要接受债权人的监督。与权益性融资相比，债务性融资还要受到还款期的限制，不能进行超过还款期限的长期项目投资，因而使用自由度相对较低。

(5)资金到位率

在所有的融资方式中，自筹资金的到位率最高。而民间资本一旦借贷协议达成，到位也非常迅速。银行借贷资金中，特别是在我国资本市场尚未成熟的情况下，长期、分期投入的资金到位率由于种种原因一般都不高。

(6)投资者对企业控制权的影响

自筹资金都是创业者自己的资金，所以对企业的控制权没有影响。债务性融资由于债权人无法参与公司的管理决策，从而可保障股东对公司的控制权。相比之下，权益性融资尤其是股权融资将稀释公司股权，从而会引起公司控股权、控制权、收益分配权和资产所有权等权利的分散。创业者在选择融资方式时，应尽量避免对企业控制权的丧失。

(7)其他因素

创业者在选择合适的融资方式时，还需要考虑一些其他的影响因素，包括企业的目标资本结构、股利政策、对经营者的激励机制、融资的广告效应、企业的经营风格、投资者的投资风格、企业预期的赢利情况、企业预期的资金需求量、市场变化和国家政策等。

创业者在选择合适的融资方式时，应综合分析自身的状况、特点和各种不同融资方式的优缺点，根据上述四种基本融资原则，充分考虑可能会影响融资效果和企业经营发展的各种因素，选择一种或几种合理的融资组合。

二、创业者的主要融资渠道

对于创业者来说，不同的时期可以有不同的融资渠道。下面分别从创业初期阶段、创业中后期阶段来介绍融资渠道。

（一）创业初期的融资渠道

1. 自筹资金

自筹资金包括的范围非常广，主要包括业主（或合伙人、股东）自有资金、向亲戚朋友借用资金等。创业者在初创阶段通常使用自己的资金，或通过抵押自己的私人财产（如房子、汽车等）获取银行贷款，或通过信用卡借款等方式获取创业资金。向亲朋好友借钱是许多小本创业者都经历过的事情，但这种借款金额一般都不会太高。善于吸纳有一定资金实力的合伙人或股东是值得重视的融资渠道和方法。另外，通过重视并扩大客户的预付款、向供应商的延期与分期付款等方式可解决部分经营性资金。

2. 小额创业贷款

目前各地正在尝试解决创业贷款难的问题，不同地区情况不同，解决办法也不同。一些地区推出小额创业贷款服务，一些地区由政府出面组建中小企业创业担保公司，为新创企业贷款进行担保等。其中不乏为帮助下岗失业人员自谋职业、自主创业和组织起来再就业提供贷款服务。对于诚实守信、有劳动能力和就业愿望的下岗失业人员，针对他们在创业过程中缺乏启动资金和信用担保，难以获得银行贷款的实际困难，由政府设立再担保基金。

3. 创业租赁

创业租赁兴起于20世纪80年代末，是专门针对新创企业而开展的一种特殊形式的融资租赁方式。其运作机制起源于融资租赁，但通过创业投资又对一般意义上的融资租赁进行了改造，是一种将一般融资的灵活性与创业投资的高收益性有机结合的新型融资方式。

新创企业往往缺乏资本从而无力购买所有的设备，创业租赁便为解决这一难题提供了捷径。在创业租赁合同中，承租人可以在资产使用寿命期间获得设备的使用权；而出租人可以以租金形式收回设备成本，并获得一定的投资报酬。

与一般融资租赁相比，创业租赁有以下特点：一是创业租赁的资金来源是创业投资资本，出租方大都是创业投资公司，少数是创业租赁公司；二是承租方是新创业企业；三是创业租赁风险较一般租赁融资高，因而租金也较高。同时，为了防范风险，出租方通常要派一名代理进驻承租方；不仅如此，为了获得足够多的风险补偿，出租方一般还可以获得认股权。

创业租赁与典型意义的创业投资有以下区别：一是权益上的区别。典型意义的创业投资是一种股权性质的投资，对新创企业有相当大的管理权；创业租赁不属于股权融资，虽然也可以派代理进驻企业，但通常不加入管理层，对新创企业没有管理权。二是风险上的区别。创业投资一旦失败，将可能血本无归；创业租赁则可以从设备变卖中获得部分补偿，因为设备是属于出租方的，因而风险相对较小。三是时间上的区别。创业投资的期限较长，一般为5～7年；而创业租赁期限通常为3～5年。

4. 政府扶持资金

“科技型中小企业技术创新基金”（简称创新基金）被誉为创业企业的“奖金”，它奖励给那些“品学兼优”的创业企业，使其可以得到“无偿”的资金帮助。很多创业企业以能得到创新基金的支持为莫大的荣耀，因为它的确像我们上学时获得的奖学金那样，除了取得资本的欣喜之外，还意味着对自身的肯定和褒奖，意味着企业在向别人推介自己的时候，可以拿出有力的证明。但这种资金金额一般不会太大，主要是其象征意义远远大于资金价值，如在获得创投资金前得到创新基金，对获得风险投资也会有一定的帮助。

(二)创业中后期的融资渠道

1. 风险投资

风险资本投资企业一般采用有限合伙制的结构，在某一固定时期内建立起一种基金，这个期限一般是10年。提供资金的机构投资者之所以被称为有限合伙人，是因为他们的参与仅限于提供资金。风险资本投资者自身制定新企业的投资决策并管理这些投资，被称为普通合伙人。在风险投资基金的投资回收末期，风险投资企业将所投入资金归还给机构投资者，并加上一定百分比的投资创业企业所带来的利润(一般是80%)。普通合伙人留下其余的20%并抽取管理投资所需要的管理费用(一般每年抽取基金资金的2%)。

风险资本投资者除了为新企业提供资金外，还帮助经营新企业：识别关键员工、消费者和供应商，并帮助制定与实施运营政策和战略。由于风险资本支持的创业企业比其他的创业企业更有可能公开上市，所以风险资本投资者与承担首次公开上市的投资银行家具有一定的关系。风险资本投资者将会帮助新企业公开上市。

尽管风险资本投资者支持很多新企业，但他们也是非常苛刻的投资者，很少有需要者达到他们的融资标准。这类投资者一般只对具有很大成长潜力的企业感兴趣。为了获得风险投资的支持，新企业通常需要在一个高成长的行业中经营，有独特的竞争优势，提供有非常清晰的市场需要的产品，由一个有经验的管理团队所管理，并有公开上市的计划。

2. 直接融资

直接融资包括发行债券和公开发行股票。两者都对企业的规模、赢利能力、管理水平等有较高的要求，监管部门审核严格，能获得通过的企业较少，一般融资数额都较大。理论上，债券融资(发行债券)一般适合所有类型的企业，证券融资(公开发行股票)通常仅限于具有高成长性的企业。两者比较而言，债券的融资成本相对较低，证券的融资成本较高，但如果企业受欢迎，其发行溢价也很大，权益收益较大。对投资者而言，债券的风险较低，有相对稳定的利息收入，但投资收益相对较低；股票的风险较大，没有固定的收益，但潜在的收益可能很高。两者分别适合不同风险偏好的投资者。我国的资本市场虽然发展很快，但对中小企业直接融资的支持仍然很弱，随着三板市场的即将推出，建立多层次的资本市场，必将为中小企业的直接融资带来更多的机遇。

3. 间接融资

间接融资主要是指银行贷款等。银行贷款主要有抵押贷款、担保贷款和信用贷款等。初创企业几乎是不可能拿到银行贷款的，因为它们既无抵押物，也无人愿意担保，更无信用历史与记录；发展到创业中后期，可以先由抵押贷款开始尝试银行贷款，但仍然很难。总的来说，目前中小企业普遍存在贷款难的问题。

为了能顺利地拿到银行贷款，创业者应未雨绸缪，提前做好以下工作：一是建立良好的信誉；二要严格依法经营；三是提高员工素质；四是建立并健全财务制度；五是慎重选择所从事的行业；六是注重企业积累。需要提醒的是，贷10万元与贷100万元流程都一样，除非是小额创业贷款的“快速通道”，否则只贷几万元不仅所花时间不菲、费用也不低，故不值得，不如考虑其他融资渠道。如果贷款金额较大，可以尝试采用此种方法。

第四节　债权融资与股权融资

融资的途径和方式是各不相同的，根据所融资金的不同资本性质来分，目前主要的融资结构分为两种：一种是股权融资，即以吸收投资与发行股票为主的权益性融资；另一种是债权融资，即以借款与发行债券为主的、以负债为主要代价的债权性融资。

一、债权融资

（一）债权融资的含义

所谓债权融资，是指企业通过借钱的方式进行融资。债权融资所获得的资金，企业首先要承担资金的利息，在借款到期后要向债权人偿还资金的本金。债权融资的特点决定了其用途主要是解决企业营运资金短缺的问题，而不是用于资本项目下的开支。

（二）债权融资的主要形式

1. 银行信用

银行信用是债权融资的主要形式，但绝大多数大学生创业创立的都是中小民营企业，对他们来说，获得银行的贷款是不敢设想的事情。

造成民营企业获得银行贷款困难的因素，从宏观政策上主要是银行现行的信贷政策。我国国有商业银行给企业贷款至今在很大程度上是按照所有制性质来划分的，国有中小企业获得银行贷款要容易些，而乡镇企业、集体企业要获得贷款就难得多，一些私营企业甚至得不到国家银行的贷款，即使信用能力较强、效益再好也不行。从微观层面上，民营中小企业本身的信用度也是银行有钱不敢贷的重要原因。不少民营企业具有许多“先天”的不足：①在产权制度和企业制度方面存在缺陷，不少“后遗症”有待根治；②资本积累不足，发展后劲乏力；③投资者缺少创业经验，盲目性较大，成功率较低；④经营目标短期化，有的甚至以造假、损害环境来获取近期利益；⑤缺乏管理基础，一些企业存在短期内快速膨胀之后就走向衰退的现象。这些情况一方面增大了银行的交易成本，另一方面提高了银行的信贷风险，无法取得贷款，自然就变成情理之中的事情了。

虽然存在上述诸多的障碍，但从长远来看，银行贷款必将成为民营企业债务融资的主要形式。随着我国经济的增长和市场化体制的建立与完善，民营企业从银行获得贷款难的现象已开始有所缓解。20世纪90年代中期之后，中国已逐渐步出了资金紧缺状况。1996年以来，银行开始出现存差现象，贷款压力使商业银行逐步改变按所有制进行划分的信贷政策，注重考察企业的经济效益和发展潜力，很多财务结构健全、发展健康的民营企业开始得到银行的重视。

2. 项目融资

项目融资是需要大规模资金的项目所采取的金融活动。借款人原则上将项目本身拥有的资金收益作为还款资金的来源，而且将其项目资产作为抵押条件来处理，该项目事业主体的一般信用能力通常不被作为重要因素来考虑。项目融资的方式有两种：无追索权的项目融资和有限追索权的项目融资。

无追索权的项目融资也称纯粹的项目融资。这种融资方式下，贷款的还本付息完全依靠项目本身的经营效益，同时贷款银行为保障自身的利益，也必须从该项目拥有的资产上取得物权担保。如果该项目由于种种原因未能建成或经营失败，其资产或受益不足以清偿全部贷款时，银行无权向该项目的主办人追索。

除了贷款项目和收益作为还款来源和取得物权担保外，贷款银行还要求有项目实体以外的第三方提供担保，贷款银行有权向第三方担保人追索，但担保人承担的责任以他们各自提供的担保金额为限，所以称为有限追索权的项目融资。

（三）债权融资的优势

（1）银行具有信息收集的优势。银行有条件、有能力自己收集分析企业投资、经营、分配、收益的状况，同时能在一个比较长的期间考察和监督企业，有助于防止“道德风险”的出现。

（2）银行具有信息分析研究的规模经济特点。一方面，银行收集同样的信息具有规模经济作用；另一方面，分析大量信息本身也具有规模经济效益。

（3）在长期“专业化”融资活动中，金融机构发展了一套专业的技能。

（4）银行对企业的控制是一种相对的控制。债权的作用在于，当企业能够清偿债务时，控制权就掌握在企业手中，如果企业还不起债，控制权就转移到银行手中。

（四）债权融资的风险

企业债权融资中的融资风险是指企业因使用债务而产生的由股东承担的附加风险。实际上这种附加风险包括两个层次：一是企业可能丧失偿还能力的风险；二是由于举债而可能导致企业股东的利益遭受损失的风险。债权融资的风险要高于股权融资的风险，主要表现为资金不能如数偿还的风险。在债权融资方式下，资金不能偿还的损失是由企业自身负担的，企业必须将所借资金全部如数偿还，才能保证企业经营持续进行下去。

在债权性融资的条件下，举债必须偿还，而且必须按期偿还，这也是西方企业重视现金流量计划的原因之一。当企业不能按期偿债时，将面临丧失信誉、负担赔偿甚至变卖资产的风险。对有偿债务，企业还将面临不能付息的风险。支持利息是举债的前提，而且利息支付不因企业是否赢利而变化，这就是企业在经营不善时面临的付息风险。因此，在实际的融资操作中，作为融资主体的企业必须考虑到期能否还本付息，以防止融资风险的发生。如果企业预期难以还本付息，则只能转向融通资本金。

二、股权融资

（一）股权融资的含义

股权融资是指创业者通过出让部分或全部企业产权获得资金的融资方式。创业风险投资和二板市场的投资大部分属于股权融资。股权融资作为私募的一种，上市前融资为众多企业上市的成功奠定了稳固的基础。广义的上市前融资不仅包括首次公开上市之前的准备工作，而且还特别强调对企业管理、生产、营销、财务、技术等方面的辅导和改造。相比之下，狭义的上市前融资目的仅在于使企业能够顺利地融资成功。风险资本市场的出现使得企业获得外部权益资本的时间大大提前，在企业生命周期的开始，如果有足够的成长潜力就有可能获得外部的权益性资本，这种附带增值服务的融资伴随企业经历初创期、扩张期，然后由投资银行接手进入狭义的上市前融资，逐步稳固地建立良好的运行机制，积累经营业绩，成为合格的公众公司。这对提高上市公司整体质量、降低公开市场的风险乃至经济的增长都具有重要的意义。

（二）股权融资的特点

(1)股权是企业的初始产权，是企业承担民事责任和自主经营、自负盈亏的基础，也是投资者对企业进行控制和取得利润分配的基础。

(2)股权融资是决定一个企业向外举债的基础。

(3)股权融资形成的所有权资金的分布特点、股本额的大小和股东分散程度，决定一个企业控制权、监督权和剩余价值索取权的分配结构，反映的是一种产权关系。

（三）股权融资的分类

按融资的渠道划分股权融资，可分为两大类，即公开市场发售和私募发售。所谓公开市场发售，就是通过股票市场向公众投资者发行企业的股票来募集资金。我们常说的企业的上市、上市企业的增发和配股都是利用公开市场进行股权融资的具体形式。所谓私募发售，是指企业自行寻找特定的投资人，吸引其通过增资入股企业的融资方式。

因为绝大多数股票市场对于申请发行股票的企业都有一定的条件要求（如我国对公司上市除了要求连续 3 年赢利之外，还要求企业有 5 000 万元的资产规模），因此大多数中小企业较难达到上市发行股票的门槛，私募成为民营中小企业进行股权融资的主要方式。

1. 私募发售

当前的环境下，私募发售是所有融资方式中民营企业比国有企业占优势的融资方式。私募发售产权关系简单，无须进行国有资产评估，没有国有资产管理部门和上级主管部门的监管，大大降低了民营企业通过私募进行股权融资的交易成本和效率。私募成为近几年来经济活动最活跃的领域。

对于企业来说，私募融资不仅仅意味着获取资金，新股东的进入也意味着新合作伙伴的进入。新股东能否成为一个理想的合作伙伴，无论是当前还是未来，其影响都是积极而深远的。在私募领域，不同类型的投资者对企业的影响是不同的。我国有以下几类的投资者：个人投资者、风险投资机构、产业投资机构和上市公司。

(1)个人投资者

虽然个人投资者投资的金额不大，一般在几万元到几十万元，但它在大多数民营企业的初创阶段起了至关重要的资金支持作用。这类投资人很复杂，有的人直接参与企业的日常经营管理，有的人只是作为股东关注企业的重大经营决策。这类投资者往往与企业的创始人有密切的私人关系，随着企业的发展，在获得相应的回报后，一般不再对企业具有影响。

(2)风险投资机构

风险投资机构是20世纪90年代后期在我国发展最快的投资力量，其涉足的领域主要与高新技术相关。在2000年的互联网狂潮中，几乎每家公司都有风险投资资金的参与。国外的IDG、Softbank、ING等，国内的上海联创、北京科投、广州科投等，都属于典型的风险投资机构。它们能为企业提供几百万元乃至上千万元的股权融资。风险投资机构追求资本增值的最大化，它们的最终目的是通过上市、转让或并购的方式，在资本市场退出，特别是通过企业上市退出是它们追求的最理想方式。上述特点决定了选择风险投资机构对于民营企业的好处：①没有控股要求；②有强大的资金支持；③不参与企业的日常管理；④能改善企业的股东背景，有利于企业进行二次融资；⑤可以帮助企业规划未来的再融资及寻找上市渠道。同时，风险投资机构也有其不利之处，它们主要追逐企业在短期的资本增值，容易与企业的长期发展形成冲突。另外，风险投资机构缺少提升企业能力的管理资源和业务资源。

(3)产业投资机构

产业投资机构又称策略投资者，它们的投资目的是希望被投资企业能与自身的主业相融合或互补，形成协同效应。

该类投资者对民营企业融资的有利之处非常明显：①具备较强的资金实力和后续资金支持能力；②有品牌号召力；③业务的协同效应；④在企业文化、管理理念上与被投企业比较接近，容易相处；⑤可以向被投资企业输入优秀的企业文化和管理理念。

该类投资者的不利之处在于：①产业投资者可能会要求控股；②产业投资者若自身经营出现问题，对被投企业会产生负面影响；③产业投资者可能会对被投企业的业务发展领域进行限制，影响企业的发展；④产业投资者可能会限制新投资者进入，影响企业的后续融资。

(4)上市公司

上市公司作为私募融资的重要参与者，在我国有其特别的行为方式。特别是主营业务发展出现问题的上市公司，由于上市时募集了大量资金，参与私募大多是利用资金优势为企业注入新概念或购买利润，伺机抬高股价，以达到维持上市资格或再次圈钱的目的。当然，也不乏一些具有长远战略眼光的上市企业，因为看到了被投资企业广阔的市场前景和巨大发展空间，投资是为了其产业结构调整的需要。但不管是哪类上市企业，它们都会要求控股，以达到合并财务报表的需要。对这样的投资者，民营企业必须十分谨慎，一旦出让控股权，又无法与控股股东达成一致的观念时，企业的发展就会面临巨大的危机。以上各种投资者，民营企业可以根据自身业务特点或经营方向进行选择。

2. 公开市场发售

通过公开市场发售的方式进行融资是大多数民营企业梦寐以求的融资方式。企业的上市一方面会为企业募集到巨额的资金；另一方面资本市场将给企业一个市场化的定价，使民营企业的价值为市场所认可，为民营企业的股东带来巨额财富。与其他融资方式相比，企业通过上市来募集资金有突出的优点：①可以募集大量的资金；②原股东的股权和控制权稀释得较少；③有利于提高企业的知名度；④有利于利用资本市场进行后续的融资。但由于公开市场发售要求的门槛较高，只有发展到一定阶段，有了较大规模和较好赢利的民营企业才有可能考虑这种方式。

（四）股权融资在企业投资与经营方面的优势

1. 降低了企业的经营风险

股权融资需要建立较为完善的公司法人治理结构。公司的法人治理结构一般由股东大会、董事会、监事会、高级经理组成，相互之间形成多重风险约束和权力制衡机制，降低了企业的经营风险。

2. 信息公开，公平交易

现代金融理论中，证券市场又称公开市场，它指的是在比较广泛的制度化的交易场所，对标准化的金融产品进行买卖活动，而且这种活动是在一定的市场准入、信息披露、公平竞价交易、市场监督制度下规范进行的。与之相对应的贷款市场，又称协议市场，即在这个市场上，贷款者与借入者的融资活动是通过直接协议的。在金融交易中，人们更重视信息的公开性与可得性，所以证券市场在信息公开性和资金价格的竞争性两个方面优于贷款市场。

3. 决策者慎重决策，规范经营

如果借贷者在企业股权结构中占有较大份额，那么它运用企业借款从事高风险投资和产生道德风险的可能性就将大为减小。因为借款者自己也会蒙受巨大损失，所以借款者的资产净值越大，借款者按照贷款者的希望和意愿行事的动力就越大，银行债务拖欠和损失的可能性就越小。

第五节 创业融资的过程

创业融资不是简单的一句话，而是需要创业者做好充分的准备，遵循一定的原则。

一、确定意向目标

创业者寻求创业投资应预先了解创业投资市场的行情。诸如查阅像《创业投资公司大全》这样的参考文献，也可以查阅一下本行业中那些即将上市企业的投资者名单，或直接访问行业中其他公司的管理者。此后，创业投资可以根据本企业的特点和资金需要量筛选出若干可能的公司。在此过程中，应寻找专业的会计师与律师协助。

多数情况下，与创业投资家的接触可以通过电话开始。接触过程中，创业者还要有一种坚韧、顽强的精神。为了保证创业筹资成功，最可靠的方法是选定 7～8 位可能对项目感兴趣的创业投资家作为目标，然后再与他们接触。

二、做好基础准备

为了成功地从投资公司获得资金，创业企业一般需要从管理团队、市场方向和产品技术 3 个方面做好准备。

(一)展示管理团队

成功的企业都有一个共同的特点,即它们都有一个优秀的团队,这是创业成功的第一要素。而完全依赖于创业者一个人的创业企业,往往会令投资商望而却步。一个完美的创业团队包括三个方面的成员:管理、营销及技术人才。

(二)明示市场方向

企业必须有"显在"的和"潜在"的市场。这个市场有很大的容量,或者有很高的成长性,而且企业能够在恰当的时候引入恰当的技术或产品来满足这个市场的需求。

(三)阐明产品或技术的市场潜力

如果产品很容易模仿,产品同质化,则很可能落入价格战中,只有性价比占有优势,又是独有技术或专利,或拥有独占的销售渠道和产品,企业才能获得独有的竞争优势。但是,如果产品或技术太过创新,市场会有一个接受的预期过程,这种情况下如果没有很好的营销策划,同样可能导致市场导入的困难。这些都是分析市场潜力时需要注意的问题。

创业企业也许一开始不会具有这样明显的优势,但必须有相应的开拓市场的策略和方法。即使没有生产技术上的创新,在商业模式、营销、成本控制、激励体制的建立等方面也应有出色的表现,企业才能具有明显的竞争力。

三、准备文件

一份好的创业计划会让投资家爱不释手。投资家要做的工作就是评价计划的可信度与可行性。

一份详尽的、投资者导向的商业计划并不能保证成功筹集到资金,但如果缺少商业计划,那么融资注定要失败。通常投资者希望从商业计划书中找到 3 个基本问题的方案,即是否的确存在投资机会、申请人是否具有能力实现这个机会、投资机会是否能产生现金流。

四、初次会谈

在接到创业者的创业计划之后,投资家常常需要有几周的时间做出反应。如果投资家经过审查和评价之后觉得有谈判的价值,就会要求与创业者进行谈判。初次会谈对双方都是很重要的,双方的会谈主要是围绕创业计划而进行的。创业者如果能带上原型产品,那么对会谈是大有裨益的。初次会谈中注意不要过于夸大其词,应坚持客观、实际的原则,沿着创业计划的主线来谈,还应该有礼有节,坚持自己的立场,相信自己的分析、判断能力及创业本领。

若想在初次会谈中的表现突出,增加投资的成功率,就要在会谈前对风险投资者做好调查,进行充分的准备。通常,风险投资者在会谈中会提出各种各样的问题,但是万变不离其宗,这些问题主要集中于四个领域,即管理、独有性、计划与回报、资本撤回。

(一)管理

风险投资者所关心的管理者最基本的素质是正直与诚实。风险投资者有关管理的第一批问题与其背景资料直接相关。比如,管理阶层有哪些经营管理业绩,企业家奋斗的动力是什么,其成就是否卓著,管理阶层是否能胜任计划书所规定的各项目标,这些都是风险投资者可能提出的典型问题，目的在于了解管理阶层是否胜任其工作。

（二）独特性

风险投资者会反复提问："你的公司与其他公司有什么不同？你的公司有何特点？为什一定会成功？"或换一个方式问："在如此多的公司中，为什么你的公司有高增长的潜力？"如果对方提出这类问题，一定要不失时机地向其全面准确地阐述公司的独特性，并说明形成这种独特性的原因。

（三）计划与回报

风险投资者一定会千方百计地评估创业者计划的可靠性。站在风险投资者自身立场上，它首先关心的是管理阶层是否能够实现这些计划，如果实现，它能获得多少投资回报。计划的结果不要求大喜过望，但必须能打动投资者的心。一般来说，开创阶段投资增长率为25%～100%是正常现象，销售增长率为25%是下限数据，因而打动风险投资者的心并不容易。

（四）资本撤回

风险投资者关心的最后一个问题是如何撤出资金。无论投资的最后结果如何，风险投资者都会十分关心这个问题。因此，在商业计划书中，必须明确指出风险投资者如何才能撤出资金。假若创业者的计划书深深打动了风险投资家，而且对其调查的问题做出了满意的回答，这意味着你的企业将成功地获得风险资本。

五、价格谈判

在初次会谈成功之后，双方就会对投资项目进行可行性评估，然后对项目的价格进行谈判。像大多数谈判一样，双方的观点及对未来公司的价值可能有较大差异，所以需要对多个问题进行数次交流，才有可能取得比较统一的意见。在谈判中，投资家会比较注意几个主要问题：①资本增值的潜力；②资本流动与回收的潜力；③未来资本的需求；④创业者的能力。经过双方的让步、妥协，大家都对谈判感到满意，这时就可以结束价格谈判而进入最后一道程序了。

六、签署文件

双方经过谈判，就下列问题达成一致意见：①双方各占有多少股份，以什么样的投资方式、投资多少，投资回报是多少，股权保障方式是什么，对股利的违约规定；②董事的行为约束；③退出股金的调控；④董事会的构成；⑤基本审核程序；⑥注资或撤资的方式与参与经营管理管理的方式；⑦双方的权利与义务。创业者与投资者双方签署有关文件标志着谈判的结束与合作伙伴关系的开始。

为了避免出现利益分配不均或推诿责任等问题的发生，所签署的文件之中必须明确下列几项：①双方的股份份额与收益分配；②双方所担任的职务、责任与权利，有些合同中还包括创业者遵守的承诺条款。

本章思考题

1. 创业融资的特点有哪些？

2. 简述创业融资的步骤。

3. 新创企业有哪些融资渠道？

4. 简述创业融资的阶段性特征。

5. 创业者在融资时应该遵循哪些原则？

案例分析

咖啡众筹成功案例：会籍式众筹——3W 咖啡

3W 咖啡是由许单单、马德龙、鲍春华三位创始人负责经营的，以股权众筹模式创办的新型咖啡馆。3W 咖啡联合创始人鲍春华解释咖啡的经营理念为“以咖啡为载体，为创业培训及风险投资机构寻找项目搭建平台”。3W 采用的众筹模式是向社会公众进行资金募集，每个人 10 股，每股 6 000 元，相当于一个人 6 万元。3W 有一个豪华的投资人阵容，包括乐峰网创始人、知名主持人李静，红杉资本中国基金创始及执行合伙人沈南鹏，新东方联合创始人、真格基金创始人徐小平，德讯投资创始人、腾讯创始人之一曾李青，高德软件副总裁郄建军等，这也让创始人许单单春风得意。3W 咖啡很快以创业咖啡为契机，将品牌衍生到了创业孵化器等领域。

3W 的游戏规则很简单，不是所有人都可以成为 3W 的股东，也就是说不是你有 6 万元就可以参与投资的，股东必须符合一定的条件。3W 强调的是互联网创业和投资圈的顶级圈子。很少人是为了 6 万元未来可以带来的分红来投资的，更多是 3W 给股东的价值回报在于圈子和人脉。试想如果投资人在 3W 中找到了一个好项目，那么多少个 6 万元就赚回来了。同样，创业者花 6 万元就可以认识大批同样优秀的创业者和投资人，既有人脉价值，也有学习价值。很多顶级企业家和投资人的智慧不是区区 6 万元可以买的。

3W 咖啡不只是一家普通的咖啡馆，它的业务还包括天使投资等，它会定期组织深度沙龙和聚会，促进富有创意的年轻人和创业者之间的经验分享交流和股东之间的合作交流。

会籍式的众筹方式在我国创业咖啡的热潮中表现得淋漓尽致。会籍式的众筹适合在同一个圈子的人共同出资做一件大家想做的事情。

在集合了大量的案例之后分析发现，创业咖啡注定赚钱不易，但这和会籍式众筹模式无关。实际上，完全可以用会籍式众筹模式来开餐厅、酒吧、美容院等高端服务性场所。通过众筹方式吸引圈子中有资源和人脉的人投资，不仅是筹措资金，更重要是锁定了一批忠实客户，而投资人也完全可以在不需经营的前提下即能轻松赚钱。

（由作者根据相关资料改写）

案例讨论题：

值得注意的是，除了 3W 咖啡项目，国内绝大多数的咖啡众筹项目都以失败而告终，这不得不引起我们的思考：3W 咖啡的成功之道究竟在哪里？其他咖啡众筹项目的失败又是为何呢？

第七章 新创企业设计

学习目标

理解商业模式的含义、特征及设计；理解新创企业的法律形式；理解创办企业的途径。

案例导入

网络卖粥，财源滚滚——陈晨用QQ经营粥铺

陈晨是浙江省温州市鹿城区人，初中毕业后，由于受大多温州商人的影响，他没有选择继续读书，而是继承了祖辈的理想，踏上了一条经商之路。起初，陈晨做过许多行业，但是都没有起色。转眼8年过去了，陈晨仍然还停留在创业之初的阶段。经过考察，陈晨发现了温州一个巨大的市场没人介入，他决定涉足这个行业。

温州是一座商业城市，街头商铺林立，而唯一没有粥铺。这种符合南方人口味的民间小食，既投资不大，售价又低，适合自己的具体情况。开店煲粥必须要会烹制，陈晨请不起厨师，更不懂其制作方法，为了掌握煲粥的诀窍，他毅然关闭了小店，前往广州学艺。陈晨应聘到一家粥铺打杂，他白天在店里跑堂、洗碗和打扫卫生，晚上趁厨师忙得不可开交时主动去厨房帮忙，这样可以近距离学习技艺。经过一年的偷师学艺，2013年8月，陈晨返回温州，开始筹备开办粥铺的事。

2013年9月4日，陈晨在温州市最繁华的商业中心时代广场附近，以3 000元月租租了一个门面，开出了“财神记”粥店。谁知道，粥铺开张头一天，居然只卖出了十几碗粥。一晃过了半个月，他的生意依然清淡。陈晨根据当地人的口味，在清淡的基础上加了些甜品，经过细心改造，他熬出的粥体现出浙江风味。但毕竟是小本生意，每碗仅售4元钱，小店卖的钱连房租都不够。

一天夜里，陈晨在QQ上与一位网友聊天时，对方得知他是粥铺的老板，忽然问他能不能现在送碗粥过去。陈晨看到这句话，马上告诉对方，自己很乐意为他服务。下了QQ，陈晨迅速热了一碗粥，打好包装骑着自行车往对方的公司赶去。这件事给陈晨带来了启发，他在自己QQ资料的个人设置一栏中输上了店名及联系资料，在个人说明里说本人是财神记粥店的老板，经营各式花样粥和滋补粥，味美价廉，大凡有需要者可以随时在网上向我订餐，我们实行上门服务。同时，他还在上面注明了各种粥的价格。陈晨做完这些就开始与网友聊天，但聊天时他只选择当地的网友，并有意识地询问对方，平时喜不喜欢喝粥，都喜欢喝什么粥。与人聊完天，他还不忘给对方留下一句：“如果你需要品尝我的粥时，请随时Q我！”

时间久了，陈晨在网络上交的朋友越来越多，许多加班族和泡吧族便开始通过QQ来找他订餐。陈晨的名字逐渐在泡吧族、夜班族和消夜族中间传开。为了让更多的人知道和了解他这种独特的送餐方式，陈晨随后又印制了大量的名片和外送单。就这样，粥铺的生意火爆起来。陈晨买了8个煤气灶，雇请了4名员工，让他们专门四处送餐。而他则在店里守着电脑上网，接到订单后就开始熬粥。

（由作者根据相关资料改写）

思考：

陈晨的粥店为什么能够如此成功？主要原因是什么？

第一节　企业的法律形式

创业者在创立企业的时候，必须考虑的一个重要问题就是企业要选择怎样的法律组织形式。在我国，根据相关法律的规定，创业者可以选择有限责任公司、股份有限公司、合伙和个人独资等企业形式。但是，按照财产的组织形式和所承担的法律责任的不同，企业的法律形式可分为独资企业、合伙企业和公司制企业。前两种属于自然人企业，出资者承担无限责任；后者属于法人企业，出资者承担有限责任。

一、个人独资企业

个人独资企业（sole proprietorship）是由一个自然人投资，财产为投资人个人所有，投资人以其个人财产对企业债务承担无限责任的经营实体。

1. 个人独资企业应具备的条件

根据法律规定，设立个人独资企业应当具备五个条件。

（1）投资人为一个自然人。法律、行政法规定禁止从事营利性活动的人，不得作为投资申请人申请设立个人独资企业。

（2）有合法的企业名称。

（3）有投资人申报的出资。

（4）有固定的生产经营场所和必要的生产经营条件。

（5）有必要的从业人员。

2. 个人独资企业的优势

（1）注册手续简单，费用低。个人独资企业的注册手续最简单，获取相关的注册文件比较容易，费用比较低。

（2）决策自主。企业所有事务由投资人说了算，不用开会研究，也不用向董事会和股东大会做出说明。所谓“船小好调头”，企业主可以根据市场变化情况随时调整经营方向。

（3）税收负担较轻。由于企业为个人所有，企业所得即个人所得，因此只征收企业所得税而免征个人所得税。

(4)企业主独资经营,制约因素较少,经营方式灵活,注册资金比较随意。

3. 个人独资企业的劣势

(1)信贷信誉低,融资困难。由于注册资金少,企业抗风险能力差,不容易取得银行信贷,同时面向个人的信贷也不容易。

(2)无限责任。这是最大的劣势,一旦经营亏损,除了企业本身的财产要清偿债务外,个人资产也不能幸免,加大了投资风险。

(3)可持续性低。投资人对企业的任何事务都具有绝对的决策权,其他人没有决策权,这增加了个人的责任。如果投资人发生意外事故或者犯罪、转业、破产,企业本身就不可能存在。而且,个人决策也有武断的一面,带有很强的主观随意性,不利于企业的未来发展。

(4)财务有限。企业的全部家当就是个人资产,财务有限,很难有大的发展。

(5)缺乏企业管理。这是个人独资企业的一个大问题。没有专业的管理团队,企业较难有好的发展空间。

二、合伙企业

合伙企业(partnership)是由各合伙人订立合伙协议,共同出资,合伙经营,共享收益,共担风险,并对合伙企业债务承担无限连带责任的营利性组织。中国最高立法机构已表决通过修订后的合伙企业的生产经营所得和其他按照国家有关税收的规定,由合伙人分别缴纳所得税。修订后的合伙企业法规定,有限合伙企业的合伙人最多不能超过 50 人。法律还规定,有限合伙企业由普通合伙人和有限合伙人组成。普通合伙人对合伙企业债务承担无限连带责任,有限合伙人以其认缴的出资额为限对合伙企业债务承担责任。

1. 合伙企业的设立条件

根据法律规定,设立合伙企业应当具备五个条件:

(1)有 2 个以上的合伙人,且都是依法承担无限责任者。

(2)有书面的合伙协议。

(3)有各合伙人实际交付的出资。

(4)有合伙企业的名称。

(5)有经营场所和从事合伙经营的必要条件。

法律、法规禁止从事营利性活动的人,不得成为合伙企业的合伙人,如国家机关、学校、医院、部队等机构的人员。合伙人可以用货币、实物、土地使用权、知识产权或者其他财产权出资。对货币以外的出资需要评估作价的,可以由全体合伙人协商确定,也可以由全体合伙人委托法定评估机构进行评估。经全体合伙人协商一致,合伙人也可以用劳务出资,其评估办法由全体合伙人协商确定。

合伙协议是合伙企业成立的依据,也是合伙人权利和义务的依据,必须以书面形式订立,且经过全体合伙人签名、盖章方能生效。合伙人依照协议享有权利,并承担责任。经全体合伙人协商一致时,可以修改或者补充合伙协议。

签订合伙协议时,需要载明以下事项:

(1)合伙企业的名称和主要经营场所的地点。

(2)合伙目的、合伙企业的经营范围。

(3)合伙人的姓名及其住所。

(4)合伙人出资的方式、数额和缴付出资的期限。

(5)利润分配和亏损分担办法。

(6)合伙企业事务的执行。

(7)入伙与退伙。

(8)合伙企业的解散与清算。

(9)违约责任。

2. 合伙企业的优势

(1)注册手续简便,费用低。注册方式与独资企业类似,关键在于合伙人之间的共同协议,合伙企业运行的法律依据就是他们之间的协议。

(2)有限合伙承担有限责任,易吸引资金和人才。合伙企业最大的风险就是无限责任。有限责任有效地解决了这个问题。一方面,合伙企业通过普通合伙人经营管理并承担无限责任,保持合伙组织的结构简单,管理费用较低,内部关系紧密及决策效率高。另一方面,可以吸引那些不愿承担无限责任的人向企业投资,也可以吸引企业所需要的人才。

(3)税收较低。和独资企业一样,只需要个人所得税。

3. 合伙企业的劣势

(1)无限责任。合伙企业最大的风险就是无限责任,同时还有连带责任。一旦合伙人中某一人经营失误,则所有合伙人都被连带,因此合伙人的选择和合伙协议的拟订就相当重要。有人认为连带责任可以在合伙协议中用相应的条款规定分担比例,减少个人风险。但中国的法律规定合伙人之间的分担比例对债权人没有约束力,债权人可以根据自己的清偿权益,请求合伙人中的一人或几个人承担全部清偿责任。

(2)易内耗。公司形式下是资本说了算,而合伙企业各合伙人却平均享有权利,这是它的优点,但也会带来问题。合伙人之间一旦有嫌隙,企业决策就难以达成一致意见,容易互相推诿,业务开展困难。如果合伙人品质有问题,则后患无穷。

(3)合伙人财产转让困难。由于合伙人的财产转让影响合伙企业和合伙人的切身利益,因此法律对此要求严格。向外转让必须经全体合伙人同意,而不是采取少数人服从多数人的原则。退伙也存在这个问题,除非在拟订合伙协议时有明确规定,否则很难抽身。

三、公司制企业

所谓公司制企业,是指在中国境内设立的有限公司和股份公司,两者均为企业法人。有限责任公司,股东以其出资额为限对公司承担责任,公司以其全部资产对公司的债务承担责任;股份有限公司,其全部资本分为等额股份,股东以其所持股份对公司承担责任,公司以其全部资产对公司的债务承担责任,公司股东作为出资者按投入公司的资本额享有所有者的资产收益、重大决策和选择管理者等权利。公司享有由公司投资形成的全部私人财产权,依法享有民事权利，承担民事责任。以上两种形式的企业为中国现有公司制企业的重要组成部分，它们的概念和运作形式虽然各具法律规定，但是有三点是相同的：①无论何种经营方式，都以盈利为目的；②必须合法经营，从事商业牌照内指定的经营范围；③两者都要以企业的资产承担债务关系。

（一）有限责任公司

1. 有限责任公司的设立条件

设立有限责任公司，应当具备下列条件：

（1）股东符合法定人数。法定人数是指法定资格和所限人数两重含义。法定资格是指国家法律、法规和政策规定的可以作为股东的资格。法定人数是《中华人民共和国公司法》（以下简称《公司法》）规定的设立有限责任公司的股东人数。《公司法》对有限责任公司的股东限定为 2～50 人。

（2）股东出资达到法定资本的最低限额。公司必须有充足的资金才能正常运营。股东没有出资，公司就不可能设立。

股东可以用货币出资，也可以用实物、工业产权、非专利技术、土地使用权作价出资。有限责任公司全体股东或者有限公司全体发起人的货币出资金额，不得低于公司注册资本的 30％。

（3）股东共同制定章程。制定有限责任公司章程是设立公司的重要环节。公司章程由全体出资者在自愿协商的基础上制定。经全体出资者同意，股东应当在公司章程上签名、盖章。

（4）有公司名称，建立符合有限责任公司要求的组织机构。设立有限责任公司，除其名称应符合企业法人名称的一般性规定外，还必须在公司名称中标明“有限责任公司”或“有限公司”。建立符合有限责任公司要求的组织机构，是指有限责任公司组织机构的组成、产生、职权等符合《公司法》规定的要求。

（5）有固定的生产经营场所和必要的生产经营条件。

2. 有限责任公司的优缺点

有限责任公司的优点

（1）设立程序简便。

（2）便于股东对公司的监控，公司秘密不易泄露。

（3）股权集中，有利于增强股东的责任心。

有限责任公司的缺点：

（1）只有发起人集资方式筹集资金，且人数有限，不利于资本大量集中。

（2）股东股权的转让受到严格的限制，资本流动性差，不利于用股权转让的方式规避风险。

（二）股份有限公司

1. 股份有限公司的设立条件

（1）发起人符合法定的资格，达到法定的人数。

发起人的资格是指发起人依法取得的创立股份有限公司的资格。股份有限公司的发起人可以是自然人，也可以是法人，但其中须有过半数的发起人在中国境内有住所。设立股份有限公司，必须达到法定的人数，应有5人以上的发起人。国有企业改建为股份有限公司的，发起人可以少于5人，但应当采用募捐设立方式。规定发起人的最低限额，是设立股份有限公司的国际惯例。如果发起人的最低限额没有规定，发起人太少则难以履行发起人的义务，同时少数发起人可能损害其他股东的合法利益。对发起人的最高限额则无规定。

(2)发起人认缴和向社会公开募集的股本达到法定的最低限额。

股份有限公司须具备基本的责任能力，为保护债权人的利益，设立股份有限公司必须要达到法定资本额。

发起人可以用货币出资，也可以用实物、工业产权、非专利技术、土地使用权作价出资。发起人以货币出资时，应当缴付现金。发起人以货币以外的其他财产权出资时，必须进行评估作价，核实财产，并折合为股份，且应当依法办理其财产权的转移手续，将财产权由发起人转归公司所有。

(3)股份发行、筹办事项符合法律规定。

股份发行、筹办事项符合法律规定，是设立股份有限公司所必须遵循的原则。股份的发行是指股份有限公司在设立时为了筹集公司资本，出售和募集股份的法律行为。这里讲的股份的发行是设立发行，是设立公司的过程中，为了组建股份有限公司，筹集组建公司所需资本而发行股份的行为。设立阶段的发行分为发起设立发行和募集设立发行两种。发起设立发行是指由公司发起人认购应发行全部股份的行为；募集设立发行是公司发起人只认购公司应发行股份的一部分，其余部分向社会公开募集，并由社会公众认购该股份的行为。股份有限公司的资本划分为股份，每一股的金额相等。公司的股份采取股票的形式。股份的发行实行公开、公平、公正的原则，且必须同股同权、同股同利。同次发行的股份、每股的发行条件、发行价格应当相同。以发起方式设立股份有限公司的，发起人以书面认定公司章程规定及发行的股份后，应即缴纳全部股款。

以募集方式设立股份有限公司的，发起人认购的股份不得少于公司股份总数的35%，其余股份应当向社会公开募集。发起人向社会公开募集股份时，必须依法经国务院证券管理部门批准，并公告招股说明书，制作认股书，由依法批准设立的证券经营机构承销，签订承销协议，同银行签订代收股款协议，由银行代收和保存股款，向认股人出具收款单据。招股说明书应载明下列事项：发起人认购的股份数；每股的票面金额和发行价格；无记名股票的发行总数；认股人的权利、义务；本次募股的起止期限及逾期未募足时认股人可以撤回所认股份的说明。

(4)发起人制定公司章程，并经创立大会通过。

股份有限公司的章程，是股份有限公司重要的文件，其中规定了公司最重要的事项。它不仅是设立公司的基础，也是公司及其股东的行为准则。因此，公司章程虽然由发起人制定，但以募集设立方式设立股份有限公司的，必须召开由认股人组成的创立大会，并经创立大会决议通过。

(5)有公司名称,建立符合股份有限公司要求的组织机构。

名称是股份有限公司作为法人必须具备的条件。公司名称必须符合企业名称登记管理的有关规定,股份有限公司的名称还应标明“股份有限公司”字样。股份有限公司必须有一定的组织机构,对公司实行内部管理和对外代表公司。股份有限公司的组织机构是股东大会、董事会、监事会和经理。股东大会是由股东组成的公司权力机构,公司的一切重大事项都由股东大会做出决议;董事会是执行公司股东大会决议的执行机构;监事会是公司的监督机构,依法对董事、经理和公司的活动实行监督;经理由董事会聘任,主持公司的日常生产经营管理工作,组织实施董事会决议。

(6)有固定的生产经营场所和必要的生产经营条件。

2. 股份有限公司的优缺点

股份有限公司的优点:

(1)可迅速聚集大量资本,可广泛聚集社会闲散资金形成资本,有利于公司的成长。

(2)有利于分散投资者的风险。

(3)有利于接受社会监督。

股份有限公司的缺点:

(1)设立的程序比较严格、复杂。

(2)公司抗风险能力较差,大多数股东缺乏责任感。

(3)大股东持有较多股权,不利于小股东的利益。

(4)公司的商业秘密容易暴露。

(三)有限公司与股份公司的异同

有限责任公司和股份有限公司都属于公司制的企业,它们既存在相同之处,也存在很大的异同。

1. 共同点

(1)股东都对公司承担有限责任,有限责任的范围都以股东对公司的投资额为限。

(2)股东的财产和公司的财产是相分离的,股东只以其对公司的投资额承担责任。

(3)对外都是以公司的全部资产承担责任。

2. 不同点

(1)成立的条件和募集资金的方式不同

有限责任公司的成立条件是:

① 股东符合法定人数。

② 股东出资达到法定资本最低限额。

③ 股东共同制定公司章程。

④ 有公司名称,建立符合有限责任公司要求的组织机构。

⑤ 有固定的生产经营场所和必要的生产经营条件。

股份有限公司的成立条件是:

① 发起人符合法定人数。

② 发起人认缴和向社会公开募集的股本达到法定资本最低限额。

③ 股份发行、筹办事项符合法律规定。

④ 发起人制定公司章程，并经创立大会通过。

⑤ 有公司名称，建立符合股份有限公司要求的组织机构。

⑥ 有固定的生产经营场所和必要的生产经营条件。

(2)股东人数限制不同

有限责任公司有最低限和最高限的限制，而股份有限公司只有最低限的限制。

(3)转让股份的难易程度不同

有限责任公司转让股东出资的限制较多，而股份有限公司除对发起人、公司董事、监事、经理的股份转让有限制外，其他转让比较自由。

(4)股权证明形式不同

在有限责任公司中，股东的股权证明是出资说明书，它是不能转让、流通的；而在股份有限公司中，股东的股权证明是股票，它是公司签发的证明股东所持股份的见证，可以自由转让、流通。

(5)财务状况公开程度不同

有限责任公司由于人数有限，财务会计报表可以不经注册会计师的审计，也可以不存档和公告，只要按规定送交各股东就可以；股份有限公司由于股东人数众多，很难分送，故会计报表必须要经过注册会计师的审计并出具报告，还要存档以便股东查阅；如是经募集设立方式成立的，还要公告其财务会计报告。

(6)股东会、董事会权限大小和两权分离程度不同

在有限责任公司中，股东会的权限较大，董事一般由股东自己兼任，在所有权的经营权分离上程度较低；在股份有限公司中，由于人多且分散，召开股东会比较困难，所以股东会的权限有限，董事会的权限较大，在所有权和经营权的分离上程度也比较高。

第二节　新创企业的途径

对于创业者而能言，新创企业的途径包括创办新企业、特许经营及收购现有企业。设立企业从事经营活动，必须到工商行政管理部门办理登记手续，领取营业执照；如果从事特定行业的经营活动，还须事先取得相关主管部门的批准文件。创业者需要了解《中华人民共和国企业登记管理条例》(以下简称《企业登记管理条例》)、《中华人民共和国公司登记管理条例》(以下简称《公司登记管理条例》)等工商管理法规。设立特定待业的企业，还有必要了解有关开发区、高科技园区、软件园区(基地)等方面的法规及有关地方规定，这样有助于选择创业地点，以享受税收等优惠政策。

我国实行法定注册资本制。如果创业者不是以货币资金出资，而是以实物、知识产权等无形资产或股权、债权等出资，创业者还需要了解有关出资、资产评估等法规规定。企业设立后，

需要办理税务登记，需要会计人员处理财务，这其中涉及税法和财务制度，创业者需要了解相关规定。企业还需要聘用员工，这其中涉及劳动法和社会保险问题，所以需要了解劳动合同、试用期、失业保险等诸多规定。

一、创办新企业

（一）新企业名称设计

企业及产品的名称对顾客的选择和企业竞争有直接影响，因而对新企业的发展也至关重要。所以，成立新企业前，需要精心设计企业的名称。取一个响亮的企业名称，引起顾客美好的联想，对于提高产品的知名度与竞争力大有裨益。例如，“万宝路”“可口可乐”“美的”“联想”“Sony”等脍炙人口的企业名称都给消费者留下了深刻和美好的印象。

1. 企业命名的基本要求

企业名称是一个企业区别于其他企业或组织的特定标准。总体上来说，新企业的名称要有高度的概括力和强烈的吸引力，做到“名正言顺”。“名正”是指企业名称首先要合法，需要遵守《企业名称登记管理规定》和《企业名称登记管理实施办法》，到工商行政管理部门申请注册。“言顺”是指企业名称要顺口响亮，从传播的角度尽可能朗朗上口。具体来说，企业命名要符合以下要求：

(1)企业名称具有唯一性、不可扩展性的特点，所以企业名称应该强化标志性和识别功能，避免雷同。

(2)企业名称重要的特点之一是可区别性，所以应该避免无特征的企业名称，要突出名称的“个性”。

(3)从广义上说，企业的名称系统既包括企业名称，也包括产品名称、企业域名、企业商标和品牌名称等，所以这些名称应该注意统一性。

(4)企业名称要注意天时、地利、人和。天时就是要注意挖掘企业名称的时代内涵，地利就是企业起名要拓展企业名称的历史潜能，人和就是企业名称要开发名称的文化底蕴。

(5)企业名称尽量要顺口、顺耳、顺眼、顺当。顺口就是易读易拼，顺耳要求名称易认易听，顺眼表现为易写易看，顺当则要求名称易记易传。

2. 企业命名的方法和途径

企业名称的命名技巧和常用的方法较多，这里简单介绍几种。

(1)段式命名法。这具体包括“一段式命名法”（姓氏，如周记）、“二段式命名法”（姓氏＋行业，如王氏车行）、“三段式命名法”（地名＋序号＋行业，如河南第三棉纺厂）和“四段式命名法”（行政区划＋字号＋行业＋组织形式，如大连义利食品有限公司）。

(2)吉利命名法。主要用字图吉利、读音讨口彩，如兴隆有限公司、鑫盛车行等。

(3)幽默命名法。借用幽默的词汇或民间口语化用字作为名称，如傻子瓜子、大脚鞋店、傻哥靓炒等。

(4)历史或人名命名法。主要是突出著名的历史事件，或者借用古人名、创始人等名人效应命名，如孔府家酒、丰田汽车、戴尔电脑、希尔顿饭店、李宁体育用品等。

(5)典故命名法。例如,狗不理包子、全聚德饭庄、过桥米线等。

(6)价格命名法。主要是暗示价格幅度,如十元店、一元店等。此外,常用的企业命名法还有联想命名法、对象命名法、特征命名法、专用字命名法等。企业名称来源除了创业者自己命名外,还可以通过对外征求、借助于广告公司或命名公司及电脑公司等途径实现。

3. 企业名称系统管理

企业的名称系统包括企业名称、产品名称、企业域名、企业商标和品牌名称等。产品命名方法有效能命名法(如减肥茶)、成分命名法(如人参蜂王浆)、工艺命名法(如二锅头)、外形命名法(如蝙蝠衫)、比喻命名法(如长寿面)等。品牌名称是某一企业生产的产品中某一品种的标识,企业可以拥有多个品牌,如宝洁公司的海飞丝、飘柔和潘婷等。另外,知名度高的品牌还可以进行适当的扩展,如海尔的品牌已从冰箱逐步扩充到电视、手机、电脑甚至医药等多个领域。常用的品牌命名方法有象声命名法(如娃哈哈)、双关命名法(如富康汽车)、谐音命名法(如盖天力)、创词命名法(如索尼)、数字命名法(如999胃泰)等。此外,随着信息化的不断发展,企业网络域名也日趋重要,企业要注意域名的编码规则、域名的一般格式、域名的申请途径、域名的法律保护及域名的命名方法等。

(二)企业选址

1. 创业选址的重要性

从世界各地新创企业成功和失败的经验来看,选址的重要性不言而喻。据我国香港工业总会和香港总商会的统计,在众多开业不到两年就关门的企业中,由于选址不当所导致的企业失败数量占据了总量的50%以上。这是因为企业竞争力的内容具有复杂性和多层次性,一家新创企业的持续竞争力必然受到该地区商业环境质量的强烈影响。可以想象,倘若没有高质量的交通运输基础设施,新创企业就无法高效地运用先进的物流技术;假如当地的司法系统不能公平迅速地解决争端,新创企业就难以有效和正常地运作。另外,社会治安、企业税率优惠、社区文化等商务环境因素也都深刻地影响着新创企业。

从深层次上看,选址对于创业成功的重要性还在于区域竞争优势的独特性和集聚等效应。迈克尔·波特认为,各个地域中存在的“知识”(knowledge)、“关系”(relationship)及“动机”(Motivation)通常具有难以被其他地域竞争对手所模仿的特性。在一个发达的经济区域中,比地理位置优劣对商务环境更具影响力的因素是,该地区是否形成了具有竞争力的“团簇”(或称集群),这种团簇“构成了企业竞争中最为重要的微观经济基础”。在比较了新创企业集聚的成本和收益之后,波特认为,集聚的正效应要远大于负效应。

2. 影响创业选址的因素

新企业选址是一个较复杂的决策过程,涉及的因素比较多。归纳起来,影响选址的因素主要有五个方面,即经济因素、技术因素、政治因素、社会文化因素和自然因素。

(1)经济因素。在关联企业和关联机构相对集中地区的新企业容易成功。波特在研究了全球产业竞争力的“钻石模型”后指出,某一领域内相互关联的企业和机构在选址上进行集中后可以形成所谓“团簇”,这是一个地区经济竞争力的标志。若一家企业有幸建在一个好的企业聚集区，区内的各家企业间就会产生竞争与合作两种关系。一方面，竞争对手之间展开激烈的竞争以求在竞争中胜出并保住市场；另一方面，相关行业间的企业及地方机构间还存在广泛的合作关系，一群具有竞争力的企业和一系列高效运转的机构共同实现该地区的繁荣。因此，新企业在选址时都应考虑将自己建在一个好的产业"团簇"中。

(2)技术因素。新技术对高科技创业企业的成功是显然的，但技术本身的进步却更加难以预测。从某种意义上说，技术市场的变化是最为剧烈和最具不确定性的因素。因此，为了能够了解和把握技术变化的趋势，许多企业在创业选址时，常常考虑将企业建在技术研发中心附近，或建在新技术信息传递比较迅速、频繁的地区。例如，美国加州的硅谷在20世纪50年代以后逐渐成为美国电子工业的基地。不仅是高科技创业企业的"摇篮"，而且以电子工业为基础所形成的"高科技风险企业团簇"被认为是"20世纪产业集群的典范"。

(3)政治因素。政府对市场的规制也是值得创业者重视的一个方面，创业者评价现在已经存在的及将来有可能出现的影响到产品或服务、分销渠道、价格及促销策略等的法律和法规问题，将企业建在政府支持该产业的地区。投资者到国外去设厂时，更应该考虑不同国家的政治环境，如国家政策是否稳定、有无歧视政策等。

(4)社会文化因素。由于生活态度的不同，人们对安全、健康、营养及对环境的关心程度也不同，这些都会影响创业者所生产的产品的市场需求。

(5)自然因素。为了新企业的正常和健康运转，选址显然需要考虑地质状况、水资源的可利用性、气候的变化等自然因素。

上述各种因素对不同的行业企业来说有不同的考虑侧重点。比如，制造业需侧重考虑原料与劳动力等生产成本因素，服务业则需侧重考虑顾客消费水平、市场竞争状况等市场因素。

3. 选址的步骤

一个科学而行之有效的选址过程，一般遵循市场信息的收集和研究、多个地点的评价、最终厂址的确定等步骤。

(1)市场信息的收集和研究。在企业创业的早期阶段，不只是选址阶段，信息对创业者来说都是非常重要的。有研究表明，市场信息的使用会影响企业的绩效，而市场信息与选址决策衔接相随的关系更是显而易见。因此，根据已经列出的影响选址的五个因素，创业者自己或借助专业的中介机构收集市场信息是出色地完成选址决策的第一步。

(2)多个地点的评价。通过对市场上各种信息的收集、汇总、整理及初步的定性分析后，创业者应该已经得出若干个新企业厂址的候选地，这时便可以借助科学的定量的方法进行评价。目前，最常用的选址评价方法有量本利分析法、综合评价法、运输模型法、重心法和引力模型法等。量本利分析法只是从经济角度进行选址的评价，而影响选址的因素是多方面的，不一定完全能用经济利益来衡量，所以采用多因素的综合评价方法较为常见。多因素评价先给不同的因素赋以权重，再给不同选择下的各因素打分，最后求出各方案的加权平均值以得出最佳方案。当选址对象的输入与输出成本是决策的主要变量时，运输模型则是一个很好的决策方法。

(3)确定最终地点。创业者依据已经汇总整理的市场信息，根据其所要进入的行业的特点及自己企业的特征，借助以上一种或几种方法进行评估，最终完成选址决策，从而迈出创业至关重要的第一步。

（三）新企业注册流程

1. 新企业名称核准

创业者在企业正式成立之前，必须进行企业名称核准，这是新企业注册的第一步。企业名称，通常是该类产品某一企业的专有名称，是用文字形式表示一个企业区别于其他企业或组织的特定标志。企业名称一般由以下四个部分依次组成：企业所在地行政区划名称、字号（商号）、行业（或经营）特点、组织形式，如，中国东海化工股份有限公司。企业只准使用一个名称，在某一个工商行政管理局辖区内，冠以同一行政区划名称的企业不得与登记注册的同行业企业名称相同或近似。

我国在公司登记工作中实行公司名称预先核准制。申请公司名称预先核准时应由创建公司的代表或其委托的代表人向登记主管部门提出名称预先核准的申请，并提交如下文件：有限责任公司的全体股东或者股份公司的全体发起人签署的公司名称预先核准申请书；股东或发起人的法人资格证明或者自然人的身份证明；公司登记机关要求提交的其他文件。设立股份有限公司，由全体发起人指定的代表或者共同委托的代理人向工商行政管理局申请名称预先核准；设立有限责任公司，由全体股东指定的代表或者共同委托的代理人向工商行政管理局申请名称预先核准。企业在组织形式的称谓上为多样化，概括起来，可分为两大类。

（1）公司类依照《公司法》设立的公司，其名称必须标明“有限责任公司”或“股份有限公司”字词，“有限责任公司”亦可简称为“有限公司”。

（2）一般企业类依照《企业法人登记管理条例》设立的企业，其名称中的组织形式称谓多样，如“中心”“店”“场”“城”等。组织形式一般不能连用或混用。企业名称核准后，要到工商行政管理部门申请注册。国家工商总局行政管理局和地方各级工商行政管理局是企业名称的登记管理机关，登记主管机关依照《中华人民共和国企业法人登记管理条例》，对企业名称实行分级登记管理。凡使用“中国”“中华”“国家”“全国”“国际”或者不冠以企业所在地行政区划名称的企业名称，须经国家工商行政管理局核准。

2. 新企业工商注册一般程序

（1）工商注册的基本条件

企业法人申请开业登记程序是指有关法规、规章所规定的企业法人申请开业登记应遵循的步骤和过程。它有两个基本要求：

① 开业者要符合国家规定的开业条件。根据《工商企业登记管理条例实施细则》的规定，工商企业申请登记时，应符合下列基本条件：有固定的生产经营场所和必要的设施；有固定的人员；有必要的资金；常年生产经营或季节性生产经营在 3 个月以上；有明确的生产经营范围并符合国家有关政策法令。

② 要备齐以下法律文件：企业筹建人签署的申请登记书；政府部门或主管部门的批文；企业主要负责人的名单和身份证明（并附照片）。

(2)工商注册的基本程序

① 领取并填写工商注册登记表,提交相关文件、资料,办理人资、验资手续,经登记主管机关受理、审查、核准、发照的环节之后,领取工商营业执照。营业执照分为正副两种文本:正本为悬挂式,用于企业亮证经营;副本为折叠式,用于携带外出进行经营活动。

② 进行企业代码登记,刻公章,开设银行账号。

③ 创业者要分别到国税局和地税局领取并填写《申请税务登记报告书》,领取税务登记证和各种发票。此项工作必须在领取营业执照之日起 30 日内完成。

④ 办理各种社会保险统筹及就业证。

3. 不同法律形式登记注册

(1)个人独资企业的注册

申请设立个人独资企业,可以由投资人或者其委托的代理人向个人独资企业所在地的登记机关提交设立申请书、投资人身份证明、生产经营场所使用证明等文件。委托代理人申请设立登记时,应当出具投资人的委托书和代理的合法证明,以及国家工商行政管理局规定提交的其他文件。

(2)合伙企业的注册

设立合伙企业,应当由全体合伙人指定的代表或者共同委托的代理人向企业登记机关提交登记申请书、合伙协议书、合伙人身份证明、出资权属证明等文件(法律、行政法规规定须报经有关部门审批的,应当在申请设立登记时提交批准)。合伙企业确定执行合伙企业事务的合伙人或者设立分支机构的,登记事项还应当包括执行合伙企业事务的合伙人或者分支机构的情况。合伙企业设立分支机构,应当向分支机构所在地的企业登记机关申请登记,领取营业执照。

合伙企业的营业执照签发之日,为合伙企业的成立日期。合伙企业领取营业执照前,合人不得以合伙企业名义从事经营活动。

(3)有限责任公司的注册

设立有限责任公司,应提交如下文件:公司董事长签署的公司设立登记申请书;全体股东指定代表或共同委托代理人的证明;公司章程具有法定资格的验资机构出具的验资证明;股东的法人资格证明或自然人身份证明;载明公司董事、监事、经理的姓名、住所的文件,以及有关委派、选举或聘用的证明;公司法定代表人任职文件和身份证明;企业名称预先核准通知书;公司住所证明;公司申请登记的经营范围中有法律、行政法规规定必须报经审批的项目的,应当在申请登记前报经国家有关部门审批,并向公司登记机关提交批准文件。

除上述必备文件外,还应提交打印的股东名录和董事、经理、监事名录各一份。根据规定的步骤程序,提交申请材料,领取《受理通知书》,缴纳登记费并领取执照。

(4)股份有限公司的注册

申请设立股份有限公司,应当提交下列文件:公司董事长签署的设立登记申请书;国务院授权部门或者省、自治区、直辖市人民政府的批准文件,募集设立的股份有限公司应当提交国务院证券管理部门的批准文件;创立大会的会议记录;公司章程;筹办公司的财务审计报告;具有法定资格的验资机构出具的验资证明；发起人的法人资格证明或者自然人身份证明；载明公司董事、监事、经理姓名、住所的文件，以及有关委派、选举或聘用的证明；公司法定代表人任职文件和身份证明；企业名称预先核准通知书；公司住所证明。

另外，公司申请登记的经营范围中有法律、行政法规规定必须报经审批项目的，应当在申请登记前报经国家有关部门审批，并向公司登记机关提交批准文件。

领取了工商执照就标志着新企业已经诞生了。但新办企业要真正开始经营，还需要办理许多相关手续，通常需要办理刻章、组织机构代码证书、税务登记、银行开户、发票审批等。

4. 新企业税务登记

新企业注册后应当向主管国家税务机关申报办理税务登记。税务登记程序如下：

(1)持工商行政管理部门核发的营业执照到国家技术监督部门办理企业统一代码证书(个体工商户免办代码证书)。

(2)自领取营业执照 30 日内主动向税务机关提出办理税务登记书面报告，即填写《申请税务登记报告书》。

(3)根据《税收征管法实施细则》的规定提供有关证件和资料：营业执照(复印件)；有关合同、章程、协议书；企业代码证书；银行账号证明；居民身份证(复印件)、护照或者其他合法证件；税务机关要求提供的其他有关证件、资料。

(4)如实填写《税务登记表》。

(5)税务机关审核后发给税务登记证件。纳税人凭税务登记证办理以下税务事项：申请办理减税、免税、退税；申请办理外出经营税收管理证明；领购发票；申请办理税务机关规定的其他有关税务事项。

(3)如果税务登记内容发生变化，新企业还要变更登记程序。

5. 其他登记备案事项

(1)银行开户

企业可以在银行申请基本存款账户、一般存款账户、临时存款账户、专用存款账户。基本存款账户是企业办理日常结算和现金收付的账户，企业的工资和资金等现金的支取，只能通过基本存款账户办理。企业的基本存款账户只能选择一家银行的一个营业机构开立，不得在多家银行机构开立。

企业在银行开立基本存款账户时，必须填制开户申请书，提供当地工商行政管理机关核发的《企业法人执照》或《营业执照》正本等有关文件，送交盖有企业印章的印鉴卡片，经银行审核同意，并凭中国人民银行当地分支机构核发的开户许可证开立账户。

一般存款账户是企业在基本存款账户以外的银行存款转存。与基本存款账户的企业不在同一地点的附属非独立核算单位的账户，企业可以通过本账户办理转账结算和现金缴存，但不能办理现金支取。

临时存款账户是企业因临时经营活动需要开立的账户。企业可以通过本账户输转。企业申请开立一般存款、临时存款、专用存款账户，应填制开户申请书，提供基本存款账户的企业同意其附属的非独立核算单位开户的证明等证件，送交盖有企业印章的卡片，银行审核同意后开立账户。

(2)企业代码

新企业在办理工商注册登记之后,还要到技术监督部门办理组织机构代码证书。申请企业组织机构代码证书应提交的文本:企业营业执照原件(正本、副本均可)(核对);企业营业执照复印本(正本、副本均可)(备案);法定代表人(负责人)和经办人身份证复印件申报表等。

(3)社会保险

根据《社会保险费征缴暂行条例》,新企业注册后还必须办理社会保险。我国社会保险包括基本养老保险费、基本医疗保险费、失业保险费。社会保险登记程序如下:

① 单位提交申请,填写《社会保险登记表》和提供证件资料。证件资料包括:工商行政管理机关注册的工商营业执照、批准成立证件或其他核准执业证件;国家质量技术监督部门验发的组织机构统一代码证书;企业法定代表人身份证;税务登记证;劳动和社会保障部门审批的劳动工资手册;职工工资发放表;职工与企业签订的劳动合同书。

② 社保经办机构审核单位报送的资料。

③ 社保经办机构经审核无误后,建立参保单位、人员基础档案,核发《社会保险登记证》。

二、特许经营

特许经营是一种商业组织形式,其中已经具有成功产品或服务的企业(特许授权商)将其商标和企业经营方法授权给其他企业(特许加盟商)使用,并由此换取加盟费和特许权使用费。相对建立新企业和收购而言,取得某种商品或在某个市场进行经营的特许经营权是创业者进入市场的风险最小的一种方式。

(一)特许经营的内涵

1. 特许经营的定义

特许经营是指使供应商(特许人)能够确保经营商(受许人)在双方一致认可的条件下,销售某种特定产品/服务的分销系统。大多数情况下,受许人会被授予在某一特定区域分销和销售商品或服务的权利。受许人是企业的所有者,并且需要支付给特许人一定的费用或销售佣金。因此,特许经营是一种混合型创业活动,即企业家拥有自己的企业,但该企业同时从属于某一特许经营组织。

特许经营由三个要素组成:一是特许总部;二是特许分店;三是规定了转让包含全套经营方式、管理技巧、无形资产在内的协议。

特许经营是以经营权的转让为核心的一种经营方式,归纳起来具有以下特点:

(1)特许经营可由一个特许人和多个受许人组成。各受许人彼此之间没有横向联系,只与特许人保持纵向联系;特许人与受许人之间既非隶属关系、控股公司与子公司关系,也非代理关系、合伙人关系,而是一个商标、服务标志、经营管理与技术诀窍等知识产权所有人与希望在经营中使用这种产权的个人或企业之间的一种法律和商业关系,一种互利合作、共求发展的关系。在法律地位上,它们是平等的、自负盈亏的民事主体。

(2)特许经营的基础是特许人和受许人之间建立在互惠互利基础上的契约关系。特许经营体系是通过特许人与受许人一对一地签订特许合同而形成的，双方的权利、义务在合同条款中有着明确的规定。例如，各受许人拥有财产所有权、享有人事和财务自主管理权，在经营业务上接受特许人的督导，并负有向特许人支付特许使用费、指导费的义务等。

(3)特许权核心是特许人向受许人出售的技术专长、管理经验和经营之道。特许人为受许人提供全方位的服务，包括选址、培训、帮助融资和提供产品及营销计划。但特许公司拥有商标、服务标志、独特概念、专业、商业秘密、经营诀窍等有形与无形资产的产权，并将部分产权(如使用权)转让给受许公司以换取一定的收入。

(4)特许经营是特许人和受许人通过协议组成的分工合作体系。作为竞争核心的经营管理体系，它是一个有机的系统，以特许经营理念为核心，包括一系列要素(如商标、商号、知识产权、营业场所和区域等)和过程(如采购、广告、定价)。

2. 特许经营的分类

现在主要存在产品与商标特许经营、经营模式特许经营两种不同的特许经营体系。产品与商标特许经营是特许授权商给特许加盟商购买其产品和使用其商标名称的一种安排。这种方法往往能够将单一制造商与零售商或分销商网络连接起来。例如，通用汽车公司建立了一个零售商网络，它们销售通用汽车，并可以在营销活动中使用通用的商标。产品与商标特许经营主要适于在相对自治方式下经营。

经营模式特许经营是更为流行的特许经营方法。在这类特许经营中，特许授权商通过培训、广告和其他帮助等形式将一种经营模式提供给特许加盟商。快餐业、便捷储物、网络服务提供和咨询服务是这类特许经营的主要例子。

此外，按照不同的划分标准，特许经营还有许多种类型，而且不同的类型也往往意味着双方当事人不同的权利和义务。

(二)特许经营体系的设计

特许经营体系的设计包含四个方面：

1. 特许商和加盟商的关系设计

首先，要确立加盟模式。特许商通常要在设立区域主加盟商、区域的开发商、普通的加盟商还是采用承包加盟商 4 种关系模式中进行选择。这几种模式之间的选择涉及公司的战略发展、品牌的影响力、资源和控制能力。同一品牌在不同的时期和不同的区域可能要采取不同的加盟模式。

其次，要寻找特许商与加盟商间的结合性因素。从根本上说，加盟商有希望独立的倾向，而特许商有希望加盟商留在体系中的愿望。要解决这两者之间的矛盾，使系统能够长期稳定地存在，特许商必须寻找到将特许商和加盟商结合在一起的结合性因素。

另外，还要建立加盟商的甄选标准。选择加盟商的前提是符合公司的扩张战略，即不会在没有计划的情况下超区域发展加盟商。企业在对扩张区域内选择加盟商的性格类型、加盟主体的法律身份、个人的资信状况等都应该综合考虑。选择加盟商还需要注意的一个问题是对加盟商标准的严格执行。国外对于招募加盟商有一句名言：如果一个不适合，就等下一个，千万不要勉强。

2. 项目经济环境的设计

项目经济环境的设计主要涉及加盟费、市场营销基金、保证金的确立，以及对于加盟商的初期投资、加盟商的损益预测、特许商开展项目的损益预测等的计算。项目经济环境的设计绝不能拍脑袋决定，而需要通过建立项目财务预测模型，将上述费用算出来。

3. 项目法律环境的设计

法律环境的输出就是特许经营合同。特许经营合同主要反映了项目经济环境设计的结果，如合同期的长短就需要考虑加盟商的投资回收期。而专营区域的大小要以足以支撑一家门店正常经营的足够的目标顾客所在地来进行划分。需要注意的是，特许经营合同通常不是一份合同，而是一组合同，包括供货合同、房屋租赁合同、知识产权授权合同、门店员工聘用合同、与供应商的合同等。

4. 加盟总部组织结构设计

除了经常提及的市场部、财务部、信息系统部和行政部等部门外，有几个部门是特许经营所特定的：①扩张部门，也称开发部。从门店的扩张规划、商业调查、门店选址到加盟商的招募、门店的筹建都是这个部门的职责。这个部门是特许经营中技术性最强的。②培训部门。其职责是策划在何时何地、以怎样的频次给什么层次的员工进行什么内容和培训。这是特许经营的核心部门之一。③监控部门。其主要职能是通过各种方法来确保各种层次的一致性在门店中得以体现，以使品牌的清新度能够得到加强。④加盟商关系部。除了能够使加盟商获得足够的收益外，同时需要同加盟商建立良好的关系，这就是加盟商关系部的主要职能。

三、收购现有企业

创业者看好并确定要进入某一市场，在有资金有技术却无市场渠道时，通过收购一家运营中的企业，利用其创业平台，借助其在技术、市场、产品管理及企业文化等方面的特长，快速实现个人的创业梦想，这也是一种常见的市场进入模式。

（一）收购的含义

收购是指买方从卖方企业购入资产或股票以获得对卖方企业的控股权，该公司的法人地位并不消失。收购是企业资本经营的一种形式，既有经济意义，又有法律意义。收购的经济意义是指一家企业的经营控制易手，原来的投资者丧失了对该企业的经营控制权。其实质是取得控制权。从法律意义上讲，收购是指持有一家上市公司发行在外的股份的30%时发出要约收购该公司股票的行动。其实质是购买被收购企业的股权。收购的方式主要包括吸收式收购、控股式收购、购买式收购、公开收购、杠杆收购等。

（二）收购企业的优缺点

1. 收购企业的优点

收购一家在市场上崭露头角的企业而非创业者白手起家新建一家企业作为创业的平台具

有一定的普遍性。收购现有企业较建立新企业的好处体现在以下几个方面：

(1)收购一家理想企业可以帮助创业者快速获取被收购企业的市场经营优势。通过收购能够取得被收购方现有的资源能力条件，这些优势条件既包括原来公司在技术、市场、专利、产品管理等方面的特长，也包括其中较为优秀的运作能力及组织能力等。

(2)收购一家理想企业可以实现合理的避税。企业可以利用税法中亏损递延条款来达到避税目的，减少纳税义务。

(3)收购一家理想企业可以通过利用原有企业的原料来源、生产能力、销售渠道和已占领的市场，大幅度地降低发展过程中的不确定性，减低投资风险和成本，同时大大缩短投入产出的时间差。

(4)收购一家理想企业可以有效地降低进入新行业的障碍。

(5)收购一家理想企业可以充分利用学习曲线效应，节约创业者的时间和精力。

2. 收购企业的缺点

虽然收购可以为创业者带来许多好处，但收购也不是没有风险，它也存在某些缺点和不足。创业者收购另一家企业的过程中及过程后主要会面临以下几类并购风险：

(1)经营风险，指被收购企业在收购后业绩并没有预期的那么好。

(2)多付风险，指尽管被收购企业运作很好，但高收购价格使买主无法获得一个满意的投资回报。这些情况既会影响投资者和债权人对企业的评价，又会限制企业未来的运作。

(3)财务风险，指通过借债为收购融资，制约了买主为经营融资并同时还债的能力。在短时间内，这种风险将使企业由于缺乏足够的资金而痛失好的投资机会；长期来看，这种风险将对企业长远规划的实现造成威胁。千里之堤，溃于蚁穴，对任何一类风险防范的懈怠，都有可能使收购活动功亏一篑。

(三)收购企业的类型

收购企业是一项较大工程，涉及创业者和目标企业方方面面的事情。因此，在收购企业前，应该了解收购的类型，从而明确收购的方式。

1. 按照支付方式分类

按照支付方式，收购主要有两种类型：资产收购和股份收购。资产收购是指买方购买另一家公司的部分或全部资产。股份收购则是指买方直接或间接购买另一家公司的部分或全部股份，从而成为被收购公司的股东，相应地承担公司的债务。在股权收购的情况下，按照收购方所获得的股份数量(比例)，收购又可以分为三种情况：一是参股收购，即收购方仅购得被收购公司的部分股权，收购方仅以进入被收购公司的董事会为目的。二是控股收购，即收购方购得被收购公司达到控股比例的股权，即达到控股股份。所谓控股股份，理论上是指持有投票权的股票(普通股)的51%，但在被收购公司有相当大的规模而股权又比较分散的情况下，往往控制了30%左右的股权，有时甚至25%就足以有效地控制整个公司，达到控股的目的。三是全面收购，即收购方购得被收购公司的全部股份，被收购公司成为收购公司的子公司。第二种和第三种收购行为是创业者比较青睐的方式。

2. 按收购双方行业关联性分类

按照收购双方行业关联性，收购可分成三类：横向收购、纵向收购和混合收购。

横向收购是指同属于一个产业或行业，生产或销售同类产品的企业之间发生的收购行为。实质上，横向收购是两个或两个以上生产或销售相同、相似产品的公司间的收购，其目的在于消除竞争、扩大市场份额、增加收购公司的垄断实力或形成规模效应。

纵向收购是指生产过程或经营环节紧密相关的公司之间的收购行动。实质上，纵向收购是处于生产同一产品、不同生产阶段的公司间的收购，收购双方往往是原材料供应者和产成品购买者，所以对彼此的生产状况比较熟悉，有利于收购后的相互融合。

混合收购又称复合收购，是指生产和经营彼此没有关联的产品或服务的公司之间的收购行为。

3. 按持股对象是否确定分类

按持股对象是否确定分类，收购主要包括要约收购和协议收购。要约收购是指收购人为了取得上市公司的控股权，向所有股票持有人发出购买该上市公司股份的收购要约，收购该上市公司的股份。收购要约要写明收购价格、数量及要约期间等收购条件。

协议收购是指由收购人与上市公司特定的股票持有人就收购该公司股票的条件、价格、期限等有关事项达成协议，由公司股票持有人向收购人转让股票，收购人支付资金，达到收购的目的。

4. 按收购者预定收购目标公司股份的数量分类

按照这种方法，收购可以分为两类：部分收购和全面收购。部分收购是指投资者向全体股东发出收购要约，收购占一家上市公司股份总数一定比例（少于 100%）的股份而获得公司控制权的行为。目标公司股东可以根据这一比例来出售自己的股份。

全面收购是指计划收购目标公司的全部股份或收购要约中不规定收购的股份数量。法律推定其为全面收购的，收购者必须依要约条件购买全部受要约人承诺的股票。

5. 按目标公司董事会是否抵制分类

按照目标公司董事会的态度，收购主要包括善意收购和恶意收购。

善意收购，又称友好收购，是收购者事先与目标公司经营者商议，征得同意后，目标公司向收购者提供必要的资料，并且劝其股东接受公开收购要约、出售股票，从而完成收购行动的公开收购。

恶意收购，又称敌意收购，是指收购者在收购目标公司股票时，虽然该收购行动遭到目标公司的反对，但收购者仍要强行收购，或者收购者事先未与目标公司协商而突然提出收购要约的行为。

（四）收购的标准和程序

1. 收购企业遵循的标准

收购虽然是创业的一种理想方式，但创业者实行收购策略的前提是必须已经物色到了一家理想的目标公司。理想的目标公司的标准是什么？创业者在选择目标公司时又应该遵循怎样的标准呢？

情况一：倘若目标公司管理层的管理效率低下，表现在公司的盈利能力、营运能力、真实绩效、增长能力等方面较差，这种情况下收购者比较容易得到公司股东的支持。

情况二：倘若目标公司的财务资源有限、流动性差、财务杠杆水平比非目标公司高、资本扩张能力较弱，这说明目标公司的反收购能力比较差，增加了创业者收购成功的可能性。

情况三：倘若目标公司的资产规模相对较小，其要求的收购资金自然也少，这在期初的融资问题上可以给创业者提供很大的缓冲。

情况四：倘若目标公司的股权较分散，最大股东持股比率不高，股权流动性较好，表现为国家股的比例较小、法人股比例较大，这种情况下才有可能实现“牵一发而动全身”的目标，使创业者能够借助小部分股权控制整个企业。

2. 收购企业的程序

按照以上标准并参考专业咨询机构的意见选定目标公司后，便可进行收购活动。收购企业是一项较大工程，涉及创业者和目标企业方方面面的事情。收购企业包括四个阶段，即购买调查、风险评估、谈判签约和接管整合。

(1)购买调查阶段。企业根据其发展战略的需要制定出购买策略，并初步设计出有关目标企业的情况(如所属行业、企业规模、生产能力、科研水平、市场份额等)，据此进行目标企业的搜寻，寻求购买目标，并对可供选择的目标企业进行初步调查。

(2)风险评估阶段。这一阶段的重要任务是对目标进行综合的分析评估，设计出相应的购买方案，对购买范围、程序、成本等进行筹划。

(3)谈判签约阶段。通过分析、筛选、修订购买方案，最后确定具体可行的购买实施方案，并以此为基础制作收购意向书，与目标企业进行谈判。

(4)接管整合阶段。双方签订购买协议、办理相关的接管手续后，接下来的工作就是在业务、人员、技术等方面对目标企业进行整合。购买后的整合是企业购买程序的最后一环，也是决定购买成败的关键环节。

在以上的四个购买阶段中，知识产权的相关问题主要体现在调查阶段对目标企业知识产权类型与法律状态的调查、评估阶段对知识产权价值的评估及整合阶段对知识产权保护体系的整合。

本章思考题

1. 个人独资企业应具备的条件是什么？它的优劣势分别是什么？
2. 合伙企业的设立条件是什么？它的优劣势分别是什么？
3. 有限责任公司的设立条件是什么？它的优劣势各是什么？
4. 企业命名的基本要求有哪些？
5. 影响创业选址的因素有哪些？企业选址的步骤是什么？
6. 新企业注册流程有哪些？

7. 特许经营的分类有哪些？

案例分析

低成本塑造品牌的典型——谭木匠一把木梳打天下

2005 年年中，重庆谭木匠工艺品有限公司被评为福布斯中国 100 家具特许创新潜力的中小型企业。此次评奖中，谭木匠公司被排在第 66 位，是重庆唯一一家荣获该奖的企业。获奖的理由是，该公司共设计出近 2 500 个木梳品种，共享有 12 项技术专利，三年来平均销售率增长为 39%，利润为 36%，年营收 5 082 万元，利润 1 834 万元，总资产为 7 575 万元，是中国最具可持续发展潜力的中小企业之一。

重庆谭木匠工艺品有限公司（以下简称谭木匠）创建于 1993 年，是一家以木梳、角梳、木镜为主要产品的小木制品生产经营企业。公司总部设在重庆，生产基地位于重庆市万州区，产品拥有 14 项国家专利。公司注册资金 518 万元，2005 年度公司销售收入达到 5 000 万元。谭木匠自成立以来，一直致力于对传统手工艺进行挖掘与创新，并应用于企业生产，已形成比较完整的木梳产品系列、木镜产品系列、木筷产品系列，以及一定规模的香扇、饰品、办公用品等产品品种。在积极拓展国内市场的同时，谭木匠将目光转向国外市场，并与韩国、日本及欧洲等商人洽谈开办谭木匠连锁店事宜。还在日本、韩国等开设专卖店 10 家。

1993 年夏天，子承父业的谭传华在老家重庆万州创办了自己的木梳厂。那时，他更多的是由于走投无路才在家乡开起了工厂，就连他自己也不会想到现在谭木匠的规模。1993 年 9 月 14 日，一位推销员到三峡商城推销，几位服务员对木梳爱不释手，随即掏钱买了 8 把。这启示了谭传华，给他拓展全国市场带来了信心。1998 年以前，“谭木匠梳子”的销售主要依靠进商场铺柜台，产品陈列大路货，终端销售全无底。更重要的是，随着“谭木匠”名气的升温，其他木梳企业也开始苏醒，商场终端竞争激烈起来。1998 年这一年，谭传华意识到，像木梳等手工产品的销售依靠商场通路不仅成长缓慢，而且一些地方甚至有了走下坡路的趋势；另一方面，他又发现，自己不久前尝试开办的几个专卖店，营业额却在不断飙升。

为了更快地建立自己的全国销售网络，谭木匠采用了特许加盟商的方式。谭传华很清楚和加盟商的关系。一直以来，他把总部和加盟商之间的利润空间都控制得很好，但他并不认为这就足够了。在“谭木匠”，所有的加盟商都是公司员工，统一叫“店长”。一年之内，凡是店长觉得不好卖的货都可以原价退货。起初，加盟连锁的策略非常成功。然而就在 2000 年春天，“谭木匠”专卖店加盟速度骤降，各地加盟商抱怨声四起。抱怨的核心是效益：其一，由于产品单一，风格单一，顾客到店里可供的选择并不多；其二，谭木匠梳子价格很高，但针对高品位高消费群体的品牌附加价值并没有做足；其三，梳子虽好，店面装修却很一般，常常埋没于商街而吸引不了眼球。其结果就是各地加盟店生意平平淡淡，利润勉勉强强，投资回报率不高，有的甚至亏损倒闭。谭传华在听取各方意见并不断思考定位后，很快成立了专门的研发部门，投入大量的资金，想了无数种办法引进高级设计人才，大搞研究开发。他不惜重金邀请国外的设计师，设计“战略新产品”，让产品设计国际化，以外国人的眼光来看中国文化，通过外国人的手来设计中国人需要的产品，把国际流行时尚直接引入到谭木匠的专卖体系中来。2004年，他又与欧洲的两大设计师事务所签约，专为公司设计产品款式。后来的事实证明，由于产品式样设计新颖，价值快速更新，不仅能不断地吸引新老顾客，也能有效扩大加盟商范围。改变后，“谭木匠”一家专卖店最多能陈列300多个产品品种，以前某一区域范围内只能开一家店，品种丰富后许多地方多开一两家店，生意照样红火。到今天，全国的谭木匠加盟店已经达到了400家，并且所有的加盟商都实现了盈利。

（由作者根据相关资料改写）

案例讨论题：

谭木匠的经营方式有什么特别之处？为什么一把木梳可以创造巨大的利益？

第八章 新创企业的管理

学习目标

掌握新创企业组织结构设计的原则；了解新创企业人力资源管理的内容；了解新创企业市场营销管理的含义；了解新创企业财务管理的内容。

案例导入

李明的鸡场

李明一直想办一个企业，做批发鸡的生意，因为他所在的小镇周围有很多农户养鸡。他和母亲住在一起，母亲非常支持他创办企业。她让李明用家里的房子做担保向银行申请贷款，李明得到贷款后立即着手准备。他为企业购买了设备和原材料，在小镇附近租了鸡舍，买了计算机、现代化的制冷设备、新的厢式货车，还在货车门上喷涂了鸡场的标志。李明告诉母亲，精良的设备能帮助企业树立良好的形象，也有助于吸引更多的客户。李明马上投入到了繁忙的工作之中。鸡的需求量很大，他夜以继日地工作，客户还把他推荐给他们的朋友。不幸的是，李明用于付款的现金紧张，到年底时他拥有的现金严重不足，也无法支付银行的欠款。于是，银行中止了贷款，并要求偿还所有债务，李明不得不宣布鸡场破产。银行开始拍卖李明的资产来偿还其债务。首先拍卖的资产是车和计算机，但仍有大量的债务不能偿还。看样子，李明的母亲还有可能失去家里的房产。

（由作者根据相关资料改写）

思考：

1.李明的企业为什么会倒闭？

2.李明应当怎样做才能成功创办企业？

第一节　新创企业的组织结构设计

对于新创企业来说，能否顺利地实现其目标，能否促使组织成员在实现组织目标的过程中做出贡献，很大程度上取决于组织结构的完善程度。因此，组织结构的设计就成为组织工作中的关键一环。

一、组织结构的含义和内容

(一)组织结构的含义

组织结构是组织内的全体成员为实现组织目标,在管理工作中进行分工协作,通过职务、职责、职权及相互关系构成的结构体系。组织结构的本质是成员间的分工协作关系,也是人们的职、责、权关系,因此组织结构又可称为权责结构。

(二)组织结构的内容

1. 职能结构

即完成组织目标所需的各项业务工作及其比例和关系。比如,一个企业有生产、技术、人力资源、营销等不同业务职能,各项工作任务都为实现企业的总体目标服务,但各部分的权责关系却不同。

2. 层次结构

层次结构即各管理层次的构成,又称组织的纵向结构。例如,企业纵向层次大体可分为董事会、总经理、各职能部门、基层部门、班组等组织结构层次。

3. 部门结构

部门结构即各管理或业务部门的构成,又称组织的横向结构,如企业的生产部、采购部、技术研发部等。

4. 职权结构

职权结构即各层次、各部门在权力和责任方面的分工及相互关系,如董事会负责决策、经理负责执行和指挥、各部门相互协作等。

二、组织结构设计的原则

组织结构设计合理与否可以通过一定的标准来评价,这些标准就是组织设计时必须遵循的原则。

1. 目标一致性原则

组织结构的设计和组织形式的选择必须有利于组织目标的实现。任何组织都有其特定的目标,组织及其每一部分都应该与其特定的组织目标相联系,组织的设计与调整都应以其是否对实现组织目标有利为衡量标准。按此原则,组织设计要以事为中心,设计职务,建立机构,配备人员。

2. 专业化分工与协作原则

组织结构应能充分反映为实现组织目标所必要的各项任务和工作分工,以及相互之间的协调。为此,要做到分工合理,协作明确。一般地,分工越细,专业化水平越高,责任越明确,效率也越高,但却带来了机构增多、协作困难和协调工作量大等问题;分工太粗,机构减少,但专业化水平也低。因此,进行组织设计时,要根据需要和可能合理确定分工。组织设计中管理层次的分工、部门的分工和职权的分工,以及各种分工之间的协调,都是专业化分工与协作原则的具体体现。

3. 统一指挥原则

统一指挥是指一个下级只接受一个上级的命令和指挥，同时下级只对这个上级负责。该原则要求上下级之间要形成一条纵向连续的等级链，一个下级只有一个上级领导，一个项目只能由一个人负责，一般上级不能越级指挥。

4. 管理幅度原则

管理幅度是指一个上级管理者能够直接有效地管理下属的人数。任何管理者时间和精力都是有限的，所以管理人员有效地监督、指挥其直接下属的人数也是有限的。不同的管理者，应该结合工作的性质及被管理者的素质等具体情况来确定适合本组织的管理幅度，以既能做到保证统一指挥，又能便于组织内部信息的沟通。

5. 权责对等原则

职权与职责必须对称或相等。进行组织设计时，既要明确每一部门的职责范围，又要赋予完成其职责所必需的权力，两者必须协调一致。

6. 集权与分权相结合的原则

为了保证有效的管理，处理好集权和分权的关系，要求对组织中的重大决策及全局性的管理问题实行集权，对于局部性日常管理问题实行分权，这样才能加强组织的灵活性和适应性。

7. 精干高效原则

这一原则是衡量组织结构合理与否的主要标准。在满足组织目标所要求的业务活动需要的前提下，力求减少管理层次，精简机构和人员，提高管理效率。

8. 弹性结构原则

组织生存的环境是不断变化的，目标也必须随之不断调整，这就要求组织结构既要有相对的稳定性，又要根据组织长远目标、组织内外部环境条件的变化做出相应的调整。也就是说，组织结构要具有一定的弹性以适应变化。

三、组织结构的基本类型

进行组织结构设计时，管理者可从一些常用的组织结构设计类型中进行选择。

1. 直线型组织结构

直线型组织结构是最古老、最简单的组织结构形式，适用于小型企业组织或应用于现场的作业管理。该结构的特点是组织中各种职务按垂直系统直线排列，各级主管人员对所属下属拥有直接职权，每个下属只接受一个上级的指令，并只能向一个直接上级报告。直线型组织结构具有结构比较简单、权力集中、责任分明、命令统一、联系快捷、决策迅速等优点。直线型组织结构的缺点是，要求主管人员通晓多种知识技能，亲自处理各种业务；在组织规模较大的情况下，所有的管理职能都集中由一人承担，而这个人往往会由于个人的知识及能力有限而感到难于应付，顾此失彼，可能发生较多事故；部门之间的协调能力较差。

2. 职能型组织结构

这一组织形式最早由泰勒提出。该结构的特点是，在组织中设置一些职能部门，分管组织的某些职能管理业务，各职能部门在自己的业务范围内有权向下级单位发布命令和指示，直接指挥下属。

职能型组织结构的优点是分工较细，责任明确，能够充分发挥职能机构的专业管理作用，减轻上层主管负担。职能型组织结构的缺点是由于各个职能部门都拥有指挥权，因而容易形成多头领导、协调困难。

3. 直线职能型组织结构

这是一种综合了直线型和职能型两种类型的组织特点而形成的组织结构形式。它最早由法约尔提出。该结构的特点是，设置了两套系统，一套是按命令统一原则组织的直线指挥系统；一套是按专业化原则组织的职能系统。直线部门的管理人员担负着实现组织目标的直接责任，并拥有对下属的指挥权；职能部门的管理人员是直线指挥人员的参谋，主要负责提供建议和信息，他们只能对下级机构进行业务指导，而不能进行直接指挥和命令。这样就保证了整个组织的统一指挥和管理，避免了多头指挥和无人负责的现象。

直线职能型组织结构的优点：一是既保证了统一指挥和管理，又避免了多头领导和无人负责的现象；二是既保持了直线型结构实行的直线领导、统一指挥的优点，又保持了职能型结构的职能管理专业化的优点；三是既避免了直线型结构管理粗放的缺点，又避免了职能型结构造成的多头领导的弊病。

直线职能型组织结构的缺点：各职能部门自成体系，横向联系少，协调比较困难；参谋部门与直线部门之间的目标不易统一，彼此间易产生不协调或矛盾，致使上层主管协调工作量增大。

4. 事业部型组织结构

事业部型组织结构形式最初由美国通用汽车公司的斯隆创立，故又称为“斯隆模型”。事业部型组织结构是现代大公司广为采用的一种重要的组织形式，它适用于产品多样化经营的组织，并尤为适用于市场环境复杂多变或所处地理位置分散的大型企业与巨型跨国公司。事业部型组织结构的管理原则是“集中决策，分散经营”。在该种组织形式中，企业按产品类别、地区或经营部门分别成立若干事业部。该项产品或地区的全部业务，从产品设计制造一直到销售，全由事业部负责。各事业部独立经营，单独核算，具有相对独立的利益和自主权。企业的最高管理层是企业的最高决策机构，其职责是研究和制定公司的总目标、总方针、总计划及各项政策。

事业部型组织结构的优点：组织高层主管摆脱了具体的日常事务，有利于集中精力做好战略决策和长远规划，提高管理灵活性和适应性；有利于发挥事业部的主动性和积极性；有利于发展产品专业化；有利于培养和训练管理人才。

事业部型组织结构的缺点：机构重复，造成管理人员的浪费；协作较差，各事业部独立经营，相互协调困难，不能有效地利用企业的全部资源；内耗大，各事业部主管人员考虑问题往往从本部门出发，忽视整个组织的利益。

5. 矩阵型组织结构

矩阵型组织结构是由纵横两套管理系统组成的组织结构，一套是纵向的职能领导系统，另一套是为完成某一任务而组成的横向项目系统。也就是说，该结构既有按职能划分的垂直领导系统，又有按项目划分的横向领导系统。有的企业同时有几个项目需要完成，每个项目要求配备不同专长的技术人员或其他资源。为了加强对项目的管理，每个项目在总经理或厂长领导下由专人负责。其中，工作小组或项目小组一般由不同背景、不同技能、不同知识、分别选自不同部门的人员所组成。组成工作（或项目）小组后，小组成员为某个特定的项目任务而共同工作。

矩阵型组织结构适合以项目为生产主体的、需要对环境变化做出迅速而一致反应的组织使用。比如，咨询公司和广告代理商就经常采用矩阵组织设计，以确保每个项目按计划要求准时完成。在复杂而动荡的环境中，采取人员组成灵活的产品管理小组形式，可以大大增强组织对外部环境变化的适应能力。

矩阵型组织结构的优点：将组织的纵向联系和横向联系很好地结合起来，有利于加强各职能部门之间的协作和配合，有利于及时沟通情况、解决问题；具有较强的机动性，能根据特定需要和环境的变化，保持高度民主的组织适应性；把不同部门、具有不同专长的专业人员组织在一起，有利于互相启发、集思广益，有利于攻克各种复杂的技术难题，保证圆满地完成工作任务；在发挥人的才能方面具有很大的灵活性。

矩阵型组织结构的缺点：①在资源管理方面存在复杂性。②稳定性差。小组成员是由各职能部门临时抽调组成的，任务完成以后都要回到原职能部门工作，容易使小组成员产生临时观点，不安心工作，从而对工作效果产生一定负面影响。③权责不清。由于每个成员都要接受两个或两个以上的上级领导的指挥，隐藏着职权关系的混乱和冲突等威胁，容易造成管理秩序混乱，使组织工作丧失效率性。

6. 多维立体组织结构

多维立体组织结构是直线职能型、矩阵型、事业部型和地区、时间结合为一体的复杂组织结构形态。它从系统的观点出发，建立多维立体的组织结构。

多维立体组织结构主要包括三类管理机构：一是按产品划分的事业部，是产品利润的中心；二是按职能划分的专业参谋机构，是专业成本的中心；三是按地区划分的管理机构，是地区利润的中心。

多维立体组织结构，可使上述三个方面的机构协调一致、紧密配合，为实现组织的总体目标服务。多维立体组织结构适用于多种产品开发、跨地区经营的跨国公司或跨地区公司，可以为这些企业在不同产品、不同地区增强市场竞争力提供组织保证。

第二节　新创企业的人力资源管理

新创企业人力资源管理是指根据创业企业发展战略的要求，有计划地对人力资源进行合理配置，通过对创业企业中员工的规划、招聘、培训、绩效考核、薪酬发放等一系列过程的管理，调动员工的积极性、发挥员工的潜能、为创业企业创造价值、确保企业目标的实现。因此，新创企业要做好人力资源的规划制定、招聘和选拔、培训与开发、绩效管理、薪酬管理、劳动关系管理等环节的工作。

一、工作分析

（一）工作分析的定义

工作分析是对组织中某个特定职务的设置目的、任务或职责、权力和隶属关系、工作条件和环境、任职资格等相关信息进行收集与分析，并对该职务的工作做出明确的规定，且确定完成该工作所需的行为、条件、人员的过程。工作分析的结果是形成工作说明书和工作规范。

（二）工作分析的过程

工作分析是对工作的一个全面评价过程。这个过程可以分为四个阶段：准备阶段、调查阶段、分析阶段和完成阶段。

1. 准备阶段

准备阶段是工作分析的第一个阶段，主要任务是了解情况，确定样本，建立关系，组成工作小组。

2. 调查阶段

调查阶段的主要任务是收集工作分析的信息。通过搜集有关工作活动、工作对员工行为的要求、工作条件、工作环境、工作对员工个人的要求等方面的信息，进行实际的工作分析。

3. 分析阶段

分析阶段的主要任务是对有关工作特征和工作人员特征的调查进行全面的总结分析。

4. 完成阶段

这个阶段的主要任务是依据前三阶段所得的材料编制工作说明书与工作规范。工作说明书指明了工作的内容是什么，工作规范则指明了需要雇用什么样的人来从事这一工作。

（三）工作说明书和工作规范

工作分析只是人力资源管理活动的起点，为了便于应用在工作分析中得到的数据，需要把这些数据综合整理并制成表格，形成书面文件，即工作说明书。它指明了任职者实际在做什么、如何做及在什么样的条件下做该种工作。工作规范说明了任职者为了圆满完成工作所必须具备的知识、技术、能力及经验等。工作说明书和工作规范是工作分析的最终成果。

1. 工作说明书的编写

工作说明书的编写并没有一个标准化的模式，根据应用需要的不同，工作说明书的侧重点也有所不同，但大多数工作说明书都可以包括以下几项内容：

(1)工作标识。工作标识主要包括工作名称、工作地位、工作部门、工作地点、工作分析时间等。这些资料的目的是把这项工作和那些与之相似的工作区别开来。

(2)工作概述。这部分应当描述工作的总体性质,列出工作的主要功能或活动。

(3)工作联系。这部分说明任职者与组织内及组织外的其他人之间的联系情况。

(4)工作职责。这部分要把每一种工作的详细职责列举出来,并用一到两句话分别对每一项任务加以描述。

(5)工作的绩效标准。这部分内容说明员工在执行每一项任务时被期望达到的标准,工作的绩效标准应具体而明确。

(6)工作条件。工作条件主要包括噪声水平、危害条件、湿度或热度等。

2. 工作规范的编写

工作规范可以单独编写,但通常都把它编写为工作说明书的一部分。工作规范要说明一项工作对承担这项工作的员工在教育、经验和其他特征方面的最低要求,而不应该是最理想的工作者的形象。建立工作规范时要综合考虑以下三个方面:①某些工作可能面临着法律上的资格要求;②职业传统;③被认为是胜任某一工作应该达到的标准和具备的特征。

二、人力资源规划

(一)人力资源规划的定义

人力资源规划是指为了实现企业的战略目标,根据企业的人力资源现状,科学地预测企业在未来环境变化中的人力资源供求状况,并制定相应的政策和措施,从而使企业的人力资源供给和需求达到平衡,并使企业和个人都获得长期的利益。

(二)人力资源规划的程序

人力资源规划的制定大体可分为四个步骤:

1. 收集研究相关信息

信息资料是制定人力资源规划的依据。一般情况下,与人力资源规划有关的信息资料包括三个方面:经营战略、经营环境、人力资源现状。分析企业现有的人力资源状况是制定人力资源规划的基础。

2. 人力资源供求预测

在收集和研究与人力资源供求有关的信息之后,就要选择合适的预测方法,对人力资源的供求进行预测,即了解企业对各类人力资源在数量和质量上的需求,以及能满足需求的企业内、外部人力资源供给情况,得出人力资源的净需求数据。进行供给预测时,内部供给预测是重点,外部供给预测应侧重于关键人员。人力资源供求预测具有较强的技术性,是人力资源规划中的关键部分。

3. 人力资源规划的制定

这是一项具体而细致的工作,包括制定人力资源总体规划和各项业务计划,并确定时间跨度。根据供求预测的不同结果,对供大于求和供小于求的情况分别采取不同的政策和措施,使人力资源达到供求平衡。同时,应注意各项业务计划的相互关系,确保它们之间的衔接与平衡。

4. 人力资源规划的执行

执行人力资源规划是人力资源规划的最后一项工作，主要包括三个步骤：实施、审查与评价、反馈。

三、员工招聘

（一）员工招聘的概念

员工招聘就是企业采取一些科学的方法寻找、吸引应聘者，并从中选出企业需要的人员予以录用的过程。它包括征召、筛选和录用三个阶段。

（二）员工招聘的程序

招聘程序是指从出现职位空缺到候选人正式进入公司工作的整个过程。这个过程通常包括识别职位空缺、确定招聘策略、征召、筛选、试用、招聘评估等一系列环节。

1. 确定职位空缺

根据企业的人力资源规划，在掌握有关各类人员的需求信息、明确哪些职位空缺的情况后，人力资源管理部门要考虑招聘是否是最好的方法。如果确实需要招聘解决，则进行下一步。

2. 制定招聘策略

招聘策略是为了实现招聘计划而采取的具体策略，具体工作包括招聘地点的选择、招聘来源和方法的选择、招聘时间的确定、招聘预算、招聘的宣传策略等。

3. 人员的筛选和评价

筛选候选人是招聘过程的一个重要组成部分，其目的是将不合乎职位要求的求职者排除掉，最终选拔出最符合企业要求的人员。职位说明书是筛选的基础，即以职位说明书中所要求的知识、技术和能力来判断候选人的资格。

4. 录用与试用

对经过筛选合格的求职者，应做出录用决策。通知被录用者可以通过电话或信函进行联系，联系时要讲清企业向被录用者提供的职位、工作职责和月薪等，并讲清楚报到时间、报到地点及报到应注意的事项等。对决定录用的人员，在签订劳动合同以后，要有3～6个月的试用期，如果试用合格，使用期满便按劳动合同规定享有正式合同工的权利和责任。

5. 招聘评估

这是招聘工作的最后一项工作。一般来说，评估工作主要从人员的数量、质量、招聘效率等方面来进行，包括招聘成本和效益评估、招聘工作评估两项内容。如果对招聘工作进行及时评估，就可能找到招聘工作中可能存在的问题，从而适时地对招聘工作进行修整，提高下一轮的招聘工作质量。

四、培训与开发

（一）培训与开发的含义

培训与开发是指组织根据发展和业务需要，通过学习、训练等手段进行的旨在改变员工的价值观、工作态度和工作行为，提高员工的工作能力、知识水平、业务技能并最终改善和提高组织绩效的有计划、有组织的培养和训练活动或过程。

(二)员工培训工作的过程

在培训实践中，各类组织都强调把员工培训视作一项系统工程，采用系统的方法组织培训活动，从而开发了一种员工培训系统模型。该模型把培训系统细分为若干环节，并明确界定了每个环节的基本内容。这些环节主要包括确定培训需求、设定培训目标、拟定培训方案、实施培训方案、培训效果评价与反馈等。

五、薪酬与福利

(一)薪酬的含义

薪酬是员工因向其所在单位提供劳动或劳务而获得的各种形式的酬劳或答谢。其实质是一种公平的交易或交换关系，是员工在向单位让渡其劳动或劳务使用权后获得的报偿。

(二)薪酬设计的基本流程

制定科学合理的薪酬制度是企业人力资源管理的难点所在，其基本流程如下：

1. 制定薪酬原则和策略

制定企业的薪酬原则和策略要在企业的各项战略的指导下进行，要集中反映各项战略的需求。薪酬策略作为薪酬设计的纲领性文件要对以下内容做明确规定：对员工本性的认识，对员工总体价值的认识，对管理骨干即高级管理人才、专业技术人才和营销人才的价值估计等核心价值观的认识；企业基本工资制度和分配原则；企业工资分配政策与策略，如工资拉开差距的分配标准、工资、奖金、福利的分配依据及比例标准等。

2. 岗位设置与职位分析

进行薪酬设计的第一步是确定每个工作职位的具体内容。职位分析是薪酬体系中的重要环节，反映了公司管理者和员工对某一职位的期望。只有使用职位分析，管理者才能在市场上与其他公司进行比较，一方面明确该职位在市场的职能定位，另一方面确定市场对该职位的定价。

3. 职位评价

职位评价重在解决薪酬的对内公平性问题。它有两个目的：一是比较企业内部各个职位的相对重要性，得出职位等级序列；二是为进行薪酬调查建立统一的职位评估标准，消除不同公司间由于职位名称不同或即使职位名称相同但实际工作要求和工作内容不同所导致的职位难度差异，使不同职位之间具有可比性，为确保工资的公平性奠定基础。职位评价是职位分析的自然结果，同时又以职位说明书为依据。

4. 薪酬调查与薪酬定位

薪酬调查重在解决薪酬的对外竞争力问题。薪酬调查可以通过咨询公司进行，也可自己组织力量开展薪酬调查。通过调查，要了解和掌握本地区、本行业的薪酬水平状况，特别是竞争对手的薪酬水平，同时要参照同行业同地区其他企业的薪酬水平，及时制定和调整本企业对应工作的薪酬水平及企业的薪酬结构。

5. 薪酬结构设计

通过工作分析和薪酬调查确定了公司每一项工作的理论价值，但是工作的理论工资率要转换成实际工资率还必须进行工作结构设计。所谓工资结构，是指一个企业的组织结构中各项工作的相对价值与其对应的实付工资之间保持何种关系。这种关系不是随意的，是服从以某种原则为依据的一定规律的。这种关系的外在表现就是"工资结构线"。"工资结构线"为我们分析和控制企业的工作结构提供了更为清晰和直观的工具。

6. 薪酬体系的实施和修正

在制定和实施薪酬体系过程中，及时的沟通、必要的宣传或培训是保证薪酬改革成功的因素之一。从本质意义上讲，劳动报酬是对人力资源成本与员工需求之间进行权衡的结果。人力资源部可以利用薪酬制度问答、员工座谈会、满意度调查、内部刊物甚至 BBS 论坛等形式，充分介绍公司的薪酬制定依据。

薪酬设计的时效性很强，方案一旦形成就要立即实施，否则方案中涉及的数据发生变化，市场价格也已经进行了调整，那么方案的数据也要进行相应调整。因此，在保证薪酬方案相对稳定的前提下，随着企业经营情况和市场薪酬水平的变化，薪酬体系也要做相应的调整。

六、绩效考评

（一）绩效考评的含义

企业员工的绩效考评是指根据人力资源管理的需要，对员工的工作结果、履行现任职务的能力及担任更高一级职务的潜力进行的有组织的、尽可能客观的考核和评价的过程。

（二）绩效考评的程序

绩效考评的具体实施过程中，通常可遵循以下程序：

1. 制定考评计划

考评计划是实施考评时的指导性文件。计划的内容通常包括本次考评的目的、对象、内容、时间和方法。

2. 确定绩效考评标准

在考评计划确定之后，最为关键的一个程序就是要确定绩效考评的标准。考评标准的合理性直接决定着考评工作的有效性。

3. 实施考核评价

这一阶段是绩效考评的具体实施阶段。通常，考评人员要在考评计划的指导下，以考评标准为依据对员工各个方面的表现进行考评，得出考评意见。

4. 考评结果的反馈与运用

这一阶段是绩效考评工作的最后阶段。考评工作结束后，企业有关部门要将考评结果通过一定的方式反馈给被考评者。

七、劳动关系

(一)劳动关系的含义

劳动关系是指劳动者和劳动力使用者之间的社会经济利益关系的统称。具体地说,劳动关系是指在实现劳动的过程中,由劳动者与其使用者双方利益引起的,表现为合作、力量和权力关系的总和。

(二)劳动关系主体

劳动关系主体是构成劳动关系的核心要素,而劳动关系体系是由心态、期望、人际关系和行为不同的个人所组成的不同群体构成的,这些群体彼此发生着联系。从一个就业组织来说,劳动关系是由管理方(资方)和雇员(劳方)两个系列群体构成的。

(三)劳动关系的表现形式

劳动关系的本质是劳动双方合作、冲突、力量和权力的相互交织,所以劳动关系具体表现为力量、权力、合作和冲突。

第三节　新创企业的市场营销管理

一、市场营销和市场营销管理的含义

市场营销是指在符合社会利益的前提下,通过市场交换和交易活动,满足消费者或用户现实或潜在需求,实现企业目标的综合性的商务活动过程。市场营销管理是指为了实现企业目标,创造、建立和保持与目标市场之间互利交换的关系,而对设计方案进行的分析、计划、执行和控制。市场营销管理的实质是需求管理。

二、市场营销管理过程

市场营销管理过程是指企业为实现自身的任务和目标而发现、分析、选择和利用市场机会的管理过程。

(一)分析市场机会

市场机会就是市场上存在的未满足的需求,有时人们称它为潜在的市场,亦即客观上已经存在或即将形成,而尚未被人们认识的市场。分析市场机会要求市场营销人员深入调查研究了解市场营销环境,并且对消费者市场和组织市场如何做出购买决策有深刻的了解。

(二)研究和选择目标市场

市场细分是指企业按照某种标准将市场上的顾客划分为若干个顾客群的市场分类过程。市场细分的目的是选择合适的目标市场。目标市场就是企业决定要进入的那个市场部分。企业通过市场细分选择了目标市场之后,还须进行市场定位。市场定位就是企业为了使自己生产或销售的产品获得稳定的销路,从各方面为产品培养一定的特色、树立一定的市场形象,以求在顾客心目中形成一种特殊的偏爱。

（三）制定市场营销战略和战术

市场营销战略是企业期望达到的各种营销目标，它阐明了实现企业目标的活动计划。企业需要建立的目标分为战略目标和战术目标。战略目标是企业的长期性目标，战术目标是为实现战略目标而建立的。确定达到战略目标的措施的主要工具是市场营销组合。

（四）实施和控制营销努力

市场营销管理需要有对营销过程进行组织和控制的制度和控制系统。企业必须设计一个实施营销方案的营销组织。现代企业往往设置一个市场营销副总裁，由其负责领导公司的整个市场营销活动，并管理市场营销人员。现代市场经济条件下，市场营销部门的经营效益不仅取决于其组织结构是否合理，而且取决于市场营销最高管理层是否善于挑选、培训、指挥、激励、评价市场营销人员，充分调动其积极性。

三、市场营销组合 4P 策略

（一）产品

产品这个营销组合要素是对新创企业即将上市的产品或服务的描述。产品或服务最重要的特性是为目标顾客增加价值。要使目标市场接受这种产品或服务，企业必须把注意力放在为顾客提供的价值主张的优势上，确保产品差异化最大。因此，对产品或服务的定义不仅要考虑它的有形特征，还必须考虑其无形特征。例如，戴尔计算机公司的产品是计算机，从外形上与其他竞争者产品区别不大，但它是由零部件组装而成并依靠直接营销技术上市的，交货快而且成本低。所以，产品应该是包含物理组件、包装、品牌、保证、价格、形象、服务、交货时间、特征、风格等含义的综合体。创业者进行新产品开发时，需要围绕产品全方位的价值来进行。

（二）价格

营销组合中最难的决策就是为产品或服务确定适当的价格。一个质量好而且零部件较贵的产品需要以较高的价格来维护其产品形象，但是新创企业还需要考虑其他因素，诸如需求、成本、折扣、运输和毛利等。根据市场研究及产品本身特点，创业者可以采用不同的定价策略。

1. 撇脂定价策略

撇脂定价是以高价位来搜刮市场利润的一种定价策略。撇脂定价策略成功的条件：有充足的市场需求量；市场价格敏感度低，需求弹性小；良好的产品品质及功能，吸引消费者愿意出高价；高价不会吸引竞争者在短期内加入市场竞争；在小规模的生产成本下，仍有充足的利润。

2. 渗透定价策略

渗透定价策略是以较低的产品价格打入市场，目的是在短期内加速产品成长，期望能获得大量的市场占有率的一种定价策略。渗透定价策略成功的条件：有广大足够的市场需求；高度的价格敏感度及需求弹性；大量生产能产生显著的规模经济效益；低价是减少潜在竞争者的最佳策略。

3. 组合定价策略

如果企业开发出一系列产品，且产品之间关联性很强，开发的主产品必须使用特定的专属产品，或在主产品使用过程中，附属产品也必须使用本企业开发的产品。对这种产品的定价策略是将主产品价位降低，甚至可以降到成本以下以吸引更多的顾客，而对配置的附属产品采取高价策略，以获取尽可能多的利润，这种定价策略就是组合定价策略。

（三）渠道

渠道策略使得产品在顾客需求时方便其购买。这个变量必须与其他市场营销组合要素相一致。比如，一个高质量的产品不仅有较高的价格，而且应该在质量形象较好的批发店分销。建立产品销售渠道可以采用以下方式：

1."搭别人的船"

对刚创办的企业，企业及产品品牌不为消费者所了解，也很难在短时间内为顾客所接受。此时，可以借用品牌的商标及利用他人强有力的营销网络将开发的新产品推向市场。这样既可以满足消费者追求名牌的心理需求，也有利于迅速打开市场销路，使得新产品销售成功。

2."捆绑式"销售

如果开发出的新产品系列是相关产品，这些产品的用途是相互配套、相互联系的，那么配套产品可以利用主要产品销售渠道进行销售。

3. 广泛性和控制性相结合的销售渠道

该策略指既要利用尽可能多的中间商分销其产品，又要能控制中间商的销售活动。其目的在于保证选用的销售渠道畅通无阻，保证产品质量信誉不受损害。

4. 直接建立自己的销售网络

这种方式是指在目标市场采用密集型和轰炸型销售策略。运用这种方式销售的产品一般是市场需求巨大、面向广大消费者、利润率特别高、技术含量高的产品。

此外，在制定销售渠道决策之前，有必要对所有可能的分销方式进行评价。市场研究和企业协会及朋友之间的网络联系经常可以为决策提供有意义的见解。新创企业想要迅速找准市场、进入市场、拥有一定市场份额，需要选择合适的销售渠道。

（四）促销

新创企业的销售策略应当集中在能马上吸引顾客的促销手段和保证良性循环的销售方法上。由于受到资金来源的限制，大部分新创企业没有钱针对一个或两个以上的目标市场做广告，因此选择那些能迅速带来收益而又花费最少的区域和恰当位置来做广告是非常重要的。

1. 他人推荐

企业可以借助通过他人推荐这一方式来扩大企业的知名度。顾客之间的相互推荐是招揽新生意的极好方式，没有什么方式能比顾客间一传十、十传百的推荐在传播企业及其产品的声誉方面速度来得更快。

2. 公共关系

为了使开发的新技术产品尽量让别人了解，公共关系是强有力的促销工具。例如，可以利用新闻媒体报道企业开发的新产品，通过公共报告将产品有关信息传递给顾客，可以与外部行业、技术、专家、中间商建立良好的沟通渠道，也可以建立良好的政府沟通渠道。

3. 广告

适当进行广告促销也是非常有效的手段。选择媒体时，要根据顾客的状况来确定。

4. 直接销售

直接销售要做好以下几点：①通过充分的调查来区分哪些是潜在客户；②获取那些能购买产品的负责人的姓名、地址及电话号码；③推销前要了解自己的销售市场；④在第一次通过电话或当面与顾客接触中不要试图成交；⑤要集中说明产品的使用价值而不是它的价格，第二次接触时再解释产品定价和选择的支付方式。

新创企业要将所有营销组合策略统筹考虑，并用这些营销组合变量制定营销战略或行动计划，以指导开展经营活动。

第四节　初创企业的财务控制

新创企业和小公司成功的关键，就是正确、严格的财务控制。许多融资非常顺利的公司，其商业计划书非常完善，产品或服务满足了市场的某一类需求，销售组织效率很高，市场营销颇为有效，定价也十分合理，但是却失败了，其关键原因往往是缺乏财务管理控制。

初创企业的财务控制主要体现在确立正确的财务理念、掌握控制财务关键点、对资金进行有效控制和制定恰当的财务战略四个方面。

一、确立财务管理理念

对于创业企业来说，一般会有一个时间长短不一的“烧钱期”，资金需求紧张，筹资的渠道多样，资金构成也很复杂，因此资金的成本构成也是多样的，不同的财务管理观念与方式会导致财务成本的巨大差异，先进的财务管理理念对有效控制资金成本、提高资金的使用效率意义重大。

（一）货币时间价值观念

创业者必须明白货币是有时间价值的，一定量的货币在不同时点上具有不同的经济价值。这种由于货币运动的时间差异而形成的价值差异就是利息。创业者必须注重利息在财务决策中的作用，一个看似有利可图的项目，如果考虑货币的时间价值，很可能会变成一个得不偿失的项目，尤其是在通货膨胀的时期。

（二）效益观念

取得并不断提高经济效益是市场经济对现代企业的最基本要求，所以在财务管理方面必须牢固确立效益观念。筹资时，要考虑资金成本；投资时，要考虑投资收益率；在资产管理上，要用活、用足资金；在资本管理上，要保值增值。既要“开源”，也要“节流”。因此，公司经营在本质上是“资金经营”，财务制胜的时代已经来临。

（三）竞争观念

竞争是市场经济的一般规律。对现代公司创业者而言，竞争为其创造了种种机会，也形成了种种威胁。在市场经济条件下，价值规律和市场机制对现代公司经营活动的导向作用不断强化，无情地执行着优胜劣汰的原则。市场供求关系的变化，价格的波动，时时会给公司带来冲击。针对来自外界的冲击，创业者必须有充分的准备，要强化财务管理在资金筹集、资金投放、资金运营及收入分配中的决策作用，并在竞争中增强承受和消化冲击的应变能力，不断增强自身的竞争实力。

（四）风险观念

风险是市场经济的必然产物。风险形成的原因可以归结为现代公司财务活动本身的复杂性、客观环境的复杂性和人们认识的局限性。从创业者的角度来看，它是现代公司在组织财务活动过程中由于不确定因素的作用，使公司的实际财务收益与预期财务收益发生差异，从而使公司有蒙受经济损失的可能。

二、控制好财务关键点

新创企业及成长阶段的小公司应当对各种支出加以规划和严格控制。创业者必须对公司的财务关键控制点做出相应的规定，这不仅有助于增加企业的销售额，更重要的是，公司能够从收入中获得利润和现金。这些关键控制点随着行业、组织以及商业类型的不同而不同：是服务还是产品？是新经济还是传统经济？是分销商还是制造商？作为新创企业的管理者，首先要确定财务关键控制点，建立基准并对之进行衡量；然后再采用相应的方法进行监控。公司财务关键控制点，一般要考虑公司大部分收益的来源、主要大众成本的投入点及需要持续的投入点，针对具备这些特征的管理项目进行重点、严格的控制，需要从以下几方面入手：

（一）强化财务控制制度

(1)不相容职务分离制度。这要求新创企业合理设置财务会计及相关工作岗位，明确职责权限，形成相互制衡机制。不相容职务包括：授权批准、业务经办、会计记录、财产保管、稽核检查等职务。如有权批准采购的人员不能直接从事采购业务，从事采购业务的人员不得从事入库业务。

(2)授权批准控制制度。这要求新创企业明确规定涉及财务会计及相关工作的授权批准的范围、权限、程序、责任等内容。单位内部的各级管理人员必须在授权范围内行使职权和承担责任，经办人员也必须在授权范围内办理业务。如采购人员必须在授权批准的金额内办理采购业务，超出此金额必须得到主管的审批。

(3)会计系统控制制度。新创企业应依据《会计法》和国家统一的会计制度，制定适合本单位的会计制度，明确会计工作流程，建立岗位责任制，充分发挥会计的监督职能。会计系统控制制度包括企业的核算规程、会计工作规程、会计人员岗位责任制、财务会计部门职责、会计档案管理制度等。良好的会计系统控制制度是企业财务控制得以顺利进行的有力保障。

(二)加强现金流量预算与控制

企业财务管理首先应该关注现金流量,而不是会计利润。新创企业应该通过现金流量预算管理来做好现金流量控制。对于初创、早期或成长阶段的企业来说,现金流是极其重要的。要根据年度现金流量预算制定出分时段的动态现金流量预算,对日常现金流量进行动态控制。现金流量预算的编制根据“以收定支、与成本费用相匹配”的原则,采用零基预算的编制方法,按收付实现制来反映现金流入流出,经过企业上下反复汇总、平衡,最终形成年度现金流量预算。

现金流的预算与控制是财务控制的一个关键点。因此,无论是为了权益融资或债务融资准备商业计划,还是在做年度或季度预测或预算,都应该分析一下现金流。以现金流量表为依据,将每月实际的现金流与预测或预算相比较,注意各种变化并要及时采取相应的控制措施。此外,还要研究数字背后的隐蔽信息,分析出现现金流波动的原因。

(三)控制财务风险

财务风险主要是指举债给企业收益带来的不确定性。对于处于早期或成长期的公司来说,需要大量的运营资本来应付快速增长的应收账款和存货,举债经营成为企业发展的途径之一。有效的利用债务可以大大提高企业的收益,当企业经营好、利润高时,高负债会带来企业的高增长。但企业举债经营会对企业自有资金的盈利能力造成影响,由于负债要支付利息,债务人对企业的资产有优先的权利。万一公司经营不善,或有其他不利因素,则公司资不抵债、破产倒闭的危险就会加大。例如,爱多公司在其内部股东矛盾被媒体报道后,银行马上停止了对其 4 000 万元的贷款,供货商也纷纷上门讨债,爱多陷入了资金短缺的漩涡,最终走向了衰败。因此,新创企业必须正确客观地评估控制财务风险,采取稳步发展的财务策略。

三、资金控制

新创企业对资金的控制十分重要,主要内容有货币资金控制、销售与收款控制、采购与付款控制、成本费用控制等。

(一)货币资金控制

对新创企业而言,企业主或创业者一定要对本单位货币资金的安全完整负责。企业要按照规定的程序办理货币资金支付业务,一般情况下,不得违反程序。

(二)销售与收款控制

企业必须建立销售与收款控制业务的岗位责任制,明确相关部门和岗位的职责、权限,确保办理销售与收款业务的不相容岗位相互分离、制约和监督。销售部门负责应收账款的催收。财务部门应当督促销售部门加紧催收。对催收无效的逾期应收账款可通过法律程序予以解决。

在市场竞争日趋激烈的今天,新创企业不得不部分甚至全部以信用形式进行业务交易,经营中应收账款比例难以降低。所谓应收账款是指尚未收回的货款或者所提供服务应得的款项。许多大公司认为可以延迟支付小公司或新公司的欠款,因为小公司或者新创公司几乎没有讨价还价的能力。同时,许多新创企业或者处于早期发展阶段的公司通过给那些因为风险很大所以在别处贷不到款的客户更大的个人信誉度(以个人信誉来担保的应收账款)来获得业务。这种做法风险很大,许多初创期企业由于未能及时收回欠款或者没有收回欠款而破产。因此应收账款是一个重要的财务控制点。

(三)采购与付款控制

建立采购付款业务的岗位责任制,明确相关部门和岗位的职责、权限,确保办理采购与付款业务的不相容岗位相互分离、制约和监督。采购与付款业务不相容岗位包括:

(1)请购与审批。

(2)价与确定供应商。

(3)采购合同的订立与审计。

(4)采购与验收。

(5)采购、验收与相关会计记录。

(6)付款审批与付款执行。在办理付款业务时,对采购发票特别是增值税发票、结算凭证、验收证明等相关凭证的真实性、完整性、合法性及合规性要进行严格审核。

(四)成本费用控制

建立成本费用业务的岗位责任制,明确相关部门和岗位的职责、权限,确保办理成本费用业务的不相容岗位相互分离、制约和监督。建立严格的对成本费用业务的授权批准制度,明确审批人对成本费用的授权方式、权限、程序、责任和相关控制措施,规定经办人办理成本费用业务的职责范围和工作要求。新创企业通常由创业者本人实行"一支笔"审批。

根据成本费用预算内容,分解成本费用指标,落实成本费用责任部门,考核成本费用指标的完成情况,制定奖惩措施,实行成本费用责任追究制度。

四、实施恰当的财务战略

制定与实施财务战略,加强财务战略的执行力。这些都是创业期企业必须提高的能力。所谓财务战略,就是为谋求企业资金均衡、有效的流动和实现企业战略,为加强企业财务竞争优势,在分析企业内、外环境因素影响的基础上,对企业资金流动进行全局性、长期性和创造性的谋划。特别对于创业期的企业来说,财务战略是企业总体战略的应用与延伸。对于新创企业而言,可以采用的财务战略包括下列三种:

(一)扩张型财务战略

扩张型财务战略以实现企业资产规模的快速扩张为目的。要实施这种财务战略,企业往往需要在将大部分乃至全部利润留存的同时,大量地进行外部筹资,更多地利用负债。随着企业资产规模的扩张,这往往使企业的资产收益率在一个较长的时期内表现出相对较低的水平。扩张性财务战略一般会表现出"高负债、高收益、少分配"的特征。

(二)稳健型财务战略

稳健型财务战略是以实现企业财务绩效的稳定增长和资产规模的平稳扩张为目的的一种

财务战略。实施稳健型财务战略的企业，一般将尽可能优化现有资源的配置和提高现有资源的使用效率及效益作为首要任务，将利润积累作为实现企业资产规模扩张的基本资金来源，为了防止过重的利息负担，这类企业对利用负债实现企业资产规模和经营规模的扩张往往持十分谨慎的态度。所以，实施稳健型财务战略的企业的一般财务特征是“适度负债、中收益、适度分配”。

（三）防御收缩型财务战略

防御收缩型财务战略是以预防出现财务危机和求得生存及新的发展为目的的一种财务战略。实施防御型财务战略，一般将尽可能减少现金流出和尽可能增加现金流入作为首要任务。通过精简机构等措施，盘活存量资产，节约成本支出，集中一切可以集中的财力，用于企业的主导业务以增强企业主导业务的市场竞争力。“低负债、低收益、高分配”是实施这种财务战略的企业的基本财务特征。

本章思考题

1. 组织结构的内容是什么？
2. 组织结构设计的原则是什么？
3. 请绘制五种基本的组织结构类型并说明其优缺点。
4. 新创企业的人力资源管理主要内容有哪些？
5. 市场营销管理过程是什么？
6. 创业者制定现金预算的步骤有哪些？
7. 利润管理的实现手段是什么？
8. 财务报表的重要性是什么？
9. 尝试编制新创企业的资产负债表、利润表和现金流量表。

案例分析

外婆家：移动互联网时代能否逆势突围

游西湖，一定要在饱览湖光山色之后，吃一顿外婆家的醉鱼，西湖之行才算圆满。

西湖醉鱼，食客们想必耳熟能详，算得上是杭帮菜中的代表菜品之一。但为何偏爱外婆家？因为味道够正宗，更重要的是实惠！

近两年，随着行业竞争加剧，门店、人员成本节节攀升，餐饮行业整体萧索。然而，外婆家的营业额却还在以每年30%～40%的速度攀升，更是出现“店店排队、餐餐排队”的现象。不可不说，外婆家是近些年来餐饮行业的一个传奇。

平民化定位

自成立之初，外婆家的定位便非常符合大众需求：居家路线、聚餐场所。虽然这个在当时不是行业主流的想法，却在无意之间吻合了大众餐饮兴起的这一潮流。大家原本总是故意设定好一个请客的局面，而外婆家就是要撇开商务的概念——到外婆家，就是随便吃个饭。

据统计，目前在我国餐饮行业3万亿元的营业额中，大众化餐饮约占80%。但是在发达国家的餐饮行业里，大众化餐饮则能占到95%左右的份额。随着消费日趋理性，中国的大众餐饮仍有进一步扩大的空间。所以，外婆家的传奇还将延续。

作为主打杭帮菜的外婆家，在前期市场拓展的区位选择上，以江、浙、沪为本。因为江、浙、沪三地之间的交流频繁，口味相近，对于杭帮菜的接受程度高。

另外，发展之初信息传播的效率远没有今天这般发达，地缘上的集中也意味着品牌传播和品牌接受度的集中。

这三地市场的深耕，为外婆家积累了深厚的品牌沉淀。

餐饮ZARA风

外婆家创始人吴国平认为，独特的餐厅会给顾客留下深刻的第一印象，人性化的用餐环境，独到的设计手法，都会提升顾客对于餐厅的满意度，而装修正是外婆家综合因素里的主打因素。

走进外婆家，食客们最先感受到的是视觉上的冲击。外婆家的装修风格可以概括为"平民时尚"，不追求时髦做洋人、半洋人的空间设计，而是根植于平民，落地繁衍。

比如西溪天堂店，与普通餐厅暖色调的氛围截然不同。店内放眼望去均是做旧的菜单，吱呀的小船，陈旧的木凳，将中国古代的院落展现无遗。

设计精美的同时，里面的布局也非常科学合理：出菜口设置在餐厅居中的地方，使得服务员拿到菜品后抵达各个区域的时间大致相同，避免了人工的空白等待，提高了劳动效率。

装饰用的摆件和绿植从地面上抬高到了墙上，既节省了地面空间，又形成了外婆家自己的装修风格。同时，店内还将用于放置备用碗筷和纸巾的落柜嵌入墙内，以进一步节省空间，增加台位。

面对精致的装修，店内的服务员总是被问："3元钱一份的麻婆豆腐能赚钱吗?"

吴国平曾将外婆家与服装品牌ZARA和H&M进行类比，外婆家算是餐饮行业里的快时尚品牌。其呈现在消费者面前的低价，本质上是通过供应链优化、生产和程序化管理，并将一部分价值让给消费者而形成的最终结果，而价值的让渡是这个模式中最为关键的一步。

同时，消费者也要对应地让出一部分利益，具体的表现就是等待的时间，其作用在于提高运营的效率，最终让顾客能够在富有设计感的餐厅内吃到低价位又可口的菜品。

可以说，外婆家的设计不仅达到了美学与经济学的完美平衡，而且，也提升了"逼格"，维持了低价原则，完美迎合了"屌丝群体"的消费心理，这对大众餐饮消费者有着莫大的吸引力，也就迅速打响了外婆家的知名度。

CBD里的机会

2003年前后，随着中国城市的发展和人们生活需求的多样化，购物中心业态应运而生，并在全国迅速发展，成为居住在城市里的大众消费者日常休闲购物的首选场所。从2012年下半年开始，外婆家关闭了一些尚有不错赢利能力的路边门店，全面投入知名商业综合体的怀抱，开始与现代的消费模式全面融合。

而在这个转型期，恰逢购物中心开始缩减购物零售业态占比，增加餐饮与体验业态的风潮兴起。外婆家以其优秀的聚客能力,成为各大购物中心所极力拉拢的香饽饽。

吴国平曾经这样描述在购物中心做餐饮的优势:“综合体内人流量大,购物消费能力强,年轻人多,停车方便,就算在门口排队等号,也有够大够好的空间,客户体验哪里是路边店可以相比的?”

同时,强大的品牌资产和规模效应赋予了外婆家与供应商之间强大的谈判能力。这种优势体现在价值链的每一个环节:在原材料及食品加工服务供应端,能以很低的价格采购原材料及服务;在门店租赁成本方面,考虑到外婆家强大的引流能力,外婆家开始与城市综合体联姻,共享流量带来的利润;同时,很多商业地产商给予其极大的租赁让利,其门店的爆炸式增长也正是从这个时候开始的。

拥抱互联网变化

从整体上说,外婆家对于互联网的运用相比于竞争对手并没有很大的亮点,其始终停留在互联网营销的层面上。在O2O浪潮下,外婆家与线上团购、点评网站的合作并没有什么独到之处,多以线上引流、推送促销活动为主。

但不可否认的是,对于积极拥抱互联网的姿态,在第一时间得到了传统行业互联网化所带来的品牌传播、市场营销以及物流配送等方面的红利,也是外婆家近几年得以在全国甚至在国际上快速扩张的保障。

运用社会化媒体打造“6·2外婆节”,是外婆家对互联网较为出彩的运用。在节日到来之前,其通过微博、微信、论坛、各大点评网站推动节日促销信息,用免单、打折促销等方式鼓励消费者与外婆家互动,在提升消费者活跃度、参与感的同时,大大地提升了品牌的认知度和美誉度。

对于O2O,外婆家相对来说还是比较理性,主要侧重在品牌宣传维护上,不盲目砸团购搞大动作,但也不守旧落伍,顺势而为。2005年,大众点评进驻杭州,外婆家成为杭州区域的第一家签约商户,也是较早引入微信支付的餐饮企业,还曾和美食社交APP“去哪吃”等进行过新品试吃合作。

后吴国平时代的新挑战

对于外婆家而言,后吴国平时代有两个层面的含义:一是吴国平在自己50岁的时候宣布退休,将外婆家的接力棒交到了年轻的裘晓华手里;另一层含义则是互联网对餐饮行业的进一步渗透,外婆家面临着新的外部环境。

在这个背景下,外婆家将面临新的危机与挑战。

一是来自内部的危机——新旧接班人领导风格的差异与外婆家固有文化之间的冲突。有这个顾虑的主要原因,是因为外婆家一直没有实现经理人管理的机制,掌门人的个人风格对于品牌的影响深远。

吴国平时代的外婆家处处都是吴国平的烙印,外婆家像是他的一个孩子,体内流淌着他的工业化思维和对于快时尚餐饮价值诉求的把握。但以裘晓华为首的新领导班子对于这笔“遗产”能否自如地驾驭甚至青出于蓝,还有待时间验证。可构建经理人管理机制,是家族式企业可持续发展的必经之路。

二是互联网餐饮行业的挑战。最近几年,一大批效仿者如雨后春笋般涌现,外婆家的性价比模式最终可能沦为竞争策略,陷入价格战的泥沼。

竞争对手带来最大的冲击,可能是低价模式的破产。正如吴国平所说,一旦顾客不再愿意花时间排队,那这个商业运营模式就将破产,客流量少的餐馆把菜价定得如此低必然会亏钱进而关门。从客户体验的角度看,等待不是一个好的现象,门店前面长长的队伍可能是很好的故事素材,却是以破坏用户体验为代价的,未免太过昂贵。

互联网对餐饮行业来说,不再仅仅具有营销、拉新的功用,还可以成为餐饮行业提高效率、降低成本的工具,也可以在餐饮行业经营管理的全过程,从点菜、支付、采购、库存管理、供应链管理到外卖、线上订单接收等各个环节发挥作用。

综合来看,餐饮行业的互联网化也正在走向深水区,而外婆家能否在新的浪潮中活得更好,这仍需时间的考验。

(由作者根据相关资料改写)

案例讨论题:

"互联网+"时代,餐饮业创业应该注意哪些问题?

新创企业的成长

学习目标

了解新创企业成长的生命周期；理解新创企业成长的特点与模式；理解新创企业成长的障碍；理解新创企业成长中的发展战略；了解企业增长理论与类型。

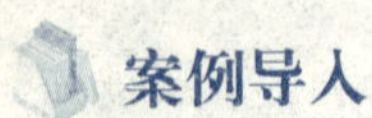

案例导入

资金链断裂满盘皆输

王平对自己准备投资的电磁炉项目充满自信，他认为这个项目一定能给他带来不菲的收益，加上通过关系，他轻而易举地从银行“套”得大笔资金，信心倍增。他很看不起同行们缩手缩脚、小打小闹的样子，心想自己绝不能跟他们一样，要干就大干一场。这种心态使他忘记了自己企业抵抗风险的能力。他一心只想扩大投资规模，将“摊子”铺得越大越好，甚至提出“大就是好”的口号，连上两条生产线。企业负债随着他的盲目投资滚雪球般地扩大，王平却毫不在乎，一点也不感到害怕。在他看来，等企业运转起来，什么债都可以还清。但等他的企业运转起来了，别人的钱也赚够了，开始拼命压价。王平的产品生产出来却卖不出去，顿时陷入了危机之中。

民营企业老板施某自从涉足商海，依靠自己的力量有所成就后，便渐渐藐视来自银行的支持。在制定一项对当地来说具有标志性意义项目的巨大投资计划时，因该项目备受当地社会各界人士的关注，施某头脑一热，脑海中的非经济因素就占了上风。他向外界宣扬，不向银行借一分钱，仅凭自身积累进行该项目的投资。遗憾的是，在投资运作中，尽管他使尽全身解数，运行资金仍旧很快告罄。他不仅不肯反省，请银行帮助，还依然将手头回收的资金不断投放到该项目中，使大笔资金被套牢。施某的企业最后终因资金链断裂而垮台，对当地具有标志意义的项目也不得不中途转让他人。

（由作者根据相关资料改写）

思考：

通过这两个案例，你认为新创企业成长需要注意些什么？

第一节 新创企业成长的规律

尽管创业企业做出了详尽的战略规划，但是有时还是难逃失败的命运。很多创业企业走过了艰难的创业初级阶段，却失败于成长阶段。在创业之后的迅速成长阶段，新创企业虽然成长速度快，但成长轨迹中的波动性相对也大；它们富于创新，但面临的成长“痛苦”也多；销售收入增长很快，但赢利能力较差，等等。创业企业成长阶段的管理是创业者面临的又一大挑战。对于一个创业者，如果不能在创业后的一定时期内使企业健康成长起来，将会使创业者壮志难酬。因而，管理创业企业成长，是创业者在经历过创业初期之后面临的主要任务。

一、新创企业成长概述

每个企业都有自身的成长规律，这叫企业的生命周期。企业的生命周期是指企业从诞生到死亡的时间过程。人的寿命由于受到自然生理因素的限制，因而是有限的。而企业组织却不受这些限制，因而从理论上说可以无限延长，但历史上长寿的企业却并不多见。世界上年龄最长的企业有700多年，瑞士的劳力士公司和美国的杜邦公司年龄超过200岁，美国的通用汽车公司和西方电气公司也有100多岁。然而，更多企业的生命周期却是很短的。因此，认识和把握企业生命周期规律，采取积极措施应对企业死亡的挑战，尤其把握好新创企业成长期管理，促使企业健康成长，争取成为“百年老店”，自然成为创业者奋斗目标和创业实践的重要课题。

（一）企业生命周期阶段划分

关于企业生命周期较系统的研究是由美国管理学家伊查克·爱迪斯博士于1989年提出来的，称为企业生命周期理论。该理论主要从企业生命周期的各个阶段分析了企业成长与老化的本质及特征。

爱迪斯把企业生命周期形象地比作人的成长与老化过程，认为企业的生命周期包括3个阶段9个时期：一是成长阶段，包括孕育期、婴儿期、学步期、青春期；二是成熟阶段，包括盛年期、稳定期；三是老化阶段，包括贵族期、官僚化早期、官僚期与死亡。

企业生命周期的各个阶段的特点都非常鲜明。企业组织体系随着生命周期的不断演变，将会展现出可以预测的行为模式。在迈向新的生命阶段时，组织体系都将面临某种阵痛。此时，若能通过程序的制定及有效的决策来攻克难关，促成转型的成功，则企业所面临的问题均属过渡性的正常现象。反之，如果组织只是一味地走老路，那么更多的异常问题将随之而来，而且一再重复，妨碍组织的发展。

（二）企业生命周期各阶段的特点

1. 成长阶段的特点

（1）孕育期。这一时期所强调的是创业的意图和未来实现的可能性。所以，虽然这一阶段只是高谈阔论而没有具体的行动，但创业者正在通过“推销”自己的“奇思妙想”来确立所要承担的义务。创业者创办企业是因为存在尚未被满足或根本还没有出现的需求，他所关心的是市场应该出现需求或将要出现什么需求，而不是已经存在的市场需求，甚至试图培育并改变市场的行为。因此，企业在技术创新和产品开发时，需要以市场需求为中心，“开发能够卖得出去的产品，而不是花费大的力气推销自己能够生产的产品”。同时，创业想法要禁得住现实的考验，创业的主张应具有可操作性。

(2)婴儿期。这个时期的企业处于刚成立阶段，像襁褓中的婴儿一样，抵抗力很弱，随时都有生病的可能，此时企业存活的关键取决于摄取足够的营养(运营资本)和父母的照顾(创办人的承诺)。这个阶段企业的特点主要表现为，企业缺乏明确的方针和制度，员工数量少，企业用人多数在创业者周围的圈子里寻找，企业的决策高度集中，不存在权力或责任的授予；企业的年营业额低，资产数量也不多，除了创业时可能带有一两项专利技术外，企业无论财务资本、人力资本、技术水平、治理结构和管理制度都十分有限，而品牌、商誉等无形资产则根本无从说起。

(3)学步期。这个时期的企业已经克服了现金入不敷出的困难局面，产品或服务开始被市场所接受，企业开始日渐兴旺。为了进一步扩大市场规模和赢利能力，企业在产品或技术上的创新能力开始增强，使企业显得充满活力。企业的销售额节节上升，而且日益繁荣。学步期的企业容易犯下面三个错误：一是容易被眼前的机会所驱使，缺乏战略眼光，从而导致企业做出一些不明智的决策与承诺；二是缺乏一种系统化的制度，缺乏明确的行为方针、系统的规章制度和健全的预算体系，企业往往表现出不稳定性，容易受挫折；三是缺乏一种科学化的授权体系，易成为“家族制”企业，阻碍企业的进一步发展壮大。

(4)青春期。这一时期是企业成长最快的阶段，技术水平和产品设计能力迅速提高，生产成本下降，规模效益开始出现，市场开拓能力也迅速加强，市场份额扩大，产品品牌和企业的名声已为世人所知晓。青春期的企业资金剩余情况很乐观，足以支撑企业的快速发展。随着高素质人才进入企业，企业的整体素质提升了很多，给公众的印象是该企业呈现一片欣欣向荣的局面。

2. 成熟阶段的特点

成熟阶段是企业生命周期曲线中最精彩的部分。这一阶段的企业具有学步期企业的远见和进取精神，同时摆脱了创业者的影响而获再生，并不断走向成熟。企业也从以量取胜转向以质取胜，从苦干转向巧干，出现了一些企业运作的理想化特征：一是企业的制度和组织结构完善；二是企业的创造力、开拓精神得到制度化保障；三是企业非常重视顾客的需求、注意顾客的满意度；四是计划能够得到不折不扣的执行；五是企业对未来趋势的判断能力突出；六是企业完全能够承受增长所带来的压力；七是企业开始分化出新的事业和组织。总体上说，成熟阶段的企业既富有进取心，具有奋发蓬勃的动力，又具有很强的控制力，企业的创新力与控制力能达到最大限度的统一。

(1)盛年期。盛年期是企业生命周期中最为理想的时期。这一时期，企业的自控力和灵活性达到了平衡；企业很清楚自己在做什么，将向什么方向发展，如何发展；企业具有学步期企业的进取精神，同时具备在青春期阶段所获得的对实施过程的控制力与预见力，能够事先进行计划并加以控制。

(2)稳定期。稳定期是企业停止增长开始衰退的转折点。这一时期，整个企业开始丧失创造力及鼓励变革的氛围，不敢突破过去曾发挥作用的条条框框，越发趋于保守。稳定期的企业有几大变化：企业对短期赢利能力的重视开始日渐上升；财务人员的地位超过市场研发人员的地位；投资回报成为衡量业绩的最为重要的标准；企业开始产生自我保护意识，并不断增强；与顾客的距离逐步拉大。但是，这种巅峰状态需要精心呵护才能持久。因为在企业成熟期，企业遇到了创新精神减退和创新力有下降趋势的问题。创新精神衰退的原因首先在于企业领导人本身。在环境相对舒适的成熟期中，企业领导人很容易丧失创新品质，并开始变得保守甚至固执起来。此外，成熟期企业的各项规章制度已经很健全，各级人员只要按规定办事就行，因此人员的创新力便很容易沉睡起来。但是市场是变化的，企业的创新力沉睡时间过长，就会影响到满足顾客需要的能力，企业的市场竞争力就会随之下降。

3. 老化阶段的特点

企业进入老化阶段后，企业和员工的自我保护意识不断增强，与顾客的距离越来越疏远，体现企业活力的行为不见了。

（1）贵族期。这一时期，企业目标越来越短视化，企业内部缺乏创新，试图通过兼并其他企业获取新的产品和市场来“买到”创新精神。同时，企业内部形式主义流行，钱被花在控制系统、福利措施和一般设备上。贵族期企业不肯承认现实，尽管其市场日益萎缩，在产品和营销技巧上越来越无法与对手竞争，但它仍抱有一副“平安无事，生意照旧”的态度，采取提高价格等极端方法，这更加速了企业滑入老化期的下一阶段——官僚化早期。

（2）官僚化早期。面对前期造成的恶果，企业内部不去关注应该采取何种补救措施，而是将注意力放在剪除异己、保全自己的内讧上，并随着企业业绩的进一步下降，人们变得更加偏执。人员的过多流失使事情不断地恶性循环，直到企业最后破产，或成为完全的官僚化企业。

（3）官僚期与死亡。随着各方面人员的流失，行政型的人员越积越多，企业变成了一个完全膨胀了的官僚机构，没有成果导向的概念，没有创新，也没有团队协作的观念，有的只是最完善的制度、表格、程序和规定。同时，官僚化企业会主动为来自外界的干扰者制造各种障碍，只想通过一个非常狭窄的渠道与外界保持联系。处于官僚化的企业外表看来实力雄厚，但其核心可能已经腐烂，不可避免地最终难逃破产之厄运。

在生命周期的不同阶段，企业存在不同的问题。每一个阶段向另一个阶段转换时，问题就产生了。为了学会新的行为方式，企业就必须放弃旧的行为模式。当企业花费精力努力从旧的行为模式转变到新的行为模式时，企业的各种问题都是正常的。企业凭借自己内在的能量就可以解决正常性的问题，不正常问题则是需要外部干预的。企业成长意味着具备了处理更大、更复杂问题的能力。创业者的职责就是对企业进行管理，使之能够进入下一个更富有挑战性的生命阶段，将企业引向盛年期并保持较长时间。

二、新创企业成长的模式

企业虽然存在的时间不同，但是每个成长的企业都离不开一定的成长模式。创业成长模式一般是指基于企业结构发展变化的企业成长方向及方式。合理有效的成长模式可以积极引导企业经济的发展，快速占领市场份额，创造利益。新创企业成长模式主要包含以下几种类型：

（一）基于经营结构发展的成长模式

1. 规模型成长

规模型成长是指企业某一产品产量的增加，包括不同规格、不同包装的同一产品产量的增加。规模型成长是同一产品原有市场的扩大或新市场的开拓。规模型成长可以产生规模经济。规模型成长是一种最基本的成长方式，是新创企业需要经过的成长阶段。

2. 多角化成长

多角化成长是指企业产品或服务跨一个以上产业的经营方式或成长行为。

3. 纵向成长

纵向成长是指具有投入产出关系的两个相邻生产阶段或企业合为一体的过程。纵向成长也称垂直一体化。完整意义上的纵向一体化应包括两个方面：一是资产的完全一体化，二是两者交易的完全内部化。资产一体化是以共同的所有权纽带为连接，并受控于一个管理集团和共同的战略；交易的完全内部化是指两者之间的内部交易外，各方不存在其他任何交易。

4. 复合型成长

现代企业成长是多方位的，可以同时向若干方向成长，这种组合成长称为复合型成长。

（二）基于组织结构发展的成长模式

基于组织结构发展的成长模式主要有分散化成长模式和集团化成长模式。

1. 分散化成长模式

分散化成长模式主要是指企业的分散和裂解，即企业不是变得越来越大，而是发展到一定程度就分化为若干个小企业，新开办的各公司要设立财务、总务、人事等部门，这种企业分化能够防止企业衰老。有时，国家为了反垄断而强制性地将企业分解。企业分散化是企业在组织结构方面的创新发展，是企业成长的重要模式。

2. 集团化成长模式

集团化成长模式在企业组织中起着越来越重要的作用。企业集团化本质上是企业与企业之间发展的一种长期稳定的契约关系结构。企业集团化也是一种企业成长行为。此外，企业多角化成长也多以集团形式出现。企业集团从其联合方式上看也可以分为三种：①纵向企业集团，即由分别处于不同生产经营阶段上具有上下游联系的企业组成的企业联合体；②横向企业集团，即由处于同一行业、生产同一产品及同一生产阶段和工艺的企业组成的企业联合体，为企业细分化或简单规模成长的企业集团；③混合型企业集团，即由不同行业、生产不同产品或从事不同服务的企业联合而成，也称基于多角化成长的集团化。

（三）基于空间结构发展的成长模型

企业的空间结构发展会形成多地区企业、多国企业，其中跨国企业是现代企业成长的重要模式。在规模型成长、多角化成长和纵向成长等企业成长模式中，规模成长起着重要的基础作用。企业初始时期的成长总是以单纯的规模增长开始的。一般而言，为了实现某种成长方式，企业存在两种选择：一是企业靠自己积累的资源或筹集的资金投资建厂，成立新的组织机构和营业场所而获得企业的成长，或者依托开发产品、开拓新市场实现增长；二是外部成长，即靠收购、兼并或合并其他企业而获得成长。对于新创企业来说，由于资金和资源有限，投资建厂不太现实，大多通过开发新产品、开拓新市场或外部成长方式来实现扩张。

（四）基于技术结构发展的成长模型

企业的技术结构发展是企业内技术的升级、创新所导致的企业规模扩张及企业边界的扩展等。首先是按企业链划分的基础产业和加工业类的企业成长模式。进入基础产业的企业应注意规模型成长和技术进步，一般不宜实行过度的多角化成长，而应该追求适当的纵向成长；进入加工产业的企业应该在注重规模成长的前提下追求准一体化成长，努力提高专业化程度和适时发展低程度的相关多角化成长。其次是按生产要素的密集度划分的产业内企业成长模式的选择。原有业务属于资金密集型的企业，应该考虑选择相关多角化和前向一体化成长模式；原有业务属于技术密集型的企业，应该考虑相关多角化成长模式，但技术快速创新使得非相关多角化也成为一种选择。最后是按产业的成长性来划分的企业的成长模式选择。属于成长产业的企业应该通过内外部成长途径来实现规模型成长，前提是要进入的产业处于成长期。实践中，还存在上述不同企业成长模式之间的交叉融合，进而形成更为细化的企业成长模式。

第二节　新创企业成长的障碍

一、新创企业快速增长的原因

企业在成长的过程中能否实现快速增长，取决于多方面的因素，其中有内部因素，也有外部因素，有成功的管理，也有机遇。外部因素主要包括政府管制（劳工管制、投资管制、准入管制、地方市场保护管制等）和环境因素（地理、文化、法律、市场等）。

在外部环境既定的条件下，从企业自身来说，尽管其失败的原因各有不同，但创业成功的原因却存在共同之处，具体体现在以下几个方面：

（一）善于识别和把握机会

准确而及时地捕捉机会是创业成功的核心。新经济时代，变化快速而非渐变，其特征是收益增加、正反馈、规模经济性弱、进入障碍低、脑力和智力成为关键资产。新经济是双赢博弈，其核心是探寻机会而不是避免风险。

交易成本的降低、经济全球化趋势、知识价值的提升、信息收集的方便性及新技术的应用等，导致一些产业的最小规模经济点下降，以及服务业等创业门槛低的产业日趋增多，社会的发展与进步为企业家创业与发展创造了良好的环境。

（二）富于创新和变革

大部分企业在创业初期资金不多、融资能力较差、技术能力和经营管理能力有限，只有通过创新才能争取行业的领先地位。创业企业最突出的标志就是创新。许多企业每年都会拿出占销售额10%的经费进行新产品的研究开发。例如，电子领域是20世纪80年代至90年代竞争最激烈的行业，世界上30家最大的电子公司1990年的总销售额达5810亿美元，研发费用为466亿美元，而利润却只有266亿美元。从发展趋势来看，研发支出一直处于增长状态。而市场上日益迅速地推出新的或改进的产品，使创新在创业企业中日趋重要。一方面，创新导致新产品的增加和新产品开发速度加快；另一方面，新产品的不断出现，迫使企业不断创新，而这种不断创新则成为创业企业快速增长的重要原因。

具体可以概括为以下内容：

(1)观念创新是创新的前提和先导(头部)。观念就是认识或思想，对人们的行为具有指导和驱动作用，是行动的先导。观念创新就是利用一切可以利用的知识和智慧，通过产品和服务创造新的价值。

(2)技术创新在创新体系中起主导作用(躯体)。一个国家或地区的经济发展水平和社会进步程度取决于技术水平，同样一个企业的竞争能力也表现在技术创新能力上。

(3)制度创新对创新活动具有保证和促进作用(翅膀)。现代企业制度可以有多种多样的形式，但是需要根据创新的需要进行及时的调整，所以说制度创新是创新的保证。

(4)市场创新对创新活动具有导向和检验作用(翅膀)。创新活动以满足市场需求为出发点，同时需要市场来检验。

(5)管理创新对创新体系起协调和整合的作用(尾巴)。创新是一个系统工程，涉及企业的方方面面。管理创新的目的就是对各要素之间的关系进行协调和整合，使之形成一种合力。只有这样，才能做到“整体大于部分之和”。

(三)注重整合外部资源

新创企业要注重整合外部资源，追求外部成长，如融资、开设分支机构等。新创企业的人力、物力、财力资源相对匮乏，因此借助别人(既包括竞争对手，也包括合作者)的力量使自身发展壮大便显得更加重要，这也是其快速成长的原因。

(四)注重人力资源管理

快速成长企业的经营者并不一定要受过高等教育，但他们要雇用一大批有能力的下属，并为他们提供良好的工作环境、成长机会和分享企业成功的机会，使员工有较好的安全感和主人翁意识，从而愿意承担企业生产经营风险，并更积极地投入到事业当中。

受限于企业的资源，通常新创企业都没有专门的人力资源部专职负责对员工面试、录用及业绩评估。一般这些工作大部分都是由创业者本人或其他一两个核心人员来承担的。对创业者来说，比较困难的决定之一是解雇能力不足的员工。在决定解雇员工的过程中，重要的是要有一个公正客观的员工业绩行为评估程序。解聘员工处理不当会给企业的声誉带来非常不利的影响，这种负面影响对一个经营还未上正轨、亟待扩大社会影响的新创企业来说是很不利的。

(五)拥有比较固定的企业价值观

企业价值观是支持企业发展的灵魂。对于新创企业而言，企业价值观一般是创业者自身价值取向的体现，这种取向直接影响着企业的发展。固定的企业价值观保证了企业发展的稳定性，也便于企业管理者与员工掌握企业发展过程中的关键点。

(六)灵活有效的管理策略

创业企业在人才、设施、资金及信息等方面相对较为缺乏，在成长与发展中难以抽出用于技术创新的各种资源，甚至没有资源。这种情况下，创业企业的发展取决于该企业的管理能力，如采用什么样的战略、怎样营销、怎样创新等。面对成长过程中出现的问题，快速增长的企业善于推动并领导变革，并且敢于打破传统竞争模式，引入新的游戏规则。

二、新创企业成长的障碍

新创企业的成长不会是一帆风顺的，成长过程中会遇到许多障碍，归纳起来主要表现在以下几个方面：

（一）复杂性及管理难度大

随着企业的发展，企业所面临的内外环境更加复杂，市场中会不断地有新的竞争企业进入，改变行业内的竞争状况。新创企业一方面可能面临大企业的打压，另一方面需应对小企业的"搭便车"行为。所以，企业需要与越来越多的顾客及供应商建立并维护关系，以巩固自己的市场地位。

（二）成长资源的限制

1. 管理能力的制约

企业在某个时点拥有的管理服务数量是固定的，这些管理服务一部分要用于目前企业的日常运作，另一部分要用于扩张性活动。如果管理企业当前事务所需的管理服务与企业规模成一定比例，而且企业扩张所需新增管理服务与扩张规模也成一定比例，则企业只能按照这一固定比率成长，否则就会出现管理危机，影响效率。

管理水平的高低主要取决于企业领导者的管理才能。拥有专业技术、知识背景和管理知识，有助于管理者做出科学合理的决策。优秀的管理团队可以胜任多项工作任务。通过采用恰当的管理方法与手段，领导者能够充分调动团队成员的工作积极性，增强团队成员的凝聚力，提升团队工作效率，使所在团队的能量得到最大化发挥。企业团队对外界环境变化的应变能力与适应能力都很强，这将会有效地促进企业的发展。反之，因管理不善，企业员工凝聚力不强，工作效率低下，企业将处于很不利的地位，可能很快被激烈的市场竞争所淘汰。

2. 市场容量的限制

一旦企业实现了初期的快速成长，很快就会有其他企业跟进。众多竞争对手的加入使顾客有更大的选择空间。随着顾客对产品和市场的更加了解，他们往往要求较高的产品质量或索取更多的服务项目和更低的价格。顾客竞价力增强使成长中的企业不得不调整市场战略，以赢得新顾客和维持已有顾客的支持。

在企业自身方面，随着规模的增大，新创企业初期的目标市场容量将无法支撑企业快速发展的需求，企业家必须寻求扩张。但企业扩张往往又受到地域、环境及多元化经营障碍等方面的制约，使得企业的管理变得更加复杂，往往造成很大的损失。

3. 资金的约束

企业的快速成长需要企业具备相应的资产。如果不能得到新的资金，就会严重制约企业的成长。资金要素是影响企业发展的重要因素之一，企业的发展离不开资金的筹措。企业在生产经营过程中总会不断发生对固定资金和流动资金的需求。创新企业具有高风险、高投资、高成长、高回报等特点，而这些特点并不受银行贷款的青睐，因此无形中增大了新创企业的融资难度。新创企业的资金筹措主要是依靠自我积累和股本扩张的方式来实现的。企业自身融资能力的强弱对新创企业资本实力的影响非常大。融资能力的最大影响因素就是企业在银行的资信水平，因此良好的信誉是企业提升融资能力的基本保障。同时，政府相关扶持政策的出台与实施对扩展新创企业融资渠道、间接提升企业融资能力也会起到积极的促进作用。

（三）持续创新的不足

富于创新是推动企业成长的主要动力。企业创立之后，创业者关注的核心问题是生存，初期创新的推动力量会随着创业者投入资源的减弱而减弱，也会随着消费者熟悉程度的增强和竞争对手模仿行为的增多而减弱。

科技型企业更加注重技术创新，其成长主要依靠新技术、新理念的运用，而不是主要依靠自然资源的消耗或资本的投入。不断进行技术的突破与创新，是创新企业在竞争中取胜、获得巨额收益的基础。企业的技术创新能力决定着企业的技术水平，而单纯引进先进技术却不能对其进行很好的消化吸收再创新，只能在短期内维持企业的生命，不能从根本上增强企业的生命力。对于新创企业而言，技术创新能力不仅是影响其发展的重要因素，甚至决定企业的生死存亡。

（四）战略规划能力不足

随着新创企业的发展，迫于生存的压力，新创企业更加注重行动而非战略思考。事实上，在成长阶段，战略依然十分重要。战略规划是根据一个企业的实力和缺点，对其周围的机会和威胁有效管理的长期计划的系统说明。它包括阐述这个企业的任务、说明可以达到的目标、发展战略和设定政策方针。战略规划是决定一个企业未来发展方向的首要步骤。

处于现代市场环境条件下的企业，其生存和发展必须具备长远的观点，要把经营战略作为企业管理的核心内容，对企业实施战略管理应该是企业高层管理者所担负的重要职责。新创企业在度过创建初期阶段之后，面对着市场的竞争压力及企业不断增长的内在要求，创业者必须面对伴随成长阶段而来的管理挑战。成长阶段要求创业者从个人领导能力到以团队为导向的领导能力的转变。在企业快速成长的过程中，企业内部的管理和控制的问题显得越来越突出，也越来越重要。

（五）创业者的角色转换及团队建设滞后

企业在增长阶段会发生一些关键的转变，最值得注意的是需要创业者转变管理方式，然而要做到这一点并不容易。正如霍夫和查兰（HoferandChran）所说："在所有可能的不同转变中，最难做到、可能也是对组织发展最重要的是从一个一人的创业型管理公司转变成为一个经营上有组织的、专业的管理团队控制的公司。"

这个转型的过程中会发生很多问题，特别是如果这个企业具有一个高度集中的决策系统、对一两个关键人物过度依赖、没有足够的管理技巧和训练、采用的是家长式作风等特征，这将对公司的成长和发展构成一种威胁，会降低创业者成功管理企业成长阶段的能力，从而限制了企业的发展。因此，在成长阶段，创业者角色要适时转换。

除了创业者自身的角色转变，还需要加强管理团队的建设。一些新创企业在企业内部培植个人英雄主义，把企业的竞争力建立在个人能力的基础上，遇到问题时多主张更换个别高层管理者，以便解决问题，但结果往往是不仅无法解决问题，反而制约了企业的发展。

三、创业企业成长过程中的两个转变

（一）创业者风格向管理者风格的转变

创业者风格向管理者风格的转变需要经过以下七个步骤：

（1）创业家愿意变革，并且首先从改进自己的日常行为入手，即进行自我管理（Self-management）。

（2）改变企业的日常决策程序，扩大这个过程的参与性，强调正式的决策技术的运用。

（3）管理完成制度化（Institutionalized）替代“必不可少的个人”。

（4）配备中层管理人员、职能经理。

（5）评估和修正公司战略。

（6）改革组织结构、管理体制和流程，以适应战略的变化。

（7）建立专职董事会。

（二）企业经营管理的转变

对于度过创业初期的生存阶段及进入快速成长阶段的多数企业来说，一般需要以下几个方面的转变，进而实现企业的转型：

1. 从销售导向转向营销导向

创业企业应该从设法销售自己生产的产品给顾客转向以顾客需要为准绳生产产品。

2. 从机会导向转向经营导向

“我们从来不是等想好了再做，而是有了想法就做。”这是创业者经常说的一句话，也是他们的经验之谈。但是随着企业的成长，企业更需要战略、规划和正式的经营体制。

3. 从个人导向转向组织导向

在初创时期，企业的经营业务相对简单，不需要进行细致的分工。同时，企业资金匮乏，也没有实力供养专业管理人员。因而，在初创阶段，表现为一种“老板—伙计制”的管理方式。随着企业规模的扩大和经营活动的复杂，企业家必须学会利用组织而不是依赖个人开展工作。

4. 从规避风险向承担风险转变

创业初期，由于资源的缺乏等原因，创业者往往选择投资少、不确定性程度高的领域进行创业。但是，众所周知，没有风险就没有收益。伴随着企业的成功，企业有了资金积累，企业家精神也会因为创业的成功而得到极大的强化，进而敢于冒险。所以，经历了创业初期成功之后的企业家必须寻求扩张。为此，企业家就必须寻求新的经营模式，从组织建设、人才培养等多个方面为扩张做准备。

5. 从注重战术向战略导向转变

进入成长阶段，企业家必须从具体的事务中抽出身来，集中时间思考公司发展的总体方向,规划公司发展的总体战略,并通过适当的途径将战略准确地传达给每个员工,落实到员工的行动中。

6. 从核心员工角色向经营管理者转变

核心员工角色往往专指创业初期的创业者,他们是新创建企业的所有者,也是企业的核心员工,同其他成员一道扎实苦干、跑市场、抓销售。伴随着企业的成长,创业者若要继续经营自己创建的企业,就必须摆脱所有者个人的角色,注重决策,并习惯于通过别人实现想要达到的目标。

7. 从关注现金流向关注利润转变

在创业初期,迫于生存压力,企业单纯以获取资金为中心,只重视成果而不重视过程,只重视所得而不重视成本。企业发展起来以后,规模扩大了,市场基本稳定了,就要严格过程管理,借助扎实的基础管理工作来强化成本核算,通过管理制度建设来构建基本的管理工作秩序,进而提高工作效率。

8. 从个人创新向组织创新转变

企业初期的快速成长主要源于企业家或其团队的创新。创业之后,企业家关注的核心问题是销售和生存,对创新的投入减少,创新业绩会减弱,从而会影响到企业的进一步成长。因而,企业的创新机制需要从企业家个人转变为组织行为。

第三节　企业成长战略

一、创业企业战略管理的基本点

(一)创业企业的核心竞争能力

新创企业在刚开始时绝大部分都是中小企业,从某种程度上创业企业进行战略管理还不可能像已经发展了多年的企业那样系统地进行,因此,创业企业进行战略管理时尤其要注意抓住战略管理基本点:发展企业核心竞争能力。

什么是企业核心竞争能力呢?根据麦肯锡咨询公司的观点,所谓核心竞争能力,是指某一组织内部一系列互补的技能和知识的结合,它具有使一项或多项业务达到竞争领域一流水平的能力。核心竞争能力由洞察预见能力和前线执行能力构成。洞察预见能力主要来源于科学技术知识、独家的数据、产品的创造性、卓越的分析和推理能力等;前线执行能力产生于这样一种情形,即最终产品或服务的质量会因前线工作人员的工作质量而发生改变。

(二)核心竞争能力的特征

核心竞争能力是企业的特殊能力,具有如下一些特征:

(1)价值优越性。核心竞争能力是企业独特的竞争能力,应当有利于企业效率的提高,能够使企业在创造价值和降低成本方面比竞争对手更有优势。同时,它也给消费者带来独特的价值和利益。

(2)异质性。一个企业拥有的核心竞争能力应该是企业独一无二的。即其他企业所不具备的(至少暂时不具备),是企业成功的关键因素。核心竞争能力的异质性决定了企业之间的异质性和效率差异性。

(3)难模仿性。核心竞争能力在企业长期的生产、经营活动过程中积累形成,深深打上了企业特殊组成、特殊经历的烙印,其他企业难以模仿。如索尼公司产品创新特别是小型化的能力,松下公司质量与价值的协调能力,海尔公司广告销售和售后服务的能力,科龙公司无缺陷制造和销售产品的能力等。

(4)不可交易性。核心竞争能力与特定的企业相伴而生,虽然可以为人们感受到,但无法像其他生产要素一样通过市场交易进行买卖。

(5)难替代性。由于核心竞争能力具有难以模仿的特点,因而依靠这种能力生产出来的产品(包括服务)在市场上也不会轻易被其他产品所替代。

(三)核心竞争能力对于创业企业的战略意义

核心竞争力的特征决定了它对创业企业的长远发展具有重大的战略意义。在中小企业的成长中,如果能够围绕打造和利用核心能力来设计自己的发展路线,不再把自己的企业看成是一些制造产品的业务单元组合,而是各种能力的组合,那么,企业不仅能够壮大,并且还能形成不败的竞争优势。其具体表现如下:

首先,核心竞争力可以为企业的成长提供指导。由于核心竞争力具有特殊性、持久性和不可替代性,因此,企业只要具备了某方面的核心能力,就可以将其未来的发展战略紧紧围绕核心能力来设计,在未来市场环境变化更加不确定的环境下,根据自己擅长做什么来设定战略无疑是一个明智的选择。因此,创业企业可以为自己的成长找到一个明确的指导方向。此外,核心能力也有助于企业整体实力的增强。核心专长超越了具体的产品和服务及企业内部所有的业务单元,将企业之间的竞争直接升华为企业整体实力间的对抗,重点强化企业在市场中的绝对优势,以控制竞争中的制高点,由此保持企业持续稳定地成长。所以,核心能力的寿命比任何产品和服务都长。创业企业要高瞻远瞩,不应局限于某一具体的业务单元。

其次,核心竞争能力是企业多元化发展的核心基础。核心能力的延展性使得企业可以进入多个相关的领域,为企业创造多种新产品市场提供基础,增强企业的整体竞争地位,其意义远远超过了企业单纯在某一种产品市场的成败,对企业的发展至关重要。例如,佳能公司在发展早期确立了以技术为主导的经营战略基础,经过 10 年的专注经营,佳能公司在照相机的国际市场上占据了领先地位,并且在精密机械和光学领域积累了丰富的技术经验。后来,佳能公司进入同步计数器行业(电子计算器),在公司的专注经营下,也取得了相当的成功。到 20 世纪 60 年代后期,佳能公司在精密机械技术、光学技术、微电子技术具有了绝对的优势,三者相互结合构成了图像化方面的核心竞争力。随后,佳能公司利用其核心竞争力,进入了复印机、打印机、传真机、医用仪器等新行业,均取得了巨大的成功。1998 年,佳能公司提出“二次创业”,计划进入信息机器、映像机器和液晶装置、半导体这三大有待发展的新领域,“未来佳能”的战略计划从此实施,其基础仍是佳能拥有的核心能力。日本本田公司利用自己在发动机方面的领先能力进入了割草机、摩托车、汽车、滑雪艇等多种机器设备领域。美国宝洁公司则利用自己在营销方面的独特能力进入护发、卫生、洗涤等很多领域，并且也都取得了成功。这与企业在初始发展中形成的强大的核心能力是密不可分的。实际上，当企业在利用自己的核心能力进行多元化时，这种多元化也会进一步地扩充和增强企业的核心能力，两者是相辅相成的关系。

最后，核心竞争能力能够为企业带来独特的竞争优势。核心能力的不可交易性、难以模仿与不可替代性，主要是依靠经验和知识的积累，有效保证了企业竞争优势的持久性和进入壁垒。如果一家企业在市场上拥有独特能力，而它的竞争对手无法与这种独特能力相抗衡，同时，如果竞争对手模仿这种独特能力的成本很高或需要花费大量的时间，那么这家企业就很容易建立起竞争优势。因此，核心能力是企业成功的潜在的重要原因。例如，英特尔公司在快速开发新一代更强大的半导体芯片方面所拥有的独特能力使得其在个人计算机行业拥有了垄断地位。星巴克公司在店内气氛和创新性咖啡饮料方面所具有的独特能力使其成为咖啡零售领域的领头羊。摩托罗拉在无缺陷制造方面所拥有的核心能力大大提高了公司在全球移动电话设备市场上的领导地位。

（四）核心竞争能力的建立

一个企业如何建立核心竞争能力呢？一般来说，可以通过两种途径：一是内部整合，二是外部交易（资本扩张）。内部整合是外部交易的基础；外部交易必须通过内部整合才能将新增的资源变成自己的。资本扩张需要企业投入大量的资源，如果不能及时得到融资，势必影响企业现有业务的运行。成功的资本扩张必须有足够的内部消化能力，对资金和管理的要求是很高的，创业企业一般不应该贸然进行资本扩张。目前对于国内的创业企业来说，通过内部整合建立核心竞争能力仍然是主要途径。

内部整合是指在现有资本结构的基础上，通过调整内部资源，包括控制成本、提高生产率、开发新产品、扩展新市场、提高管理能力来创造和维持现有的竞争优势。通过内部整合使企业的现有资源得到充分地利用，使生产规模在一定的资本结构和技术领域内得以扩大，从而建立和不断增强核心竞争能力。

二、创业企业适用战略

建立了自身的核心竞争能力以后，应在此基础上进行有目的的外部交易（如联合或参与OEM等），继续获得核心竞争能力。保持创业企业在竞争中制胜的关键是制订出合适的竞争战略，这种战略必须能够扬长避短，获得竞争优势。具体从成本和市场营销的角度来看，以下的战略可能比较适合创业企业：

（一）成本控制战略

要求企业积极地建立、并达到有效规模的生产能力，在经验基础上全力以赴降低成本，搞好成本、管理费用的控制，最大限度地减少研发费用和品牌树立等方面的费用。通过对我国创业企业分布状况研究发现，创业企业大多集中于两种类型：一类是分散型产业，基本包括服务业、零售业、批发业、木料加工和金属组装业、农产品、风险型企业等；另一类是新兴产业，包括新技术、新材料、新能源企业。在这方面，日本企业的做法值得借鉴，他们设计出既便于生产制造又有市场需求的简单、易组装的产品，这样对成本的控制就变得可行。

（二）重点集中战略

创业企业一般没有能力满足大部分的市场需求，如果与行业内的大企业争夺同样的顾客群，创业企业将处于不利的地位。重点集中战略是主攻某个特定的顾客群，或某产品系列的一个细分区间，或某个地区的市场。围绕着如何很好地为某一个目标市场服务这一核心，公司制订的每一项产品开发方针都要考虑自己的市场定位，把精力集中在目标顾客上，以提高效率。重点集中战略更适合服务业的创业企业采用，如美国的西南航空公司，在航空业中是规模较小的，但是其盈利能力却是那些大的航空公司望尘莫及的，其成功的原因就是坚持自己的服务特色和市场定位。由此可见，重点集中战略也有助于降低成本费用。值得注意的是，目标市场和产品定位一经确定，就不应该频繁地改变，坚持服务自己的顾客往往要求企业敢于拒绝其他少数顾客的需要和市场机会诱惑，实行“有所为有所不为”的做法。

（三）创业企业的发展战略

1. 加强型战略

市场渗透、市场开发和产品开发战略统称为加强型战略，因为它们要求加强努力的程度，以提高企业现有产品的竞争地位。

市场渗透战略是通过更大的市场营销努力，提高现有产品或服务在现有市场上的市场份额。这一战略被广泛地单独使用或同其他战略结合使用。市场渗透的做法包括增加销售人员、增加广告开支、采取广泛的促销手段和加强公关宣传努力。尤其适合采用市场渗透战略的五种情况是：

(1)企业特定产品与服务在当前市场中还未达到饱和。

(2)现有用户对产品的使用率还可显著提高。

(3)在整个产业的销售额增长时主要竞争者的市场份额在下降。

(4)在历史上销售额与营销费用曾高度相关。

(5)规模的提高可带来很大的竞争优势。

市场开发战略指将现有产品或服务打入新的地区市场。特别适合采用市场开发战略的情况有如下六种：

(1)可得到新的、可靠的、经济的和高质量的销售渠道。

(2)企业在所经营的领域非常成功。

(3)存在未开发或未饱和市场。

(4)企业拥有扩大经营所需要的资金和人力资源。

(5)企业存在过剩的生产能力。

(6)企业的主业属于正在迅速全球化的产业。

产品开发战略是通过改进和改变产品或服务而增加产品销售。进行产品开发通常需要大量的研究和开发费用。例如，1998 年，大众汽车公司开发了一种轻型卡车以便在快速增长的市场中参与竞争，在美国市场上进展顺利，1999 年上半年的销售额比前一年同期增长

344.6%。推出新产品能为企业带来持续发展。

特别适合采用产品开发战略的五种情况如下：

(1)企业拥有成功的、处于产品生命周期中成熟阶段的产品。此时可以吸引老用户试用改进了的新产品，因为他们对企业现有产品或服务已具有满意的使用经验。

(2)企业所参与竞争的产业属快速发展的高技术产业。

(3)主要竞争对手以可比价格提供更高质量的产品。

(4)企业在高速增长的产业中参与竞争。

(5)企业拥有非常强的研究与开发能力。

2. 一体化战略

一体化战略是企业成长的一种主要战略形式。一体化战略就其本质而言是一个方向性的选择问题。企业可以选用纵向一体化，向自己的上游供应商或下游销售商扩展。企业可以对少量的相关产品进行横向一体化的经营，同时利用自己的优势，拓展市场上的机会。当企业有较大的竞争优势，但市场机会不多时，企业适合采取多样化经营战略，把企业带向有更大发展空间的市场。另一种进入新领域的方法是寻找合作或合资经营的机会。企业可以通过纵向一体化，进入上游或者下游行业。

当一个企业发现它的价值链上的前面环节对它的生存和发展至关重要时，它就会加强前向环节的控制。典型的实施这一战略的例子是可口可乐公司，当它发现决定可口可乐销售量的不仅仅是零售商和最终消费者，分装商也起很大作用时，它就开始不断地收购国内外分装商，并帮助它们提高生产和销售效率。

3. 多元化战略

多元化经营是企业扩张的一种普遍模式，是指企业在发展过程中向非主营业务领域的投资战略。关于多元化的争议从它诞生时开始，并一直伴随它的成长过程，但今天多元化经营已经成为全球顶尖企业的必然模式。多元化经营可以划分为以下几种形式：

(1)集中多元经营。增加新的、但与原有业务相关的产品与服务被广泛地称为集中化多元经营。

从冰箱到空调等各类制冷家电就是集中多元经营。实行这种战略的例子之一是，美国电话电报公司以 1 200 亿美元收购有线电视公司，以便使美国人通过电视而不是电话线上网。该公司的集中化多元经营战略还促使其与美国在线公司商谈合资经营或合并，以便使美国在线用户可以通过电话线上网。

(2)横向多元经营。横向多元经营是指向同样的顾客提供新的、与原有业务不相关的产品或服务。

海尔的业务扩展从制冷家电到 16 种白色家电、黑色家电到小家电，都是横向多元经营。这种战略不像混合式经营那样具有很大的风险，因为企业对现有用户已比较了解。

(3)混合多元经营。增加新的与原有业务不相关的产品或服务被称为混合多元经营。

海尔进入软件和医药行业就是混合多元经营。一些公司采取混合多元经营战略，部分是基于这样的预期：一是将过剩资源(如管理资源、制度资源或财务资源等)充分利用、创造利润；

二是降低经营单一行业的投资风险。

实施多元经营并有效地规避风险，对于创业企业的发展尤为重要，不能急于追求企业的规模，实施多元化战略应坚持以下四个基本原则：

(1)已有产业要基础扎实。

(2)新旧产业要做到不冲突。

(3)新产业要能够进得去。

(4)新产业要能够站得住、打得赢。

本章思考题

1. 什么是企业成长？企业成长的模式有哪些？
2. 试分析企业成长中将会受到哪些因素的约束。
3. 简述核心竞争能力对于创业企业的战略意义。
4. 简述创业企业的发展战略及适用条件。

案例分析

高科技行业现行的成长策略能否奏效

在美国，初创企业形式发展的高科技行业加快了发展速度，但随着这一行业日臻成熟，很多企业已经成为大型企业。如果这些企业再想扩大市场规模、打进新市场或有所创新的话，它们经常会采取并购策略——尤其是面对可以低价收购当下陷入困顿的标杆企业。

最近，高科技行业的公司正在经历一场并购盛宴。过去五年间，专长数据库管理和相关商用软件的甲骨文公司(Oracle)完成了 67 起并购。近期并购案例中，不少被收购企业已经失去了昔日的品牌光辉或市场份额，收购企业趁机大胆并购，并想借此重振品牌。例如，Palm 在 Pre 智能手机项目斥巨资，意图将其开发成公司的核心业务。但是，此举并未奏效。2010 年 2 月 Palm 公司削减了公司收入预测，3 月报出第一季度亏损 2 200 万美元，4 月份公司再次调低收入预期。4 月 28 日，惠普公司宣布以 12 亿美元收购 Palm 公司，解决 Palm 公司现有的问题的同时，希望借用 Palm 公司颇受市场欢迎的 WebOS 手机操作系统来与苹果的 iPad 竞争。

甲骨文公司(Oracle)是世界上最大的企业软件公司，向遍及 145 多个国家的用户提供数据库、工具和应用软件以及相关的咨询、培训和支持服务。甲骨文公司总部设在美国加利福尼亚州的红木城，全球员工超过 40 000 名，2003 财年收入达到 95 亿美元，是《财富》全球 500 强企业。自 1977 年在全球率先推出关系型数据库以来，甲骨文公司已经在利用技术革命来改变现代商业模式中发挥关键作用。甲骨文公司同时还是世界上唯一能够对客户关系管理、操作应用、平台设施进行全球电子商务解决方案实施的公司。

甲骨文公司 1989 年正式进入中国市场，成为第一家进入中国的世界软件巨头，标志着刚刚起飞的中国国民经济信息化建设得到了甲骨文公司的积极响应，甲骨文首创的关系型数据库技术也从此开始服务于中国用户。1991 年 7 月，经过近两年时间的努力开拓，为了更好地与迅速发展的业务相适应，甲骨文公司在北京建立独资公司——北京甲骨文软件系统有限公司。2000 年 8 月 8 日，甲骨文公司正式启用位于北京国贸大厦的办公新址，成为公司立足于长期服务中国市场的又一里程碑，也是长期扎根中国市场的新起点。目前，甲骨文公司在北京、上海、广州和成都均设立了分支机构，向中国市场全面提供 Oracle9i 电子商务平台、Oracle 电子商务应用软件以及相关的顾问咨询服务、教育培训服务和技术支持服务。甲骨文公司在中国的员工达 483 人。2002 年 10 月，甲骨文公司在深圳成立甲骨文中国研发中心，服务于技术开发、产品认证和本地化、技术支持等关键领域。第二个研发中心也于 2003 年 10 月在北京揭幕。

甲骨文公司在中国的目标是：通过提供并传授领先技术，帮助中国软件企业在快速增长的经济大潮中取得成功，促进中国软件业的发展，同时也为中国的广大用户提供性价比高、可靠、安全的企业软件，为他们的业务增长作出贡献。发展策略是：推进本地化建设、建立牢固的合作伙伴关系、对中国市场实现承诺。2016 年，公司在中国 91% 的业务都是通过本地合作伙伴进行的。公司还与中国人才交流基金会合作，每年为 4 000 名中国软件工程师进行培训，以满足市场对软件专业人员的上升需求。

SUN 微系统公司是一家全球性的企业，1982 年创建于美国斯坦福大学，创始人为 Andy Bechtolsheim、Bill Joy、Vinod Khosla 和 Scott McNealy。SUN 公司 1986 年上市，在 NASDAQ 的标识为 SUNW，2007 年改为 Java。SUN 的足迹遍及全球 100 多个国家和地区，1987 年进入中国市场，并成立了太阳计算机系统(中国)有限公司。

SUN 这个名字来源于斯坦福大学网络(Stanford University Network)的首字母缩写，创立伊始，SUN 公司就率先提出“网络即计算机”的独特理念，并以此指引着 SUN 各项技术的发展。SUN 公司专注于计算机协议、服务器技术、操作系统平台、存储等产品的研发，其产品素以质量稳定性能卓越而著称。同时 SUN 还是开放式网络计算的领导者。SUN 公司所有产品中最著名的就是 Java 软件平台。Java 平台的“一次开发多处使用”的理念极大地方便了开发人员，大大简化了开发人员的工作量，凡是基于 Java 平台开发的产品，几乎在所有系统的 Java 环境中均可以直接运行，而不用进行代码的重新编写工作。自成立之初，SUN 就率先提出了开放标准、互操作性、异构和参与等思想，希望在开放社区的基础上，将世界各地的人们联系在一起。这些在当时是很激进的思想，但经过多年后，这些思想已在世界各地开花结果。创立伊始，SUN 的创立者就以与众不同的洞察力率先提出“网络就是计算机”(the network is the computer)的独特理念。如今，这一理念已驱使 SUN 成为向全球用户提供最具实力的硬件、软件与服务的领先供应商。

SUN 是开放式网络计算的领导者。1982 年 2 月创立以来，它一直对客户恪守着体现“开放思想”的重要承诺：促进多种选择，提供创新技术，提升客户价值。它是世界上最大的 Unix 系统供应商。主要产品有基于 Ultra SPARC 和 AMD Opteron 处理器的系列服务器、工作站，Sun Ray 桌面系统、Storage Tek 存储设备等硬件系统，Solaris 和 Java 软件，以及 Sun Grid 等各类服务，并以其高度灵活性、缩放性、安全性和可用性等优异特性赢得全球各行业客户的青睐。2005 年 12 月，SUN 基于其突破性“酷线程”专利技术推出新的“绿色经济型”服务器产品线，开启了网络计算的新时代。

SUN 的足迹遍及全球。在全球 100 多个国家和地区，在美国、欧洲、中东、非洲和亚太等地区，SUN 产品的市场份额都在攀升。SUN 面对众多客户的喜爱和欢迎，预示它在 21 世纪中取得更加辉煌业绩的美好前程。SUN 着重于“共享”市场的战略；并专注于四条原则帮助客户实现目标：简单化与标准化；提高开放性和互操作性；坚持安全性和对法规的依顺性；SUN 在所有的解决方案中提供身份识别管理功能，确保安全性和对法规的依顺性。

2015 年 7 月 16 日，太阳计算机系统公司股东投票支持甲骨文公司以每股 9.50 美元/股的价格现金收购公司，这扫清了收购协议进展道路上的一个主要障碍。太阳计算机系统公司最近股价下跌 3 美分至 9.18 美元/股，而甲骨文公司股价则上涨 3 美分至 21.53 美元/股。甲骨文公司并购太阳计算机系统公司(Sun Microsystems)时，该公司持续亏损，2009 财年亏损 22 亿美元，收入下滑还有多个项目正在重组。甲骨文公司 2016 年 1 月份以 56 亿美元完成收购后，对外表示太阳微系统公司缺乏效率，体制过于松散，并将为此推出一个修复计划。

(由作者根据相关资料改写)

案例讨论题：

1. 甲骨文公司并购太阳计算机系统公司后主要的危机有哪几方面？应该如何防范？
2. 甲骨文公司并购的目的是什么？
3. 甲骨文公司并购后应采取哪些策略来促进成功？

第十章 创业风险防范与管理

学习目标

了解创业风险的含义与特征;理解创业风险的来源与类型;理解创业风险的识别方法;了解创业风险管理的方法。

案例导入

波音公司倒闭的假想新闻——居安思危才能立于不败之地

20世纪90年代初,波音公司产量大幅下降,为走出经营低谷,公司决定"以毒攻毒",在危机面前自曝惨状,以刺激员工并获取员工支持,从而达到复兴的目的。为此,波音公司自己摄制了一部虚拟的电视新闻片:一个天色灰暗的日子,众多的工人垂头丧气地拖着沉重的脚步,鱼贯而出,离开了工作多年的飞机制造厂。厂房上面挂着一块"厂房出售"的牌子。扩音器传来声音:"今天是波音时代的终结,波音飞机公司关闭了它的最后一个车间……"画面反复播放。

这则公司倒闭的电视新闻使员工们强烈地意识到市场竞争的残酷无情,市场经济的大潮随时都会吞噬掉公司,只有不断进取、创新、拼搏,企业才能在经济大潮中乘风破浪,在竞争中立于不败之地。否则,虚幻的模拟倒闭将会变成企业无法避免的事实。波音飞机公司总部通过电视片告诫员工们:如果本公司不进行彻底变革,末日就是如此。正如波音飞机公司的新总裁菲利普·康迪特所说:"我们的根本目的是要确保10年后还能在电话簿上查到本公司。"

真可谓"假作真时真亦假,真作假时假亦真"。这一计谋实施后,波音公司很快就从改革中尝到了甜头:员工们由于充满危机感而努力工作,节约公司的每一分钱,充分利用每一分钟,从而使波音公司的飞机制造变得迅速而有效益。仅此一项,1992年波音公司就削减库存费用1亿美元,经营成本也降低了20%~30%。

(由作者根据相关资料改写)

思考:

波音公司在这次改革中成功的原因是什么?

第一节 创业风险概述

一、风险及创业风险的含义

中文“风险”一词,相传起源于远古的渔民。渔民出海前都要祈求神灵保佑自己出海时能够风平浪静、满载而归。现代意义上的“风险”一词,已经大大超越了“遇到危险”的狭窄含义。无论如何定义风险一词的由来,其基本的核心含义都是“未来结果的不确定性或损失”。如果采取适当的措施,从而使破坏或损失的概率不会出现,或者出于智慧的认知和理性的判断,继而采取及时而有效的防范措施,那么风险可能带来机会,由此进一步延伸的意义,不仅仅是规避了风险,可能还会带来比例不等的收益。有时风险越大,回报越高,机会越大。因此,如何判断风险、选择风险、规避风险继而运用风险,在风险中寻求机会,创造收益,意义更加深远而重大。

创业风险是指企业在创业过程中存在的各种风险。由于创业环境的不确定性、创业机会与创业企业的复杂性,以及创业者、创业团队与创业投资者的能力和实力的有限性而导致创业活动结果的不确定性,就是创业风险。

二、创业风险的特征

创业风险种类繁多,贯穿并交织于整个创业过程,但是这些风险具有一些共同的特征。

(一)创业风险的客观性

创业风险的客观性,首先表现在它的存在是不以人的意志为转移的。风险是客观存在的自然现象和社会现象所引起的,无论是自然界中的洪涝、雷击、地震、海啸等自然灾害,还是社会领域的战争、车祸、破产等,都是客观存在的,是无法回避和消除的。通常所说的规避风险有两重含义:一是指改变或消除所从事的活动,既然活动对象改变了,风险就自然不同;二是指风险所造成的经济损失通过各种经济的、技术的手段进行转移。

(二)创业风险的不确定性

创业风险的不确定性是指创业风险的发生是不确定的,即风险的程度有多大、风险何时何地有可能转变为现实均是不确定的。这是由于人们对客观世界的认识受到各种条件的限制,不可能准确预测风险的发生。创业过程是创业者将自己的创意或创新技术变为现实的产品或服务的过程。这一过程中,创业者面临着各种各样的不确定性因素,如原来预测的市场需求发生了变化、新的技术难以实现、竞争对手采取了有效的对策、需要的资金难以到位等都可能导致创业的失败。

(三)创业风险的相对性

创业风险是相对的、变化的,不同的对象有不同的风险;随着时间、空间的改变,风险也会发生变化。创业风险的相对性是针对不同的主体而言的,即在相同的风险情况下,不同的创业者对风险的承受能力是不同的,主要与收益的大小、投入的大小和风险主体的地位及拥有的资源量有关。

(四)创业风险的可测量性

尽管风险具有不确定性,但是任何事物的发生都不是偶然的,而是有规律可循的。因此,随着科技的进步和人们素质的提高,风险的规律性是可以被认识和掌握的。企业可以通过定性或定量的方法对风险进行评估和测量,为风险的管理提供可靠的依据。

(五)创业风险的损益双重性

自然灾害和意外事故等带来的风险只会产生损失,创业活动中的风险则是和潜在的收益共生的。企业活动中,对创业者来说,风险和利益是必然同时存在的,即风险是利益的代价,利益是风险的报酬。

(六)创业风险的可识别性

根据不同创业风险的特征和性质,创业风险是可以被识别和划分的。

第二节 创业风险的来源及类型

面对日益激烈的市场竞争,新创企业在规模、品牌、技术、管理、资金等方面还十分脆弱,抗风险的能力也相对较小。对风险的有效规避和管理影响着企业未来的生存、成长和发展。创业风险是客观的、不确定的,因此创业风险的来源和类型也各不相同。

一、创业风险的来源

创业的过程往往是将某一构想或技术转化为具体的产品或服务的过程。这一过程中存在着几个基本的、相互联系的缺口,创业风险在给定的宏观条件下往往直接来源于这些缺口。

(一)融资缺口

融资缺口存在于学术支持和商业支持之间,是研究基金和投资基金之间存在的断层。其中,研究基金通常来自个人、政府机构或企业研究机构,它既支持概念的创建,也支持概念可行性的最初证实;投资基金则将概念转化为有市场的产品原型,这种产品原型有令人满意的性能,对其生产成本有足够的了解,并且能够识别其是否有足够的市场。创业者可以证明其构想的可行性,但往往没有足够的资金将其实现商品化,从而给创业带来一定的风险。通常,只有极少数基金愿意鼓励创业者跨越这个缺口,如富有的个人专门进行早期项目的风险投资及政府资助计划等。

(二)研究缺口

研究缺口主要存在于仅凭个人兴趣所做的研究判断和基于市场潜力的商业判断之间。当一个创业者最初证明一个特定的技术创新可能成为自己创业项目的基础时,他仅仅停留在自己满意的论证程序上,但是要将预想的产品真正转化为具备有效性能、低廉成本和高质量的产品,则需要大量复杂而且可能耗资巨大的研究工作(有时需要几年时间),从而形成创业风险。

(三)信息和信任缺口

信息和信任缺口存在于技术专家和管理者(投资者)之间。创业中,存在技术专家和管理者两种不同类型的人,他们对创业有不同的预期、信息来源和理解。技术专家知道哪些内容在技术上是可行的,哪些内容根本就是无法实现的。管理者(投资者)通常比较了解将新产品引进市场的程序,但当涉及具体项目的技术部分时,他们不得不相信技术专家,可以说管理者是在拿别人的钱冒险。如果技术专家和管理者(投资者)不能充分信任对方,或者不能进行有效的交流,那么这一缺口将会变得更深,带来更大的风险。

(四)资源缺口

筹集不到创业所需的资源,创业就无从谈起。大多数情况下,创业者不一定也不可能拥有所需的全部资源,这就形成了资源缺口。如果创业者没有能力弥补相应的资源缺口,要么创业无法起步,要么在创业中受制于人。

(五)管理缺口

管理缺口是指创业者不一定具有从事自己的创业项目所需要的素质与才能。这主要表现为两种情况:一是创业者利用某一新技术进行创业,他可能是技术方面的专业人才,但却不一定具备专业的管理才能,从而形成管理缺口;二是创业者往往有某种“奇思妙想”,可能是新的商业点子,但在战略规划上不具备出色的才能,或不擅长管理具体的事务,从而形成管理缺口。

二、创业风险的类型

(一)按创业风险产生的原因划分

按风险产生的原因进行划分,创业风险可分为主观创业风险和客观创业风险。

1. 主观创业风险

主观创业风险是指在创业阶段,由于创业者的身体与心理素质等主观方面的因素导致创业失败的可能性。

2. 客观创业风险

客观创业风险是指在创业阶段,由于客观因素导致创业失败的可能性,如市场的变动、政策的变化、竞争对手的出现、创业资金缺乏等。

(二)按创业风险产生的内容划分

按创业风险产生的内容划分,创业风险可分为市场风险、决策风险、管理风险、技术风险、财务风险和人员风险。

1. 市场风险

市场风险是指创业企业从事经济活动所面临的亏损的可能性和赢利的不确定性而存在的创业风险。在激烈的市场竞争中,市场环境瞬息万变,企业从事经营活动面临亏损的可能和赢利的不确定使得企业无法按既定的策略完成经营目标而给企业带来经济风险。实践证明,市场风险是导致新产品、新技术商业化、产业化过程中断甚至失败的核心风险之一。

市场风险主要体现在以下几个方面：

(1)市场接受能力的不确定性。包括：①新创企业项目选择的风险。项目选择是创业成功的关键。对于企业来说，市场能否接受企业已选项目是不确定的。创业的项目在日后的运营中还存在很多的不确定性，如成本、技术、管理团队、发展前景等多种重要因素。②市场进入过程中的风险。企业不可能进入所有的市场，同样也不可能为所有的顾客所认同，而且不同的顾客对产品和服务接受的时间也有所不同，因此对市场的开拓势必增加了企业成本，并产生营销策略、营销渠道等方面风险。③需求量的不确定性。推出产品后，如果投入的较多，企业市场需求分析预测不准确，不能及时把握消费者偏好的变化，市场容量不足以企业收回投入、市场短期内对产品和服务不认可，企业则无法实现产品价值，从而导致企业被市场淘汰。

(2)市场接受时间的不确定性。无论是一种产品还是一种服务被推出后，总得有一个被社会和消费者认知的过程，但是这个过程需要持续多长时间，还不能确定。新产品的推出时间与诱导需求的时间有一定时滞性，时滞性将导致企业开发新产品的资金难以收回。例如，贝尔实验室于 20 世纪 50 年代就推出了图像电话，但 20 年后该技术才被市场所接受。革命性的新产品往往不太容易被市场所接受，而附加性技术的产品往往由于市场已经熟悉了其主要性能而容易被市场所接受。

(3)竞争激烈程度的不确定性。企业进入市场常常要面临激烈的竞争，包括争取拉拢客户、打败竞争对手、实现客户转移、实行市场价格挑战等。企业在竞争中能否占领整个市场领域，或能占领多大市场，也很难确定。

(4)产品售后服务的不确定性。产品生产出来后，能否提供快速、高效的服务也将影响产品的销售和生产，售后服务也是影响产品能否被市场所接受的重要环节。产品销售以后如果不能向用户提供相应的售后服务和技术支持，那么产品最终还是会被市场所淘汰。许多从事软件开发的高新企业都是由于售后服务和技术支持不能够到位而遭到市场拒绝的。

2. 决策风险

所谓决策风险，是指在决策活动中，由于主客体等多种不确定因素的存在，而导致决策活动不能达到预期效果的可能性及其后果。

任何一种决策，都是在一定环境下，按照组织一定的决策程序，由个人或决策团队做出的。决策是一个客观过程，这个过程还涉及大量的个人情感及价值判断等主观因素。因此，导致决策风险的因素有客观方面的因素，也有主观方面因素。信息不充分、不可预知的因素发生、决策机制不健全等都是客观因素。决策者的能力不足，以及受情绪、成见影响导致判断失误等都是主观因素。随着决策机制的不断发展与完善，客观因素在决策风险中所占的比重将越来越小，而主观因素的影响将越来越重要。从决策发生的层次、决策的内容来看，决策包括战略决策、管理授权决策、业务发展决策等不同层次的决策。对于新创企业而言，决策风险主要来自未来战略发展的决策及业务发展的决策。

3. 管理风险

对于新创企业，管理经验、管理理念、管理经历、管理水平和能力等因素导致其在运营过程中存在管理风险。管理风险也是新创企业生存、发展的主要风险之一。新创企业在生产营运过程中的管理风险主要表现在四个方面：一是由于急于收回投资，只关心产品价值，追求短期的企业效益，忽视包括管理、制度、工艺流程、售后服务等企业内部管理的完善与创新，增加了新创企业管理理念和意识的风险；二是市场竞争激烈，产品更新换代快，新创企业为适应市场需求，在资源匮乏的情况下失误的决策将带给企业无法挽回的损失；三是因为对管理理念的认同、管理制度的缺失、管理方法的粗放而可能导致核心成员的流失所带来的风险等；四是由于新创企业法律意识淡薄，防范法律风险的能力较弱，当企业外部的法律环境发生变化或由于包括企业自身原因未按照法律规定或合同约定行使权利、履行义务，从而对企业造成负面法律后果的可能性。

4. 技术风险

技术风险是指企业所依靠的技术存在不可靠性、不稳定性或企业创新过程中遇到技术、市场等因素的变化而导致企业失败的风险。新创企业能创造优于竞争对手、具有独特功能或特有技术的产品，以便满足顾客需求。但同时，任何一项新技术、新产品都必须接受市场的检验。其风险需要从技术特点的无形性、专有性、地域性、时间性、可复制性等方面来考虑。

(1)新技术成功的不确定性。新技术究竟是否可行，在预期与实践之间可能会出现偏差，形成风险。其具体表现形式有技术水平风险、转化风险、配套风险。因为从技术到转化成实用的产品或服务并走向市场还有一个过程，这个转化过程存在着技术是否成功和技术是否完善的不确定性，每一个技术细节是否能够顺利通过，包括产品的配套服务，需要创业者在实践中去验证。

(2)新技术前景的不确定性。新技术、新产品在诞生之初都是不完善的、十分粗糙的，在现有技术知识条件下能否很快使新技术完善起来也没有完全的把握，因此新技术发展的前景不确定，创新企业往往面临着相当大的风险。

(3)产品生产的不确定性。即使新产品成功研制开发，但如果不能成功地生产出来，仍不能算是成功的。新产品的工艺能力、材料供应、零部件配套及设备供应能力等都会影响产品的生产。一旦这些条件达不到新产品的要求，创业企业的生产计划就会受阻。

(4)新技术效果的不确定性。新产品即使能成功地开发、生产，但事先也难以确定其效果，如不能满足消费者的视觉、听觉、嗅觉和人身安全的要求，或生产和消费过程中会造成污染、生态破坏受到限制而不能使之实施等。这里存在着产品新技术效果的不确定性风险。

(5)技术寿命的不确定性。目前高新技术发展迅速，技术替代周期短，因此高新技术产品极易被更新的技术替代，但替代时间是很难确定的，当更新的技术提前出现时，原有技术将遭受提前淘汰的损失。所以，新产品和技术能否被市场所接受、投放市场后会不会被其他产品和技术所取代、新技术寿命周期、新技术独特性等都是新技术成功与否的风险所在。

常规的解决办法包括：①对自主的知识产权进行保护，包括著作权、专利权、商标权、发明权、实用新型、版权、外观设计等。在科研成果转化过程中，知识产权申请有特别的意义。②不要侵权。一是新技术有可能会被他人抢注，二是了解新技术是否已被他人申请了专利。③实现新技术成果转化，实现新技术的转移，如将各种技术产品合成相对固定的技术状态，使产品有一个相对稳定的形态和内容。④换一个角度，开发替代技术。⑤强化制度建设，完善机理措施，留住关键性人才。

5. 财务风险

狭义地看，财务风险是指因借款而增加的风险。它是筹资决策带来的风险，又称筹资风险。而广义的财务风险，是企业在经济活动中由于各种因素的影响使企业的财务成果与预期的经营目标发生偏差，从而使企业遭受经济损失的可能性。企业从初创到成长、成熟，财务活动贯穿于企业的每一个环节，资金的筹措、长短期的投资、流动资金的管理、应收账款的控制、利润的分配等都可能产生风险。因财务风险而倒闭破产的新创企业有很多。

对于新创企业，不能忽视财务风险的存在。首先，新创企业发展到一定阶段后，随着经营规模的不断扩大，急需资金的追加投入，筹资利率波动、再融资产生的不确定性、财务杠杆效应及由于币值变动引起市场购买力变化等都将给企业带来筹资风险；其次，新创企业的生产经营过程中，从上游的原材料供应到产品的销售整个供应链各个环节的不确定因素导致企业资金运转迟滞，也会影响企业价值的实现，从而带来财务风险。对于不同的财务风险，企业可以采取不同的防范策略。

6. 人员风险

经营之神松下幸之助在创立世界奇迹的时候，认为自己的经营诀窍就是善于用人、育人。的确，拥有确保企业运营和发展的人力资源是创业者赖以成功的基石。“中原之行哪里去”的广告词不禁让我们联想起曾红极一时的郑州亚细亚集团，它曾经在全国商场中掀起了一场亚细亚冲击波，可是其内部控制的极端薄弱却把自己引向倒闭的境地。特别是它在人事管理方面的随意用人、任人唯亲、排斥异己等都是极为严重的管理失误。亚细亚某领导的一位表弟原是郑州市郊的农民，却被委以经理的重任；另一领导的小保姆也摇身一变成为配送中心的财务总监。这样的人员风险必然注定亚细亚日薄西山的命运。

人员风险的主要表现：匆匆忙忙、不加挑选地招募新员工；不能有效地通过面试挑选出合适人选；论资排辈，唯亲是用；没有建立起新雇员的记录；忽视了新股员工的初期安顿工作，导致其不久便流出企业；只以业绩论英雄；尚未建立完善的上下级信息沟通制度；没有进行必要的员工培训；未能在员工中形成优秀的企业文化。防范人员风险的对策：建立完善的雇员选择标准，综合考虑技术能力与合作能力两个因素；面试所问的问题既要巧妙又要能表现实质，必要时向专家请教；不论人员来源，寻找最胜任工作的人选；记录并跟踪新雇员情况，熟悉各个职员素质及发展，做到人尽其才；友好对待并鼓励新雇员，使其早日适应新环境，进入工作角色；通过广泛的调查研究，运用现代方法进行科学的工作评价；建立合理的信息沟通及汇报制度，使创业者能充分掌握员工及企业动态；制订有效的培训计划，加大教育投资力度，从长计议；加强员工内部凝聚力，发展独特而卓越的企业文化。

（三）按创业风险对资金的影响程度划分

按风险对所投入资金即创业投资的影响程度划分，创业风险可分为安全性风险、收益性风险和流动性风险。创业投资的投资方包括专业投资者与投入自身财产的创业者。

1. 安全性风险

安全性风险是指从创业投资的安全性角度来看，不仅预期实际收益有损失的可能，而且专业投资者与创业者自身投入的其他财产也可能蒙受损失，即投资方财产的安全存在危险。

2. 收益性风险

收益性风险是指创业投资的投资方的资本和其他财产不会蒙受损失，但预期实际收益有损失的可能性。

3. 流动性风险

流动性风险是指投资方的资本、其他财产及预期实际收益不会蒙受损失，但资金有可能不能按期转移或支付，造成资金运营的停滞，使投资方蒙受损失的可能性。

（四）按创业风险与市场和技术的关系划分

按创业风险与市场和技术的关系划分，创业风险可分为改良型风险、杠杆型风险、跨越型风险和激进型风险。

1. 改良型风险

改良型风险是指利用现有的市场和现有的技术进行创业所存在的风险。这种创业风险最低，经济回报有限，即风险虽低，但要想生存和发展并获取较高的经济回报也比较困难。一方面，会遭遇已有市场竞争者的排斥或进入壁垒的限制；另一方面，即便进入，想要占有一定的市场份额也非常困难。

2. 杠杆型风险

杠杆型风险是指利用新的市场和现有的技术进行创业所存在的风险。该风险稍高，对一个全球性公司来说，这种风险往往是地理上的，常见于挖掘未开辟的市场，如彩电行业利用原有技术进入农村市场。

3. 跨越型风险

跨越型风险是指利用现有市场和新的技术进行创业所存在的风险。该风险稍高，主要体现在创新技术的应用方面，往往反映了技术的替代，是一种较常见的情况，常见于企业的二次创业，领先者可获得一定的竞争优势，但模仿者很快就会跟上。

4. 激进型风险

激进型风险是指利用新的市场和新的技术进行创业所存在的风险。该风险最大，如果市场很大，可能会带来巨大的机会；对于第一个行动者而言，其优势在于竞争风险较低，但是知识产权保护力度很弱，市场需求不确定，确定产品性能有很大的风险。

第三节　创业风险的识别与评估

既然创业风险是创业过程中不可避免的现象，那么直面风险并化解之，就是创业过程中的重要任务。风险识别是指在风险事件发生之前，风险管理人员在收集资料和调查研究之后，运用各种方法对尚未发生的潜在风险及客观存在的各种风险进行系统归类和全面识别。风险识别是风险管理的基础，其任务就是查明不确定性因素和风险来源，以及各风险之间的关系及风险的后果。创业者需要确定哪些因素对创业构成威胁、哪些因素可能带来机会，为风险管理做好准备。

创业风险的识别是创业者依据企业活动，对创业企业面临的现实及潜在风险，运用各种方法加以判断、归类并鉴定风险性质的过程。创业者都必须掌握风险识别的能力，并不断提高这种能力。

一、创业风险的识别

风险识别的主要内容是识别引起风险的主要因素、识别风险性质、识别风险概率、识别风险后果。风险概率是指某一风险发生的可能性。风险后果是指某一风险事件发生对项目目标产生的影响。

（一）环境分析法

环境分析法是指通过对企业内外部环境的分析，明确机会和威胁，对比企业的优势和劣势，找出这些环境可能引发的风险和损失。环境分析法的重点是分析环境的不确定性及变动趋势给企业经营带来的风险，还要注意分析环境中的变动因素及其相互作用对企业的经营效果带来的影响。具体的分析方法主要有头脑风暴法、德尔菲法、SWOT 分析法等方法。头脑风暴法又称智力激励法，是现代创造学奠基人阿历克斯·奥斯本于 1938 年首次提出的。头脑风暴法是在主持人的组织下，与会人员之间相互启迪思想、激发思路的有效分析方法。与会人员都可毫无顾忌地发表自己的观点，开拓性地估计风险发生的可能性。头脑风暴法有低成本、高效率的优点，并且可以获取广泛的信息。

（二）财务状况分析法

财务状况分析法是根据企业或其他单位的资产负债表、损益表、财务状况表和财产目录等材料，对企业的固定资产和流动资产的分布进行风险分析，以便从财务的角度发现企业所面临的潜在风险和财务损失的一种分析风险的方法。

（三）流程图法

流程图法是将企业经营全过程按其内在的逻辑关系制成流程图，针对流程中的关键环节和薄弱环节进行调查和分析，找出风险存在的原因，从中发现潜在风险的威胁，分析风险发生后可能造成损失和对项目全过程造成的影响有多大的一种方法。

（四）保险调查法

保险调查法是指企业可以委托保险公司或保险咨询服务机构，对潜在损失和由于风险事件的出现可能造成的消极影响、赔偿责任进行调查分析，提出预防风险损失出现的措施，并向企业建议可自保的项目和应向保险公司投保的项目的一种分析风险的方法。

（五）分解分析法

分解分析法指将一复杂的事物分解为多个比较简单的事物，将大系统分解为具体的组成要素，从中分析可能存在的风险及潜在损失的威胁的方法。

(六)失误树分析法

失误树分析法是以图解表示的方法来调查损失发生前种种失误事件的情况，或对各种引起事故的原因进行分解分析，具体判断哪些失误最可能导致损失风险发生的方法。

(七)风险专家调查列举法

风险专家调查列举法指由风险管理人员将该企业、单位可能面临的风险逐一列出，并根据不同的标准进行分类的方法。专家所涉及的面应尽可能广泛些，有一定的代表性。一般的分类标准为直接或间接、财务或非财务、政治性或经济性等。

企业在识别风险时，不要仅靠一种风险识别方法，应该交互使用各种方法，从而能够准确识别风险，规避风险，以便减少企业损失。

二、创业风险的评估

风险评估指在风险识别的基础上，风险评估师对可能发生的某些风险进行预计、度量和估计后果的工作。

(一)定性风险评估

定性风险评估方法主要有历史资料法、理论概率分布法和主观概率法。历史资料法是在项目情况基本相同的条件下，通过观察各个潜在的风险在长时期内已经发生的次数，估计每一种可能发生事件的概率的方法。理论概率分布法是当项目的管理者没有足够的历史信息和资料来确定项目风险事件的概率时，根据理论上的某些概率分布来补充或修正，从而建立风险的概率分布图的方法。常用的风险概率分布是正态分布，正态分布可以描述许多风险的概率分布，如交通事故、财产损失、加工制造的偏差等。管理者根据自己的经验，测度项目风险事件发生的概率或概率分布，这样得到的项目风险概率被称为主观概率。主观概率的大小常常根据人们长期积累的经验、对项目活动及其有关风险事件的了解进行估计。

(二)定量风险评估

定量风险评估是量化分析每一风险对项目目标造成的影响，其主要方法有盈亏平衡分析、敏感性分析、决策树分析等，详细内容可以参阅有关风险计量方面的资料。

第四节　创业风险管理

创业企业在成长的过程中面临着种种风险。从总体上看，创业企业面临的风险是客观存在的，是不可避免的，而且在一定的条件下还有某些规律性。因此，创业者只能把风险缩减到最小的程度，而不可能将其完全消除。这就要求创业者必须主动地认识风险，积极地管理风险，有效地控制风险，把风险可能造成的损失减至最小的程度，以保证企业的生存和健康成长。

一、创业风险管理概述

所谓风险管理，是指通过对企业面临的各种风险的认识、衡量、预测和分析，准确把握企业经营中的各种不确定性，采取恰当的管理方法，以最低的成本获得最多的安全保障或使损失降低至最低水平。

(一)风险管理的职能

风险管理的职能也称风险管理的功能,它是风险管理本质的反应,是风险管理的内在功用,是为实现风险管理的目标所从事的基本工作。它是解决风险管理做什么的问题。

1. 风险警戒

风险警戒即对风险保持高度的警惕和严密的戒备,对生产经营环境中可能出现风险的要素保持合理的怀疑,对企业各项活动持有谨慎原则,提高对或有风险的重视,并建立必要的监控机制;而对或有收益不予预告和渲染,对经营环境有关方面进行经常的、不规则的风险搜索,以便及时发现风险隐患,并发出警报。

2. 风险定位

风险定位包括两个方面的内容。一是风险定性,即对企业内部和外部的各种风险进行分类、过滤、剖析。弄清哪些属于企业风险,哪些尚未构成风险;哪些属于现实风险,哪些属于潜在风险;哪些风险已对企业生产构成威胁,哪些对企业尚不构成威胁;风险来自何处,具有什么特征,并列出风险要素。风险定性是从企业经营者的角度出发,根据企业自身外部环境和内部抗风险的实力,对风险进行的属性鉴别和示警。二是风险定量,即对风险进行数量界定,是针对某一具体的风险种类的形成、发展、作用对象及其发生概率、强度、可能造成的损失等进行预测计算,分析该风险对企业的威胁程度及企业的承受力、可能造成的危害与形成的影响。当然,这种测定是建立在风险定性的基础之上的,是根据已有的材料,凭借分析测定人员的经验,对风险未来的发展状况做出预期分析和计算。这种测定不可避免地带有一定的主观成分,与事后实际发生的风险损失或多或少会存在一些差异。风险测定是对风险的再度确认,并给予具体的描述。

3. 风险防范

对于突如其来的风险,根据识别和定位的结果,果断采取措施进行必要的准备和防护。这种防范是对风险有针对性的回应,是从众多的应付风险的策略中选择出的最佳方案。风险防范的具体做法是多种多样的,可以是消极躲避、转移和分散风险(在合理合法正当的情况下),也可以预先调整风险的方向,消除风险、控制风险和承受风险等。

4. 风险处理

风险处理指对已发生的风险进行应急处理,或者对易造成损失的风险进行补救,对自身失误进行反思,并对有关责任者进行惩戒,同时总结经验教训,制定相应的防范措施。也就是说,对风险的处理不仅是被动地补救,减少经济损失,而且包括对生产管理的薄弱环节进行整治,对类似的风险隐患进行消除,对未产生破坏力的风险因素进行查堵等积极的措施。

5. 增强风险预警能力

前面四点是风险管理的防御性、平衡性职能,而增强风险预警的能力属于风险管理的建设性职能。它要求管理者通过风险管理提高自身察觉风险、判断风险、估计风险的综合能力,提高自身的业务素质，将自身经营管理业务中可能出现的失误降低到最小，并在实践中学会运筹统驭全局的本领，在市场经济的大风大浪中立于不败之地，这是风险管理根本目的之所在。

（二）企业风险管理工作要点

市场经济条件下，环境瞬息万变。加入世界贸易组织以后，中国企业将置身于一个竞争升级的全球市场，要使企业在竞争中立于不败之地并成为市场先锋，加强风险管理、建立健全风险管理体系十分重要。这是企业持续稳定健康发展的重要保障，已日益成为企业经营管理中至关重要的一环。

1. 积极树立风险管理意识

市场经济条件下，对于一个企业而言，风险无处不在，无处不有，风险损失随时都有可能发生。如果经营管理者没有树立充分的风险管理意识，不懂得居安思危，那就意味着困难和危机即将来临。因而，只有树立充分风险管理意识，才能将风险损失降到最低或限制在最小范围内，甚至将风险消除。所以，创业者要树立正确的态度看待风险、对待风险，而不能存有侥幸心理或听之任之。树立风险管理意识，一方面就是要在风险发生前，使企业全体员工对风险的普遍性和严重性有足够认识，将风险预防作为一项重要的工作，列入管理程序；另一方面就是面对风险，临危不惧，积极主动迎战风险，采取有效的措施，最终消除风险。例如，无锡小天鹅企业推行“末日管理”，将风险意识变成全体员工的理念，保证了企业健康、快速地成长。

2. 建立和健全风险管理组织体系

有效的组织化的控制结构可以确保风险被有效控制，因而建立和健全风险管理组织体系是企业实行制度化风险管理的关键。它的健全与否直接关系到工作的效率和质量，所以企业必须综合考虑自身现实情况，根据规模大小、管理水平、风险程度及生产经营的性质等，在全体员工参与合作和专业管理相结合的基础上，建立一个包括风险管理负责人、一般专业管理人、非专业风险管理人和外部风险管理服务的扁平化、规范化的风险管理组织体系。例如，可以建立起以风险经理为基础、技术专家为辅助、外界力量（如保险经纪公司、风险管理咨询公司）为主体的风险管理架构体系。该体系应根据风险产生的原因和阶段不断地进行动态调整，并通过健全的风险报酬制度来明确组织体系成员之间的责、权、利，使企业的风险管理体系成为一个指挥灵便、调度自如、上下协调、充满活力的有机整体，使企业在规范的风险管理体系下更好地实现企业目标。

3. 控制风险源

控制风险的起源，将各种可能的风险因素消灭在萌芽状态，这是防范风险发生的有效途径。风险源的控制是指对风险进行事先性防范，通过提高企业“肌体”的健康水平，减少风险因素的产生。这一方面要求不断强化企业内部条件，提高自身实力，从而消除企业内部的风险隐患；另一方面则通过超前设计，努力调整和改善外部环境状况，并引起环境往有利于企业的方向发展，最大限度地减少外部环境中的风险诱因。企业在对风险源头控制的事前设计中，应特别重视创新思维的作用，要依靠富有创意的企业策略来创造和加强企业优势，达到“强身健体”的目的。

4. 注意风险的事前管理

企业要想有较强的“免疫力”，就必须加强风险预防。由于风险预防是一项系统工程，因此要求企业全面设置和启动风险预警系统，以加强对风险的预防管理。

首先，对风险进行科学的预测分析，预计可能发生的风险状态。企业的经营管理者应密切注意与本企业相关的各种因素（如环境因素、技术因素、目标因素和制度因素等的变化发展趋势），从对因素变化的动态中分析预测企业存在的“阴暗面”，即可能发生的风险。其次，建立一个便于风险信息情报传递的风险管理信息系统。通过建立风险管理信息系统这样一个“绿色通道”，使企业各部门、各员工在发生紧急情况时都有途径将情况迅速上报给有关决策者，从而保证风险信息传递的真实、准确、快捷、高效。

再次，要有对风险的超前决策，尽可能使风险消除在潜伏期。“冰冻三尺，非一日之寒。”企业发生风险损失前必然会显示出一些征兆。企业的经营管理者应充分给予重视，及时采取措施矫正和扭转这种风险现象，避免小风险经过“蝴蝶效应”放大后造成对企业的致命打击，做到防微杜渐，使企业运行保持良性状态，保证企业的持续健康发展。这可以通过建立企业风险分析处理系统来实现。分析处理系统的主要功能是抑制风险的爆发，降低风险发生的机会。其主要作用方式是，当收到预警系统发出的警报后，详细分析潜在问题的成因，进行创新对策筹划并将创新措施及时付诸实施，以防止风险的发生。

5. 加强对风险的事中管理

风险一旦发生，企业应发挥决策层和员工的凝聚力，发挥经营管理者的判断和控制局面的能力，积极主动地迎战风险，采取风险避免、损失控制和风险转移等措施，有效地控制和处理风险，尽量不使事态扩大，并迅速找出风险症结，进行化解消除。建立风险应急系统是进行风险事中管理的有效途径之一。应急系统是指一旦风险发生，企业可以启用的应急措施。它的主要功能是风险发生后，能有效地处理风险、应付危机，最大限度地消减风险影响的范围和程度，并以最快速度恢复企业正常运营。应急系统一般采用备选方案的形式预先准备，即根据预测的未来变化状态和企业可能遇到的风险，事先设计相应的备选方案，当风险发生后，则根据实际状况选择与之对应的应急措施加以实施，以便及时补救，变被动为主动，使风险损失降为最小。

加强对风险的事中管理，可以从三个层次进行理解。从高层次上说，它是指企业要正确地认识到风险中隐含的机遇，变危机为转机；从中层次上说，它是指企业要正确地认识、确认、控制风险，将风险消除和避免，恢复正常的生产经营，化险为夷；从低层次上说，它是指企业应该采取一定的措施，使风险损失有所减小。

6. 加强事后的财务型风险处理

企业由于受客观条件和能力的限制，风险识别和风险衡量未必绝对准确，仍然可能发生疏忽和偏差，或者由于风险控制技术本身的局限，风险不可能完全避免和消除，以及基于处理风险损失的成本与效益比较没有必要避免和消除风险等情况，使企业的风险损失成为既成事实。这种情况下，企业应该用经济方法来处理风险，即用财务型风险处理来尽量减少风险给企业带来的不利影响，增强企业抵御风险的能力，确保企业资金运转正常。对于风险损失，企业可以采用以下财务型风险处理方法：

(1)建立风险基金。根据每种风险的大小建立相应的专项基金，以弥补损失。

(2)建立"坏账准备"账户。平时就提取坏账准备，经确认为坏账的风险损失，冲销坏账准备。

(3)根据国家的有关政策，消化经营过程中发生的风险损失。或从相应基金中列支，或分次记入经营成本，或按税后利润弥补损失，尽可能减少风险对经营活动的干扰。

二、创业风险的管理方法

针对企业风险的复杂性与多样性，风险管理方法也无定式可循，因而风险管理方法是千差万别的，必须具体问题具体分析，根据不同的风险采取相应的管理方法。对众多的风险管理方法进行总结归纳，我们可以得到风险管理的一般方法，主要包括风险规避、风险控制、风险集合等。

(一)风险规避

风险规避是企业对付风险的最彻底的方法，也是较为常用的一种方法。规避就是对风险采取消极的避闪、回避、放弃等方法，以降低或消除风险的侵害，减少或避免损失。而其他方法仅在于通过减少损失概率与损失程度，或减少风险的财务后果，减少企业所面临的各种风险的潜在影响。例如，拒绝与不守信用的厂商进行业务往来，新产品在试制阶段发现诸多问题而果断停止试制等，这些都是企业所采取的规避风险的方法。

规避法操作简便易行、安全可靠、效果有保障，但是这种方法的实际应用要受到一定的限制，容易丧失机遇、丢失利润，为竞争对手所利用。因为管理者在规避风险时往往采取"紧急避险"的策略，只要有风险之疑便弃之而后快，谨慎有余而创新不足，结果制约了企业的技术改造和市场开拓，延误了企业的发展。例如，企业测定某市场开发项目存在风险便裹足不前，最后主动放弃，这无疑消除了开发风险，使该风险的发生概率为零，但是由此取得的利益也不复存在。再如，根据天气预报，附近海域有风浪，出海航行作业的船只使回港避风，则由此免于风浪之险，但却无法获取营业收入，甚至还要蒙受损失。规避的方法常常涉及放弃某项经营计划或经营活动，从而失去与这一计划或活动相伴随的利益，或者回避了某一风险又导致了另一风险的产生。所以，风险规避方法的应用有其适用的条件：一是某特定风险所致的损失概率和损失幅度都相当高；二是应用其他风险管理方法的成本超过了其产生的效益。

风险规避的类型有以下几种：

(1)完全规避风险，即通过放弃或拒绝合作停止业务活动来回避风险源。虽然潜在的或不确定的损失能就此避免，但获得利益的机会也会因此丧失。

(2)控制风险损失，即通过降低损失发生的概率来降低损失发生的程度。

(3)转移风险，即将自身可能伴随的潜在损失以一定的方式转移给对方或第三方。

(4)自留风险，可以是被动的，也可以是主动的；可以是无意识的，也可以是有意识的。因为有时完全回避风险是不可能或明显不利的，这种采取有计划的风险自留不失为一种规避风险的方式。

(二)风险控制

风险控制是指对企业不愿放弃也不愿转嫁的风险，设法降低损失概率或设法缩小损失幅度的控制技术。它包括两个方面的内容：一是控制风险因素，减少风险的发生；二是控制风险发生时的损失程度。

控制风险因素主要是指企业在损失发生前为消除或减少可能引起损失的各种因素而采取的具体措施，也就是设法消除或减少各种风险因素，以降低损失发生的概率。其具体措施：防止、阻碍风险因素的产生；减少业已存在的风险因素；改善风险因素的基本性质；加强风险单位的防护力等。

在控制风险因素未能奏效的情况下，可通过控制损失程度，使损失降到最低点。风险控制是通过有针对性地采取防范、保全和应急措施来最大限度地消除和减少风险可能带来的损失的方法。它是一种主动积极的风险管理方法。比如，对企业受洪水袭击损失严重的部位和险段，采取加高堤坝、开设引渠等办法，使原抗十年不遇洪水的能力提高到抗百年不遇洪水的能力；又如，企业某关键设备出现故障将对整条生产线作业产生严重后果，为此企业采购备用设备，并使之始终处于备用状态，保证主机出现故障即可顶替使用，避免了由于设备故障导致的风险。但是，风险控制方法受到技术条件、成本费用、管理水平等因素的限制，并非对所有的风险都能奏效。

（三）风险保留与承担

当某种风险不能避免，或因风险收入超过风险损失而能获得较大收益时，企业可采取风险保留与承担方法进行风险管理。这一方法通常在下列情况下采用：一是处理风险的成本大于承担风险所付出的代价；二是预计某一风险发生可能造成的最大损失，企业本身可以安全承担；三是不可能转移的风险，或不可能防止的损失，“不做无用功”；四是缺乏风险管理的技术知识，以至于自身愿意承担风险损失。

这种方法是对风险无可奈何的最后舍弃，或者是出于风险全局考虑所做出的局部牺牲，是风险管理中的被动措施，是由于对某项风险无法回避或由于赢利的目的需要冒险所自愿承担风险及其后果的方法。承担就意味着要是实际发生损失，就由企业内部资财进行补偿。承担风险既有物质承担，又有精神承担；既包括主动承担，也包括被动承担。主动承担是“丢卒保车”策略的运用，是预知风险必然发生，因技术、经济及管理等方面的限制，使风险控制不能实施或实施效果不明显，于是主动承担风险损失。被动承担是指受于风险的压力而自吞苦果。比如，由于对风险估计不足，对其强度测定有误，或采取了控制措施但未达到预期目的，从而不得不正面迎接风险，承担各种现实和潜在的损失。

可以看出，这一方法主要适用于管理那些风险损失较小、企业能够承担或不可能转移的风险。对于那些风险较大，或不仅产生直接损失，还会导致间接损失的风险来说，这一方法显然是不适用的。

（四）风险集合

风险集合是指将同类风险单位加以集合，以便对未来损失进行预测并降低风险。例如，百货商店通过经营商品的多样化来减少或规避经营上的风险，即一种商品滞销，其他的商品则可以很畅销。企业的多角化经营、企业间的合作与战略联盟，以及在金融、证券投资上进行品种、期限、币种多元化组合等，都具有同样的功能。

（五）风险对抗

对抗是对风险主动出击，以图破坏风险源或改变风险的作用方向，释放风险能量，减少风险对企业生产经营活动的影响和损失的一种风险管理方法。这种方法相当于虎口夺食，当然虎口夺食是要冒险的。对抗的本质就是以风险对付风险，以风险抵消风险。对抗是风险策略的强硬措施，具有较强的技术难度，其本身也要冒较大的风险，如果对抗措施失败可能会遭受加倍的损失，如果成功将会得到较大利益。对抗的采用是有条件的，并非所有情形都适用。例如，地震台预报某地区不久可能发生较大地震，科学家采用爆破方法释放地震能量，将地震化为若干次中小地震，但引震失败会加剧地震的破坏和损失。又如，当企业资不抵债、濒临破产时，为挽救企业生命，经营者常会不惜一赌，设法再注入一批资金，此举失利则企业将雪上加霜、在劫难逃，若成功企业则可重获新生、前景光明。

（六）非保险的风险转嫁

这是指通过降低风险单位的损失频率和缩小损失幅度的手段，将损失的法律责任和财务负担转嫁给非保险业的其他经济实体的方法。它具体又可分为两类方法：

(1)非保险的风险转嫁控制。①出售，如通过买卖合同方法将风险单位转移给第三者（包括所有权和有关的法律责任一并转移）；②分包，将工程的一部分转给其他企业承包；③辩护协定，经营活动开始前即明确不承担风险。

(2)非保险的财务转嫁。①中和，这是将损失机会和获利机会进行平衡的方法，如用于防范外汇风险的保值交易；②无责任约定，指企业将合同产生的损失转移给另一方承担；③保证，指担保企业对被担保企业因未履行合同义务所致权利人损失而予以赔偿的担保；④合资经营，即让合资方也承担经营风险或其他风险；⑤实行股份制，即通过发行股票或员工持股，将风险转移给更多的股东承担。

（七）风险保险

在风险转嫁形式中，保险转嫁通常被认为是明智之举。所谓保险转嫁风险，是指以合同形式将自然灾害、意外事故可能造成的财产损失、人身伤亡及对他人的经济赔偿责任造成的经济损失转嫁给保险公司。这是企业风险处理的最有效、最科学的方法。从企业角度来说，通过保险转嫁风险在于通过向保险人购买保险单，与之确立保险关系的形式，将其固有的、也可能是巨大的、不固定的损失用小额的保险费支出固定下来。如果仅仅进行自保，不仅对可能的损失无法弥补，而且需要占用大量的后备基金，这对于初创企业和中小企业来说无疑是巨大的资金负担。实际上，在经济发达国家，一家普通企业向保险人购买几张甚至十几张不同的保单是很正常的事情。在小企业与大企业的较量中，大企业可以安全地自留某些风险，而这些风险如果由小企业来负担，就会使多数小企业破产。因而，如果没有保险，小企业将面临更多的风险，也就不再是资金和资源的富有吸引力的市场了。

这种当事人之间为建立保险关系而订立的保险合同具有法律效力，因此保险合同又是具有保障性的合同，是可靠的风险转移手段。具体的风险保险险种主要有财产保险、责任保险、人身保险、信用保险、利润损失保险等，企业可根据自身财力，权衡应投保的险种和缴纳的保费，测算总体保费支出和受益金额，同时运用一些定量化的风险决策分析方法和工具，精算优化保险方案，最大限度地降低风险。

本章思考题

1. 创业风险的特征有哪些？
2. 创业风险的来源有哪些？
3. 创业风险有哪些类型？
4. 风险识别的主要内容是什么？
5. 企业风险管理工作要点有哪些？
6. 创业风险的管理方法有哪些？

案例分析

2000年，北京街头出现的大大小小的亿唐广告牌，“今天你是否亿唐”的那句仿效雅虎的广告词着实让亿唐风光了好一阵子。亿唐想做一个针对中国年轻人的包罗万象的互联网门户。他们自己定义了中国年轻人为“明黄一代”。

失败的教训：缺少定位，融资过多

1999年，第一次互联网泡沫破灭的前夕，刚刚获得哈佛商学院MBA的唐海松创建了亿唐公司，其“梦幻团队”由5个哈佛MBA和两个芝加哥大学MBA组成。凭借诱人的创业方案，亿唐从两家著名美国风险投资DFJ、SevinRosen手中拿到两期共5000万美元左右的融资。

亿唐宣称自己不仅仅是互联网公司，也是一个“生活时尚集团”，致力于通过网络、零售和无线服务创造和引进国际先进水平的生活时尚产品，全力服务所谓“明黄e代”的18～35岁之间、定义中国经济和文化未来的年轻人。

亿唐网一夜之间横空出世、迅速在各大高校攻城略地，在全国范围快速“烧钱”：除了在北京、广州、深圳三地建立分公司外，亿唐还广招人手，并在各地进行规模浩大的宣传造势活动。2000年年底，互联网的寒冬突如其来，亿唐钱烧光了大半，仍然无法盈利。此后的转型也一直没有取得成功，2008年亿唐公司只剩下空壳，昔日的“梦幻团队”在公司烧光钱后也纷纷选择出走。

亿唐失败的最大问题就是没有定位。这也是大部分互联网创业者公司的问题。浮夸，不愿意沉下心帮用户解决实际的问题，而是幻想凭钱就可以砸出一个互联网集团出来。亿唐对中国互联网可以说没有做出任何值得一提的贡献，也许唯一贡献就是提供了一个极其失败的投资案例。它是含着金汤匙出生的贵族，几千万美元的资金换来的只有一声叹息。

后续发展：2009年5月，etang.com域名由于无续费被公开竞拍，最终的竞投人以3.5万美元的价格投得。

（由作者根据相关资料改写）

案例讨论题：

如何理解亿唐的创业风险？

第十一章 企业创新管理

学习目标

了解企业创新的主要内容；明确制度创新、技术创新和管理创新三者的关系；掌握企业创新的四大效应。

案例导入

“管理”一词有许多定义，这些定义都是从不同的角度提出来的，也仅仅反映了管理性质的某个侧面。企业管理是企业通过计划、组织、控制、激励和领导等环节来协调人力、物力和财力资源，以期更好地达成组织目标的过程，当然还要有一定的眼光对市场的观察。企业管理要点：需建立企业管理的整体系统体系。

江铃于20世纪80年代中期在中国率先通过引进国际上最新的卡车技术制造五十铃汽车，成为中国主要的轻型卡车制造商，目前已拥有10万辆/年一流水平的冲压、焊装、涂装、总装制造能力。节能、实用、环保的江铃汽车产品，已经包括了“凯运”“顺达”及JMC轻卡、“宝典”皮卡、“宝威”多功能越野车、“运霸”面包车在内的四大系列车型。江铃自主品牌的宝典皮卡、凯运及JMC轻卡系列的销量连续占据中高档市场的主导地位。江铃还将具有性价比优势的汽车打入国际市场，海外销售网络已延伸到中东、中美洲的许多国家是中国轻型柴油商用车最大出口商，被商务部和发改委认定为“国家整车出口基地”，江铃品牌成为商务部重点支持的两家商用车出口品牌之一。

作为江西较早引入外商投资的企业，江铃以开放的理念和富于进取性的发展战略，积极吸收世界最前沿的产品技术、制造工艺、管理理念，有效的股权制衡机制、高效透明的运作和高水准的经营管理，使公司形成了规范的管理运作体制，以科学的制度保证了公司治理和科学决策的有效性。江铃建立了ERP信息化支持系统，高效的物流体系实现了拉动式均衡生产；建立了JPS江铃精益生产系统，整体水平不断提升；建立了质量管理信息网络系统，推广NOVA-C、FCPA评审，运用6sigma(六西格玛)工具不断提升产品质量、节约成本。2000年被中国机械工业管理协会评定为“管理进步示范型企业”，2003年更荣获全国机械行业九家“现代化管理企业”之一的荣誉。2005年底成为国内率先通过OHSAS18001:1999职业健康安全管理体系、EN ISO14001:2004环境管理体系、ISO/TS16949:2002质量管理体系等一体化管理审核的汽车企业。

公司十分注重人才的培养，充分提供发展的空间，鼓励员工树立终身学习的理念。根据工作需要，公司定期组织大量内、外部培训（如 JPS 精益生产、8D、6σ、UG、质量和环境体系、同步物流、沟通技巧、培训师 TTT、英语等技术和管理培训），同时不定期选送优秀的技术、管理骨干出国培训，或到国内知名高校进行系统培训和深造（如推荐攻读在职研究生的学历教育）；员工申请经领导批准后，考取在职研究生毕业时取得学位或毕业证，学费予以报销等优惠政策。

U8 管理软件与企业管理有效结合，协助企业实现管理增值。U8 在广州五十铃有限公司的成功应用，协助企业消除了信息孤岛，真正实现了财务业务一体化；采购流程的科学化保证了库存成本最小化；项目管理的应用，加强了对成本费用的控制和分析，加速了资金的周转，保证了资金的安全性；实现了产品成本核算和管理。

（由作者根据相关资料改写）

思考：

如何理解企业管理创新。

第一节　企业制度创新

一、制度

所谓制度，是指一系列被制定出来的规则和程序，旨在约束追求主体效用最大化的团体和个人行为。因此，制度的基本功能就是提供人类相互影响的框架，这种制度框架约束着人们的选择集合，从而构成一种经济秩序的合作与竞争关系。

企业制度就是企业这一特定范围内的各种正式和非正式的规则的集合，旨在约束企业及其成员追求效用最大化的行为，广义的企业制度包括从产权制度到企业的内部管理制度（人事制度、报酬制度、财务制度、生产管理制度、领导制度）等各个方面，制度创新指引入新的制度安排来代替原来的企业制度，以适应企业面临的新情况或新特点。

自从 1937 年科斯教授在他的《厂商的性质》的著名的论文中，提出“什么是企业，企业为什么生产”这个平常而又深奥的问题之后，经济学家对企业制度的演进问题才正式开始深入的研究，其成果见之于交易费用理论、产权经济学、比较经济组织研究以及制度创新理论的文献中。

企业制度的形成有其现实的基础，其物质载体便是企业组织，如果以个体为生产单位，就不需要企业制度，只有在群体合作进行生产时，才需要有约束并协调其成员行为的规则，才会形成企业制度，因为在群体合作生产中，要使用由合作各方提供的各种不同类型的资源，而且其产出并不是其单个成员拥有资源分别产出的简单加和，出于“搭便车”的动机，个人往往会谋求少提供资源而多索取收益（如少干活多拿钱等现象），而企业制度的出现恰好成为保证群体合作生产正常运行的激励约束装置。

二、制度创新的含义

所谓制度创新，就是改变原有的企业制度，塑造适应社会生产力发展的市场经济体制和现代化大生产要求的新的微观基础，建立起产权清晰、权责明确、政企分开、管理科学的现代企业制度。制度创新意味着对原有企业制度的否定，是一个破旧立新的过程；制度创新主要包括产权制度创新和公司治理结构创新。本质上是权力和利益的调整和再分配。

在这里，我们将企业制度定义为以界定所有者（股东）之间、所有者和经营者之间利益关系的一系列规则的集合。而将不涉及所有者之间、所有者与经营者之间利益关系的内部管理制度划入经营制度讨论的范畴。也就是说，任何企业制度的确定和变更，都需要所有者之间、所有者和经营者之间的互动；而内部管理制度的确定和变更，通常经营者单方面就能作出相关的决策。在产权制度和治理结构这两部分中，产权制度界定了企业的产权结构，从而通过这种安排影响人们的利益并进而影响资源配置的效率；而公司治理结构则确定了股东、董事会、经营者等各利益主体之间的激励约束以及相互制衡关系。

（一）产权制度

制度创新的核心是产权制度创新，它涉及为调动经营者和职工的积极性而设计的一整套利益机制，只有先进的企业产权制度安排，才能调动各类人员的积极性，推动技术创新和管理创新的发展。

1991 年，F. E. 富鲁布顿和 S. 佩杰威克在对产权理论文献进行总结后，把各种各样的定义归结在《产权与经济理论：近期文献概览》一文中："产权不是关于人与物之间的关系，而是指由于物的存在和使用而引起的人们之间一些被认可的行为关系，产权分配格局具体规定了人们那些与事物相关的行为规范，每个人在与他人的相互交往中都必须遵守这些规范，或者必须承担不遵守这些规范的成本。这样，社会中盛行的产权制度便可以描述为界定每个在稀缺资源利用方面的地位的一组经济和社会关系。"这个定义比较科学、全面地概括了现代西方产权经济学家从不同角度给产权下的定义，也与罗马法、习惯法以及现代法律对产权的定义基本一致。按照马克思主义经济学的观点，可以这样来定义产权："产权就是对财产的权利，即对财产的广义所有权（包括归属权、占有权、支配权和使用权）；它是人们（主体）围绕或通过财产（客体）而形成的经济权利关系；其直观形式是人对物的关系，实质上都是产权主体（包括公有制主体和私有制主体）之间的关系。"

我国目前对产权的定义也不甚统一，但大多数文献均根据《民法通则》的规定，从法律上把产权定义为：财产所有权和与财产所有权有关的财产权。财产所有权是指所有人依法对自己的财产享有占有、使用、收益和处分的权力。可以说，财产所有权是产权的主要形式，其他形式的产权都是由其派生出来的。与所有权有关（"有关"实际是"派生"的意思）的财产权是在所有权部分权能与所有人发生分离的基础上产生的，是指非所有人在所有人财产上享有占有、使用以及在一定程度上依法享有收益和处分的权利。目前，我国法律规定的与财产所有权有关的财产权主要有经营权和使用权两种。

当产权的概念使用于不同所有制之间的财产归属时，它指的是财产所有权；而当它使用于全民所有制内部各地区、各部门、各单位的财产归属时，则指的是管理权、监督权、运营权、经营权、使用权，更有财产所有权分解或派生的财产权。

英国经济学家 Martian 和 Parker 在 1997 年对英国各国企业私有化后的经营成效进行大量实证研究的基础上，提出了超产权理论（beyond property-right theory）。他们认为，产权变动并没有给予企业"优胜劣汰"的选择，只是改变了企业的激励机制，但这种改变并不能保证企业绩效一定会提高。在完全没有竞争的市场中，企业产品由于无替代性，完全可以通过抬价的方式来增加收益，只有市场竞争才能牵动产权创造企业效率。超产权理论把竞争作为激励的一个基本因素，其逻辑依据是20世纪90年代发展起来的竞争理论，基本内容有四部分：竞争激励论、竞争发展论、竞争激发论与竞争信息完善论。

（二）公司治理结构

公司治理结构（corporate governance）的概念最早出现在20世纪80年代的经济学文献中。在20世纪90年代公司治理结构日益成为各国理论界和实业界讨论的热门话题，对“公司治理结构”的定义也见仁见智，至今没有一个被公认的定义。从思想渊源上看，亚当·斯密在《国富论》(1776年)中最早提出，股份公司中的经理人员，使用别人而不是自己的钱财，不可能期望他们会用像私人公司合伙人那样的警觉性去管理企业。因此，在这些企业的经营管理中，或多或少会存在一些疏忽大意和奢侈浪费的事情。米勒（Miller，1995）指出，公司治理结构是为了解决如下委托代理问题而产生：如何确知公司管理人员只取得项目恰当盈利所需要的资金，而不是比实际所需多的资金；在经营管理中，经理人员应遵循什么标准或准则；谁将裁决经理人员是否真正有成效地使用公司资源，如果证明不是如此，谁负责以更好的经理人员替换他们等。

1994年，我国经济学家吴敬琏在其《现代公司与企业改革》一书中指出，公司治理结构是由股东大会、董事会和高层管理人员组成的结构，借以既保证作为经营专家的高层管理人员放手经营，又不至于失去出资者（股东）对经理人员的最终控制。经济合作与发展组织（OECD）在20世纪90年代后期制定的《公司治理结构原则》给“公司治理结构”下的定义是：公司治理结构是一种据以对工商业公司进行管理和控制的体系。它明确规定了公司的各个参与者的责任和权利分布，诸如董事会、经理层、股东和其他利益相关者，并且清楚地说明了决策公司事务时所应遵循的规则和程序。同时，它还提供了一种结构，使之用以设置公司目标，也提供了达到这些目标和监控运营的手段。

公司治理结构问题，是随着所有权和经营权两权分离，所有者和经营者利益冲突而导致代理成本高昂的条件下出现的。治理结构的初衷是为了降低代理成本并实现股东财富最大化，但随后又发展到对所有利益相关者——股东、经营管理者、雇员、顾客、供应商、经销商等的保护，因而完善的治理结构应该形成对各利益主体的分权制衡。故应该通过法律和公司章程对股东大会、董事会、监事会、经理等各主体之间的主权和制衡、激励和约束作出明确的安排，形成一种有利于企业发展的利益制衡体系。

三、制度创新的方式

制度创新方式（本文称为制度变迁）不是单一的，新的制度安排如何产生、如何进行、如何建立，可以从不同的角度加以划分与阐述。

（一）渐进式变迁与突进式变迁

所谓渐进式变迁，就是变迁过程比较平稳，没有引起较大的社会震荡，新旧制度之间的轨迹光滑连续的变迁方式。突进式变迁，也可称为激进性变迁或革命式变迁，也有人比喻为“休克疗法”。相对于渐进式变迁而言，它是在较短的时间内，不顾及各种关系的协调，采取果断措施进行制度创新或变革的方式。

（二）主动式变迁与被动式变迁

某些主体从自身利益出发，把对原有制度的不满和对新制度的向往付诸行动，积极主动地发动制度变迁，被称为主动式变迁。然而，在特定社会制度结构里，各种制度是相互关联的，不同主体之间的权利关系也相互影响。某些主体认为有利，而另一些主体可能看法完全相反。因此，对于这样的制度变迁，他们就没有积极性，不会去主动促进这种新制度的诞生。但是，某些主体已经发动并最后完成了这种制度的变迁，已经影响到了他们所遵循的原有制度的稳定，使他们受到冲击，如果不顺应这种冲击去变革相应的制度，他们就会蒙受更大的损失。所以，他们也不得不在别的主体牵动下进行制度变迁，这便是被动式变迁，例如，当国家的劳动法及工资法等发生变革后，企业就不得不改变自己的用工制度。

（三）单项（局部）变迁与整体变迁

单项变迁就是某个方面或某个层次的制度独立于其他制度而进行的变革。单项变迁也是一种局部变迁。但是，局部变迁还包括一个制度结构中的几项制度或几个层次上的若干制度的一起变革。整体变迁就是特定社会范围内各种制度相互配合、协调一致的变迁。所谓“协调一致”，不是说每项制度都作出相等程度的变化，而是强调不同制度之间的关联和影响，彼此作出应有的反应，该变革的就变革、不该变革的则不要变动，否则就不是整体配合，而是逆向变动了。

（四）诱致性变迁和强制性变迁

诱致性变迁是一群（个）人在响应由制度不均衡引致的获利机会时所进行的自发性变迁；强制性变迁指的是由政府法令引起的变迁。这是林毅夫在 1989 年美国《卡托杂志》上发表的《关于制度变迁的经济学理论：诱致性变迁与强制性变迁》一文中所下的定义。

四、制度创新的周期

制度变迁的一个周期就是一次制度变迁的全过程，一般有以下几个阶段：

(1)制度变迁的启动。认识变迁条件、发现变迁机会或发现通过变迁而获利的机会。

(2)组织变迁集团。政府、团体、企业（组织）乃至个人都必须经组织、安排才能形成变迁主体，进行组织和安排是要支付成本和花费时间的。

(3)确定变迁目标。把变迁意识变为变迁目标，即通过收集加工信息，进行创新，确立新制度的目标模式。

(4)设计和选择变迁方案。为了实现所确立的目标，设计出多种变迁方案，通过核算比较，选择最迅捷、最经济（成本最低）的一种付诸实施。

(5)实施变迁。按照选定的方案实施，即对变迁采取具体而实际的操作。

(6)检验、完善新制度。对新建制度进行检验和评价，看其是否与确定的目标吻合，能否正常运转，发现缺陷或不足之处即加以修正、补充和完善。

掌握制度变迁的运动规律（变迁周期），可以大大降低变迁中的风险，缩短变迁时间，减少变迁成本，提高变迁效率。制度创新是一个复杂的系统工程，与社会政治制度、经济体制、文化传统、法律和技术等密切相关。在企业内外部因素的作用下，形成制度创新的主体，经过一个变迁周期，完成制度创新，然后制度得到稳定，开始下一轮制度变迁。

第二节　企业技术创新

一、对技术创新概念的理解

广义的技术包括三个层次：一是根据自然科学原理和生产实践经验而发展成的各种工艺、加工方法、劳动技能和诀窍等；二是将这些工艺、方法和技能、诀窍等付诸实现的相应的生产工具和其他物资装备；三是适应现代劳动分工和生产规模等要求的对生产系统中所有资源（包括人、财、物等）进行有效组织和管理的知识、经验与方法。

应该说，对技术概念的不同理解，缘于不同的研究背景和立场。我们认为，狭义的技术只应包括第一、第二个层次，而第三层次更多地可以归入管理的范畴。这样，与第一、第二两个层次有关的创新我们便称为技术创新，而和第三层次有关的创新我们将划入管理创新的范畴。

从技术的发展来看，必然既存在着于日常中渐进的微小的变化，也存在着突然的强劲变化；既会有惊天动地的大技术出现，也会有不起眼的小技术经常发生。但技术创新的效益不能仅用技术变动的大小和强弱来衡量。一些创新虽然从技术上来看很不起眼，但却具有巨大的商业价值，集装箱便是一个著名的例子，它在原理上很简单，却引发了一场运输革命。因此不能忽视小的技术变动在技术创新中的应用。

考虑到技术创新的不确定性和风险性，应当允许技术创新成功的概念包括较宽的范围。概括起来，技术创新的成功主要反映在三个方面：一是当前经济效益的增长，主要是超额商业利润；二是市场状态的改善，包括抢先独占新市场和原有市场份额的扩大；三是创新主体素质的提高，主要指其技术竞争力的增强和创新管理经验的有效积累。从技术创新的经济含义和长远意义看，后两个方面虽然不产生当期利润，但很可能会带来长远的利润增长。因此，不能将当前经济效益的增长作为衡量技术创新成功与否的唯一标准。所以，从技术创新成功的整体概念出发，技术创新盈利应当以正常平均利润为基点有一个波动范围，即其盈利在一段时间内可能小于、等于或大于平均利润。这样，技术创新成功就可能表现为两种主要情况：一是直接获得当前超额盈利；二是当前盈利只满足上述波动范围，但在其他方面（即市场状态和创新主体素质等）能取得较高的期望收益。

在以上分析的基础上，我们可以认为：技术创新是企业家抓住市场的潜在盈利机会，以获取商业利益为目标，采取新的生产工艺直至提供新的产品的全过程，它始于研究开发而终于市场实现。

二、技术创新的分类

（一）按创新的程度分类

按创新的程度不同，可以把技术创新分为以下四种类型：

(1)创造发明，是指在生产上创造新的生产方法，确能提高生产效能，特别是直接在工业制造中发挥实际作用，或制造新的产品，确能增加使用价值的最新研究创新成果，一般要求取得国家专利局的审查和批准，取得发明专利权。

(2)实用新型，指对机器、设备、装置等产品的形状、构造或形状与构造相结合的创新设计。

(3)技术革新，是指未取得或未申请专利保护的发明创造。亦称技术秘密或技术诀窍，可以是设计图纸资料、某种制造工艺、材料成分配方，乃至生产实践、经营管理和销售等方面的经验和知识。技术诀窍是一些国家或企业为对某些技术保持长期垄断，因而不申请专利而掌握在自己手中的技术革新成果。国外有些企业的研究机构，对其产品与工艺上的发明与革新成果经常用"技术秘密"的形式予以保密，借以谋取更多的利润，引进技术秘密，要付"生产许可证费用"。

(4)合理化建议，是指企业员工和科研人员对与企业生产经营管理有关的材料、工艺、结构、配方、包装、市场开发等方面的现实情况的某些不足而提出的改进意见和措施，与上述两种创新相比，合理化建议是低层次的，但它又是上述几种创新的基础。

(二)按创新对象的不同分类

按创新对象的不同，可以把技术创新分为以下三种类型：

(1)造型创新。这主要是指产品的外形和颜色的创新。产品的外观创新是工业技术创新的一个重要方面，特别是对日用消费品来说更是如此，在当今这个文化消费的时代，功能并不是顾客唯一的目标，有时候创新在使用功能方面可能是完全无用的，如在裙子的某个部位加飞边，但却能很好地满足一部分消费者的心理需求。另外，产品外观颜色创新也越来越受到人们的注意。比如，家具的颜色应与居室的色调融洽；电器的颜色应美观、素雅等，都要求企业创新人员在进行技术创新时予以认真考虑。

(2)工艺创新。对产品的制造方法和过程，所用的工具设备、材料、配方，劳动组织方式等方面的创新。

(3)功能创新。这里是指开发产品的新的使用功能。如食物本来是用来增加人的营养的商品，但现在好多人营养过剩，所以有的企业专门开发减肥食品也非常畅销。

(三)按技术变化强度分类

技术创新按照创新过程中技术变化强度的不同，可以分为渐进性创新和根本性创新。渐进性(改进型)创新是指对现有技术的改进引起的渐进的、连续的创新；根本性(重大创新)创新是指技术有重大突破的技术创新，它常常伴随着一系列渐进性的产品创新和工艺创新，并在一段时间内引起产业结构的变化。

三、技术创新的特性

(一)技术创新必须和市场需求相结合才能形成竞争优势

技术创新能力是竞争优势的重要来源之一，这已被人们所广泛接受。但技术本身并不等于商业上的竞争优势，因此，如何把企业的技术能力转化为商业上的竞争优势更为关键。

把企业的技术能力转化为商业上的竞争优势要做到以下几点：

(1)技术创新必须克服工程师导向，为顾客提供方便。许多企业在技术开发中，都或多或少地存在工程师导向，即工程师拥有新产品开发的生杀大权，许多新产品往往只是反映了工程师的构想而没有体现顾客的需求，从而导致产品在市场上的失败。脱离顾客需求而由工程师主导的片面技术会给企业的前进造成障碍，只有在充分了解顾客现实需求和潜在需求的前提下利用技术，为顾客提供方便，才能受到顾客的欢迎。

(2)技术创新必须控制成本并拥有适合市场的定价，提供良好的性能价格比。有时候，使用方便并在行业中领先的技术也可能遇到失败，因为任何技术都有一个成本收益问题，当研究开发和应用该技术的成本巨大时，在市场上其所提供的终端产品或服务就很可能定价高昂，从而未能被企业的目标顾客所接受。

在美国科技产业颇有影响的《大众科学》曾在 1998 年 12 月号刊登一篇年度 100 项最佳科技成果的文章，其中介绍了在技术上具有突破意义并获得电子技术大奖的“铱星电话系统”。该系统的神经中枢是一个由 66 颗低轨道地球卫星组成的卫星体系，同其他卫星通信系统相比，它有如下一些显著优势：①覆盖的区域更广阔；②有完善的应急服务；③提供完善寻呼服务；④具备强大的漫游功能，不仅可以提供卫星和蜂窝网络之间的漫游.还可以进行跨协议漫游。铱星系统用户能在手机上装备不同制式的蜂窝模块，从而实现世界各地不同通信标准间的漫游。就技术层面而言，铱星系统的用户只需要一个号码，就能在地球上任何地方打电话，而不必担心地方蜂窝电话系统的兼容性。在技术上，铱星公司能够为用户提供从全球任何地方拨打电话的服务，但由于服务费用昂贵，该公司一直陷于订户稀少的困境。在开业一年多以后，耗资 50 亿美元建造的铱星系统，却因为背负 40 多亿美元的债务，无力面对后来居上的“大哥大”通信公司的竞争，濒临破产。

(3)技术创新必须瞄准特定的细分市场，为目标顾客量身定做。顾客的需求正在变得更加个性化，从而导致市场细分更易于实现。现在想提供一种适合整个行业的解决方案变得越来越困难。于是，这种变化为许多行业的小企业创造了新机会，其成本相对于市场领先者已不再处于劣势。相反，通过开发最新的技术(如柔性制造系统)并集中于特定的细分市场。这些小企业相对于已处于市场中的大企业，反而能够拥有显著的成本优势，技术和环境的快速变化为改变行业竞争地位提供了机会。经营环境在不断地发生变化，顾客需求也正在从同质化逐步转变为多样化，对于已拥有成熟市场的行业而言，只有坚持针对细分市场的技术创新，为目标顾客量身定做，才能带给目标顾客以独特的价值感受，从而占领顾客的心灵。

(二)技术创新与市场需求的关系

市场需求是企业技术创新的主要动力源泉之一。不过，市场对商品的品质、功能、价格、包装、款式和服务等方面的需求的差异性比较大，企业技术创新的特征与强度会随市场需求类型和结构的不同而不同。

研究表明，市场需求的特性及其变化与企业技术创新行为是一个互动的过程。一方面，企业必须根据市场需求的主导方向来决定技术创新行为的类型和范围；另一方面，企业的技术创新行为反过来也影响了市场需求结构的演变。

市场需求弹性包括需求的价格弹性，收入弹性和交叉弹性。需求的价格弹性 EP ＞ 1 的商品，当价格有较小的降低时，需求量会有较大的增加，企业的总收益亦会因此而增加。当然，产品价格降低是以其成本为渐近线的，即降低产品的价格是有限度的，企业必须设法降低产品的生产成本。在科学技术已充分显示出其经济价值的今天，企业降低产品成本主要是通过设计创新、原材料创新、能源创新、工艺创新、设备创新和管理创新等手段来实现。一般而言，价格弹性大的产品大多属于可替代品，高档品和高技术产品的开发和制造也必须通过设计创新、工艺创新、原材料创新等手段来实现，由此可知需求价格弹性 EP > 11 的产品比市场需求价格弹性 EP < 1 的产品更能有效地激励企业的技术创新行为。

市场需求的收入弹性 EI > 1，意味着人均国民收入有较少的增加将导致这种产品的市场需求量有较大的增加。随着人均国民收入水平的提高，人们的需求及其结构也将发生变化。现实中，由于社会和经济的快速发展，人们的实际收入水平愈来愈高。因此人们的需求趋于追求高档、时尚和多功能产品，这类产品正是收入弹性比较大的产品。又因为市场需求能够带动企业供给，所以企业一定会积极向市场推出高档、时尚和多功能产品。企业必须通过技术创新才能将它们推向市场。综上所述，收入弹性 EI > 1 的产品比收入弹性 EI < 11 的产品更能有效地激励企业进行技术创新。

社会需求交叉弹性 EXY > 0，则说明商品 X 价格的变动与商品 Y 需求量变动的方向一致。这两种商品一定是互为替代品；若交叉弹性 EXY < 0，则说明商品 X 价格的变动与商品 Y 需求量的变动方向相反，这两种商品一定是互补品；交叉弹性 EXY＝0，则说明商品 X 和商品 Y 互不相关。由于原材料稀缺，造成成本较高和消费者需求变化等情况是客观的。由此而导致市场需要较多的替代品也是不可避免的，企业能否提供替代品，主要取决于企业的创新能力和创造力度。因此，具有交叉弹性的商品能够激励企业从事技术创新，如果企业不能向市场提供更多的替代品，就不能适应市场需求的变化，也就难以生存和发展。

市场需求能否有效地激励企业技术创新行为以及如何激励企业技术创新，与整个社会的宏观经济状况和供需结构有关。在供过于求的市场环境下，市场需求能够更有效地激励企业的技术创新行为。因为在这种情况下市场相对饱和，竞争十分激烈，企业要想获得生存和发展，必须采取有效措施扩大市场占有率，增加产品销售额。其主要的出路是通过技术创新来提高现有产品质量、增加产品功能、降低产品成本，获得差异化优势或低成本优势，从而占领市场并形成对本企业有利的需求结构。在供不应求的短缺经济条件下，只要达到规模经济性，企业的经济效益就有保证。因此，强烈的市场需求限制或弱化了企业追求技术创新的动机，难以有效地激励企业的技术创新行为，只能引起外延扩大再生产。

（三）技术创新与市场结构的关系

市场结构分为完全垄断市场、完全竞争市场、垄断竞争市场和寡头垄断市场。完全竞争市场由于缺少足以保障技术创新持久效益的垄断力量，所以不易形成较大的技术创新力量。只能在静态的环境中实现最高效益，这种静态效益使企业不可能去开发新产品。技术创新具有一个阈值，即偏离完全竞争状态是创新的先决条件，但创新的数量并不会与偏离同比例增加。这一阈值因不同时间、不同产业而不同。完全垄断是一种低效率的市场组织，限制产出、抬高售价，开发新产品的资源投入只能来自垄断市场的超额利润，正是对垄断利润的期望，给创新提供了激励，垄断尽管静态效益较低，但却是适宜产品创新而获得较高动态效益的市场形式。

垄断可以采取多种手段阻止竞争者仿冒某种创新，能凭借在研究与开发方面的信誉吸引人才并且具有资金优势，但是垄断也会因超额利润使垄断者失去竞争压力，垄断性企业会更多地因袭传统，更多地运用垄断力量，而较少地运用创新优势。由于垄断形成了其他企业的进入壁垒，削弱了对技术创新的激励，垄断竞争市场既存在一定程度的竞争又存在一定程度的垄断。因此它既具有从事技术创新的垄断力量，又具有从事技术创新的竞争机制。在垄断竞争市场中，技术创新可分为两类：一类是垄断前景推动的技术创新，某些企业为了继续保持技术优势和市场垄断，积极采取技术创新措施；另一类是竞争前景推动的技术创新，由于某些企业担心在竞争对手的模仿或技术创新条件下丧失利润，会积极采取技术创新。综合比较，垄断竞争的市场结构是激励技术创新较适宜的市场结构。

第三节　企业管理创新

一、企业管理创新的内容

企业管理是指为适应现代劳动分工和生产规模等要求的对企业生产系统中所有资源（包括人、财、物信息等）进行有效组织和管理的知识、经验与方法。企业管理创新内容可以归纳为以下三个层面：

（一）管理方法的创新

管理方法的创新指企业在生产经营过程中引入一种新的方法，如引入网络计划技术、零库存管理方法、全面质量管理、统计分析方法、预测决策技术、项目评价方法等。

（二）管理工具的创新

从电话、传真到个人计算机再到因特网，每一种管理工具的引入都大规模地提高了生产效率。其中值得一提的是互联网的引入，使高效互动的信息沟通成为可能，从而令企业在这个迅速变化的商业世界里形成了自己的快速反应能力。

（三）管理模式的创新

管理模式的创新是指企业针对管理的某一个或某几个职能方面的模式（如生产管理模式、财务管理模式、人力资源管理模式、营销管理模式等）所作的综合性创新。

二、管理创新的类型

管理创新可以包括五种情况：提出一种新经营思路并加以有效实施；创设一个新的组织机构并使之有效运转；提出一个新的管理方式方法；设计一种新的管理模式；进行一项经营制度的创新。因此，可以将管理创新分为基于战略的管理创新、基于环境的管理创新、基于资源的管理创新、基于流程的管理创新等。其中基于环境的管理创新还可以按照组织的背景条件再细分为基于组织的创新和基于市场的创新等。这些类型的管理创新相互交错、互相作用，共同推进企业的成长。

（一）基于战略与环境管理的创新

传统的战略规划方式存在以下几个假设前提：①预测的环境是稳定的；②战略制定者能够

与他们的战略问题相分离;③战略的制定过程能够被形式化、程序化。这种战略产生了以下几个误区:

(1)按照传统战略规划的前提,当一个计划正在开发时,世界应该保持静止;当计划被实现时,世界应保持所预测的状态。但真实的世界不是如此,对某些重复性的事物如季节变化等我们能够预测,但对许多非连续的事物如技术创新和价格上涨等,想要准确地预测几乎是不可能的,而传统的战略规划使得我们很难跟上环境的变化。

(2)在这种战略规划方式中,思想者和实行者相分离,战略家必须与他们的战略目标相分离。这种做法要求高层管理者不用亲自深入一线就能了解基层的具体情况,但问题在于基层向高层汇报的数据存在一个推测而来的误差,要核实这些数据需要花费时间,这导致它们经常会过时;而且这些经过综合的数据往往会忽略重要的细节部分,这也是依此制定的战略脱离现实的原因。

(3)规划过程很容易陷入形式化、程序化的误区。形式化、程序化的系统能够处理更多的信息,但也可能因此而忽略了一些正在发生的突发因素,规划过程不能灵敏地对环境的变化进行学习,作出适当的反应。关于未来的不确定性把传统的企业战略规划方法推到了尴尬的位置,顾客偏好的多元性质和市场环境无处不在的不确定性造成这样的问题:战略计划对于设计企业结构是否有用?如果你不可能知道下一年的顾客将需要什么或你的竞争者将提供什么,甚至你的顾客或竞争者是谁都不能预测,你又如何为取得销售和利润目标而制定一个有效的计划?

因此适应性战略——不确定环境下的战略思维促使许多企业从观念到组织过程都进行了转变,以便更好地对环境的不确定性作出反应。对于这种不确定环境下的战略思维方式,亨克尔将其称为“适应性战略”。而有人认为这是一种“边缘竞争”的战略方式。

所谓的战略本质上只包括两个方面:一是制定企业的发展目标;二是实现所制定的目标。传统的战略规划将重点放在“制定企业发展目标”上面,却忽视“如何实现战略目标”这样一个问题。它假设对行业、竞争、战略位置以及各种情况的持续时间具有可预测性,与此同时却对随后的战略执行的重要性和可能遇到的挑战缺乏足够的重视,当遇到紧张、高速、持续不断的环境时,传统的战略模式就频频面临崩溃。

适应性战略认为战略是创造一系列独立竞争优势的过程。这些独立的竞争优势综合起来,便形成了一种半固定式的战略导向,而使得这种战略充分显示出业绩的关键动力就是企业对环境的应变能力。适应性理论认为战略是公司不断调整组织结构形式,进行变革,并与不断调整的组织结构相适应。采用半固定式的战略趋向是一种必然结果,它综合了两个方面的内容,即不断地寻找新的战略目标以及实现战略目标的办法。半固定式的战略趋向是适应性的战略方法与所谓的传统战略方法的最根本的区别。

采用半固定式的适应性战略,是因为企业身处的环境是那些高速变革且变革不可预测的行业。这些行业有着高度的不确定性,其发展方向也无人知晓,因而适应性战略只能通过试探性地实施一些措施并观察它们的具体效果,再从中挑选出一些卓有成效的措施继续执行。从短期看,适应性战略可能效率比较低,它总是在不断尝试,不断犯错,最后找到正确的方向。

(二)基于资源管理的创新

一般企业中主要有五类资源,即人力资源、财力资源、物力资源、信息资源、机会资源等。因此,基于资源的管理创新也可以分为人力资源管理创新、财力资源管理创新、物力资源管理创新、信息资源管理创新、机会资源管理创新等几种,企业用以寻求能够促进所拥有的稀缺资源更充分创造价值的可能性、渠道和方式。

(三)基于流程管理的创新

基于流程的管理创新也称为“业务流程再造”(business process reengineering, BPR)。其核心理念就是以最大限度地提高顾客对企业产品、服务、形象的整体满意度、提高顾客对企业的忠诚度,进而不断地重复购买企业的产品和服务、营造企业良好的生存和发展环境为目标,对企业现行的运转流程和工作方式进行根本性的反省和革命性的创新。

市场是企业一切经营活动的起点和归宿,基于市场的管理创新是指在市场经济条件下,作为市场主体的企业创新者通过引入并实现各种新市场要素的商品化与市场化,以开辟新的市场、促进企业生存与发展的新市场研究、开发、组织与管理活动。基于市场的管理创新也称为市场创新。企业要创新市场,首先要了解市场、研究市场,市场研究是企业市场创新的前提和基础。

组织是一个有明确目标、有一定的结构和协调并与外部环境不断发生物质、能量和信息交换的社会实体,它是使企业各种要素有效运行的载体。基于组织的管理创新意味着打破原有的组织结构,并对组织内成员的责、权、利关系加以重新建构,形成新的结构和人际关系,并使组织的功能得到发展。组织创新按其影响系统的范围可分为技术结构创新和社会结构创新。技术结构创新是调整人们之间的分工、协作方式以获得更高效率;社会结构的创新是协调人们的责、权、利的关系,以提高组织效能。

三、管理创新与制度创新、技术创新三者的关系

(一)制度创新是技术创新和管理创新的动力和基础

据统计,在过去的一百年,西方的平均生产增长率一般为3%——略高于人口的增长率,这种持续的增长使产出和社会财富成倍增加,人们普遍认识到企业创新是西方长时间持续增长的直接源泉。但在分析原因时,往往直接归因于技术创新而不是各种制度和组织管理方面的改进。这是一个似是而非的看法,尽管物质财富的增长的确与因技术进步而引起的生产力的提高直接相关,但它忽视了问题的另一面,即西方为什么会长期存在技术进步?为什么西方在技术创新和经济增长之间保持了那么长久而稳固的关系?

一个值得我们深思的反例是:历史上中国的科学和发明曾长期领先于世界,遗憾的是领先的科技并未能转化成为经济增长的推动力。如火药传到西方用来生产枪炮,我们自己却用来生产爆竹;罗盘在西方用来航海,我们更大的用途却是看风水,当哥伦布的航船准备西行探险的时候,明朝宣布了海禁。当别人将技术进步的成果一点一滴地应用于生产、军事和生活实践中时,我们的封建王朝却认为这是“奇技淫巧”,不值得提倡。内向与非竞争性的指导思想、充满禁锢的各项宏微观制度最终导致近代中国在世界前进的大潮中落伍。所以,西方的历史表

明，实现持续经济增长的前提是为技术和组织管理的创新试验提供一个合适的环境。企业技术创新和管理创新的目的是为了提高生产能力和生产效率。但这些创新活动的主体，是以企业家为核心的全体员工。例如，对于股份制企业来说，他们包括经营管理阶层的各级经理人员、劳动者阶层的工人、科技人员、营销人员等，市场需求、计划干预、商品竞争、科技推动所构成的外部压力能否有效地转化为企业技术创新和管理创新的内在动力，关键在于企业活动主体进行技术创新能否带来个人物质经济利益和个人成就感（如上级的表彰及个人地位的升迁等）的满足，就是看企业管理者阶层与劳动者阶层的技术创新和管理创新利益刺激能否到位，而且有足够的强度。

因此，制度创新应该先行于技术创新和管理创新，为创新的主体提供一种将个人利益与企业目标相结合的制度安排。使企业的各个利益相关者如所有者、经营管理人员、技术人员和普通员工等能在这种安排下得到相应的利益，从而拥有追求技术创新和管理创新的动力。

（二）管理创新是技术创新和制度创新的组织保障

首先，管理创新是一种创造新的资源整合范式的动态性活动，通过这一活动，形成有效、科学的管理，它同技术一起构成现代企业不可缺少的投入组合，但作为一种与生产技术知识有着本质不同的知识体系，管理是一种“更好地应用知识的知识”，具有“整合”和“优化”生产要素（包括技术）的特征，也即管理对技术有着一定的驾驭性，可以说，一方面通过管理创新使企业内部的权力机构、决策机构、执行机构形成所有者、经营者及生产者之间明确的相互激励和相互制衡关系，形成科学的领导体制和决策程序，从而确立技术创新的决策与激励机制，为技术创新从在独立于企业外的研究机构、实验室中进行逐渐变为企业内进行，即为促进技术创新内在化——R&D 体系的建立与开展提供动力机制；另一方面，技术创新是一个从研究开发—市场成功—创新扩散的完整过程，具有很强的不确定性，即除了进行技术创新 R&D 领域的特性因素外，还受到技术创新主体能力、行为方式、技术创新过程的管理效率等因素的影响，因而技术创新过程不仅是个技术问题，还是一个管理问题，通过对技术创新过程的细节管理创新，可以降低技术创新过程中资源配置的不确定性，提高现有技术效率与资源配置效率，有助于技术创新的成功。综上所述，管理创新实际上是技术创新的组织保障。

其次，任何新的企业制度的建立，都是一个市场和企业的边界重新界定、企业内部的产权体系重新安置以及公司治理机构重新确立的过程。新制度经济学还认为，产权体系重新安置而产生的对资源配置的效率是通过合适的组织结构安排得以实现的。如威廉姆森就认为产权再安置而形成的交易技术与组织结构有个匹配问题，并且有效率的新组织结构的创新过程应遵循资产专用性原则和外部效应原则，因此现代企业制度中一系列的产权再安置，必将导致企业的组织结构作出相应的调整变更，即必须进行组织管理的创新；另外，产权体系重新安置的过程，也是一个具有很强的不确定性的制度经济一体化的过程，而且制度创新同技术创新一样，也有一个投放与产出效率的问题。所以，从这个意义上讲，制度创新本身是一个动态的需要管理的过程，只有通过在制度创新过程中的管理创新（建立相适应的管理机制、组织构架等），才可以降低制度创新的不确定性，加快制度创新的进程，促进制度创新、优化资源配置效率的目标的实现，真正发挥其巨大的制度效应，所以说，管理创新也是制度创新的组织保障。

（三）技术创新是管理创新和制度创新的物质条件

首先，技术创新是管理创新的物质条件。正如钱德勒所指出的“现有的需求和技术创造出管理协调的需要和机会”。可以说，技术创新直接或间接地给管理创新带来新的课题，推动管理创新的展开。技术创新的直接推动作用表现为：通过技术创新过程使管理技术（即管理的程序化因素）得以提高，直接促进管理方法、手段的创新，如价值工程、网络技术、信息技术、运筹学、博弈论的运用；技术创新的间接推动作用表现为：由于技术创新中生产技术（产品、工艺方面）的创新，使得企业中组织结构、人员安排、市场营销及管理观念等，都需作出相应的变革以适应企业生产流程、产品性能的变化，如新产品成功开发后的市场创新；而因信息技术在现代企业生产中的广泛应用，产生诸如并行工程、团队人、虚拟公司等新的管理思潮则更是一种管理上的创新。

其次，技术创新还是推动进一步的制度创新的物质条件。由于技术创新的成果若只能在现有的制度框架下来分配，对技术创新中的各个关键角色来说，他们的利益诉求只能服从于现有的制度，而一旦现有的制度不能满足他们对创新成果的利益诉求时，他们进行技术创新的积极性就会下降，从而使技术创新在现有制度下的发展空间变得有限，从而产生因技术创新对制度变迁的需求。这时，当技术创新发展到这个现有制度下的极限之后，它客观上要求制度作出创新，为下一轮的技术创新打好制度的基础，同时，技术创新也为本次的制度创新准备了充分的物质条件。历史上，每当技术创新发展到一定的阶段，它就会要求制度作出一定的响应。在工业时代，普通雇工的地位一直在多数企业中受到漠视，但在迈向知识经济时代的今天，在许多知识型企业中，由于知识工人在创新和企业经营中的地位日益需要而受到重视，因此便出现了员工持股制等各种各样的制度创新，用以激励知识工人在企业的技术创新和管理创新中作出更大的贡献。所以说，技术创新为制度创新提供了物质条件，它推动了新一轮创新的形成。

（四）管理创新与技术创新、制度创新的逻辑关系

管理创新本身是由经济发展、技术进步导致企业生存与发展问题需要解决而产生的。正像钱德勒所指出的：“现有的需求和技术将创造出管理协调的需求和机会”。知识经济企业保持活力的唯一途径就是创新，其中最重要的、最直接的创新方式是技术创新和制度创新，而管理创新对技术创新和制度创新都起着巨大的推动作用。制度创新是激励机制，是管理创新和技术创新的基础；技术创新是技术保障机制，是管理创新和制度创新的物质条件；管理创新是能力保障机制，是技术创新和制度创新的组织保证。三者构成互相支撑的三角关系，形成稳定的金字塔结构，不可或缺。制度创新是管理创新和技术创新的基础、前提条件，是金字塔之底。历史证明它比另外两种创新都更重要、更基本。西方管理专家普遍认为：“制度第一，总经理第二”。我国经济学家吴敬琏也认为“制度重于技术。”

第四节　企业创新的效应

在漫长的人类经济史中，我们发现原始组织的创新是缓慢的、单调的，直到200年前古典企业大量兴起时，企业创新（主要是市场创新和技术创新）才逐渐成为经济生活中的常态，而真

正迅猛、多层次、立体化的企业创新浪潮则是在20世纪初现代企业崛起后才涌动的。现代企业创新作为社会化大生产和商品经济发展的产物，具有四个方面的效应：

一、企业创新的扩散效应

率先创新者（创新企业）的短期超额利润，驱动众多的效仿者进入创新产业，引起企业创新的扩散。企业创新的扩散是一个复杂的过程，不仅具有存在于同一产业部门内的创新的“叠加”，而且具有不同产业部门的创新的“联动”。从历史上看，蒸汽机的诞生和电力的使用引发了各种类型的企业创新；而如今，计算机和互联网的广泛应用也引起了社会经济各部门形式多样的企业创新。一言以蔽之，企业创新扩散分为部门内扩散和部门间扩散两种形式。

创新的扩散是一个动态过程，表现在以下几个方面：①主体换位。创新有可能在扩散链条的每一环上发生，使模仿者和创新企业换位。②扩散时滞。创新的扩散会因各种各样的阻碍而放慢速度，前一项创新尚未波及最后一个模仿企业时，继起的创新波动已进入扩散的链条，因此，同一扩散通道上可能有多个创新波峰存在。③“回波”转换。即模仿与被模仿、学习与被学习的转换。

二、企业创新的群聚效应

熊彼特利用他所独创的创新理论对经济周期的起因和过程进行的解释，说明他已充分注意到了创新的群聚现象。熊彼特认为，创新在时间和空间上都不是均匀分布的。在时间轴上，创新时断时续，时高时低，“这些变化不是连续不断地出现的”，有时群聚，有时稀疏。在空间分布的非均匀性表现为创新出现的频率在不同的经济部门有所不同，某些新兴部门及相关产业往往是创新的“多发地带”。企业创新群聚特征的形成，不仅是因为基础创新所赖以产生的重大科学发现或发明只会在特定的条件和环境中出现，而且还因为基础创新扫清了来自传统产业和习惯势力的对创新的反抗和障碍，带来众多的厂商效仿。一旦当社会上对于某些根本上是新的和尚未试验过的事物的各种各样的反抗被克服，那就不仅重复做同样的事情，而且也在不同的方向上做类似的事情，就要容易得多了。从而第一次的成功就往往产生一种群聚的现象。

我们认为，企业创新的群聚现象是产业“突变”的大面积发生和“突变”结果迅速扩散的结果。因此，上面所提到的企业创新和扩散的形成机制及条件，同样也是创新群聚的制约因素。另外，由于重大的科学发现和技术发明对于创新的有力推进，加之扩张的市场需求通过产业链拉动前向或后向产业的创新，促进创新的气氛和思路扩散到不相关产业中去。同时在基础创新之上的各种各样改进型创新的出现，因资源约束或市场约束而导致的新兴产业部门的迅速拓展等诸多因素，都能诱发企业创新的群聚。

三、企业创新的加速效应

随着纯科学的基础知识的增多，科学与技术在工业中的紧密结合以及新的组织管理方式不断应运而生，企业创新的速率越来越快。据英国科学家詹姆士·马丁估计，19世纪人类科学知识每50年增加一倍，20世纪中叶每10年增加一倍，20世纪70年代每5年增加一倍。有的科学家估计，目前已是每两年增加一倍。可以说，目前的时代是一个“十倍速时代”，新知识的供给曲线呈现越来越大的弹性，技术创新的加速性尤为明显。与此相应，要求企业面对变幻莫测的市场，不断地改造自己的组织形式和管理方式，使之有利于创新，从而更好地生存和发展。

四、企业创新的迭代效应

在创新实施的早期，创新总会给创新企业带来巨额的利润和广阔的市场份额。但由于客观上存在潜在的竞争者和创新生命周期，所以任何一种创新都难以永久地保持竞争优势，它必然面临两种选择，要么自己推陈出新淘汰原有的创新，要么就只能坐以待毙，等着被其他企业的创新所淘汰，这迫使企业创新具备无穷无尽的迭代性，它必须把创新渗透到整个管理的过程中，作为经常性的管理职能，并为全体员工的创造才能的发挥提供一个良好的环境，不断地否定自我，推陈出新，从而在一场没有终点的长期赛跑中保持优势地位，在这个意义上，可以说，创新无止境。上述企业创新的四大效应，实际上也在很大程度上体现了企业创新的特征，认清这些特征对推进企业创新具有重大的意义。

本章思考题

1. 简述企业管理创新在企业发展中的作用。
2. 简述制度创新的含义及方式。
3. 简述技术创新的含义及特性。
4. 简述制度创新、技术创新和管理创新三者的关系。
5. 简述企业创新的四大效应。

案例分析

比亚迪式模仿创新的知识产权策略

比亚迪之父王传福认为比亚迪所取得的一切都离不开技术和创新，比亚迪有个理念，即以技术为王，创新为本。在 2008 年全球资本市场上，有一件备受关注的事：“股神”巴菲特通过其投资旗舰伯克希尔·哈撒韦公司旗下附属公司，与比亚迪股份有限公司签署了策略性投资及股份认购协议，以每股 8 港元的价格认购 2.25 亿股比亚迪公司的股份，交易额高达 18 亿港元！对于大多数中国传统制造型企业而言，比亚迪低成本创新方式可为借鉴的经验有以下几点：

第一，避免陷入“卓越制造孤岛”和“卓越技术孤岛”。只有当你明确了真实市场的存在，并确认资本投入有助于消除产业价值链隔阂时，其所产生的成本节约与效率提升，才可能从根本上提升公司的毛利率水平与长期利润率。反之，任何专注于自身业务环节生产状态改善的资本投入或成本控制策略，都只能改变公司自身经营性毛利率水平与绝对成本。而行业整体的毛利率结构是一样的，竞争胜负只能期待于竞争对手犯下大错误——丰田汽车这次栽大跟头了。

第二，提升构成技术创新能力。比亚迪专注于模具开发及应用技术研究，实质上提升了公司市场快速响应能力。从市场应用性的角度逆向思考自身研发投入和方式，可以使传统制造型企业避免陷入“卓越技术孤岛”的境地。实际上，在消费者对于弹性制造能力需求越来越高的今天，制造商都在思考如何把一项卓越技术快速转化为消费者可以接受的价格的商品。尽管基础研究十分重要，但依靠灵活的生产工序，在短时间内能够向市场提供多元化产品选择的技术结构能力，也是十分重要的能力。

第三，注重质量。显然，低成本创新并不意味着质量欠佳，相反，质量提升应成为创新效果的体现。注重质量包括两个层面：①产品质量稳健、可信；②产品供给灵活多变且及时。像比亚迪一样，通过大量人工检测方式加入过程控制是提高质量的一种手段，但切记不能在挤压供应商的同时，又加入了冗余的人力进行质量检验。显然，长期质量控制的有效途径是带领供应商一起走上优质产品供给道路。对于旨在实现低成本创新的制造商而言，将经验分享于供应商是长期受益的。

第四，业务模式让位于商业模式。鉴于大多数产业的制造过程充满了分工协作精神，一味追求相关多元化或纵向一体化的业务模式都不是最佳商业选择。比亚迪也是一样，长期来看，公司依然存在退出“卓越制造孤岛”和“卓越技术孤岛”逐渐消失的业务领域。

对于大多数制造商而言，业务模式创新体现了其对产业链剩余价值的获取手段与能力，像比亚迪一样，可以借助低成本创新实现公司价值增长。然而我们在苹果公司的商业模式创新中也看到，在从生产效率向销售效率转化的过程中，单纯的制造型企业可能因错失与消费者直接见面的机会，而丧失在最恰当的时间、向最佳消费者提供最合适的产品的能力。制造商依然会因为自身的制造能力从苹果公司那里获得订单生产，这已是更优化的“精益生产方式”。

传统制造型企业开展商业模式创新，应着力借助自身的低成本优势参与产业性或产品性的企业间联合产品开发计划。这样，既可以了解消费者需求，也可以优化自身的制造流程与成本结构。从目前情况看，比亚迪公司在多个业务之间正努力建立起以商业模式创新为目标的联合产品开发计划，这种尝试有助于提高公司管理水平与人力资源价值。

（由作者根据相关资料改写）

案例讨论题：

1. 查阅比亚迪公司的企业资料，对其企业创新的内容进行归纳整理。

2. 比亚迪公司在制度创新、管理创新和技术创新方面有哪些具体体现，分析讨论、评价其作用，你认为还应有哪些改进和提高？

“互联网＋”时代创新创业

学习目标

了解互联网思维的特征，以及给我们的社会生产、生活带来的变革，明确作为创业者应该把握的机会；重点掌握作为创业者如何正确把握“互联网＋”商业模式。

案例导入

盘点“互联网＋时代”那些成功的企业创新案例

2015 年，“互联网＋”被上升到国家战略高度，很多企业纷纷向互联网转型。而互联网＋，不仅是要加技术，更是要加理念、思维。

(1)小米

小米在“互联网＋”上的玩法，很值得我们借鉴的是“以用户为核心”的互联网思维。小米非常重视用户的建议和意见，并将此发挥到了极致。据统计，这几年来，小米手机的用户建议和意见超过了 1.5 亿条！而小米产品的设计、研发、迭代等，就是根据用户的建议和意见进行的。在用户看来，小米的产品也有自己的一份心血，这样就不难理解发烧友们为什么会如饥似渴地抢购了。

(2)李宁

在 2015 年，李宁公司推出了智能跑鞋，主要在技术上体现了“互联网＋”。在李宁的智能跑鞋中，安置了华米智芯，并通过蓝牙 4.0，与手机的客户端进行连接。这样一来，用户便能享受 GPS、时速和配速、卡路里计算等功能。而且，这款智能跑鞋还可以分析脚步落地和步频，从而让用户知道该如何进行科学正确的跑步。

(3)加多宝

2015 年，加多宝上线了“金罐加多宝 2015 淘金行动”，构建生活圈。这个模式简单来说，就是消费者买了加多宝后，可以通过扫描罐子进入互联网的生活圈，再链接其他朋友，这样一来就可以与其他人联系起来。仅 10 天，加多宝就通过该活动发出了超过 300 万个金包。加多宝称将会围绕美食、娱乐、运动、音乐这 4 个主题，整合资源，为用户提供起数以万计的生活方式。

(4)健力宝

为了获得 80 后、90 后消费者，颇具传统色彩的健力宝也积极向“互联网＋”靠拢。如健力宝围绕移动端，开发了健力宝健身房APP，用户可以通过这个APP享受健身课程和训练；还与京东连接，服务与销售两手抓。现在，健力宝不再是一家单纯做饮料的生产商，而是以体育文化为基础，为消费者提供个性化体验的综合服务商，从而始终影响消费者。

（由作者根据相关资料改写）

思考：

通过以上案例，你受到的启发是什么。

第一节 “互联网+”概述

“互联网+”代表着一种新的经济形态，它指的是依托互联网信息技术实现互联网与传统产业的联合，以优化生产要素、更新业务体系、重构商业模式等途径来完成经济转型和升级。“互联网+”计划的目的在于充分发挥互联网的优势，将互联网与传统产业深入融合，以产业升级提升经济生产力，最后实现社会财富的增加。

“互联网+”概念的中心词是互联网，它是“互联网+”计划的出发点。“互联网+”计划具体可分为两个层次的内容来表述。一方面，可以将“互联网+”概念中的文字“互联网”与符号“+”分开理解。符号“+”意为加号，即代表着添加与联合。这表明了“互联网+”计划的应用范围为互联网与其他传统产业，它是针对不同产业间发展的一项新计划，应用手段则是通过互联网与传统产业进行联合和深入融合的方式进行；另一方面，“互联网+”作为一个整体概念，其深层意义是通过传统产业的互联网化完成产业升级。互联网通过将开放、平等、互动等网络特性在传统产业的运用，通过大数据的分析与整合，试图理清供求关系，通过改造传统产业的生产方式、产业结构等内容，来增强经济发展动力，提升效益，从而促进国民经济健康有序发展。

一、概念提出

国内“互联网+”理念的提出，最早可以追溯到2012年11月于扬在易观第五届移动互联网博览会的发言。易观国际董事长兼首席执行官于扬首次提出“互联网+”理念。他认为“在未来，‘互联网+’公式应该是我们所在的行业的产品和服务，在与我们未来看到的多屏全网跨平台用户场景结合之后产生的这样一种化学公式。我们可以按照这样一个思路找到若干这样的想法。而怎么找到你所在行业的‘互联网+’，则是企业需要思考的问题。”

2014年11月，李克强出席首届世界互联网大会时指出，互联网是大众创业、万众创新的新工具。其中“大众创业、万众创新”正是此次政府工作报告中的重要主题，被称作中国经济提质增效升级的“新引擎”，可见其重要作用。

2015年3月，全国两会上，全国人大代表马化腾提交了《关于以“互联网+”为驱动，推进我国经济社会创新发展的建议》的议案，表达了对经济社会创新的建议和看法。他呼吁，我们需要持续以“互联网+”为驱动，鼓励产业创新、促进跨界融合、惠及社会民生，推动我国经济和社会的创新发展。马化腾表示，“互联网+”是指利用互联网的平台、信息通信技术把互联网和包括传统行业在内的各行各业结合起来，从而在新领域创造一种新生态。他希望这种生态战略能够被国家采纳，成为国家战略。

2015年3月5日上午十二届全国人大三次会议上，李克强总理在政府工作报告中首次提出“互联网＋”行动计划。李克强在政府工作报告中提出，“制定“互联网＋”行动计划，推动移动互联网、云计算、大数据、物联网等与现代制造业结合，促进电子商务、工业互联网和互联网金融（ITFIN）健康发展，引导互联网企业拓展国际市场。”

2015年7月4日，经李克强总理签批，国务院日前印发《关于积极推进“互联网＋”行动的指导意见》（以下简称《指导意见》），这是推动互联网由消费领域向生产领域拓展，加速提升产业发展水平，增强各行业创新能力，构筑经济社会发展新优势和新动能的重要举措。

2015年12月16日，第二届世界互联网大会在浙江乌镇开幕。在举行“互联网＋”的论坛上，中国互联网发展基金会联合百度、阿里巴巴、腾讯共同发起倡议，成立“中国互联网＋联盟”。

二、基本内涵

“互联网＋”是两化融合的升级版，将互联网作为当前信息化发展的核心特征提取出来，并与工业、商业、金融业等服务业的全面融合。这其中关键就是创新，只有创新才能让这个“＋”真正有价值、有意义。正因为此，“互联网＋”被认为是创新2.0下的互联网发展新形态、新业态，是知识社会创新2.0推动下的经济社会发展新形态演进。

通俗来说，“互联网＋”就是“互联网＋各个传统行业”，但这并不是简单的两者相加，而是利用信息通信技术以及互联网平台，让互联网与传统行业进行深度融合，创造新的发展生态。

三、“互联网＋”的特征

(1)跨界融合。“＋”就是跨界，就是变革，就是开放，就是重塑融合。敢于跨界了，创新的基础就更坚实；融合协同了，群体智能才会实现，从研发到产业化的路径才会更垂直。融合本身也指代身份的融合，客户消费转化为投资，伙伴参与创新，等等，不一而足。

(2)创新驱动。中国粗放的资源驱动型增长方式早就难以为继，必须转变到创新驱动发展这条正确的道路上来。这正是互联网的特质，用所谓的互联网思维来求变、自我革命，也更能发挥创新的力量。

(3)三是重塑结构。信息革命、全球化、互联网业已打破了原有的社会结构、经济结构、地缘结构、文化结构。权力、议事规则、话语权不断在发生变化。

(4)尊重人性。人性的光辉是推动科技进步、经济增长、社会进步、文化繁荣的最根本的力量，互联网的力量之强大最根本地也来源于对人性的最大限度的尊重、对人体验的敬畏、对人的创造性发挥的重视。例如UGC，例如卷入式营销，例如分享经济。

(5)开放生态。关于互联网＋，生态是非常重要的特征，而生态的本身就是开放的。我们推进“互联网＋”，其中一个重要的方向就是要把过去制约创新的环节化解掉，把孤岛式创新连接起来，让研发由人性决定的市场进行驱动，让努力创业者有机会实现价值。

(6)连接一切。连接是有层次的，可连接性是有差异的，连接的价值是相差很大的，但是连接一切是“互联网＋”的目标。

四、"互联网＋"的消费模式新常态

对于消费模式的内涵，学者们存在着不同的理解。人们的消费模式很大程度受上所在的社会结构的制导。通过模型测算，他指出，越是多元化的社会，越容易接受新的消费品和消费服务。周叔莲教授指出，消费模式主要指一定时期的消费特征，包括了消费内容、消费水平、消费结构、消费方式、消费爱好和消费趋势在内的深邃内涵。文启湘教授认为，人们的消费模式是指一定社会在一定时期内居民的消费水平、消费结构、消费方式等的规范、数量和发展趋势等。周殿昆教授探讨了适合国情特点和可持续发展要求的国家消费模式。他指出，为突破资源环境保护和经济高速增长的"两难困境"，我国应该选择以公共消费为主体的"健康—集约型"国家消费模式。总体看来，消费模式主要包含了人们的消费关系和行为方法，从总体上反映了消费者的消费内容、基本趋势，既指导消费者的消费活动，又对消费者的消费行为进行社会价值判断；消费模式不仅反映了消费的主要内容，而且还反映了经济社会生活的准则。实践表明，互联网大大拓展了全社会沟通活动的空间，极大地变革着人们的消费模式。"互联网＋"背景下的消费模式完全不同于传统消费模式，对商品生产、市场流通、经营销售都产生了巨大的影响，合成了消费模式的新常态。

（一）满足了消费需求，使消费具有互动性

传统消费模式与商业模式形成的根本原因在于供给与需求在时间和信息获取上的非同一性。在传统消费模式中，供给方依照自身对于市场和消费者的理解，自行设计制造商品和服务，通过各种销售渠道达到消费者手中。在传统模式下，消费者是商品服务的被动接受者，同时因为技术、资金等各方面的限制，供给方很难满足需求者的个性化需求；商品流通的中间环节为各种类型商业机构，商业机构充当了供给方和需求方的中间枢纽。但在"互联网＋"背景下的消费模式中，互联网为消费者和商家搭建了一个快捷而实用的互动平台，供给方直接与需求方打交道，中间枢纽环节被省去，供给方与需求方直接形成了消费流通环节，同时互联网使得个性化"私人订制"成为可能。消费者通过互联网直接将自身的个性化需求提供给供给者，能够亲自参与到商品和服务的生产中；生产者则根据消费者对产品外形、性能等多方面的要求提供个性化商品。"互联网＋"间接上促进了消费个性化趋势的形成，消费者成为商品和服务的生产出发点与归宿，与生产有了直接紧密的联系。这种互动性体现的不仅是一种商业模式，更代表着未来新经济和新文化的发展方向和趋势。

（二）优化了消费结构，使消费更具有合理性

在物资匮乏的年代，一个地区甚至全国同时追求千人一面的产品和服务的模仿型排浪式消费屡见不鲜。这一特定的历史阶段虽然对提升居民的生活水平产生了积极作用，但是当规模化生产愈演愈烈时，产能过剩就不可避免。随着社会的进步与发展，人们已经不再满足于简单的基本物质生活需求，对特色化、趣味化的需求更加强烈，以互联网为载体的新兴消费正好满足了人们的需求。消费者置身于资源丰富的网络世界中时，不仅能借助于互联网的特点进行方便快捷的消费，同时互联网购物本身就是一种前所未有的体验。消费借助于互联网的各种创新特点，使得消费者能够体验到与传统消费模式截然不同的感受，体验消费过程就与消费

本身融为一体,体验中有消费,消费中蕴含体验。互联网逐渐培养了消费者享受快捷选择、快捷支付的舒适性,消费者也就逐渐习惯于互联网所提供的"唾手可得"和"无所不及"的精神享受。这种传统消费模式不能提供的体验使得消费已经进入了享受型和发展型消费的新阶段。同时,互联网信息技术有助于实现空间分散、时间错位之间的供求匹配,从而可以更好地提高供求双方的福利水平,进而优化升级人们的基本需求。

(三)扩展了消费范围,使消费具有无边界性

传统消费由于时间、空间限制,在消费内容、消费时空上都有客观条件的限制,互联网消费由于成功运用了互联网技术,使得传统消费的时空限制趋于消失,形成了一种无边际消费模式。首先,消费者在商品服务的选择上是没有范围限制的。当前各个电商在互联网上销售各种各样的商品和服务,特别是为消费者提供了大量个性突出的非标准化产品,如图书、影视、音乐和游戏等。在互联网技术的蓬勃发展背景下,互联网能够以无限的商品来满足消费者的需求;其次,互联网消费突破了空间的限制。随着互联网在全球普及范围的逐步扩大,消费者能在世界各地购买世界各地的商品和服务,互联网提供了超越国家和地区边界的能力,互联网消费没有了边界限制;再次,消费者的购买效率得到了充分的提高。网络技术的不断创新,使得包括商品搜寻、支付手段等在内的各种消费支撑技术得到了充分的发展,完全能够满足当前消费者方便快捷购物的需求;最后,互联网提供信息是无边界的。网络技术的发展使得各种类型信息排山倒海般地被消费者接收到,信息的传播同样不受时空地域的限制,同时借助于大数据技术,消费者的消费偏好、消费习惯等微观信息也被归纳统计,生产方更能借助于这些数据为消费者提供完善的服务,消费信息在生产与消费方的充分流动促使整个互联网消费稳步健康发展。

(四)改变了消费行为,使消费具有分享性

AIDMA 作为分析消费者行为传统模式理论已经存在了很多年。该理论认为,消费者从最初接触到商品到最终完成购买将经历五个阶段:A(Attention)诱发注意;I(Interest)激发兴趣;D(Desire)形成欲望;M(Memo－ry)产生记忆;A(Action)促成购买。然而,在互联网背景下,该理论已经鞭长莫及了。AISAS 理论能更好地诠释在"互联网＋"背景下消费者购物的行为模式。新消费行为模式 AISAS 与 AIDMA 相比较,在前两个阶段基本相同,但从第三个阶段开始就出现了变化。新行为模式在第三个阶段变为了 S(Search),即消费者在互联网背景下主动进行商品服务的搜寻,第四个阶段为 A(Ac－tion),即采取购买行为,最后一个阶段变为了分享即 S(Share),因为互联网技术的发展,消费者也成为自媒体的代言人,能够随时随地分享自己的信息,能够将自身商品和服务的使用体验与其他人分享。基于"互联网＋"时代特点而重新构建的 AISAS 模式强调互联网技术的应用而着重突出了信息获取和信息分享环节。正是因为消费者自主"搜索"和"分享"行为的普遍,所有的信息将以互联网为中心聚合扩散,产生成倍的传播效果,对消费者购买决策及信息收集模式带来了颠覆性的变革,这就使得消费者能直接接触到网络中由其他消费者分享的商品服务的各式各类信息。在电子产品、汽车、化妆品和一些奢侈品领域,互联网已经是消费者了解商品信息的首要来源。网络的日趋普及,带来了全民传播、全民分享消费信息的趋势。互联网的时效性、综合性、互动性和便利性使得消费

者能方便地对商品的价格、性能、使用感受进行分享，消费者“货比三家”的困难程度被大大降低。这种信息体验对消费模式转型发挥着越来越重要的影响。

(五)丰富了消费信息，使消费具有自主性

“互联网+”时代的消费者不喜欢被动接受消费品和消费服务，他们更倾向于选择流行、时尚、前卫的新鲜事物来彰显自我魅力。这种倾向性的选择缘于互联网把产品、信息、应用和服务连接起来，使消费者的“搜索引擎”有了“库”、有了“源”。消费者如果想购买商品，可以方便地找到同类产品的信息，并根据其他消费者的消费心得、消费评价作出是否购买的决定。也就是说，“互联网+”的消费时代最大限度地扩大了消费增量、盘活了消费存量，强化了消费者自由选择、自主消费的系列权益。

第二节 “互联网+”的应用领域

与传统企业相反的是，当前“全民创业”时代的常态下，与互联网相结合的项目越来越多，这些项目从诞生开始就是“互联网+”的形态，因此它们不需要再像传统企业一样转型与升级。“互联网+”正是要促进更多的互联网创业项目的诞生，从而无需再耗费人力、物力及财力去研究与实施行业转型。可以说，每一个社会及商业阶段都有一个常态以及发展趋势，“互联网+”提出之前的常态是千万企业需要转型升级的大背景，后面的发展趋势则是大量“互联网+”模式的爆发以及传统企业的“破与立”。

一、“互联网+”在工业领域中的应用

“互联网+工业”即传统制造业企业采用移动互联网、云计算、大数据、物联网等信息通信技术，改造原有产品及研发生产方式，与“工业互联网”“工业 4.0”的内涵一致。

(1)“移动互联网+工业”。借助移动互联网技术，传统制造厂商可以在汽车、家电、配饰等工业产品上增加网络软硬件模块，实现用户远程操控、数据自动采集分析等功能，极大地改善了工业产品的使用体验。

(2)“云计算+工业”。基于云计算技术，一些互联网企业打造了统一的智能产品软件服务平台，为不同厂商生产的智能硬件设备提供统一的软件服务和技术支持，优化用户的使用体验，并实现各产品的互联互通，产生协同价值。

(3)“物联网+工业”。运用物联网技术，工业企业可以将机器等生产设施接入互联网，构建网络化物理设备系统(CPS)，进而使各生产设备能够自动交换信息、触发动作和实施控制。物联网技术有助于加快生产制造实时数据信息的感知、传送和分析，加快生产资源的优化配置。

(4)“网络众包+工业”。在互联网的帮助下，企业通过自建或借助现有的“众包”平台，可以发布研发创意需求，广泛收集客户和外部人员的想法与智慧，大大扩展了创意来源。工业和信息化部信息中心搭建了“创客中国”创新创业服务平台，链接创客的创新能力与工业企业的创新需求，为企业开展网络众包提供了可靠的第三方平台。

二、"互联网+"在金融领域中的应用

在金融领域,余额宝横空出世的时候,银行觉得不可控,也有人怀疑二维码支付存在安全隐患,但随着国家对互联网金融(ITFIN)的研究也越来越透彻,银联对二维码支付也出了标准,互联网金融得到了较为有序的发展,也得到了国家相关政策的支持和鼓励。

"互联网+金融"从组织形式上看,这种结合至少有三种方式。第一种是互联网公司做金融;如果这种现象大范围发生,并且取代原有的金融企业,那就是互联网金融颠覆论。第二种是金融机构的互联网化。第三种是互联网公司和金融机构合作。

从2013年以在线理财、支付、电商小贷、P2P、众筹等为代表的细分互联网嫁接金融的模式进入大众视野以来,互联网金融已然成为一个新金融行业,并为普通大众提供了更多元化的投资理财选择。对于互联网金融而言,2013年是初始之年,2014年是调整之年,而2015年成为各种互联网金融模式进一步稳定客户、市场,走向成熟和接受监管的规范之年。

(一)互联网供应链金融

该业务与电子商务紧密结合,阿里巴巴、苏宁、京东等大型电子商务企业纷纷自行或与银行合作开展此项业务。互联网企业基于大数据技术,在放贷前可以通过分析借款人历史交易记录,迅速识别风险,确定信贷额度,借贷效率极高;在放贷后,可以对借款人的资金流、商品流、信息流实现持续闭环监控,有力降低了贷款风险,进而降低利息费用,让利于借款企业,很受小微企业的欢迎。

(二)P2P网络信贷

近两年,我国P2P网络信贷市场出现了爆炸式增长,无论是平台规模、信贷资金,还是参与人数、社会影响都有较大进步。据统计,2014年,P2P平台数量已经达到1 575家,全年成交金额2 528亿元。P2P规模的飞速发展为中小微企业融资开拓了新的融资渠道,也为居民进行资产配置提供了新的平台。

(三)众筹

众筹这种融资模式具有融资门槛低、融资成本低、期限和回报形式灵活等特点,是初创型企业除天使投资之外的重要融资渠道。我国已成立的众筹平台已经超过100家,其中约六成为商品众筹平台,纯股权众筹约占两成,其余为混合型平台。

(四)"互联网+"银行

2014年,互联网银行落地,标志着"互联网+金融"融合进入了新阶段。2015年1月18日,腾讯是大股东的深圳前海微众银行试营业,并于4月18日正式对外营业,其成为国内首家互联网民营银行。1月29日,上海华瑞银行获准开业。微众银行的互联网模式大大降低了金融交易成本:节省了有形的网点建设和管理安全等庞大的成本、节省了大量人力成本、节约了客户跑银行网点的时间成本等。微众银行的互联网模式还大大提高了金融交易的效率:客户任何地点、任何时间都可以办理银行业务,不受时间、地点、空间等约束,效率大大提高;通过网络化、程序化交易和计算机快速、自动化等处理,大大提高了银行业务处理的效率。阿里巴巴

旗下的浙江网商银行将于2015年6月25日上线，并取名为“MYbank”。

三、“互联网＋”在商业领域中的应用

在零售、电子商务等领域，过去这几年都可以看到和互联网的结合，正如马化腾所言，“它是对传统行业的升级换代，不是颠覆掉传统行业。”在其中，又可以看到“特别是移动互联网对原有的传统行业起到了很大的升级换代的作用。”

2014年，中国网民数量达6.49亿，网站400多万家，电子商务交易额超过13万亿元人民币。在全球网络企业前10强排名中，有4家企业在中国，互联网经济成为中国经济的最大增长点。

2015年5月18日，2015中国化妆品零售大会在上海召开，600位化妆品连锁店主，百余位化妆品代理商，数十位国内外主流品牌代表与会。面对实体零售渠道变革，会议提出了“零售业＋互联网”的概念，建议以产业链最终环节零售为切入点，结合国家战略发展思维，发扬“＋”时代精神，回归渠道本质，以变革来推进整个产业提升。

2014年B2B电子商务业务收入规模达192.2亿元人民币，增长28.34%；交易规模达9.4万亿元人民币，增长15.37%。同时，B2B电商业务也正在逐步转型升级，主要的平台仍以提供广告、品牌推广、询盘等信息服务为主。阿里巴巴、慧聪网、华强电子网等多家B2B平台开展了针对企业的“团购”“促销”等活动，培育企业的在线交易和支付习惯。

截至2014年，中国跨境电子商务试点进出口额已突破30亿元。一大批跨境电子商务平台走向成熟。外贸B2C网站兰亭集势2014年前三季度服装品类的净营收达到3 700万美元，同比增速达到103.9%；订单数及客户数同比增速均超过50%。

四、“互联网＋”与智慧城市

李克强总理在政府工作报告中首次提出“互联网＋”行动计划，并强调要发展“智慧城市”，保护和传承历史、地域文化。加强城市供水供气供电、公交和防洪防涝设施等建设。坚决治理污染、拥堵等城市病，让出行更方便、环境更宜居。

智慧城市是新一代信息技术支撑、知识社会下一代创新（创新2.0）环境下的城市形态。“互联网＋”也被认为是创新2.0时代智慧城市的基本特征，有利于形成创新涌现的智慧城市生态，从而进一步完善城市的管理与运行功能，实现更好的公共服务，让人们生活更便宜、出行更便利、环境更宜居。

伴随知识社会的来临，无所不在的网络与无所不在的计算、无所不在的数据、无所不在的知识共同驱动了无所不在的创新。新一代信息技术发展催生了创新2.0，而创新2.0又反过来作用于新一代信息技术形态的形成与发展，重塑了物联网、云计算、社会计算、大数据等新一代信息技术的新形态。“互联网＋”不仅仅是互联网移动了、泛在了、应用于传统行业了，更会同无所不在的计算、数据、知识，造就了无所不在的创新，推动了知识社会以用户创新、开放创新、大众创新、协同创新为特点的创新2.0。Living Lab（生活实验室、体验实验区）、Fab Lab（个人制造实验室、创客）、AIP（“三验”应用创新园区）、Wiki（维基模式）、Prosumer（产消者）、Crowdsourcing（众包）等典型创新2.0模式不断涌现，推动了创新2.0时代智慧城市新形态。

上海市浦东新区经信委副主任张爱平认为创新 2.0 时代智慧城市的基本特征是“互联网＋”，其逻辑枢纽是“政务云＋”，突破急需“云调度＋”，这也是创新 2.0 语境下智慧城市的生态演替趋势。

北京大学移动政务实验室宋刚博士对此表示认同，并认为“互联网＋”概括了信息通信技术高度融合发展背景下的新一代信息技术与知识社会创新 2.0 的互动与演进，也是对当前创新 2.0 研究十大热点和趋势的一个概括。“互联网＋”作为智慧城市的本质特征将形塑面向知识社会的用户创新、开放创新、大众创新、协同创新，推动形成有利于创新涌现的创新生态。“互联网＋”的“＋”，不仅仅是技术上的“＋”，也是思维、理念、模式上的“＋”，其中以人为本推动管理与服务模式创新与大众创业是其中的重要内容。

智慧城市作为推动城镇化发展、解决超大城市病及城市群合理建设的新型城市形态，“互联网＋”正是解决资源分配不合理，重新构造城市机构、推动公共服务均等化等问题的利器。譬如在推动教育、医疗等公共服务均等化方面，基于互联网思维，搭建开放、互动、参与、融合的公共新型服务平台，通过互联网与教育、医疗、交通等领域的融合，推动传统行业的升级与转型，从而实现资源的统一协调与共享。从另外一个角度来说，智慧城市正为互联网与行业产业的融合发展提供了应用土壤，一方面推动了传统行业升级转型，在遭遇资源瓶颈的形势下，为传统产业行业通过互联网思维及技术突破推进产业转型、优化产业结构提供了新的空间；一方面能够进一步推动移动互联网、云计算、大数据、物联网新一代信息技术为核心的信息产业发展，为以互联网为代表的新一代信息技术与产业的结合与发展带来了机遇和挑战，并催生了跨领域、融合性的新兴产业形态。

同时，智慧城市的建设注重以人为本、市民参与、社会协同的开放创新空间的塑造以及公共价值与独特价值的创造。而“开放、透明、互动、参与、融合”的互联网思维为公众提供了维基、微博、Fab Lab、Living Lab 等多种工具和方法实现用户的参与，实现公众智慧的汇聚，为不断推动用户创新、开放创新、大众创新、协同创新，以人为本实现经济、社会、环境的可持续发展奠定了基础。此外，伴随新一代信息技术及创新 2.0 推动的创新生态所带来的创客浪潮，互联网浪潮推动的资源平台化所带来的便利以及智慧城市的智慧家居、智慧生活、智慧交通等领域所带来的创新空间进一步激发了有志人士创业创新的热情。也正因如此，“互联网＋”是融入智慧城市基因的，是创新 2.0 时代智慧城市基本特征。

五、“互联网＋”在教育领域中的应用

一所学校、一位老师、一间教室，这是传统教育。一个教育专用网、一部移动终端，几百万学生，学校任你挑、老师由你选，这就是“互联网＋教育”。

在教育领域，面向中小学、大学、职业教育、IT 培训等多层次人群提供学籍注册入学开放课程，但是网络学习一样可以参加我们国家组织的统一考试，可以足不出户在家上课学习取得相应的文凭和技能证书。“互联网＋教育”的结果，将会使未来的一切教与学活动都围绕互联网进行，老师在互联网上教，学生在互联网上学，信息在互联网上流动，知识在互联网上成型，线下的活动成为线上活动的补充与拓展。

“互联网＋教育”的影响不只是创业者们，还有一些平台能够实现就业的机会，在线教育平

台能提供的职业培训就能够让一批人实现职能的培训，而自身创业就能够解决就业。总理提出的“大众创业，万众创新”是对于教育而言有深远的影响。教育不只是商业，就类似极客学院上线一年多，就用近千门职业技术课程和 4 000 多课时帮助 80 多万 IT 从业者用户提高职业技能。

2015 年 6 月 14 日举办的 2015 中国互联网＋创新大会河北峰会上，业界权威专家学者围绕“互联网＋”教育这个中心议题，纷纷阐述自己的观点。“互联＋”不会取代传统教育，而且会让传统教育焕发出新的活力。

第一代教育以书本为核心，第二代教育以教材为核心，第三代教育以辅导和案例方式出现，如今的第四代教育，才是真正以学生为核心。中国工程院院士李京文表示，中国教育正在迈向 4.0 时代。

第三节　互联网思维及“互联网＋”商业模式创新

一、互联网思维及其影响

（一）互联网思维的概念及特征

互联网思维，就是在“互联网＋”、大数据、云计算等科技不断发展的背景下，对市场、用户、产品、企业价值链乃至对整个商业生态进行重新审视的思考方式。互联网时代的思考方式，不局限在互联网产品、互联网企业。这里指的互联网，不单指桌面互联网或者移动互联网，是泛互联网，因为未来的网络形态一定是跨越各种终端设备的，台式机、笔记本、平板、手机、手表、眼镜，等等。

互联网思维分为三个层次。第一层次：数字化。互联网是工具，能提高效率，降低成本。第二层次：互联网化。利用互联网改变运营流程，如电子商务、网络直销。第三层次：互联网思维。用互联网改造传统行业，改变商业模式和价值观。

一般来说，互联网思维有五个显著特点：一是便捷性，互联网的信息传递和获取比传统方式快捷很多也更加丰富。这也是为什么 PC 取代了传统的报纸、杂志，而手机也呈现替代 PC，这都体现了信息获取更便捷。二是表达和参与性，互联网让人们表达、表现自己成为可能。每个人都有表达自己的意愿，都有参与一件事情的创建过程中的愿望。三是免费性，从来没有哪个时代让我们享受如此之多的免费服务，今天我们可以更多地享受互联网带给我们的视觉、听觉以及出行等免费的服务。四是数据思维性，互联网让数据的搜集和获取更加便捷，并且随着大数据时代的到来，数据分析预测对于提升用户体验有非常重要的价值。五是用户体验性，用户可以在使用产品过程中享受更多的实际感受和满意度。

有了互联网不代表就可以掌握互联网思维，而互联网思维也不单单是互联网公司独有的垄断。那么，我们将如何定义互联网思维呢？简言之，互联网思维就是重新审视传统产业的价值链条，在战略、组织和业务上进行重构，从而对整个商业生态环境确立一种新的思考方式。

其实，对于互联网思维，你认为它复杂它就复杂，你认为它简单它就简单。对于传统企业而言，已经没有理由继续做看客了。新的市场形势已经不允许你继续袖手旁观，想要在互联网时代做生意，必须学会接受这种新的商业思维和逻辑。

真正掌握互联网思维的并不一定是那些从事互联网技术工作的人，做传统企业的人也未必不在用互联网思维，因为它不是一门具体的学问，只是一种思考方式。很多人都把互联网思维看作拯救企业的救命稻草，未经消化就强加挪用，结果境况越加凄凉。而那些卖牛腩、卖煎饼果子、卖包子的人都可以玩转互联网思维，这里面又深藏着怎样的奥妙呢？

（二）互联网思维及社会变革

互联网思维给我们的社会生产、生活带来了四大方式的变革。

1. 商业形态的变革

实体商务通常以面对面交易为主，有固定的交易场所，如门店、市场，任何人的信任依靠"面对面"交往和付款结算来完成，商业是否繁华主要以人的流量和交易数量来衡量。电子商务是互联网时代的商业形态，只需要操作界面，不需要固定场所，人和人在虚拟的环境下交往，付款结算、商业信用依靠网络担保的支付工具来完成，如支付宝。交易评价、购物记录等成为衡量信用的辅助手段，商业形态也催生的营销模式的创新，形成了互联网思维营销。

互联网思维营销就是基于互联网思维基础上的颠覆性营销，集合品牌营销、网络营销、微营销的综合个性颠覆运用，达到营销的效果。"很多人说核桃并不是一个新东西，别人也可以做这么好的核桃，为什么要买我的？因为我有品牌！"三只松鼠的创始人松鼠是这么回答的，在互联网时代，也需要品牌。网络营销是很多企业营销的主战场，包括雷军的小米，就是运用网络上的 SNS 与米粉互动，同时，百度搜索、分类网站、垂直型网站、社区营销、自媒体等，还是互联网思维营销的一大阵地。

微营销是用微博、微信、二维码串起来的一个链条，占据了移动端的主要营销阵地，

雷军说用微博做营销，用微信做服务。葛闻华认为，微信服务也是一种营销，二次营销，终身价值的阵地。

2. 消费习惯的变革

近年，人们开始喜欢《从前慢》这样的诗歌，去怀念过去那不慌不忙的生活所特有的意味。诚然，在钢筋水泥铸造的城市森林中，工作、生活均在互联网的推动下快速运转，互联网消费正是这种生活节奏转变的一个典型截面。

十年之前，百姓购物主要靠走街串巷，各种小卖铺、杂货铺、烟酒商店和小饭馆让这些地方都洋溢着生活的踏实感和人情味。如果想要买品牌商品，那么就要抽出时间专门跑到百货商场聚集地，亦或是品牌开出的专卖店，慢慢试穿试用，挑出满意的物品后，带着逛街的疲惫和购物的满足回家，期待着出门被人们夸奖或是收到礼物的人的欣喜。

而那种慢节奏、接地气的生活方式，已经被互联网生活倾覆。诸多购物软件已经进驻到了年轻人手机内，消费者足不出户就可以快速搜寻比价，参考买家秀和评价之后，就可以选码下单付款，耐心等待精心包好的快递上门。一小时内各种美食送上家门，购物几天之内也能邮寄到家。如若试用满意，便高高兴兴给卖家好评，甚至拍照发布朋友圈或是分享给亲朋好友群，

将一颗消费的种子通过互联网散播向分布广泛的人们心中。如若不甚满意，与商家商定后可以寄回退换。

久而久之，购物软件成了不少人每天打开最为频繁的APP之一：不管是否需要购物，不少人都会随时上去看看上新和折扣信息；不论是否认识，人们互相分享并推荐自己发现的好物和有意思的店铺……这在不知不觉中创造了更多的消费需求，形成了强大的客户群体和客户黏性，推动着行业快速发展，促使购物体验快速提升。

短短十余年时间，消费者习惯的大变革使得电商参与者赚得盆满钵满，电商零售平台中仅阿里一家的交易额占社会零售总额的比重已经超过10%，更多的商品通过电商走向世界，更多的人通过网络找到了致富之路。

相对于同质化严重的百货和超市而言，以专卖店为代表的中高端消费的线下消费体验暂难被网络取代。尽管传统业务受到冲击，但王府井仍然认为百货业在满足消费者线下消费需求以及消费升级方面仍具有不可替代的地位，百货业经营者正通过重新定义目标客群，转型主题消费、城市奥莱、增加餐饮休闲娱乐功能等方式，优化消费体验，提升核心竞争力。上海九百也显得较为淡定，表示公司参股的百货由于地理位置优越，交通便利，又定位于中高端客户群，因此，受电商网销冲击相对较小，经营业绩持续稳中有升。

传统的经营以掌控品牌、渠道为主，重点是培养消费习惯，商家会重点关注大众化的消费习惯，满足大众化的需求。

互联网经营的出现，引发了很大的变革，消费者主权时代来临。在消费者主权时代，消费者完全按照自己的意愿和偏好，提出购买需求。这时，生产者接受需求信息，并根据消费者的个性化需求来进行生产和安排服务，相应和满足消费者，消费者的个体消费行为在商品生产中起到决定性的作用，这种消费习惯极大地提高了电子商务的快速发展。

3. 思维模式的变革

互联网思维是建立在消费者主权基础上，一切以用户为中心，强调参与和消费体验，由消费者自己来决定一切。

消费者个性化、定制化需求的满足与规范化、标准化、流水线式的生产是冲突的，甚至有一些是对立的。如何获取个性化的需求？如何实现定制化？在个性化定制的同时，如何有效解决生产切换，形成批量？个性化定制后，如何持续改善客户体验？近年来，随着华为手机在市场上的异军突起，华为的麒麟系列手机芯片也日益引起人们的关注。华为的旗舰机Mate7取得了巨大成功，至今仍是市场上最为抢手的手机之一，这与作为手机“发动机”的麒麟925芯片的出色表现密不可分。那么，接下来华为旗舰手机又将采用哪款麒麟芯片呢？2015，华为在上海召开的媒体沟通会上宣布，随后后发布的华为旗舰手机采用的芯片将是华为最新发布的麒麟930，并介绍了麒麟930的设计思路以及技术特性。华为Fellow艾伟在沟通会上表示，麒麟930是海思首款64位智能手机芯片，其设计理念仍然是以消费者体验为核心。他介绍说，麒麟930在影响用户体验的上网速度、流畅度、能效比、安全、多媒体用户体验等方面进行了大量的创新和优化，将为用户提供更优的4G+通信体验、基于全系统优化的真64位处理器体验以及基于芯片硬件设计的全方位智能手机安全方案。

在消费者主权时代，商家依靠大数据分析来判断哪些概念可能更会受到消费者的青睐，哪些活动更受欢迎。商家依靠互联网和用户互动，在互动过程中不断完善与优化商品和服务，尽可能达到极致，让消费者满意。华为正是因为为用户提供了优质体验，才能赢得广大消费者的青睐。

4. 竞争手段的变革

传统企业依靠生产资料竞争，互联网时代的企业则依靠生产要素竞争。移动互联网时代，那些具有良好口碑、积极与网民互动的企业，将更有可能赢得消费者。移动互联网改变了过去品牌依靠强势媒介与受众沟通的传播模式。很多企业通过传统媒体天天强调"我的产品很好，我的质量多高，我的服务多优秀"，今天这种王婆卖瓜式的传统广告信息基本上直接就被消费者删除或者屏蔽掉了。在移动互联网时代，如果你的产品或者服务做得好，超出用户的预期，即使你一分钱广告都不投放，消费者也会愿意去替你传播，免费为你创造口碑，免费为你做广告，甚至有可能成为一个社会焦点，例如海底捞的服务。在过去两年里，海底捞餐厅已经成为餐饮界的一个热点现象，吸引了众多媒体的关注。北大光华管理学院两位教授对海底捞进行了一年多的深入研究，甚至派人"卧底"当服务员，总结出海底捞的管理经验。中国的企业，有很大一部分属于劳动密集型的中小企业，员工工时长、工作累、报酬低，劳资矛盾突出，经常为人诟病。然而调查结果却告诉我们，即使是在火锅这样技术含量不高的行业，一样可以创造出令人羡慕的高昂士气、充满激情的员工团队和出色的业绩。创新能为员工带来切实利益。一位叫包丹丹的员工想到了为戴眼镜的顾客提供眼镜布，店长觉得不错，便在本店执行并上报给总部，总部也同意在各分店推广。当她的创新被海底捞各店采用后，每个店都需要支付给她知识产权费 200 元。按海底捞 38 家店算，要支付给包丹丹 7600 元，后来经过店长与之协商，给了她 3800 元，另一半钱则作为基金鼓励更多创新。这种眼镜布现在美其名曰"包丹布"。在这样的创新机制下，海底捞还推出了给等待顾客擦皮鞋、涂指甲油等创新服务。

也许很多人会觉得"用户、产品、体验、口碑"这八个字没什么稀奇，甚至觉得都听腻了。但是仔细想想真正按这八个字做的企业有多少，真正做到的企业又有多少。而且关键是这八个字是有严格的逻辑顺序和螺旋上升的闭环效应，只有用户参与、主导才能做出让用户满意的好产品，有好产品才有好体验，有好体验才有好口碑，有口碑又能激发更多用户参与到产品设计中。如果说移动互联网是一座金矿，品牌则是开采金矿的神奇工具，反过来也同样成立，如果品牌是一座金矿的话，移动互联网则是开采金矿的神奇工具。

二、"互联网＋"商业模式创新

商业模式是一个企业满足消费者需求的系统，这个系统组织和管理着企业的各种资源（资金、原材料、人力资源、作业方式、销售方式、信息、品牌和知识产权、企业所处的环境、创新力）形成能够提供消费者无法自力而必须购买的产品或服务，因而具有自己能复制但不被别人复制的特性。在传统生态里，商业模式是固定的，而管理模式、生产模式、营销模式是变化的。如今，在"互联网＋"企业里，最核心的就是商业模式的互联网化，即利用互联网精神（平等、开放、协作、分享）来颠覆和重构整个商业价值链。目前来看主要分为五种商业模式。

(一)工具+社群+商业模式

互联网的发展,使信息交流越来越便捷,志同道合的人更容易聚在一起,形成社群。同时互联网将散落在各地的星星点点的分散需求聚拢在一个平台上,形成新的共同的需求,并形成了规模,解决了重聚的价值。社群和平台,成为商业的一个新的进化法则。

如今互联网正在催熟新的商业模式即“工具+社群+超级 APP”的混合模式。比如微信最开始就是一个社交工具,先是通过各自工具属性、社交属性、价值内容的核心功能过滤到海量的目标用户,加入了朋友圈点赞与评论等社区功能,继而添加了微信支付、精选商品、电影票、手机话费充值等商业功能。

(二)长尾型商业模式

长尾概念由克里斯·安德森提出,这个概念描述了媒体行业从面向大量用户销售少数拳头产品,到销售庞大数量的利基产品的转变,虽然每种利基产品相对而言只产生小额销售量。但利基产品销售总额可以与传统面向大量用户销售少数拳头产品的销售模式媲美。通过 C2B 实现大规模个性化定制,核心是“多款少量”。在长尾型商业模式里,绝不是传统的购买关键字模式。在互联网金融领域,传统金融搜索模式是违背长尾模式的,将繁如牛毛的金融产品呈现给消费者是一种不负责任的行为,是自取其辱。长远来看,从信息撮合到交易撮合是趋势,“互联网+”下,一定是“用户需要什么就生产什么”而不是“生产什么就卖什么”。

(三)跨界商业模式

互联网预言帝凯文·凯利说过,不管你们是做哪个行业的,真正对你们构成最大威胁的对手一定不是现在行业内的对手,而是那些行业之外你看不到的竞争对手。跨界这种模式,是在给看得见的对手造成压力,给看不见的对手提高门槛。雕爷不仅做了牛腩,还做了烤串,还进军了美甲;小米做了手机,做了电视,做了农业,还要做汽车、智能家居。

什么是互联网的本质?互联网实质上就是利用高效率来整合低效率,对传统产业核心要素的再分配,也是生产关系的重构,并以此来提升整体系统效率。其他行业都讲颠覆,在互联网金融领域,我们不讲颠覆。我们通过减少中间环节,减少所有渠道不必要的损耗,小米砍掉了分销商,我们解决了抵达用户最后一公里问题。

腾讯 CEO 马化腾在企业内部讲话时说:“互联网在跨界进入其他领域的时候,思考的都是如何才能够将原来传统行业链条的利益分配模式打破,把原来获取利益最多的一方干掉,这样才能够重新洗牌。”这种想法是有先天缺陷的,传统的想法是大鱼吃小鱼,在互联网下只有快鱼吃掉慢鱼。唯快不破下,互联网公司站在服务实体经济上,才能走得很远。

(四)免费商业模式

“互联网+”时代是一个“信息过剩”的时代,也是一个“注意力稀缺”的时代,怎样在“无限的信息中”获取“有限的注意力”,便成为“互联网+”时代的核心命题。注意力稀缺导致众多互联网创业者们开始想尽办法去争夺注意力资源,而互联网产品最重要的就是流量,有了流量才能够以此为基础构建自己的商业模式,所以说互联网经济就是以吸引大众注意力为基础,去创造价值,然后转化成赢利。

如果有一种商业模式既可以统摄未来的市场，也可以挤垮当前的市场，那就是免费的模式。信息时代的精神领袖克里斯·安德森在《免费：商业的未来》中归纳基于核心服务完全免费的商业模式：一是直接交叉补贴，二是第三方市场，三是免费加收费，四是纯免费。

（五）O2O 商业模式

2012 年，腾讯 CEO 马化腾在互联网大会上的演讲中提到，移动互联网的地理位置信息带来了一个崭新的机遇，这个机遇就是 O2O，二维码是线上和线下的关键入口，将后端蕴藏的丰富资源带到前端。2014 年，百度 CEO 李彦宏在百度联盟峰会上表示，传统 PC 互联网商业模式在移动互联网时代面临挑战，用户数量不决定一切。

O2O(Online To Offline)狭义来理解就是线上交易、线下体验消费的商务模式，主要包括两种场景：一是线上到线下，用户在线上购买或预订服务，再到线下商户实地享受服务，目前这种类型比较多；二是线下到线上，用户通过线下实体店体验并选好商品，然后通过线上下单来购买商品。

互联网的世界，平台制胜。平台型商业模式的核心是打造足够大的平台，产品更为多元化和多样化，更加重视用户体验和产品的闭环设计。

海尔集团 CEO 张瑞敏对平台型企业的理解就是利用互联网平台，企业可以放大，原因有：第一，这个平台是开放的，可以整合全球的各种资源；第二，这个平台可以让所有的用户参与进来，现企业和用户之间的零距离。在互联网时代，用户的需求变化越来越快，越来越难以捉摸，单靠企业自身所拥有的资源、人才和能力很难快速满足用户的个性化需求，这就要求打开企业的边界，建立一个更大的商业生态网络来满足用户的个性化需求。通过平台以最快的速度汇聚资源，满足用户多元化的个性化需求。所以平台模式的精髓，在于打造一个多方共赢互利的生态圈。

当传统企业背着沉重的壳像蜗牛一样前进时，互联网企业面对商业模式还需要取舍。比如在美元和人民币之间，许泽玮拒绝了比尔·盖茨的投资，为的是能在 A 股上市。另一方面，创业如战场，想要靠商业模式在竞争中立足的话，还要做到“苟秒新，秒秒新，又秒新”，甚至用核弹去推羽毛。一个合格的创业者，就是要在战争中去学习战争，准备战争。

本章思考题

1.“互联网＋”的概念及特征。

2.“互联网＋”的基本内涵。

3.如何理解“互联网＋”的消费模式新常态。

4.如何理解互联网思维。

5.概述“互联网＋”的应用领域。

案例分析

随着创业者争相涌入和资本市场不断加码，家政 O2O 正成为继打车、外卖之后的又一风口。这源于传统家政服务有三大痛点：

一是服务质量要求高，尽管各种服务非标准化，但具体服务至少做到八成标准，另外两成用户本身需求就不标准；二是服务方便快捷，一线城市用户生活节奏快，预约家政服务后等待时间为半小时到一小时，理想状态是随叫随到；三是安全保障，家政服务必须配备保险，一旦出现问题能有效解决。

如果把2013年定义为家政O2O的萌芽之年，那2014年是家政O2O的兴起之年2015年则是家政O2O的破局之年。

当前家政公司之所以未被迅速颠覆，主要有两大原因：一是家政服务品类繁杂，除了家庭保洁，以保姆、月嫂为主的家庭护理才是家政公司主营业务，家政O2O企业和家政公司均从保洁切入家政服务领域，但家庭护理重决策的特点决定其不完全适合互联网改造，家政公司仍靠家庭护理维持盈利。

二是密度问题，目前家政O2O企业阿姨密度还不够高，无法满足用户随叫随到的使用需求，而家政公司拥有现成的阿姨资源，能满足用户急切的家政服务需求，所以部分用户同时使用家政O2O和家政公司。

不过，家政行业正朝着利好方向发展。家政O2O企业在服务质量和定价已优于传统家政公司，后者数量正逐步减少，目前主要靠老顾客勉强维持生计，不久将陷入用户断流困境。同时，当阿姨密度达到足够高，家政O2O企业便能在快捷层面赶超家政公司，如果大规模介入保姆业务，家政公司可能死得更快。

（由作者根据相关资料改写）

案例讨论题：

“互联网+家政”对传统家政业的冲击有哪些具体体现，分析讨论、评价其作用，你认为还应有哪些改进和提高？

附录A

教育部办公厅关于印发《普通本科学校创业教育教学基本要求(试行)》的通知

教高厅〔2012〕4号

各省、自治区、直辖市教育厅(教委),新疆生产建设兵团教育局,有关部门(单位)教育司(局),部属各高等学校:

为深入贯彻落实《国家中长期教育改革和发展规划纲要(2010—2020年)》以及《教育部关于全面提高高等教育质量的若干意见》(教高〔2012〕4号)精神,推动高等学校创业教育科学化、制度化、规范化建设,切实加强普通高等学校创业教育工作,我部制定了《普通本科学校创业教育教学基本要求(试行)》(见附件),现印发给你们,请遵照执行。在执行中若有意见建议,请报我部高等教育司。

教育部办公厅
2012年8月1日

附件:

普通本科学校创业教育教学基本要求

(试行)

在普通高等学校开展创业教育,是服务国家加快转变经济发展方式、建设创新型国家和人力资源强国的战略举措,是深化高等教育教学改革、提高人才培养质量、促进大学生全面发展的重要途径,是落实以创业带动就业、促进高校毕业生充分就业的重要措施。为贯彻落实《国家中长期教育改革和发展规划纲要(2010—2020年)》以及《教育部关于全面提高高等教育质量的若干意见》(教高〔2012〕4号)精神,特制定本要求。各地各高校要按照要求,结合本地本校实际,精心组织开展创业教育教学活动,增强创业教育的针对性和实效性。

一、教学目标

通过创业教育教学,使学生掌握创业的基础知识和基本理论,熟悉创业的基本流程和基本方法,了解创业的法律法规和相关政策,激发学生的创业意识,提高学生的社会责任感、创新精神和创业能力,促进学生创业就业和全面发展。

二、教学原则

(一)面向全体

把创业教育融入人才培养体系,贯穿人才培养全过程,面向全体学生广泛、系统开展。

(二)注重引导

着力引导学生正确理解创业与国家经济社会发展的关系,着力引导学生正确理解创业与职业生涯发展的关系,提高学生的社会责任感、创新精神和创业能力。

(三)分类施教

结合学校办学定位、人才培养规模和办学特色,适应学生发展特别是学生创业需求,分类开展创业教育教学。

(四)结合专业

建立健全创业教育与专业教育紧密结合的多样化教学体系,在专业教学中更加自觉培养学生勇于创新,善于发现创业机会、敢于进行创业实践的能力。

(五)强化实践

加大实践教学比重,丰富实践教学内容,改进实践教学方法,激励学生创业实践,增强创业教育教学的开放性、互动性和实效性。

三、教学内容

普通高等学校创业教育教学内容以教授创业知识为基础,以锻炼创业能力为关键,以培养创业精神为核心。

(一)教授创业知识

通过创业教育教学,使学生掌握开展创业活动所需要的基本知识,包括创业的基本概念、基本原理、基本方法和相关理论,涉及创业者、创业团队、创业机会、创业资源、创业计划、政策法规、新企业开办与管理,以及社会创业的理论和方法。

(二)锻炼创业能力

通过创业教育教学,系统培养学生整合创业资源、设计创业计划以及创办和管理企业的综合素质,重点培养学生识别创业机会、防范创业风险、适时采取行动的创业能力。

(三)培养创业精神

通过创业教育教学,培养学生善于思考、敏于发现、敢为人先的创新意识,挑战自我、承受挫折、坚持不懈的意志品质,遵纪守法、诚实守信、善于合作的职业操守,以及创造价值、服务国家、服务人民的社会责任感。

四、教学方法

遵循教育教学规律和人才成长规律,以课堂教学为主渠道,以课外活动、社会实践为重要途径,充分利用现代信息技术,创新教育教学方法,努力提高创业教育教学质量和水平。

（一）课堂教学

倡导模块化、项目化和参与式教学，强化案例分析、小组讨论、角色扮演、头脑风暴等环节，实现从以知识传授为主向以能力培养为主的转变、从以教师为主向以学生为主的转变、从以讲授灌输为主向以体验参与为主的转变，调动学生学习的积极性、主动性和创造性。

（二）课外活动

充分整合校内教育资源，组织开展灵活多样的创业讲座、创业训练、创业模拟、创业大赛等活动。积极创造条件，支持学生创办并参加创业协会、创业俱乐部等社团活动。

（三）社会实践

充分利用校内外资源，依托校企联盟、科技园区、创业园区、创业项目孵化器、大学生校外实践基地和创业基地等，开展学习参观、市场调查、项目设计、成果转化、企业创办等创业实践活动。

五、教学组织

高等学校要把创业教育教学纳入学校改革发展规划，纳入学校人才培养体系，纳入学校教育教学评估指标，建立健全领导体制和工作机制，制订专门教学计划，提供有力教学保障，确保取得实效。

（一）创业课程设置

高等学校应创造条件，面向全体学生单独开设“创业基础”必修课（《“创业基础”教学大纲（试行）》附后，供参考）。支持有条件的高等学校根据办学定位、人才培养规格和学科专业特点，开发、开设创业教育类选修课程（含实践课程）。把创业教育有机融入专业教育，加强相关专业课程建设。把创业教育与大学生思想政治教育、就业教育和就业指导服务有机衔接。

（二）教学条件保障

高等学校应明确职能部门，负责研究制定创业教育教学工作的规划和相关制度，统筹协调和组织学校创业教育教学工作。加大创业教育教学工作经费投入，并纳入学校预算，确保开展创业教育教学工作需要。加强创业教育教学实验室、校内外创业实习基地、课程教材等基本建设。

（三）教师队伍建设

高等学校要根据专任为主、专兼结合的原则，按照学生人数以及实际教学任务，合理核定专任教师编制，配备足够数量和较高质量的专任教师。鼓励支持各专业课教师在专业教育中有机融入创业教育内容。积极聘请企业家、创业人士和专家学者担任兼职教师承担一定的创业教育教学任务。加强培训，提高教师业务水平和教学能力。

（四）教学效果评价

高等学校要结合学校实际，把创业教育教学效果作为学校本科教学评估的重要内容，作为本科人才培养质量的重要指标，加强自我评估和检查，并体现在学校本科教学质量年度报告中,主动接受社会监督。

附:“创业基础”教学大纲(试行)

附:

“创业基础”教学大纲

(试行)

课程是对高校学生进行创业教育的主渠道。根据《普通本科学校创业教育教学基本要求(试行)》,现制定“创业基础”教学大纲,供参考使用。

一、课程性质与教学目标

(一)课程性质

“创业基础”是面向全体高校学生开展创业教育的核心课程,要纳入学校教学计划,不少于32学时、不低于2学分。

(二)教学目标

通过“创业基础”课程教学,应该在教授创业知识、锻炼创业能力和培养创业精神等方面达到以下目标:

(1)使学生掌握开展创业活动所需要的基本知识。认知创业的基本内涵和创业活动的特殊性,辨证地认识和分析创业者、创业机会、创业资源、创业计划和创业项目。

(2)使学生具备必要的创业能力。掌握创业资源整合与创业计划撰写的方法,熟悉新企业的开办流程与管理,提高创办和管理企业的综合素质和能力。

(3)使学生树立科学的创业观。主动适应国家经济社会发展和人的全面发展需求,正确理解创业与职业生涯发展的关系,自觉遵循创业规律,积极投身创业实践。

二、课程要求与教学方法

“创业基础”是一门理论性、政策性、科学性和实践性很强的课程。要遵循教育教学规律,坚持理论讲授与案例分析相结合、小组讨论与角色体验相结合、经验传授与创业实践相结合,把知识传授、思想碰撞和实践体验有机统一起来,调动学生学习的积极性、主动性和创造性,不断提高教学质量和水平。

(1)设计真实的学习情境。通过运用模拟软件、现场教学等方式,努力将相关教学过程情境化,使学生更真实地学习知识、了解原理、掌握规律。

(2)提供完备的支持条件。根据课程教学需要提供基本的教学条件,重点提供创业模拟实验室、模拟教学软件、创业信息资源等。

(3)拓展有效的实践途径。通过在校内组织开展创业项目设计、创业计划大赛以及创业社团活动,通过在校外组织开展创业者访谈、创业项目考察、企业创办等活动,将课堂知识与创业实践紧密结合起来,培养学生在实践中运用所学知识发现问题和解决实际问题的创业能力。

三、课程内容与教学要点

(一)创业、创业精神与人生发展

通过本部分教学,使学生了解创业的概念、创业与创业精神的关系、创业与人生发展的关系,以及创业和创业精神在当今时代背景下的意义和价值,正确认识并理性对待创业。

1. 创业与创业精神

使学生了解创业的概念、要素和类型,认识创业过程的特征,掌握创业与创业精神之间的辩证关系,强化学生对创业精神需要培育并可培育的理性认识。

(1)课程内容

① 创业的定义与功能。

② 创业的要素与类型。

③ 创业过程与阶段划分。

④ 创业精神的本质、来源、作用与培育。

(2)教学要点

① 创业是不拘泥于当前资源约束、寻求机会、进行价值创造的行为过程。

② 创业的关键要素包括机会、团队和资源。

③ 创业过程包括创业者从产生创业想法到创建新企业或开创新事业并获取回报,涉及识别机会、组建团队、寻求融资等活动。可大致划分为机会识别、资源整合、创办新企业、新企业生存和成长四个主要阶段。

④ 创业精神是创业者在创业过程中的重要行为特征的高度凝练,主要表现为勇于创新、敢当风险、团结合作、坚持不懈等。

⑤ 创业精神将在新时期发挥更大的作用,有利于加快转变经济发展方式,促进经济社会又好又快发展。

2. 知识经济发展与创业

通过对知识经济发展的分析,使学生了解创业热潮形成的深层次原因,认识经济转型与创业热潮的内在联系,明确创业活动对于经济社会发展的贡献。

(1)课程内容

① 经济转型与创业热潮的关系。

② 创业活动的功能属性。

③ 知识经济时代赋予创业的重要意义。

(2)教学要点

① 经济转型是创业热潮兴起的深层次原因。

② 经济社会发展不同阶段创业活动的特征。

③ 创业具有增加就业、促进创新、创造价值等功能,同时也是解决社会问题的有效途径之一。

3. 创业与职业生涯发展

使学生了解创业与职业生涯发展的关系，认识创业能力提升对个人职业生涯发展的积极作用。

(1)课程内容

① 广义和狭义的创业概念。

② 创新型人才的素质要求。

③ 创业能力对个人职业生涯发展的意义和作用。

(2)教学要点

① 创业并不只是开办一家企业。

② 创业能力具有普遍性与时代适应性。

③ 创业能力对个人职业生涯发展起着积极作用。

(二)创业者与创业团队

通过本部分教学，使学生形成对创业者的理性认识，纠正神化创业者的片面认识，了解创业者应具备的基本素质，认识创业团队的重要性，掌握组建和管理创业团队的基本方法。

1. 创业者

使学生认识创业者的基本素质，了解创业者动机及其对创业的影响，注重识别创业活动的理性因素。

(1)课程内容

① 创业者。

② 创业者素质与能力。

③ 创业动机的含义与分类。

④ 产生创业动机的驱动因素。

(2)教学要点

① 创业者并不是特殊人群。具备一些独特技能和素质有助于成功创业。

② 大多数创业能力可以通过后天培养而习得。

③ 创业者选择创业的动机受诸多直接和间接因素的影响。

④ 创业者可以通过创业教育培养和提高创业素质和能力。

2. 创业团队

使学生认识创业团队对创业成功的重要性，学习组建创业团队的思维方式及其对创业活动的影响，掌握管理创业团队的技巧和策略，认识创业团队领袖的角色与作用。

(1)课程内容

① 创业团队及其对创业的重要性。

② 创业团队的优劣势分析。

③ 组建创业团队的策略及其后续影响。

④ 创业团队的管理技巧和策略。

⑤ 领导创业者的角色与行为策略。

⑥ 创业团队的社会责任。

(2)教学要点

① 创业团队是团队而不是群体。团队中成员所作的贡献是互补的,而群体中成员之间的工作在很大程度上是互换的。

② 创业团队是由两个以上具有一定利益关系、共同承担创建新企业责任的人组建形成的工作团队。

③ 与个体创业相比较,团队创业具有多方面的优势,对创业成功起着举足轻重的作用。

④ 依据不同逻辑组建创业团队既可能带来优势,也可能带来障碍,对后续创业活动会带来潜在影响。

⑤ 创业团队管理的重点是维持团队稳定的前提下发挥团队多样性优势。

⑥ 创业团队领袖是创业团队的灵魂,是团队力量的协调者和整合者。

(三)创业机会与创业风险

通过本部分教学,使学生了解创业机会及其识别要素,了解创业风险类型以及如何防范风险,了解由创业机会开发商业模式的过程,掌握商业模式设计策略和技巧。

1. 创业机会识别

使学生认识创业机会的概念、来源和类型,了解创意与机会之间的联系和区别,了解识别创业机会的一般步骤与影响因素,习得有助于识别创业机会的行为方式。

(1)课程内容

① 创意与机会。

② 创业机会与商业机会。

③ 创业机会的特征与类型。

④ 创业机会的来源。

⑤ 影响机会识别的关键因素。

⑥ 识别创业机会的一般过程。

⑦ 识别创业机会的行为技巧。

(2)教学要点

① 创意是具有一定创造性的想法或概念,其是否具有商业价值存在不确定性。

② 创业机会是具有商业价值的创意,表现为特定的组合关系。

③ 创业机会来自于一定的市场需求和变化。

④ 识别创业机会受到历史经验等多种因素的影响。

⑤ 识别创业机会是思考和探索互动反复,并将创意进行转变的过程。

2. 创业机会评价

使学生认识有商业潜力和适合自己的创业机会,了解创业机会的评价,掌握创业机会评价的方法。

(1)课程内容

① 有价值创业机会的基本特征

② 个人与创业机会的匹配

③ 创业机会评价的特殊性

④ 创业机会评价的技巧和策略

(2)教学要点

① 有价值的创业机会具有价值性、时效性等基本特征。

② 判断创业机会是否适合自己的主要依据在于机会特征与个人特质的匹配。

③ 机会评价有利于应对并化解环境不确定性。

④ 常规的市场研究方法不一定完全适用于创业机会评价,尤其是原创性创业机会的评价。

3. 创业风险识别

使学生认识到创业有风险,但也有规避和防范的方法。增强学生对机会风险的理性认识,提高防范风险的能力。

(1)课程内容

① 机会风险的构成与分类。

② 系统风险防范的可能途径。

③ 非系统风险防范的可能途径。

④ 创业者风险承担能力的估计。

⑤ 基于风险估计的创业收益预测。

(2)教学要点

① 有价值的创业机会也是有风险的。

② 机会风险分为系统风险与非系统风险。系统风险主要是创业环境中的风险,诸如商品市场风险、资本市场风险等;非系统风险是指创业者自身的风险,诸如技术风险、财务风险等。

③ 机会风险中,一些是可以预测的,一些是不可预测的。

④ 创业者需要结合对机会风险的估计,努力防范和降低风险。

4. 商业模式开发

使学生认识商业模式的本质,了解战略与商业模式之间的关系,掌握商业模式设计和开发的思路,明确开发商业模式的关键影响因素。

(1)课程内容

① 商业模式的定义和本质。

② 商业模式和商业战略的关系。

③ 商业模式因果关系链条的分解。

④ 设计商业模式的思路和方法。

⑤ 商业模式创新的逻辑与方法。

(2)教学要点

① 商业模式本质上是若干因素构成的一组赢利逻辑关系的链条。

② 商业模式是商业战略生成的基础,商业战略是在商业模式基础上的行为选择。

③ 商业模式的价值主张、价值网络和价值实现等要素之间的不同组合方式形成了不同的商业模式。

④ 商业模式设计是创业机会开发环节的一个不断试错、修正和反复的过程。

⑤ 商业模式设计是分解企业价值链条和价值要素的过程,涉及要素的新组合关系或新要素的增加。

(四)创业资源

通过本部分教学,使学生了解创业过程中的资源需求和资源获取方法,特别是创造性整合资源的途径,认识创业资金筹募渠道和风险,掌握创业资源管理的技巧和策略。

1. 创业资源

使学生了解创业资源的类型,重点认识不同类型创业活动的资源需求差异,掌握创业资源获取的一般途径和方法,明确创业资源获取的技巧和策略。

(1)课程内容

① 创业资源的内涵与种类。

② 创业资源与一般商业资源的异同。

③ 社会资本、资金、技术及专业人才在创业中的作用。

④ 影响创业资源获取的因素。

⑤ 创业资源获取的途径与技能。

(2)教学要点

① 不同的创业活动具有不同的创业资源需求。

② 创业资源包括有形资源和无形资源,无形资源往往是撬动有形资源的重要杠杆。

③ 创业资源获取途径包括市场途径和非市场途径。

④ 创业资源获取的关键往往取决于软实力。

2. 创业融资

使学生了解创业融资难的相关理论,掌握创业所需资金的测算、创业融资的主要渠道及差异,了解创业融资的一般过程。

(1)课程内容

① 创业融资分析。

② 创业所需资金的测算。

③ 创业融资渠道。

④ 创业融资的选择策略。

(2)教学要点

① 创业融资是创业管理的关键内容,在企业成长的不同阶段具有不同的侧重点和要求。

② 不确定性和信息不对称是创业融资难的影响因素。

③ 正确测算创业所需资金有利于确定筹资数额,降低资金成本。

创业融资的主要渠道包括自我融资、亲朋好友融资、天使投资、商业银行贷款、担保机构融资和政府创业扶持基金融资等。

创业融资不只是一个技术问题,还是一个社会问题,应从建立个人信用、积累社会资本、写作创业计划、测算不同阶段的资金需求量等方面做好准备。

3. 创业资源管理

使学生了解创业资源整合和有效使用的方法,认识创业资源开发的技巧和策略。

(1)课程内容

① 不同类型资源的开发。

② 有限资源的创造性利用。

③ 创业资源开发的推进方法。

(2)教学要点

① 大多数创业者难以整合到充足的创业所需的资源。

② 开发创业资源是有效利用创业资源的重要途径。

③ 开发创业资源表现为一些独特的创业行为。

(五)创业计划

通过本部分教学,使学生认识创业计划的作用,了解创业计划的基本结构、编写过程和所需信息等,掌握创业计划书的撰写方法。

1. 创业计划

使学生了解创业计划的基本内容及其重要性,认识创业者在创业过程中准备创业计划的原因,了解做好商业计划所需要开展的准备工作。

(1)课程内容

① 创业计划的作用。

② 创业计划的内容。

③ 创业计划的基本结构。

④ 创业计划中的信息搜集。

⑤ 市场调查的内容和方法。

(2)教学要点

① 创业计划是创业的行动导向和路线图,既为创业者行动提供指导和规划,也为创业者与外界沟通提供基本依据。

② 创业计划需要阐明新企业在未来要达成的目标,以及如何达成这些目标。创业计划要随着执行的情况而进行调整。

③ 创业计划包括产品(服务)创意、创意价值合理性、顾客与市场、创意开发方案、竞争者分析、资金和资源需求、融资方式和规划以及如何收获回报等内容。

④ 准备创业计划的过程实质上是信息的搜集过程，是分析并预测环境进而化解未来不确定性的过程。

2. 撰写与展示创业计划

使学生了解撰写创业计划的方法，创业计划展示过程中需要注意的问题，以及创业计划各构成部分的相对重要性。

(1)课程内容

① 研讨创业构想。

② 分析创业可能遇到的问题和困难。

③ 凝练创业计划的执行概要。

④ 把创业构想变成文字方案。

⑤ 创业计划书的撰写和展示技巧。

(2)教学要点

① 创业计划包括封面、目录、执行概要、主体内容和附件等。

② 撰写商业计划是创业者(团队)反复思考、推理并讨论的过程。

③ 展示创业计划的基本方法。

④ 激情在创业计划展示中发挥重要作用。

(六)新企业的开办

通过本部分教学，使学生对企业本质、建立企业流程、新企业成立相关的法律问题和新企业风险管理等有所了解，进而认识到创办企业所必须关注的问题。

1. 成立新企业

使学生了解注册成立新企业的原因，新企业注册的程序与步骤和新企业选址的影响因素等。认识新企业获得社会认同的必要性和基本方式。

(1)课程内容

① 企业组织形式选择。

② 企业注册流程。

③ 企业注册相关文件的编写。

④ 注册企业必须考虑的法律与伦理问题。

⑤ 新企业选址策略和技巧。

⑥ 新企业的社会认同。

(2)教学要点

① 一家新创企业可以选择的组织形式有多种，主要有个人独资企业、合伙企业、有限责任公司(包括一人有限责任公司)和股份有限公司。

② 创业者在创建和经营企业的过程中，必须了解和遵守有关法律法规，以确保自身和他人的利益没有受到非法侵害。与创业有关的法律主要包括专利法、商标法、著作权法、反不正当竞争法、合同法、产品质量法、劳动法等。

③ 创建新企业时应注意伦理问题,包括创业者与原雇主之间、创业团队成员之间、创业者和其他利益相关者之间的伦理问题等。

④ 新企业选址需要综合考虑政治、经济、技术、社会和自然等影响因素。其中经济因素和技术因素对选址决策起基础作用。

⑤ 企业注册成立后,除遵纪守法外,还需要主动承担社会责任,才能获得社会认同。

2. 新企业生存管理。

使学生了解创办新企业后可能遇到的风险类型及其应对策略,掌握新企业管理的独特性,了解针对新企业的管理重点与行为策略。

(1)课程内容

① 新企业管理的特殊性。

② 新企业成长的驱动因素。

③ 新企业成长管理的技巧和策略。

④ 新企业的风险控制和化解。

(2)教学要点

① 新企业成立初期应以生存为首要目标,其特征是主要依靠自有资金创造自由现金流,实行充分调动"所有的人做所有的事"的群体管理,以及"创业者亲自深入运作细节"。

② 新企业成立初期易遭遇资金不足、制度不完善、因人设岗等问题。

③ 企业成长的推动力量包括创业者(团队)、市场和组织资源等。

④ 新企业成长的管理需要注重整合外部资源追求外部成长;管理好保持企业持续成长的人力资本;及时实现从创造资源到管好用好资源的转变;形成比较固定的企业价值观和文化氛围;注重用成长的方式解决成长过程中出现的问题;从过分追求速度转到突出企业的价值增加。

附录 B

国务院办公厅关于发展众创空间推进大众创新创业的指导意见

国办发〔2015〕9 号

各省、自治区、直辖市人民政府，国务院各部委、各直属机构：

为加快实施创新驱动发展战略，适应和引领经济发展新常态，顺应网络时代大众创业、万众创新的新趋势，加快发展众创空间等新型创业服务平台，营造良好的创新创业生态环境，激发亿万群众创造活力，打造经济发展新引擎，经国务院同意，现提出以下意见。

一、总体要求

（一）指导思想

全面落实党的十八大和十八届二中、三中、四中全会精神，按照党中央、国务院决策部署，以营造良好创新创业生态环境为目标，以激发全社会创新创业活力为主线，以构建众创空间等创业服务平台为载体，有效整合资源，集成落实政策，完善服务模式，培育创新文化，加快形成大众创业、万众创新的生动局面。

（二）基本原则

(1)坚持市场导向。充分发挥市场配置资源的决定性作用，以社会力量为主构建市场化的众创空间，以满足个性化多样化消费需求和用户体验为出发点，促进创新创意与市场需求和社会资本有效对接。

(2)加强政策集成。进一步加大简政放权力度，优化市场竞争环境。完善创新创业政策体系，加大政策落实力度，降低创新创业成本，壮大创新创业群体。完善股权激励和利益分配机制，保障创新创业者的合法权益。

(3)强化开放共享。充分运用互联网和开源技术，构建开放创新创业平台，促进更多创业者加入和集聚。加强跨区域、跨国技术转移，整合利用全球创新资源。推动产学研协同创新，促进科技资源开放共享。

(4)创新服务模式。通过市场化机制、专业化服务和资本化途径，有效集成创业服务资源，提供全链条增值服务。强化创业辅导，培育企业家精神，发挥资本推力作用，提高创新创业效率。

（三）发展目标

到 2020 年，形成一批有效满足大众创新创业需求、具有较强专业化服务能力的众创空间等新型创业服务平台；培育一批天使投资人和创业投资机构，投融资渠道更加畅通；孵化培育一大批创新型小微企业，并从中成长出能够引领未来经济发展的骨干企业，形成新的产业业态和经济增长点；创业群体高度活跃，以创业促进就业，提供更多高质量就业岗位；创新创业政策体系更加健全，服务体系更加完善，全社会创新创业文化氛围更加浓厚。

二、重点任务

（一）加快构建众创空间

总结推广创客空间、创业咖啡、创新工场等新型孵化模式，充分利用国家自主创新示范区、国家高新技术产业开发区、科技企业孵化器、小企业创业基地、大学科技园和高校、科研院所的有利条件，发挥行业领军企业、创业投资机构、社会组织等社会力量的主力军作用，构建一批低成本、便利化、全要素、开放式的众创空间。发挥政策集成和协同效应，实现创新与创业相结合、线上与线下相结合、孵化与投资相结合，为广大创新创业者提供良好的工作空间、网络空间、社交空间和资源共享空间。

（二）降低创新创业门槛

深化商事制度改革，针对众创空间等新型孵化机构集中办公等特点，鼓励各地结合实际，简化住所登记手续，采取一站式窗口、网上申报、多证联办等措施为创业企业工商注册提供便利。有条件的地方政府可对众创空间等新型孵化机构的房租、宽带接入费用和用于创业服务的公共软件、开发工具给予适当财政补贴，鼓励众创空间为创业者提供免费高带宽互联网接入服务。

（三）鼓励科技人员和大学生创业

加快推进中央级事业单位科技成果使用、处置和收益管理改革试点，完善科技人员创业股权激励机制。推进实施大学生创业引领计划，鼓励高校开发开设创新创业教育课程，建立健全大学生创业指导服务专门机构，加强大学生创业培训，整合发展国家和省级高校毕业生就业创业基金，为大学生创业提供场所、公共服务和资金支持，以创业带动就业。

（四）支持创新创业公共服务

综合运用政府购买服务、无偿资助、业务奖励等方式，支持中小企业公共服务平台和服务机构建设，为中小企业提供全方位专业化优质服务，支持服务机构为初创企业提供法律、知识产权、财务、咨询、检验检测认证和技术转移等服务，促进科技基础条件平台开放共享。加强电子商务基础建设，为创新创业搭建高效便利的服务平台，提高小微企业市场竞争力。完善专利审查快速通道，对小微企业亟需获得授权的核心专利申请予以优先审查。

（五）加强财政资金引导

通过中小企业发展专项资金，运用阶段参股、风险补助和投资保障等方式，引导创业投资机构投资于初创期科技型中小企业。发挥国家新兴产业创业投资引导基金对社会资本的带动作用，重点支持战略性新兴产业和高技术产业早中期、初创期创新型企业发展。发挥国家科技成果转化引导基金作用，综合运用设立创业投资子基金、贷款风险补偿、绩效奖励等方式，促进科技成果转移转化。发挥财政资金杠杆作用，通过市场机制引导社会资金和金融资本支持创业活动。发挥财税政策作用支持天使投资、创业投资发展，培育发展天使投资群体，推动大众创新创业。

(六)完善创业投融资机制

发挥多层次资本市场作用,为创新型企业提供综合金融服务。开展互联网股权众筹融资试点,增强众筹对大众创新创业的服务能力。规范和发展服务小微企业的区域性股权市场,促进科技初创企业融资,完善创业投资、天使投资退出和流转机制。鼓励银行业金融机构新设或改造部分分(支)行,作为从事科技型中小企业金融服务的专业或特色分(支)行,提供科技融资担保、知识产权质押、股权质押等方式的金融服务。

(七)丰富创新创业活动

鼓励社会力量围绕大众创业、万众创新组织开展各类公益活动。继续办好中国创新创业大赛、中国农业科技创新创业大赛等赛事活动,积极支持参与国际创新创业大赛,为投资机构与创新创业者提供对接平台。建立健全创业辅导制度,培育一批专业创业辅导师,鼓励拥有丰富经验和创业资源的企业家、天使投资人和专家学者担任创业导师或组成辅导团队。鼓励大企业建立服务大众创业的开放创新平台,支持社会力量举办创业沙龙、创业大讲堂、创业训练营等创业培训活动。

(八)营造创新创业文化氛围

积极倡导敢为人先、宽容失败的创新文化,树立崇尚创新、创业致富的价值导向,大力培育企业家精神和创客文化,将奇思妙想、创新创意转化为实实在在的创业活动。加强各类媒体对大众创新创业的新闻宣传和舆论引导,报道一批创新创业先进事迹,树立一批创新创业典型人物,让大众创业、万众创新在全社会蔚然成风。

三、组织实施

(一)加强组织领导

各地区、各部门要高度重视推进大众创新创业工作,切实抓紧抓好。各有关部门要按照职能分工,积极落实促进创新创业的各项政策措施。各地要加强对创新创业工作的组织领导,结合地方实际制定具体实施方案,明确工作部署,切实加大资金投入、政策支持和条件保障力度。

(二)加强示范引导

在国家自主创新示范区、国家高新技术产业开发区、小企业创业基地、大学科技园和其他有条件的地区开展创业示范工程。鼓励各地积极探索推进大众创新创业的新机制、新政策,不断完善创新创业服务体系,营造良好的创新创业环境。

(三)加强协调推进

科技部要加强与相关部门的工作协调,研究完善推进大众创新创业的政策措施,加强对发展众创空间的指导和支持。各地要做好大众创新创业政策落实情况调研、发展情况统计汇总等工作,及时报告有关进展情况。

国务院办公厅
2015 年 3 月 2 日

附录 C

国务院办公厅关于深化高等学校创新创业教育改革的实施意见

国办发〔2015〕36 号

各省、自治区、直辖市人民政府，国务院各部委、各直属机构：

深化高等学校创新创业教育改革，是国家实施创新驱动发展战略、促进经济提质增效升级的迫切需要，是推进高等教育综合改革、促进高校毕业生更高质量创业就业的重要举措。党的十八大对创新创业人才培养作出重要部署，国务院对加强创新创业教育提出明确要求。近年来，高校创新创业教育不断加强，取得了积极进展，对提高高等教育质量、促进学生全面发展、推动毕业生创业就业、服务国家现代化建设发挥了重要作用。但也存在一些不容忽视的突出问题，主要是一些地方和高校重视不够，创新创业教育理念滞后，与专业教育结合不紧，与实践脱节；教师开展创新创业教育的意识和能力欠缺，教学方式方法单一，针对性实效性不强；实践平台短缺，指导帮扶不到位，创新创业教育体系亟待健全。为了进一步推动大众创业、万众创新，经国务院同意，现就深化高校创新创业教育改革提出如下实施意见。

一、总体要求

（一）指导思想

全面贯彻党的教育方针，落实立德树人根本任务，坚持创新引领创业、创业带动就业，主动适应经济发展新常态，以推进素质教育为主题，以提高人才培养质量为核心，以创新人才培养机制为重点，以完善条件和政策保障为支撑，促进高等教育与科技、经济、社会紧密结合，加快培养规模宏大、富有创新精神、勇于投身实践的创新创业人才队伍，不断提高高等教育对稳增长促改革调结构惠民生的贡献度，为建设创新型国家、实现“两个一百年”奋斗目标和中华民族伟大复兴的中国梦提供强大的人才智力支撑。

（二）基本原则

坚持育人为本，提高培养质量。把深化高校创新创业教育改革作为推进高等教育综合改革的突破口，树立先进的创新创业教育理念，面向全体、分类施教、结合专业、强化实践，促进学生全面发展，提升人力资本素质，努力造就大众创业、万众创新的生力军。

坚持问题导向，补齐培养短板。把解决高校创新创业教育存在的突出问题作为深化高校创新创业教育改革的着力点，融入人才培养体系，丰富课程、创新教法、强化师资、改进帮扶，推进教学、科研、实践紧密结合，突破人才培养薄弱环节，增强学生的创新精神、创业意识和创新创业能力。

坚持协同推进，汇聚培养合力。把完善高校创新创业教育体制机制作为深化高校创新创业教育改革的支撑点，集聚创新创业教育要素与资源，统一领导、齐抓共管、开放合作、全员参与，形成全社会关心支持创新创业教育和学生创新创业的良好生态环境。

（三）总体目标

2015 年起全面深化高校创新创业教育改革。2017 年取得重要进展，形成科学先进、广泛认同、具有中国特色的创新创业教育理念，形成一批可复制可推广的制度成果，普及创新创业教育，实现新一轮大学生创业引领计划预期目标。到 2020 年建立健全课堂教学、自主学习、结合实践、指导帮扶、文化引领融为一体的高校创新创业教育体系，人才培养质量显著提升，学生的创新精神、创业意识和创新创业能力明显增强，投身创业实践的学生显著增加。

二、主要任务和措施

（一）完善人才培养质量标准

制订实施本科专业类教学质量国家标准，修订实施高职高专专业教学标准和博士、硕士学位基本要求，明确本科、高职高专、研究生创新创业教育目标要求，使创新精神、创业意识和创新创业能力成为评价人才培养质量的重要指标。相关部门、科研院所、行业企业要制订专业人才评价标准，细化创新创业素质能力要求。不同层次、类型、区域高校要结合办学定位、服务面向和创新创业教育目标要求，制订专业教学质量标准，修订人才培养方案。

（二）创新人才培养机制

实施高校毕业生就业和重点产业人才供需年度报告制度，完善学科专业预警、退出管理办法，探索建立需求导向的学科专业结构和创业就业导向的人才培养类型结构调整新机制，促进人才培养与经济社会发展、创业就业需求紧密对接。深入实施系列“卓越计划”、科教结合协同育人行动计划等，多形式举办创新创业教育实验班，探索建立校校、校企、校地、校所以及国际合作的协同育人新机制，积极吸引社会资源和国外优质教育资源投入创新创业人才培养。高校要打通一级学科或专业类下相近学科专业的基础课程，开设跨学科专业的交叉课程，探索建立跨院系、跨学科、跨专业交叉培养创新创业人才的新机制，促进人才培养由学科专业单一型向多学科融合型转变。

（三）健全创新创业教育课程体系

各高校要根据人才培养定位和创新创业教育目标要求，促进专业教育与创新创业教育有机融合，调整专业课程设置，挖掘和充实各类专业课程的创新创业教育资源，在传授专业知识过程中加强创新创业教育。面向全体学生开发开设研究方法、学科前沿、创业基础、就业创业指导等方面的必修课和选修课，纳入学分管理，建设依次递进、有机衔接、科学合理的创新创业教育专门课程群。各地区、各高校要加快创新创业教育优质课程信息化建设，推出一批资源共享的慕课、视频公开课等在线开放课程。建立在线开放课程学习认证和学分认定制度。组织学科带头人、行业企业优秀人才，联合编写具有科学性、先进性、适用性的创新创业教育重点教材。

（四）改革教学方法和考核方式

各高校要广泛开展启发式、讨论式、参与式教学，扩大小班化教学覆盖面，推动教师把国际前沿学术发展、最新研究成果和实践经验融入课堂教学，注重培养学生的批判性和创造性思维，激发创新创业灵感。运用大数据技术，掌握不同学生学习需求和规律，为学生自主学习提供更加丰富多样的教育资源。改革考试考核内容和方式，注重考查学生运用知识分析、解决问题的能力，探索非标准答案考试，破除“高分低能”积弊。

（五）强化创新创业实践

各高校要加强专业实验室、虚拟仿真实验室、创业实验室和训练中心建设，促进实验教学平台共享。各地区、各高校科技创新资源原则上向全体在校学生开放，开放情况纳入各类研究基地、重点实验室、科技园评估标准。鼓励各地区、各高校充分利用各种资源建设大学科技园、大学生创业园、创业孵化基地和小微企业创业基地，作为创业教育实践平台，建好一批大学生校外实践教育基地、创业示范基地、科技创业实习基地和职业院校实训基地。完善国家、地方、高校三级创新创业实训教学体系，深入实施大学生创新创业训练计划，扩大覆盖面，促进项目落地转化。举办全国大学生创新创业大赛，办好全国职业院校技能大赛，支持举办各类科技创新、创意设计、创业计划等专题竞赛。支持高校学生成立创新创业协会、创业俱乐部等社团，举办创新创业讲座论坛，开展创新创业实践。

（六）改革教学和学籍管理制度

各高校要设置合理的创新创业学分，建立创新创业学分积累与转换制度，探索将学生开展创新实验、发表论文、获得专利和自主创业等情况折算为学分，将学生参与课题研究、项目实验等活动认定为课堂学习。为有意愿有潜质的学生制定创新创业能力培养计划，建立创新创业档案和成绩单，客观记录并量化评价学生开展创新创业活动情况。优先支持参与创新创业的学生转入相关专业学习。实施弹性学制，放宽学生修业年限，允许调整学业进程、保留学籍休学创新创业。设立创新创业奖学金，并在现有相关评优评先项目中拿出一定比例用于表彰优秀创新创业的学生。

（七）加强教师创新创业教育教学能力建设

各地区、各高校要明确全体教师创新创业教育责任，完善专业技术职务评聘和绩效考核标准，加强创新创业教育的考核评价。配齐配强创新创业教育与创业就业指导专职教师队伍，并建立定期考核、淘汰制度。聘请知名科学家、创业成功者、企业家、风险投资人等各行各业优秀人才，担任专业课、创新创业课授课或指导教师，并制定兼职教师管理规范，形成全国万名优秀创新创业导师人才库。将提高高校教师创新创业教育的意识和能力作为岗前培训、课程轮训、骨干研修的重要内容，建立相关专业教师、创新创业教育专职教师到行业企业挂职锻炼制度。加快完善高校科技成果处置和收益分配机制，支持教师以对外转让、合作转化、作价入股、自主创业等形式将科技成果产业化，并鼓励带领学生创新创业。

（八）改进学生创业指导服务

各地区、各高校要建立健全学生创业指导服务专门机构，做到“机构、人员、场地、经费”四到位，对自主创业学生实行持续帮扶、全程指导、一站式服务。健全持续化信息服务制度，完善全国大学生创业服务网功能，建立地方、高校两级信息服务平台，为学生实时提供国家政策、市场动向等信息，并做好创业项目对接、知识产权交易等服务。各地区、各有关部门要积极落实高校学生创业培训政策，研发适合学生特点的创业培训课程，建设网络培训平台。鼓励高校自主编制专项培训计划，或与有条件的教育培训机构、行业协会、群团组织、企业联合开发创业培训项目。各地区和具备条件的行业协会要针对区域需求、行业发展，发布创业项目指南，引导高校学生识别创业机会、捕捉创业商机。

（九）完善创新创业资金支持和政策保障体系

各地区、各有关部门要整合发展财政和社会资金，支持高校学生创新创业活动。各高校要优化经费支出结构，多渠道统筹安排资金，支持创新创业教育教学，资助学生创新创业项目。部委属高校应按规定使用中央高校基本科研业务费，积极支持品学兼优且具有较强科研潜质的在校学生开展创新科研工作。中国教育发展基金会设立大学生创新创业教育奖励基金，用于奖励对创新创业教育作出贡献的单位。鼓励社会组织、公益团体、企事业单位和个人设立大学生创业风险基金，以多种形式向自主创业大学生提供资金支持，提高扶持资金使用效益。深入实施新一轮大学生创业引领计划，落实各项扶持政策和服务措施，重点支持大学生到新兴产业创业。有关部门要加快制定有利于互联网创业的扶持政策。

三、加强组织领导

（一）健全体制机制

各地区、各高校要把深化高校创新创业教育改革作为“培养什么人，怎样培养人”的重要任务摆在突出位置，加强指导管理与监督评价，统筹推进本地本校创新创业教育工作。各地区要成立创新创业教育专家指导委员会，开展高校创新创业教育的研究、咨询、指导和服务。各高校要落实创新创业教育主体责任，把创新创业教育纳入改革发展重要议事日程，成立由校长任组长、分管校领导任副组长、有关部门负责人参加的创新创业教育工作领导小组，建立教务部门牵头，学生工作、团委等部门齐抓共管的创新创业教育工作机制。

（二）细化实施方案

各地区、各高校要结合实际制定深化本地本校创新创业教育改革的实施方案，明确责任分工。教育部属高校需将实施方案报教育部备案，其他高校需报学校所在地省级教育部门和主管部门备案，备案后向社会公布。

（三）强化督导落实

教育部门要把创新创业教育质量作为衡量办学水平、考核领导班子的重要指标，纳入高校教育教学评估指标体系和学科评估指标体系，引入第三方评估。把创新创业教育相关情况列入本科、高职高专、研究生教学质量年度报告和毕业生就业质量年度报告重点内容，接受社会监督。

（四）加强宣传引导

各地区、各有关部门以及各高校要大力宣传加强高校创新创业教育的必要性、紧迫性、重要性，使创新创业成为管理者办学、教师教学、学生求学的理性认知与行动自觉。及时总结推广各地各高校的好经验好做法，选树学生创新创业成功典型，丰富宣传形式，培育创客文化，努力营造敢为人先、敢冒风险、宽容失败的氛围环境。

国务院办公厅

2015年5月4日

附录 D

大学生自主创业宣传手册

教高厅〔2012〕4 号

一、创办市场主体基本流程

大学生自主创业可采用的市场主体类型主要有：个体工商户、个人独资企业、合伙企业、农民专业合作社和有限责任公司等。创办不同类型的市场主体，需要准备的材料和办理流程如下：

（一）个体工商户

1. 需准备的材料

① 经营者签署的个体工商户注册登记申请书。

② 委托代理人办理的，还应当提交经营者签署的《委托代理人证明》及委托代理人身份证明。

③ 经营者身份证明。

④ 经营场所证明。

⑤《个体工商户名称预先核准通知书》（设立申请前已经办理名称预先核准的须提交）。

⑥ 申请登记的经营范围中有法律、行政法规和国务院决定规定必须在登记前报经批准的项目，应当提交有关许可证书或者批准文件。

⑦ 申请登记为家庭经营的，以主持经营者作为经营者登记，由全体参加经营家庭成员在《个体工商户开业登记申请书》经营者签名栏中签字予以确认。提交居民户口簿或者结婚证复印件作为家庭成员亲属关系证明，同时提交其他参加经营家庭成员的身份证复印件。

⑧ 国家工商行政管理总局规定提交的其他文件。

2. 办理流程

（1）申请

① 申请人或者委托的代理人可以直接到经营场所所在地登记机关登记。

② 登记机关委托其下属工商所办理个体工商户登记的，到经营场所所在地工商所登记。

③ 申请人或者其委托的代理人可以通过邮寄、传真、电子数据交换、电子邮件等方式向经营场所所在地登记机关提交申请。通过传真、电子数据交换、电子邮件等方式提交申请的，应当提供申请人或者其代理人的联络方式及通讯地址。对登记机关予以受理的申请，申请人应当自收到受理通知书之日起 5 日内，提交与传真、电子数据交换、电子邮件内容一致的申请材料原件。

(2)受理

① 对于申请材料齐全、符合法定形式的,登记机关应当受理。

申请材料不齐全或者不符合法定形式,登记机关应当当场告知申请人需要补正的全部内容,申请人按照要求提交全部补正申请材料的,登记机关应当受理。

申请材料存在可以当场更正的错误的,登记机关应当允许申请人当场更正。

② 登记机关受理登记申请,除当场予以登记的外,应当发给申请人受理通知书。

对于不符合受理条件的登记申请,登记机关不予受理,并发给申请人不予受理通知书。

申请事项依法不属于个体工商户登记范畴的,登记机关应当即时决定不予受理,并向申请人说明理由。

(3)审查和决定

登记机关对决定予以受理的登记申请,根据下列情况分别做出是否准予登记的决定:

① 申请人提交的申请材料齐全、符合法定形式的,登记机关应当当场予以登记,并发给申请人准予登记通知书。

根据法定条件和程序,需要对申请材料的实质性内容进行核实的,登记机关应当指派两名以上工作人员进行核查,并填写申请材料核查情况报告书。登记机关应当自受理登记申请之日起 15 日内作出是否准予登记的决定。

② 对于以邮寄、传真、电子数据交换、电子邮件等方式提出申请并经登记机关受理的,登记机关应当自受理登记申请之日起 15 日内做出是否准予登记的决定。

③ 登记机关做出准予登记决定的,应当发给申请人准予个体工商户登记通知书,并在 10 日内发给申请人营业执照。

不予登记的,应当发给申请人个体工商户登记驳回通知书。

(二)个人独资企业

1. 需准备的材料

① 投资人签署的《个人独资企业登记(备案)申请书》。

② 投资人身份证明。

③ 投资人委托代理人的,应当提交投资人的委托书原件和代理人的身份证明或资格证明复印件(核对原件)。

④ 企业住所证明。

⑤《名称预先核准通知书》(设立申请前已经办理名称预先核准的须提交)。

⑥ 从事法律、行政法规规定须报经有关部门审批的业务的,应当提交有关部门的批准文件。

⑦ 国家工商行政管理总局规定提交的其他文件。

2. 办理流程

(1)申请

由投资人或者其委托的代理人向个人独资企业所在地登记机关申请设立登记。

(2)受理、审查和决定

登记机关应当在收到全部文件之日起 15 日内,做出核准登记或者不予登记的决定。予以核准的发给营业执照;不予核准的,发给企业登记驳回通知书。

(三)合伙企业

1. 需准备的材料

① 全体合伙人签署的《合伙企业登记(备案)申请书》。

② 全体合伙人的主体资格证明或者自然人的身份证明。

③ 全体合伙人指定代表或者共同委托代理人的委托书。

④ 全体合伙人签署的合伙协议。

⑤ 全体合伙人签署的对各合伙人缴付出资的确认书。

⑥ 主要经营场所证明。

⑦《名称预先核准通知书》(设立申请前已经办理名称预先核准的须提交)。

⑧ 全体合伙人签署的委托执行事务合伙人的委托书;执行事务合伙人是法人或其他组织的,还应当提交其委派代表的委托书和身份证明复印件(核对原件)。

⑨ 以非货币形式出资的,提交全体合伙人签署的协商作价确认书或者经全体合伙人委托的法定评估机构出具的评估作价证明。

⑩ 法律、行政法规或者国务院规定设立合伙企业须经批准的,或者从事法律、行政法规或者国务院决定规定在登记前须经批准的经营项目,须提交有关批准文件。

⑪ 法律、行政法规规定设立特殊的普通合伙企业需要提交合伙人的职业资格证明的,提交相应证明。

⑫ 国家工商行政管理总局规定提交的其他文件。

2. 办理流程

(1)申请

由全体合伙人指定的代表或者共同委托的代理人向企业登记机关申请设立登记

(2)受理、审查和决定

① 申请人提交的登记申请材料齐全、符合法定形式,企业登记机关能够当场登记的,应予当场登记,发给合伙企业营业执照。

② 除前款规定情形外,企业登记机关应当自受理申请之日起 20 日内,做出是否登记的决定。予以登记的,发给合伙企业营业执照;不予登记的,应当给予书面答复,并说明理由。

(四)农民专业合作社

1. 需准备的材料

①《农民专业合作社登记(备案)申请书》。

② 全体设立人签名、盖章的设立大会纪要。

③ 全体设立人签名、盖章的章程。

④ 法定代表人、理事的任职文件和身份证明。

⑤ 载明成员的姓名或者名称、出资方式、出资额以及成员出资总额，并经全体出资成员签名、盖章予以确认的出资清单。

⑥ 载明成员的姓名或者名称、公民身份号码或者登记证书号码和住所的成员名册，以及成员身份证明。

⑦ 能够证明农民专业合作社对其住所享有使用权的住所使用证明。

⑧ 全体设立人指定代表或者委托代理人的证明。

⑨《名称预先核准通知书》(设立申请前已经办理名称预先核准的须提交)。

⑩ 农民专业合作社的业务范围有属于法律、行政法规或者国务院规定在登记前须经批准的项目的，应当提交有关批准文件。

⑪ 法律、行政法规规定的其他文件。

2. 办理流程

(1)申请

由全体设立人指定的代表或者委托的代理人向登记机关申请设立登记。

(2)受理、审查和决定

申请人提交的登记申请材料齐全、符合法定形式，登记机关能够当场登记的，应予当场登记，发给营业执照。

除前款规定情形外，登记机关应当自受理申请之日起 20 日内，做出是否登记的决定。予以登记的，发给营业执照；不予登记的，应当给予书面答复，并说明理由。

(五)有限责任公司

1. 需准备的材料

① 公司法定代表人签署的设立登记申请书。

② 全体股东指定代表或者共同委托代理人的证明。

③ 公司章程。

④ 股东的主体资格证明或者自然人身份证明。

⑤ 载明公司董事、监事、经理的姓名、住所的文件以及有关委派、选举或者聘用的证明。

⑥ 公司法定代表人任职文件和身份证明。

⑦ 企业名称预先核准通知书。

⑧ 公司住所证明。

⑨ 国家工商行政管理总局规定要求提交的其他文件。

法律、行政法规或者国务院决定规定设立有限责任公司必须报经批准的，还应当提交批准文件。

2. 办理流程

(1)申请

由全体股东指定的代表或者共同委托的代理人向公司登记机关申请设立登记。

(2)受理

公司登记机关根据下列情况分别作出是否受理的决定：

① 申请文件、材料齐全，符合法定形式的，或者申请人按照公司登记机关的要求提交全部补正申请文件、材料的，决定予以受理。

② 申请文件、材料齐全，符合法定形式，但公司登记机关认为申请文件、材料需要核实的，决定予以受理，同时书面告知申请人需要核实的事项、理由以及时间。

③ 申请文件、材料存在可以当场更正的错误的，允许申请人当场予以更正，由申请人在更正处签名或者盖章，注明更正日期；经确认申请文件、材料齐全，符合法定形式的，决定予以受理。

④ 申请文件、材料不齐全或者不符合法定形式的，当场或者在5日内一次告知申请人需要补正的全部内容；当场告知时，将申请文件、材料退回申请人；属于5日内告知的，收取申请文件、材料并出具收到申请文件、材料的凭据，逾期不告知的，自收到申请文件、材料之日起即为受理。

⑤ 不属于公司登记范畴或者不属于本机关登记管辖范围的事项，即时决定不予受理，并告知申请人向有关行政机关申请。

公司登记机关对通过信函、电报、电传、传真、电子数据交换和电子邮件等方式提出申请的，自收到申请文件、材料之日起5日内作出是否受理的决定。

(3)审查和决定

公司登记机关对决定予以受理的登记申请，分别情况在规定的期限内做出是否准予登记的决定：

① 对申请人到公司登记机关提出的申请予以受理的，当场作出准予登记的决定。

② 对申请人通过信函方式提交的申请予以受理的，自受理之日起15日内做出准予登记的决定。

③ 通过电报、电传、传真、电子数据交换和电子邮件等方式提交申请的，申请人应当自收到《受理通知书》之日起15日内，提交与电报、电传、传真、电子数据交换和电子邮件等内容一致并符合法定形式的申请文件、材料原件；申请人到公司登记机关提交申请文件、材料原件的，当场作出准予登记的决定；申请人通过信函方式提交申请文件、材料原件的，自受理之日起15日内作出准予登记的决定。

④ 公司登记机关自发出《受理通知书》之日起60日内，未收到申请文件、材料原件，或者申请文件、材料原件与公司登记机关所受理的申请文件、材料不一致的，做出不予登记的决定。

公司登记机关需要对申请文件、材料核实的，自受理之日起15日内做出是否准予登记的决定。

(4)发照

公司登记机关作出准予公司设立登记决定的，出具《准予设立登记通知书》，告知申请人自决定之日起10日内，领取营业执照。

公司登记机关做出不予登记决定的，出具《登记驳回通知书》，说明不予登记的理由，并告知申请人享有依法申请行政复议或者提起行政诉讼的权利。

二、创业优惠政策

① 税收优惠：持人社部门核发《就业创业证》(注明“毕业年度内自主创业税收政策”)的高校毕业生在毕业年度内(指毕业所在自然年，即 1 月 1 日至 12 月 31 日)创办个体工商户、个人独资企业的，3 年内按每户每年 8 000 元为限额依次扣减其当年实际应缴纳的营业税、城市维护建设税、教育费附加和个人所得税。对高校毕业生创办的小型微利企业，按国家规定享受相关税收支持政策。

② 创业担保贷款和贴息：对符合条件的大学生自主创业的，可在创业地按规定申请创业担保贷款，贷款额度为 10 万元。鼓励金融机构参照贷款基础利率，结合风险分担情况，合理确定贷款利率水平，对个人发放的创业担保贷款，在贷款基础利率基础上上浮 3 个百分点以内的，由财政给予贴息。

③ 免收有关行政事业性收费：毕业 2 年以内的普通高校学生从事个体经营(除国家限制的行业外)的，自其在工商部门首次注册登记之日起 3 年内，免收管理类、登记类和证照类等有关行政事业性收费。

④ 享受培训补贴：对大学生创办的小微企业新招用毕业年度高校毕业生，签订 1 年以上劳动合同并交纳社会保险费的，给予 1 年社会保险补贴。对大学生在毕业学年(即从毕业前一年 7 月 1 日起的 12 个月)内参加创业培训的，根据其获得创业培训合格证书或就业、创业情况，按规定给予培训补贴。

⑤ 免费创业服务：有创业意愿的大学生，可免费获得公共就业和人才服务机构提供的创业指导服务，包括政策咨询、信息服务、项目开发、风险评估、开业指导、融资服务、跟踪扶持等“一条龙”创业服务。

⑥ 取消高校毕业生落户限制：高校毕业生可在创业地办理落户手续(直辖市按有关规定执行)。

⑦ 创新人才培养：创业大学生可享受各地各高校实施的系列“卓越计划”、科教结合协同育人行动计划等，同时享受跨学科专业开设的交叉课程、创新创业教育实验班等，以及探索建立的跨院系、跨学科、跨专业交叉培养创新创业人才的新机制。

⑧ 开设创新创业教育课程：自主创业大学生可享受各高校挖掘和充实的各类专业课程和创新创业教育资源，以及面向全体学生开发开设的研究方法、学科前沿、创业基础、就业创业指导等方面的必修课和选修课，享受各地区、各高校资源共享的慕课、视频公开课等在线开放课程，和在线开放课程学习认证和学分认定制度。

⑨ 强化创新创业实践：自主创业大学生可共享学校面向全体学生开放的大学科技园、创业园、创业孵化基地、教育部工程研究中心、各类实验室、教学仪器设备等科技创新资源和实验教学平台。参加全国大学生创新创业大赛、全国高职院校技能大赛，和各类科技创新、创意设计、创业计划等专题竞赛，以及高校学生成立的创新创业协会、创业俱乐部等社团，提升创新创业实践能力。

⑩ 改革教学制度：自主创业大学生可享受各高校建立的自主创业大学生创新创业学分累

计与转换制度，和学生开展创新实验、发表论文、获得专利和自主创业等情况折算为学分，将学生参与课题研究、项目实验等活动认定为课堂学习的新探索。同时也享受为有意愿有潜质的学生制定的创新创业能力培养计划，创新创业档案和成绩单等系列客观记录并量化评价学生开展创新创业活动情况的教学实践活动。优先支持参与创业的学生转入相关专业学习。

⑪ 完善学籍管理规定：有自主创业意愿的大学生，可享受高校实施的弹性学制，放宽学生修业年限，允许调整学业进程、保留学籍休学创新创业等管理规定。

⑫ 大学生创业指导服务：自主创业大学生可享受各地各高校对自主创业学生实行的持续帮扶、全程指导、一站式服务。以及地方、高校两级信息服务平台，为学生实时提供的国家政策、市场动向等信息，和创业项目对接、知识产权交易等服务。可享受各地在充分发挥各类创业孵化基地作用的基础上，因地制宜建设的大学生创业孵化基地，和相关培训、指导服务等扶持政策。

相关链接：

全国大学生创业服务网：http://cy.ncss.org.cn/。

全国大学生就业公共服务立体化平台：http://www.ncss.org.cn/。

教育部高校学生司　工商总局个体司

2015 年 10 月

附录 E

教育部关于做好 2016 届全国普通高等学校毕业生就业创业工作的通知

教学〔2015〕12 号

各省、自治区、直辖市教育厅(教委),有关省、自治区人力资源社会保障厅,部属各高等学校:

高校毕业生是实施创新驱动发展战略和推进大众创业、万众创新的生力军。高校毕业生就业事关经济发展和民生改善大局,关乎社会安定稳定,党中央、国务院高度重视。为全面贯彻落实党的十八届五中全会精神,按照《国务院关于进一步做好新形势下就业创业工作的意见》和《国务院办公厅关于深化高等学校创新创业教育改革的实施意见》等文件要求,现就做好 2016 届高校毕业生就业创业工作通知如下:

一、着力加强创新创业教育和自主创业工作

(一)加快推进创新创业教育改革

各地各高校要把提高教育质量作为创新创业教育改革的出发点和落脚点,根据人才培养定位和创新创业教育目标要求,促进专业教育与创新创业教育有机融合。从 2016 年起所有高校都要设置创新创业教育课程,对全体学生开发开设创新创业教育必修课和选修课,纳入学分管理。对有创业意愿的学生,开设创业指导及实训类课程。对已经开展创业实践的学生,开展企业经营管理类培训。要广泛举办各类创新创业大赛,支持高校学生成立创新创业协会、创业俱乐部等社团,举办创新创业讲座论坛。高校要设立创新创业奖学金,并在现有相关评优评先项目中拿出一定比例用于表彰在创新创业方面表现突出的学生。

(二)落实完善创新创业优惠政策

各地各高校要深入实施“大学生创业引领计划”,积极会同有关部门进一步加大政策落实力度,落实创业担保贷款、小微企业减税降费、创业培训补贴等各项扶持政策,重点支持高校学生到新兴产业领域创业。推动相关部门加快制订有利于互联网创业的扶持政策。要按照《普通高等学校学生管理规定》要求,制订本地本校创新创业学分转换、实施弹性学制、保留学籍休学创新创业等具体措施,支持参与创业的学生转入相关专业学习,为创新创业学生清障搭台。

(三)加大创新创业场地建设和资金投入

各地各高校要建设和利用好大学科技园、大学生创业园、创业孵化基地、大学生校外实践教育基地等创新创业平台。高校实验室、实验设备等各类资源,原则上向全体在校学生开放。高校要通过合作、转让、许可等方式,向高校毕业生创设的小微企业优先转移科技成果。要通

过学校自设、校外合作、风险投资等多种渠道筹集资金，扶持高校学生创新创业。充分运用市场机制，引导社会资金和金融资本支持大学生创业活动。

（四）不断提升创新创业服务水平

各地各高校要配齐配强创新创业教育专职教师，聘请各行各业优秀人才担任兼职教师，建立全国万名优秀创新创业导师人才库。要创新服务内容和方式，为准备创业的学生提供开业指导、创业培训等服务，为正在创业的学生提供孵化基地、资金支持等服务。高校要建立校园创新创业导师微信群、QQ 群等，发布创业项目指南，实现高校学生创业时时有指导、处处有服务。要进一步完善高校学生创业服务网功能，为高校学生提供项目对接、产权交易、培训实训、政策宣传等服务。

二、积极拓宽重点领域就业渠道

（一）鼓励高校毕业生到基层就业

各地各高校要进一步加大政策引领和服务保障，全面落实高校毕业生到中西部地区、艰苦边远地区和老工业基地县以下基层就业的学费补偿和国家助学贷款代偿政策。继续实施好“农村教师特岗计划”“三支一扶”“西部计划”“大学生村官”等基层项目。鼓励各地结合实际，开发实施社区服务、健康养老等新项目。积极推进健全从政法专业毕业生中招录人才的规范便捷机制，促进政法专业毕业生就业。

（二）围绕国家发展战略开拓就业岗位

各地各高校要鼓励和引导毕业生到国家重点行业、重点地区、重大工程、重大项目就业。要结合“一带一路”“长江经济带”“京津冀协同发展”等国家重大发展战略，积极向沿海沿江沿线经济带输送毕业生。要结合实施“中国制造 2025”和“互联网＋”行动计划，大力开拓就业岗位。要结合新型工业化、信息化、城镇化和农业现代化，引导毕业生到战略性新兴产业等领域就业创业。

（三）引导高校毕业生到新兴领域就业

各地各高校要因地制宜，结合地方经济发展需要，深入挖掘新技术、新产业、新业态创造的就业机会。要大力引导高校毕业生到金融保险、节能环保、电子商务、现代物流等生产性服务业和旅游休闲、健康养老、社会工作、文化体育等生活性服务业就业。要适应现代农业发展方式转变和新农村建设需要，鼓励高校毕业生面向农业新技术、新品种研发和现代农业经营管理等领域就业。

（四）继续做好高校学生征兵工作

各地各高校要与兵役机关密切配合，建立定期会商机制，及早部署 2016 年高校学生征兵工作，认真落实大学生征兵任务。逐项落实各项政策，重点落实好退役高校学生士兵专项研究生招生计划、新生宣传单、复学升学、就业创业等政策。逐校落实工作任务，明确责任，一级抓一级，层层抓落实。逐人开展宣传动员，办好“网上咨询周”、“征兵宣传月”等活动，对大学新生、在校生、毕业生等不同群体开展有针对性的宣传动员，确保高校学生征兵数量和质量进一步提高。

（五）支持毕业生到中小微企业就业

中小微企业是增加就业的主体，各地各高校要会同有关部门完善落实中小微企业吸纳毕业生的社保补贴、培训补贴、税费减免等优惠政策。要针对中小微企业特点，主动组织中小微企业集中开展校园招聘活动，引导毕业生到中小微企业就业。要持续关心到中小微企业等基层就业毕业生的成长和发展，通过跟踪服务、定期回访等方式，帮助解决工作和学习上的困难和问题，让他们切实感受到组织的温暖和关心。

三、大力提高就业指导服务能力

（一）建立精准推送就业服务机制

各地各高校要充分利用“互联网＋”技术，根据毕业生需求，将他们的求职意愿与用人单位岗位相对接，实现智能化供需匹配，为毕业生精准推送就业岗位。广泛利用手机等移动终端，开展订制服务，为毕业生“送岗位、送政策、送指导”，实现就业服务个性化、信息化。要充分发挥校园市场的重要作用，通过举办分层次、分类别、分行业的招聘活动，提高招聘活动效率。高校要主动联系用人单位，结合毕业生专业特色，提供相应的就业见习岗位。

（二）建立未就业毕业生统计机制

健全高校毕业生就业创业状况统计指标体系。从2016年起，各地各高校要重点统计有就业意愿尚未就业毕业生、暂不就业毕业生等指标。建立三级联动机制，辅导员（班主任）及时了解每一位毕业生的就业状况和意愿，院系认真核实汇总就业数据，学校实时更新就业监测系统相关信息。高校要有针对性地加大对有就业意愿尚未就业毕业生的指导服务力度，帮助他们尽快实现就业创业。

（三）进一步提升就业指导服务质量

要把高校学生职业发展与就业指导课程融入人才培养全过程，结合行业动态和发展需求，建立以课堂教学为主渠道，讲座、论坛、培训为补充，以大学生职业生涯规划大赛、创新创业设计大赛等实践活动为载体的多形式就业指导课程体系。要针对不同层次、不同专业毕业生的特点和需求，广泛开展个性化的咨询服务。加快建设一支职业化、专业化、专家化的就业创业指导工作队伍，高度重视解决就业创业指导教师专业技术职务评聘问题。在专业技术职务评聘中充分考虑就业创业指导教师的工作业绩，并在同等条件下予以适当倾斜。

（四）加强就业创业政策宣传

各地各高校要认真学习领会、分类归纳、精准解读国务院文件精神和中央部门、地方促进就业创业的政策措施。要建立教育部门、高校、院系、班级四级联动的政策宣传网络，学校领导、院系领导、辅导员、班主任都要主动宣讲就业创业政策。要充分利用微博、微信等新媒体，采用图表、动漫等方式，根据毕业生求职需求，分时段、分类别推送基层就业、自主创业、参军入伍、困难帮扶等政策措施，让政策宣传接地气、见实效。

（五）优化规范就业工作管理

各地各高校要按照简政放权、放管结合、优化服务的要求，加强与有关部门的配合，切实做好毕业生档案、户口、组织关系等转递和手续衔接工作，做到简便、快捷、高效。要牢固树立安全意识，确保各类校园招聘等活动安全、有序。要坚决反对任何形式的就业歧视，凡校园招聘活动严禁发布含有限定院校、性别、民族等歧视性信息。高校要加强维权教育，切实防范“试用期陷阱”等危害毕业生权益的不法行为。要进一步加强毕业生就业数据信息监督管理工作，完善毕业生实名查询就业状况功能，确保就业数据信息真实、准确。

（六）做好就业困难毕业生帮扶

要准确掌握家庭困难毕业生、少数民族毕业生、农村生源毕业生、残疾毕业生等各类就业困难群体的具体情况，实行“一生一策”动态管理，通过开展个性化辅导、组织专场招聘等活动，做到精准发力、精准帮扶。各地各高校要积极协调配合人力资源社会保障、财政等部门，做好求职创业补贴申请和发放工作。要进一步与人力资源社会保障部门做好信息衔接和服务接续工作，实施好离校未就业毕业生就业促进计划，持续为他们提供就业信息和指导服务，切实做到“离校不离心、服务不断线”。

四、推动高等教育更好适应经济社会发展需要

（一）进一步优化高等教育结构

围绕国家和区域经济社会发展需求，优化院校布局、学科专业布局和人才培养机制，提高教育教学质量。鼓励具备条件的普通本科高校向应用型转变，加快应用型、技术技能型、复合型、科技创业人才培养。进一步完善专业学位研究生教育体系，扩大培养规模。建设现代职业教育体系，推进产教融合、校企合作，推进高职院校开展现代学徒制培养。

（二）切实提高毕业生就业创业能力

把深化高校创新创业教育改革作为推进高等教育综合改革的突破口，推进人才培养与社会需求间的协同，探索建立需求导向的学科专业结构和就业创业导向的人才培养类型结构调整新机制。推进高校与政府、企业、社会的协同，继续加强对“全国高校实践育人创新创业基地”的培育指导工作，促进产学研用紧密结合，推动高校学生参加形式多样的实习实训、社会实践和创新创业活动，增强学生创新精神、创业意识和创新创业能力，推动毕业生更高质量就业创业。

（三）积极发挥就业反馈作用

进一步完善高校毕业生就业质量年度报告发布制度，各地各高校要在每年年底前编制和发布就业质量年度报告，将创新创业相关情况以及有就业意愿尚未就业毕业生、升学、暂不就业等内容纳入就业质量报告，更加科学、客观地反映高校毕业生就业创业状况和特点。要积极发挥就业创业状况对教育教学的反馈作用，进一步完善学科专业预警、退出管理办法，健全就业与招生计划、人才培养、经费拨款、院校设置、专业调整的联动机制，促进人才培养与经济社会发展紧密对接。

五、进一步加强就业创业工作组织领导

（一）健全协调机制

各地各高校要切实落实“一把手”工程，把就业创业工作摆上重要议事日程，及时研判形势，协调解决存在问题，确保高校毕业生就业局势稳定。各地要建立相关职能部门会商机制，

因地制宜出台新举措，逐项落实就业创业政策。各高校要健全就业部门牵头，招生、教学、学生、武装、团委等部门齐抓共管的工作机制，定期研究毕业生就业创业工作，做到开学有部署、工作有分工、过程有检查、年终有总结。

（二）建立督查机制

各地各高校要建立高校毕业生就业创业工作督查机制，把各项政策措施和年度重点工作的落实完成情况作为督查重点。开展日常督查和不定期抽查，及时查找问题、总结经验，以督查促整改、抓落实。要加大对高校毕业生就业创业工作问责力度，对落实不力的，要限期整改并追究领导责任。

（三）完善保障机制

各地各高校要进一步健全就业创业工作机构，配备指导教师，开辟专用场地，加大经费投入，切实做到“机构、人员、场地、经费”四到位。各地要积极协调地方政府将高校毕业生就业工作经费纳入同级财政预算，切实保障各项就业创业服务工作开展所需经费。要加快建设一批省级和校级示范性就业创业指导服务机构，促进就业创业指导服务水平进一步提高。

（四）加强思想教育和舆论引导

各地各高校要把思想教育和毕业教育有机结合起来，深入学习贯彻习近平总书记系列重要讲话精神，不断丰富思想教育内容和方式。积极组织干部讲政策、专家讲形势、师生讲感受、企业家讲经验，引导广大毕业生树立正确的人生观、价值观和成才观。要把创新精神和创业意识的培养融入思想教育，激励更多高校学生在就业创业实践中成就有梦想有奋斗有奉献的精彩人生。要积极开展全国高校创新创业总结宣传工作，加强对高校创新创业教育典型经验和高校学生就业创业典型的宣传，坚持正确的舆论导向，营造促进就业创业工作的良好氛围。

教育部

2015年11月27日

附录 F

教育部关于做好 2017 届全国普通高等学校毕业生就业创业工作的通知

教学〔2016〕11 号

各省、自治区、直辖市教育厅(教委),有关省、自治区人力资源社会保障厅,部属各高等学校:

为贯彻落实党的十八大和十八届三中、四中、五中、六中全会精神,深入学习贯彻习近平总书记系列重要讲话精神,进一步引导和鼓励高校毕业生到基层工作,组织实施高校毕业生就业创业促进计划,现就做好 2017 届高校毕业生就业创业工作通知如下:

一、积极拓宽基层和重点领域就业渠道

(1)引导和鼓励毕业生到城乡基层就业。各地各高校要落实好毕业生到县以下基层就业学费补偿和国家助学贷款代偿等政策,并结合实际进一步完善政策措施,鼓励毕业生到城乡社区从事教育文化、医疗卫生、健康养老等工作,引导毕业生到中西部地区、东北地区和艰苦边远地区就业创业。继续组织实施好“教师特岗计划”“大学生村官”“三支一扶”“西部计划”等中央基层就业项目,鼓励各地巩固并扩大实施地方基层就业项目。

(2)鼓励毕业生到中小微企业就业。充分发挥中小微企业吸纳毕业生就业的主渠道作用。各地各高校要广泛收集中小微企业的招聘信息,组织中小微企业进校园招聘,办好全国中小企业网上百日招聘活动。各地教育部门要积极配合人力资源社会保障、税务、中小企业主管部门等,落实小微企业吸纳毕业生的社保补贴、培训补贴、税费减免等优惠政策。

(3)服务国家发展战略开拓就业岗位。各地各高校要围绕“一带一路”“长江经济带”“京津冀协同发展”等国家重大战略,主动对接人才需求,向重点地区、重大工程、重大项目、重要领域输送毕业生。要抓住实施“中国制造 2025”“互联网＋”行动计划等契机,引导毕业生到先进制造业、现代服务业和现代农业等领域就业创业。

(4)持续做好大学生征兵工作。各地各高校要主动会同兵役机关,组织开展征兵政策咨询周、宣传月等活动,对高校毕业生、在校生和新生等不同群体开展广泛宣传动员。在高校放暑假前对体检、政考合格的学生发放“大学生预定兵通知书”。落实好“退役大学生士兵”专项硕士研究生招生计划以及学费资助、复学升学等优惠政策。加强高校大学生征兵机构建设,在人员、场地、经费等方面予以保障。

(5)支持高校毕业生到国际组织实习任职。鼓励有条件的高校结合国际组织人才需求,开展培养推送高校毕业生到国际组织实习任职工作。将国际组织基本情况、招聘要求、职业发展路径等内容,纳入大学生就业指导教材和课程。为毕业生到国际组织实习任职和参加志愿活

动等，提供信息、咨询、培训等服务。

二、深入推进创新创业教育和自主创业工作

（1）推进高校创新创业教育改革。各地各高校要把深入推进创新创业教育改革作为高等教育综合改革的突破口和重中之重，在培养方案、课程体系、教学方法等方面加大改革力度。着力强化创新创业实践，搭建实习实训平台，实施大学生创新创业训练计划，办好各级各类创新创业竞赛，不断增强学生的创新精神、创业意识和创新创业能力。

（2）落实创新创业政策。各地教育部门要配合有关部门进一步完善落实工商登记、税费减免、创业贷款等优惠政策，为大学生创业开辟“绿色通道”。各高校要改革教学和学籍管理制度，完善细化创新创业学分积累与转换、弹性学制管理和保留学籍休学创业等政策，支持创业学生复学后转入相关专业学习。

（3）加大创新创业场地建设和资金投入。各地各高校要充分利用大学科技园、大学生创业园、创业孵化基地等创新创业平台，为大学生创业提供场地支持，孵化一批创新创业项目。高校科研设施、仪器设备等资源原则上要面向全体学生开放，优先向大学生创办的小微企业转移高校的科技成果。通过政府支持、学校自设、校外合作、风险投资等多渠道筹措资金，扶持大学生自主创业。

（4）提升创新创业服务水平。建立健全国家、省级、高校大学生创业服务网络平台，为大学生提供政策解读、项目对接和培训实训等指导服务。各地各高校要加强创新创业教师队伍建设，聘请行业专家、创业校友等担任创新创业导师。开展全国高校创新创业总结宣传工作，以点带面，引领和推动高校提升创新创业工作质量。

三、进一步提升就业指导水平和服务能力

（1）强化精准服务。各地各高校要充分利用“互联网＋就业”新模式，准确掌握毕业生求职意愿和用人单位岗位需求信息，实现人岗精准对接。通过手机等移动终端，针对毕业生不同特点和需求，送岗位、送政策、送指导。充分发挥校园市场的主体作用，积极组织用人单位参加各类招聘活动。鼓励有条件的地区和高校联合搭建跨区域、跨行业、跨类别的综合信息招聘服务平台，支持东北地区与有关省份联合开展毕业生招聘活动。

（2）加强就业指导能力建设。各地各高校要系统开展就业指导教师培训，着力提升政策理论水平和职业指导能力。在专业技术职务评聘中充分考虑就业指导教师的工作性质和工作业绩，并在同等条件下予以适当倾斜。要不断完善职业发展与就业指导课程体系，将课程与学科专业相融合。

（3）加强对就业困难群体帮扶。各地各高校要准确掌握家庭困难、少数民族、身体残疾等毕业生群体的具体情况，开展个性化辅导，组织专场招聘活动，配合有关部门落实好求职创业补贴等政策，实施精准帮扶。对特别困难的离校未就业毕业生，有条件的高校要调动多方资源开发校内外实习岗位，帮助他们实现实习与就业的过渡。要与人力资源社会保障部门做好离校未就业毕业生的信息衔接和服务接续工作。

（4）进一步规范就业工作管理。各地各高校要严格按照就业统计工作要求，通过“全国高

校毕业生就业管理系统”及时上报、更新就业信息，确保数据真实准确。认真落实就业签约“四不准”要求，不准以任何方式强迫毕业生签订就业协议和劳动合同，不准将毕业证书、学位证书发放与签约挂钩，不准以户档托管为由劝说毕业生签订虚假协议，不准将顶岗实习、见习证明材料作为就业证明材料。不得发布含有歧视性内容的招聘信息，严密防范招聘欺诈、求职陷阱等。要确保校园招聘等活动安全、有序，防止挤踏等意外事故发生。

四、推动高校人才培养主动适应经济社会发展需要

(1)优化高等教育结构。各地要根据经济社会发展需要，建立完善高校学科专业、层次、类型动态调整机制。主动对接地区、行业、产业需求，引导部分地方普通本科高校向应用型转变，培养更多高层次应用型人才。完善职业教育产教融合协同育人机制，培养打造一批具有工匠精神的技术技能人才。

(2)深化教育教学改革。各地各高校要动态调整课程设置，强化实践教学，加强实习实训，完善产学研用结合的协同育人模式，切实增强学生的创新精神和实践能力。要认真吸纳用人单位和毕业生对人才培养改革的意见建议，进一步完善人才培养方案，增强人才培养和社会需要的契合度。加强和推广职业教育现代学徒制培养。

(3)健全毕业生就业创业状况反馈机制。各地各高校要在每年年底前编制和发布就业质量年度报告，科学、客观地反映高校毕业生就业创业状况和特点。要深入分析研究本地本校各专业就业率、就业去向、就业满意度、创业数量和类型等状况，进一步完善学科专业预警与退出机制，健全就业与招生计划、人才培养、经费拨款、院校设置、专业调整的联动机制。

五、加强组织领导和督促检查

(1)强化组织领导。各地各高校要把高校毕业生就业创业工作摆在突出重要位置，切实落实“一把手”工程，层层落实责任，确保就业创业工作“机构、人员、经费、场地”四到位。省级教育部门要与人力资源社会保障等相关部门密切配合，高校要建立健全就业部门牵头，学工、招生、教学、武装等部门参与的工作机制，形成合力共同做好毕业生就业创业工作。

(2)加强督查落实。各地各高校要建立高校毕业生就业创业工作定期督查机制，对就业创业政策和工作落实情况逐条逐项认真检查，以督查促落实，以督查促整改。对真抓实干、成效明显的要表扬推广，对落实不力、不作为的要限期整改并追究责任。

(3)大力宣传引导。各地各高校要充分运用各种媒体，宣传解读国家和地方促进高校毕业生就业创业的政策措施，帮助毕业生熟悉和用好政策。要广泛宣传基层就业、自主创业的毕业生典型事迹，教育引导毕业生转变就业观念。要坚持正确的舆论导向，积极开展正面宣传，努力营造有利于促进就业创业的良好氛围。

教育部
2016 年 11 月 25 日

参 考 文 献

[1]李家华.创业基础[M].北京:清华大学出版社,2015.

[2]张玉臣.创业基础[M].北京:清华大学出版社,2015.

[3]邓汉慧.创业基础[M].北京:北京大学出版社,2016.

[4]李肖鸣.大学生创业基础[M].北京:清华大学出版社,2016.

[5]孙洪义.创新创业基础[M].北京:机械工业出版社,2016.

[6]李莉.创业基础实训教程[M].北京:北京理工大学出版社,2016.

[7]郭占元.创业基础理论应用与实训实练[M].北京:北京大学出版社,2014.

[8]刘平.大学生创业基础[M].北京:机械工业出版社,2013.

[9]韩雪峰.创业基础教程[M]. 北京:北京大学出版社,2016.

[10]王杜春.大学生创业基础[M].北京:化学工业出版社,2013.

[11]张耀辉、朱峰.创业基础[M].广州:暨南大学出版社,2013.

[12]高万里.创业基础[M].北京:中国人民大学出版社,2016.

[13]王兵.创业基础课堂操作示范[M].北京:北京师范大学出版社,2014.

[14] 陈工孟.创业基础与实务[M].北京:经济管理出版社,2016.